25th Conference on Computational Linguistics and Speech Processing

(ROCLING 2013)

Kaohsiung, Taiwan
4 - 5 October 2013

ISBN: 978-1-62993-558-4

Printed from e-media with permission by:

Curran Associates, Inc.
57 Morehouse Lane
Red Hook, NY 12571

Some format issues inherent in the e-media version may also appear in this print version.

Printed by Curran Associates, Inc. (2014)

For permission requests, please contact the Association for Computational Linguistics at the address below.

Association for Computational Linguistics
209 N. Eighth Street
Stroudsburg, Pennsylvania 18360

Phone: 1-570-476-8006
Fax: 1-570-476-0860

acl@aclweb.org

Additional copies of this publication are available from:

Curran Associates, Inc.
57 Morehouse Lane
Red Hook, NY 12571 USA
Phone: 845-758-0400
Fax: 845-758-2634
Email: curran@proceedings.com
Web: www.proceedings.com

序言

本屆ROCLING共收到投稿數為41篇，每篇論文都均邀請至少3位該領域的專家學者進行審查，最後議程委員會共接受17篇oral presentation論文和12篇poster presentation論文，包含了語音辨認與合成、機器翻譯、語音學與音韻學之分析及應用、自然語言處理之應用、工具與資源、及語音識別和理解等領域，此審查結果維持了ROCLING歷屆以來一貫的論文品質，並兼顧多層面研究人員的參與，在此非常感謝論文審查委員的把關。

今年的議程安排，除了最新的學術論文的發表外，也邀請兩位語音及自然語言處理領域專家給予專題演講，包括美國University of Illinois at Chicago (UIC)的Bing Liu教授以及來自於日本Tokyo Institute of Technology的Sadaoki Furui教授，分別就Sentiment and Opinion Centric Analysis of Social Media Content以及Data-intensive Automatic Speech Recognition Based on Machine Learning給予精彩的演講。非常感謝他們遠道而來為大會增色不少。

我們同時要感謝國科會工程科技推展中心、中央研究院資訊科學研究所、中華電信研究所、資訊工業策進會、工業技術研究院、賽微科技與致遠科技的協辦與贊助。擴大接觸層面，將產業界與學術界結合做為語言處理與語音技術之共同夥伴。

最後，感激各位與會先進的積極參與和支持，使本次研討會得以順利舉行。

大會主席 楊弘敦、陳嘉平、許聞廉
議程主席 張嘉惠、王家慶
2013 年 10 月 04 日

Program Overview

October 4, 2013		
09:00-09:40	Registration	
09:40-10:00	Opening Ceremony	Hung-Duen Yang President of National Sun Yat-sen University
10:00-11:00	Keynote A: Sentiment and Opinion Centric Analysis of Social Media Content	Speaker: Bing Liu Prof. University of Illinois at Chicago (UIC)
11:00-11:10	Coffee Break	
11:10-12:30	Session: Speech Processing (I)	
12:30-13:30	Lunch	
13:30-14:10	ACLCLP Assembly	
14:10-15:10	Session: Machine Translation	Chair: Jason S. Chang
15:10-16:10	Session: Speech Synthesis and Conversion	
16:10-16:20	Coffee Break	
16:20-16:30		IJCLCLP editors meeting
16:30-16:40	Poster and System Demo	
16:40-17:00		
17:00-17:40		ACLCLP 理監事聯合會議
17:40-18:00		
18:00-20:00	Banquet	
October 5, 2013		
08:45-08:55	Photo session	
09:00-10:00	Keynote B: Data-intensive Automatic Speech Recognition Based on Machine Learning	Speaker: Sadaoki Furui Prof. Tokyo Institute of Technology Chair: Hsin-min Wang
10:00-10:10	Coffee Break	
10:10-11:20	Panel Discussion	
11:20-12:20	Session: NLP	Chair: Chao-Lin Liu
12:20-13:30	Lunch	
13:40-15:00	Session: Speech Processing (II)	
15:10-16:10	ACLCLP Best Dissertation/Thesis Section	Chair: Berlin Chen
16:10-16:30	Closing Ceremony and Best Paper Award	

目錄

Keynote Speech

Keynote A

Sentiment and Opinion Centric Analysis of Social Media Content

Invited Speaker : Prof. Bing Liu

Abstract

Social media analysis has become a major research direction in recent years due to numerous applications and challenging research problems. In this talk, I will present a sentiment and opinion centric framework for social media content analysis because in most applications of social media the most important information that one wants to mine are what people talk about and what their opinions are. These are exactly the tasks of sentiment analysis. In fact, many social media mining tasks can be seen as post-processing of sentiment analysis results. Additionally, sentiment information tells us the importance of topics, events and people because everything that we consider important arouses our emotions which are expressed in text as opinion and sentiment expressions. In recent years, sentiment analysis (also called opinion mining) has grown to become a very active research area in natural language processing and in data mining. The research has in fact spread outside of computer science to management science and many areas of social science such as communication and political science due to its importance to business and society as whole. After all, opinions are central to almost all human activities and are key influencers of our behaviors. Whenever we need to make a decision, we want to hear others' opinions. In this talk, apart from discussing the above framework, I will describe some current research in sentiment analysis and go beyond the current mainstream sentiment analysis research to discuss some emerging and closely related topics in the crossroad of computer science and social science.

Biography

Bing Liu is a professor of Computer Science at the University of Illinois at Chicago (UIC). He received his PhD in Artificial Intelligence (AI) from University of Edinburgh. Before joining UIC, he was with the National University of Singapore. His current research interests include sentiment analysis and opinion mining, opinion spam detection, and social media modeling. He has published extensively in top conferences and journals in these areas, and has given numerous keynote and invited talks. His work on opinion spam detection has received world-wide press coverage including a front page article of The New York Times. In 2012, he published a book titled "Sentiment Analysis and Opinion Mining" (Morgan and Claypool Publishers). Liu's earlier work was in the areas of data mining, Web mining, and machine learning, where he also published extensively in leading conferences and journals, and a textbook titled "Web Data Mining: Exploring Hyperlinks, Contents and Usage Data" (Springer). On professional services, Liu has served as program chairs of KDD, ICDM, CIKM, WSDM, SDM, and PAKDD, and as area/track chairs or senior PC members of many data mining, natural language processing, Web technology and AI conferences. Additional information about him can be found at <http://www.cs.uic.edu/~liub/>

Keynote B

Data-intensive Automatic Speech Recognition Based on Machine Learning

Invited Speaker : Prof. Dr. Sadaoki Furui

Abstract

Since speech is highly variable, even if we have a fairly large-scale database, we cannot avoid the data sparseness problem in constructing automatic speech recognition (ASR) systems. How to train and adapt statistical models using limited amounts of data is one of the most important research issues in ASR. This talk summarizes major techniques that have been proposed to solve the generalization problem in acoustic model training and adaptation, that is, how to achieve high recognition accuracy for new utterances. One of the common approaches is controlling the degree of freedom in model training and adaptation. The techniques can be classified by whether a priori knowledge of speech obtained from a speech database such as those recorded using many speakers is used or not. Another approach is maximizing “margins” between training samples and the decision boundaries. Many of these techniques have also been combined and extended to further improve performance.

Although many useful techniques have been developed, we still do not have a golden standard that can be applied to any kind of speech variation and any condition of the speech data available for training and adaptation. We need to focus on collecting rich and effective speech databases covering a wide range of variations, active learning for automatically selecting data for annotation, cheap, fast and good-enough transcription, and efficient supervised, semi-supervised, or unsupervised training/adaptation, based on advanced machine learning techniques. We also need to extend current efforts to understand more about human speech processing and the mechanism of natural speech variation.

Biography

Sadaoki Furui received the B.S., M.S., and Ph.D. degrees from the University of Tokyo, Japan in 1968, 1970, and 1978, respectively. After joining the Nippon Telegraph and Telephone Corporation (NTT) Labs in 1970, he has worked on speech analysis, speech recognition, speaker recognition, speech synthesis, speech perception, and multimodal human-computer interaction. From 1978 to 1979, he was a visiting researcher at AT&T Bell Laboratories, Murray Hill, New Jersey. He was a Research Fellow and the Director of Furui Research Laboratory at NTT Labs. He became a Professor at Tokyo

Institute of Technology in 1997, and was given the title of Professor Emeritus in 2011. He is now serving as President of Toyota Technological Institute at Chicago (TTI-C). He has authored or coauthored over 900 published papers and books including "Digital Speech Processing, Synthesis and Recognition." He was elected a Fellow of the IEEE (1993), the Acoustical Society of America (ASA) (1996), the Institute of Electronics, Information and Communication Engineers of Japan (IEICE) (2001) and the International Speech Communication Association (ISCA) (2008). He received the Paper Award and the Achievement Award from the IEICE (1975, 88, 93, 2003, 2003, 2008), and the Paper Award from the Acoustical Society of Japan (ASJ) (1985, 87). He received the Senior Award and Society Award from the IEEE SP Society (1989, 2006), the ISCA Medal for Scientific Achievement (2009), and the IEEE James L. Flanagan Speech and Audio Processing Award (2010). He received the NHK (Nippon Hoso Kyokai: Japan Broadcasting Corporation) Broadcast Cultural Award (2012) and the Okawa Prize (2013). He alsoreceived the Achievement Award from the Minister of Science and Technology and the Minister of Education, Japan (1989, 2006), and the Purple Ribbon Medal from Japanese Emperor (2006)

改良語句模型技術於節錄式語音摘要之研究

Improved Sentence Modeling Techniques for Extractive Speech Summarization

劉士弘 Shih-Hung Liu, 陳冠宇 Kuan-Yu Chen,
王新民 Hsin-Min Wang, 許聞廉 Wen-Lian Hsu
中央研究院資訊科學研究所
{journey, kychen, whm, hsu}@iis.sinica.edu.tw

陳柏琳 Berlin Chen
國立臺灣師範大學資訊工程學系
berlin@ntnu.edu.tw

摘要

由於網際網路的蓬勃發展與海量資料時代的來臨，近幾年來自動摘要(Automatic Summarization)已儼然成為一項熱門的研究議題。節錄式(Extractive)自動摘要是根據事先定義的摘要比例，從文字文件(Text Documents)或語音文件(Spoken Documents)中選取一些能夠代表原始文件主旨或主題的重要語句當作摘要。在相關研究中，使用語言模型(Language Modeling)結合庫爾貝克-萊伯勒離散度(Kullback-Leibler Divergence)的架構來挑選重要語句之方法，已初步地被驗證在文字與語音文件的自動摘要任務上有不錯的成果。基於此架構，本論文探究語句明確度(Clarity)資訊對於語音文件摘要任務之影響性，並進一步地藉由明確度的輔助來重新詮釋如何能在自動摘要任務中適當地挑選重要且具代表性的語句。此外，本論文亦針對語句模型的調適方法進行研究；在運用關聯性(Relevance)的概念下，嘗試藉由每一語句各自的關聯性資訊，重新估測並建立語句的語言模型，使其得以更精準地代表語句的語意內容，並增進自動摘要之效能。本論文的語音文件摘要實驗語料是採用公視廣播新聞(MATBN)；實驗結果顯示，相較於其它現有的非監督式摘要方法，我們所發展的新穎式摘要方法能提供明顯的效能改善。

關鍵詞：節錄式自動摘要、語言模型、庫爾貝克-萊伯勒離散度、語句明確度、關聯性

一、緒論

隨著海量資料時代的來臨，巨量的文字及多媒體影音資訊被快速地傳遞並分享於全球各地，資訊超載(Information Overload)的問題也因此產生。如何能讓人們快速且有效率地瀏覽與日俱增的文字資訊或多媒體影音資訊，已成為一個刻不容緩的研究課題。在眾多的研究方法中，自動摘要(Automatic Summarization)被視為是一項不可或缺的關鍵技術[16]。自動摘要之目的在於擷取單一文件(Single-Document)或多重文件(Multi-Document)中的重要語意與主題資訊，藉此讓使用者能更有效率地瀏覽與理解文件的主旨，以便快速地獲得其所需的資訊，避免花費大量時間在審視文件內容。另一方面，語音是多媒體文件中最具資訊的成分之一；如何透過語音(文件)摘要技術來自動地、有效率地處理具時序性的多媒體影音內容，例如：電視新聞、廣播新聞、郵件、電子郵件、會議及演講

錄音等[25]，更是顯得非常重要。其關鍵原因在於多媒體影音內容往往長達數分鐘或數小時，使用者不易於瀏覽和查詢，而必須耐心地閱讀或聽完整份多媒體影音內容，才能理解其中所描述的語意與主題，這違反人們講求方便、有效率的資訊獲取方式。

雖然對於含有語音訊號的多媒體影音，我們可透過自動語音辨識(Automatic Speech Recognition, ASR)技術自動地將其轉換成易於瀏覽的文字內容，再藉由文字文件摘要的技術來做處理，以達到摘要多媒體影音或其它語音文件之目的。但就現階段語音辨識技術的發展，語音文件經語音辨識後自動轉寫成文字的結果，不僅存在辨識錯誤的問題，也缺乏章節與標點符號，使得語句邊界定義不清楚而失去文件的結構資訊；除此之外，語音文件通常含有許多口語語助詞、遲疑、重覆等內容，這都使得語音文件摘要技術的發展面臨更多的挑戰。

一般來說，自動摘要研究可從許多不同面相來進行探討，包括了來源、需求、方式、用途以及模型技術，以下將簡述各個不同面相的相關議題[22]：

1. 來源：根據文件來源，可以分為單一文件摘要與多重文件摘要[3]；單一文件摘要是依據事先定義好的摘要比例，選取能夠代表文件的句子當作摘要；而多重文件摘要是收集多篇相似的文件，需要移除文件間彼此冗餘性(Redundancy)的資訊[4]，考慮文件描述事件發生的先後順序(Causality)[12]，並且確認文件之間的因果關係，經由這些資訊希望能產生有連貫性的文件摘要。

2. 需求：依據使用者需求不同，摘要內容可區分為具有資訊性(Informative)、指示性(Indicative)、以及評論性(Critical)。具有資訊性的摘要是用來表達文件描述的主旨內容與核心資訊；具指示性的摘要是希望將文件中的主題內容做簡單的描述，並將文件分成不同的主題，例如：政治性、學術性、體育性和娛樂性文件，因此所產生的摘要不要求傳達詳細的原始文件內容；具評論性的摘要提供文件正面與反面的觀點(Positive and Negative Sentiments)[9]。

3. 方式：可概分為二大類，節錄式(Extractive)摘要與抽象式(Abstractive)摘要(或重寫式摘要)。前者主要是依據特定的摘要比例，從最原始的文件中選取重要的語句來組成摘要；而後者是在完全理解文件內容之後，重新撰寫產生摘要來代表原始文件的內容，其所使用之語彙或慣用語不一定是全然地來自於原始文件，此種摘要方式是最為貼近人們日常撰寫摘要的形式。然而抽象式摘要需要複雜的自然語言處理(Natural Language Processing, NLP)技術，如資訊擷取(Information Extraction)、對話理解(Discourse Understanding)及自然語言生成(Natural Language Generation)等[26][34]，因此，近年來節錄式摘要之研究仍為主流。

4. 用途：依摘要用途可分為一般性(Generic)摘要與以查詢為基礎(Query-focused)的摘要。前者是從整篇文件中萃取出能夠突顯整篇文件全面性主題資訊的語句，期望摘要產生的內容可以涵蓋整篇文件所有重要的主題；後者透過使用者或特定的查詢來產生與查詢相關的摘要。

5. 模型技術：簡單分成三大類，(i)以簡單的語彙(Lexical)與結構(Structural)特徵做為判斷摘要語句的模型技術[38]，(ii)監督式機器學習(Supervised Machine Learning)以及(iii)非監督式機器學習(Unsupervised Machine Learning)[20]之模型技術。雖然非監督式機器學習的方法在一般的情況下其效能沒有監督式機器學習方法來的好，但非監督式機器學習方法不需要事先準備大量人工標記的訓練資料，以及具有容易實作(Easy-to-Implement)的特性，仍吸引許多學者進行研究與發展，本論文主要也是採用非監督式機器學習的方式來完成自動摘要之任務。

綜觀上述各個面向，本論文主要探究一般性、單一文件節錄式語音摘要問題，並發展和改進非監督式機器學習模型技術。基於近年來，語言模型結合庫爾貝克-萊伯勒離散度之非監督式模型技術運用在資訊檢索研究上已有非常好的成果[18]，並已初步被應用於語音文件摘要之研究上[36]，本論文將延續此一研究主軸且提出兩個研究貢獻。其一為初步探究使用語句明確度(Clarity)[11]在語音文件摘要任務中之效用，並同時檢視明確度的內部組成成份（即語句與被摘要文件之非相關資訊的交互亂度和語句本身資訊複雜度）；藉由明確度的輔助來重新詮釋如何能在自動摘要任務中適當地挑選重要且具代表性的語句。其二為有鑑於關聯性(Relevance)的概念在資訊檢索領域中已有不錯的發展成果[14]，本論文嘗試結合關聯性資訊來重新估測並建立語句的語言模型，使其得以更精準地代表語句的語意內容，期望可增進自動摘要之效能。

本論文後續安排如下：第二章扼要地介紹現今自動摘要模型技術的相關研究與發展；第三章首先介紹使用語言模型於節錄式語音摘要任務之原理，然後闡述如何將明確度運用至摘要語句之挑選，並且說明如何藉助語句關聯性資訊來改進語句模型之估測，使其得以更精準地代表語句的語意內容；第四章介紹實驗語料與設定以及摘要評估之方法；第五章說明實驗結果及其分析；最後，第六章為結論與未來研究方向。

二、自動摘要模型技術

本論文將過去摘要研究所陸續發展出的自動摘要模型技術大略地歸納成三大類[22]：

1. 以簡單詞彙與結構特徵為基礎之自動摘要模型技術：在 1950 年代，有學者提出使用詞頻(Frequency)來評量每一個詞的重要性與計算文件中每一個語句的顯著性(Significance Factor)[21]。在實作上，可以對每一個詞進行詞幹分析(Stemming)，將其還原成詞根(Root Form)，同時移除停用詞(Stop Word)的影響並計算實詞(Content Word)的重要性等，最後將語句依其顯著分數進行排序(由高至低)，再根據特定的摘要比例來進行節錄式摘要的產生。後來，有學者利用自然語言分析(Natural Language Analysis)技術對文件結構進行剖析，根據文法結構(Grammar Structure)與語言機制(Linguistic Devices)來決定不同語段的凝聚關係(Cohesion)，例如：首語重複(Anaphora)、省略(Ellipsis)、結合(Conjunction)，或同義詞(Synonymy)、上義詞(Hypernym)等語彙關係(Lexical Relation)，並以此結果進行文件自動摘要。相關研究包括使用語彙鏈(Lexical Chain)[1]、宏觀語段結構(Discourse Macro Structure)[30]、修辭結構(Rhetorical Structure)[38]等。另有學者在審視 200 篇科技文件後，發現有 85%的重要語句出現在文件中的第一段，7%的重要語句出現在最後一段[2]。因此，提出了語句在文件中的位置(Position)資訊是進行摘要語句選取時的一項關鍵線索。

2. 以非監督式機器學習為基礎之自動摘要模型技術：非監督式機器學習通常將自動摘要任務視為如何排序並挑選具代表性語句之問題，其方法通常是計算出一種摘要特徵供語句排序使用，常見的特徵有：語句與文件相關性[10]、語句所形成的語言模型生成文件之機率等[5]、語句間之相關性[23][32]、或語句與文件在潛藏主題空間中的距離關係[17]等。

3. 以監督式機器學習為基礎之自動摘要模型技術：監督式機器學習通常將自動摘要之任務視為二元分類問題(Binary Classification)，亦即將語句區分為摘要語句或非摘要語句。我們必須事先準備好一些訓練文件以及其對應的人工標註摘要資訊，然後透過各種分類器的學習機制，進行分類模型的訓練。對於尚未被摘要之文件，此類方法將文件裡的每個語句進行二元分類，即可依其結果產生出摘要。此類方法較著名的相關研究包括簡單貝氏分類器(Naïve-Bayes Classifier)[13]、高斯混合模型(Gaussian Mixture Model, GMM)[24]、隱藏式馬可夫模型(Hidden Markov Model, HMM)[8]、支援向量機(Support Vector Machines, SVM)與條件隨機場域(Conditional Random Fields, CRF)[28]等。監督式模型可同時結合多種摘要特徵來表示每一語句(通常是由上述以詞彙或結構為基礎之摘要方法、或是各式非監督式摘要模型針對語句所輸出的分數或機率值)，綜合各種摘要特徵所形成的特徵向量將被用來做為監督式摘要模型判斷語句是否屬於摘要語句的依據[17]。

此外，文字文件所要強調的是怎麼說(What-is-said)，而語音文件擁有許多純文字文件所沒有的資訊，通常除了怎麼說，更強調的是如何說(How-is-said)[27]，明顯地，語音是多媒體內涵中最具資訊的成分之一，也因此語音文件摘要的相關研究通常從多媒體語音訊號中萃取豐富的韻律資訊(Prosodic Information)來判斷語句的重要性，如：音調(Intonation)、音高(Pitch)、音強(Power)、語者發聲持續時間(Duration)、語者說話速率(Rate)、語者(Speaker)、情感(Emotion)和說話時場景(Environment)等資訊，這些都是從事語音文件摘要時可以善加利用的語句特徵資訊[20]。

三、使用語言模型於語音文件摘要

語言模型的研究與發展最早是源自於語音辨識及自然語言處理。語言模型旨在描述語言中的所有詞彙之間共同出現與相鄰資訊的關係。其假設人類語言生成(Human Language Generation)是一個隨機過程，而語言模型就是在模擬如何由詞彙構成片語、語句、段落或者文件之過程的機率模型，故又稱為生成式語言模型(Generative Language Modeling)[36]。最簡單的語言模型為單連語言模型(Unigram Language Model, ULM)，它不考慮詞彙之間的順序關係，只個別考慮每一個詞本身出現的機率。較為複雜且常被使用的語言模型為 N-連語言模型，通常 N 為 2 或 3（即二連或三連語言模型），其考慮兩個詞彙或三個詞彙之間的共同出現與緊連的順序關係。值得一提的是，單連語言模型和 N-連語言模型的主要優點之一是：它們僅需使用訓練語料來估測每一個詞本身出現的機率分佈，或者詞彙之間的共同出現與鄰近關係的機率分佈，並不需要額外的人工標記資訊，因此語言模型是屬於基於非監督式機器學習之模型技術。

在過去幾年中，語言模型在資訊檢索任務中已被廣泛地應用且有不錯的實務成效[36]；但就我們所知，在語音文件摘要的任務上，關於使用語言模型的研究是相對較少的。本論文將藉由語言模型的使用來進行摘要語句選取，其基本方法主要可分為兩種，第一為使用語句語言模型生成文件的文件相似度量值(Document Likelihood Measure, DLM)[5]，第二為使用庫爾貝克-萊伯勒離散度量值(Kullback-Leibler Divergence Measure, KL)[17][18]。此外，本章第 3 小節我們將闡述如何額外地考量使用明確度量值於輔助摘要語句之選取，並在第 4 小節提出使用基於關聯性資訊來改進語句模型之估測，使其得以更精準的代表語句的語意內容。

1、文件相似度量值

我們可以把語音文件摘要任務視為是資訊檢索的問題。一般來說，資訊檢索(Information Retrieval, IR)旨在尋找相關文件(Relevant Document)來回應使用者所送出的查詢(Query)或資訊需求(Information Need)。同樣地，在從事語音文件摘要時，我們可將每一篇被摘要文件視為是查詢，而文件中的語句(Sentence)視為候選資訊單元(Candidate Information Unit)；據此，我們可以假設在被摘要文件中，與其愈相關的語句愈有可能是可用來代表文件主旨或主題之摘要語句。

當給予一篇被摘要文件 D 時，文件中每一語句 S 的事後機率 $P(S \mid D)$ 可以用來表示語句 S 對於文件 D 的重要性。當使用語言模型來計算 $P(S \mid D)$ 時，我們透過貝氏定理(Bayes' Theorem)將 $P(S \mid D)$ 展開成[5]：

$$P(S \mid D) = \frac{P(D \mid S)P(S)}{P(D)} \tag{1}$$

其中 $P(D)$ 是文件 D 的事前機率，由於 $P(D)$ 不影響語句的排序結果，故可省略不討論；

另一方面，$P(S)$ 是語句 S 的事前機率，可以使用各式非監督式方法或監督式方法來求得[5]。本論文的研究假設語句的事前機率為一個均勻分布(Uniform Distribution)，所以 $P(S)$ 亦可省略。最後，$P(D|S)$ 是語句 S 所形成的語言模型生成文件 D 之機率(或稱作文件相似度)，可以用來表示文件 D 與語句 S 之間的相似關係，如果語句 S 生成文件 D 的機率值愈高，代表語句 S 與文件 D 愈為相似(語句愈能代表文件 D)，即愈有可能是摘要語句。我們可以更進一步地假設文件 D 中詞與詞之間是獨立的，並且不考慮每一個詞在文件 D 中發生的順序關係(即詞袋假設(Bag-of-Word Assumption))，則語句 S 生成文件 D 的文件相似度量值(Document Likelihood Measure, DLM) $P(D|S)$ 可拆解成文件 D 中每一的詞 w 個別發生的條件機率之連乘積：

$$P(D|S)=\prod_{w\in D}P(w|S)^{C(w,D)} \tag{2}$$

此種方法是為語句 S 建立一個語句模型(Sentence Model) $P(w|S)$，w 是出現在文件 D 中的詞，$C(w,D)$ 是詞 w 出現在文件 D 中的次數。其中，我們可利用最大化相似度估測(Maximum Likelihood Estimation, MLE)的方式來建立每一個語句的語句模型：

$$P(w|S)=\frac{C(w,S)}{|S|} \tag{3}$$

在(3)中，$C(w,S)$ 表示詞 w 在語句 S 中出現的次數，$|S|$ 則表示語句 S 的總詞數。值得注意的是，由於語句 S 通常僅由少數字詞所組成，因此容易遭遇資料稀疏(Data Sparseness)的問題，這會使得語句模型使用最大化相似度估測時，不僅可能無法準確地估測每一個詞在語句中真正的機率分佈，也可能因為某些詞的條件機率值為零，導致語句 S 產生文件 D 的機率值為零。為了減輕上述的現象，本論文使用 Jelinek-Mercer 平滑化(Smoothing)技術藉由使用以大量文字語料訓練而成的背景單連語言模型(Background Unigram Language Model)來調適語句模型[35]，故 $P(D|S)$ 可進一步地表示成：

$$P(D|S)=\prod_{w\in D}[\lambda\cdot P(w|S)+(1-\lambda)\cdot P(w|B)]^{C(w,D)} \tag{4}$$

其中，$P(w|B)$ 是詞 w 在背景單連語言模型 B 中之機率值。

2、庫爾貝克-萊伯勒離散度量值

語言模型使用於文件摘要的研究中，除了可被用於計算語句生成文件的可能性外，另一種方式為藉由庫爾貝克-萊伯勒離散度量值(Kullback-Leibler Divergence Measure, KL)，來評估文件中每一個語句的重要性。當使用庫爾貝克-萊伯勒離散度量值於摘要任務中，被摘要文件 D 和 D 中的每一個語句 S 都將分別被描述為一個單連語言模型；當相對於被摘要文件 D 的文件模型(Document Model)，語句模型的離散度量值愈小時，則代表語句與文件愈相關，亦即語句 S 愈重要。在此摘要架構下，排序語句重要性的公式如下[18]：

$$KL(D\|S)=\sum_{w\in V}P(w|D)\log\frac{P(w|D)}{P(w|S)} \tag{5}$$

其中，V (Vocabulary)表示一個由語言裡所有可能的語彙所形成的集合。本論文的研究中，文件模型 $P(w|D)$ 的建立方式與語句模型相同(參照式(3))。當我們更進一步地對(5)作分析時，可以發現當文件模型僅使用最大化相似度估測(MLE)的前提下，採用庫爾貝克-萊伯勒離散度量值所得到的語句排序將與使用文件可能性(Document Likelihood)測量方式(即文件相似度量值)所得到的結果是相同的，其推導如下[6]：

$$
\begin{aligned}
-KL(D \| S) &\overset{rank}{=} \sum_{w \in V} P(w|D) \log P(w|S) \\
&= \sum_{w \in V} \frac{C(w,D)}{|D|} \log P(w|S) \\
&\overset{rank}{=} \sum_{w \in V} C(w,D) \log P(w|S) \\
&= \log P(D|S) \\
&\overset{rank}{=} P(D|S)
\end{aligned}
\tag{6}
$$

由於使用庫爾貝克-萊伯勒離散度量值時，不僅語句被表示成語句模型，每一篇被摘要文件 D 亦被視為一個文件(機率)模型，而文件模型在經由各式語言模型調適與平滑化的技巧下，可以有系統地、適當地調適文件模型的機率分佈；因此相較於文件相似度量值(DLM)只能針對語句模型進行調適，庫爾貝克-萊伯勒離散度量值(KL)能透過不同模型參數估測技術的使用而獲得更佳的自動摘要效能。

3、明確度量值

文件相似度量值(DLM)與庫爾貝克-萊伯勒離散度量值(KL)皆著重於探討語句與文件之間的相似度，但在選取適當的語句作為摘要之任務上，我們認為亦可額外地考量由其它不同角度出發所擷取之線索；譬如，探討語句本身所蘊含的詞彙使用資訊，以及語句與非相關(Non-relevance)資訊(在這裡是指被摘要文件的非相關資訊)間的關係。基於此概念，本論文首先提出使用明確度(Clarity)[11]量值來輔助庫爾貝克-萊伯勒離散度量值進行摘要語句選取。同時，我們亦將深入地探討這兩種不同的量值(一為語句 S 與文件 D 的庫爾貝克-萊伯勒離散度，另一為語句 S 的明確度)對於選取重要且具代表性之語句的實際影響。

首先，我們將每一篇被摘要文件 D 中語句 S 的明確度量值定義如下：

$$
Clarity(S) \overset{def}{=} CE(N_D \| S) - H(S) \tag{7}
$$

其中 $CE(N_D \| S)$ 為語句 S 與被摘要文件 D 的非相關資訊 N_D 之間的交互亂度(Cross Entropy, CE)：

$$
CE(N_D \| S) = -\sum_{w \in V} P(w|N_D) \log P(w|S) \tag{8}
$$

我們認為每一篇被摘要文件 D 中可同時擷取出兩種不同面向的資訊，分別是相關(Relevance)與非相關(Non-relevance)資訊。我們將文件 D 中的相關資訊定義為是文件所欲表達的主旨或主題資訊；相反地，文件 D 的非相關資訊則是與該文件內容完全沒有關聯、甚至是背道而馳的主旨或主題資訊。因此，摘要語句模型應與由相關資訊所估測的模型(如文件模型)愈相似(接近)，而與非相關資訊所估測的模型愈不相似(遠離)。當假設對於每一篇被摘要文件而言，語料庫中絕大部分的文件都與其主旨或內容不相關時，則我們可藉由語料庫中大量文件所估測而得的背景單連語言模型(參照式(4)與其說明)來近似每一篇被摘要文件 D 之非相關資訊 N_D 所對應的模型 $P(w|N_D)$。簡言之，$CE(N_D \| S)$ 旨在描述語句 S 與被摘要文件 D 的非相關資訊 N_D 之間的相似關係，可視為是語句 S 的一種外在資訊(Extrinsic Information)。若語句 S 與被摘要文件的非相關資訊 N_D 的交互亂度值愈大（亦即語句 S 與被摘要文件 D 的非相關資訊之用字遣詞是大相徑

庭的)，則表示語句S與文件D的非相關資訊N_D愈不相似；反之，若語句S與被摘要文件的非相關資訊N_D的交互亂度值愈小（亦即語句S與N_D的用字遣詞是差不多的)，則語句S與被摘要文件的非相關資訊N_D愈相似。

在式(7)明確度量值中的$H(S)$為語句S之本身的資訊複雜度(Sentence Entropy, SE)：

$$H(S) = -\sum_{w \in V} P(w \mid S) \log P(w \mid S) \tag{9}$$

$H(S)$是描述語句本身使用詞彙之集中性，因此語句S本身的資訊複雜度可視為是語句本身的一種內在資訊(Intrinsic Information)。當語句複雜度值$H(S)$愈小時，表示語句所使用的不同詞彙之個數愈少或愈集中，語句S所呈現的主題也愈聚焦，即語句S愈具有獨特性(Specificity)；反之，當語句複雜度值$H(S)$愈大時，表示語句S所使用的不同詞彙之個數愈多或愈發散，且各個詞彙出現的頻率相近，也就是語句中較無特別強調的詞彙，所以相較之下，語句S所蘊含的資訊可能較複雜，比較不具獨特性。綜觀以上分析，若語句S的明確度愈高，表示語句S與被摘要文件D的非相關資訊N_D之間的交互亂度愈大且語句S本身的詞彙使用複雜度愈小；換句話說，即此語句所蘊含的資訊不僅不同於被摘要文件D的非相關資訊，並且所欲表達的主題內容是較為明確且單純的。

由於語句的明確度是描述語句與文件之非相關資訊N_D間的關係以及語句本身的資訊，我們進一步的將語句與文件間相似度的資訊與明確度相結合，做為最終語句重要性排序之依據：

$$-KL(D \parallel S) + Clarity(S) \tag{10}$$

庫爾貝克-萊伯勒離散度量值愈小，表示語句與被摘要文件的相似度應將會愈大；語句明確度量值愈大，則愈有可能表示語句不僅具有獨特性且能明確呈現被摘要文件之主題。綜合這兩個面向，我們期望可以挑選出與被摘要文件相似度高並且言簡意賅的語句來形成摘要。再者，因明確度量值可區分為兩個部分，一為語句S之本身的資訊複雜度，另一為語句S與被摘要文件D的非相關資訊N_D之間的交互亂度，在實驗中我們將更進一步地探討庫爾貝克-萊伯勒離散度量值分別與這兩種成分相結合之摘要成效：

$$-KL(D \parallel S) - H(S) \tag{11}$$

$$-KL(D \parallel S) + CE(N_D \parallel S) \tag{12}$$

目前對於非相關資訊的取得與估測仍是一個值得討論的議題[33]，在本論文後續之實驗中，將初步使用背景單連語言模型來作為每一篇被摘要文件D的非相關資訊所對應的語言模型[7]。另一方面，明確度之概念也常被用於資訊檢索領域中，其目的是為了要預測檢索字串(Query)之難易度而衍生出來的概念[31]，本論文是首次使用明確度之概念用於(語音)文件摘要任務中。

4、使用關聯模型

除了結合語句明確度於語音文件摘要之研究外，本論文亦針對語句模型調適進行初步研究。通常，文件中的語句僅由少許的詞彙所組成，當語句模型使用最大化相似度估測時，容易遭遇資料稀疏的問題，藉由背景語言模型進行語句模型之調適為最常見的方法之一(參照式(4))。

雖然文件中的語句通常是簡短的，但我們認為每一語句S皆是被用來描述一個概念、想法或主題，我們稱之為語句的關聯類別(Relevance Class) R_S。在本論文中，我們的目標是想進一步地模型化關聯類別所代表的資訊，藉此來豐富語句模型所能傳達的語意內容或主題特性。然而，實際上每一語句 S 的關聯類別 R_S 是非常難以求得的；為此，我們透過虛擬關聯回饋(Pseudo Relevant Feedback, PRF)來尋找與關聯類別可能相關的一些文件，並藉由這些文件來近似關聯類別。更明確地，在實作上我們首先把每一語句 S 當作查詢(Query)，代表一個資訊需求(Information Need)，輸入到一個資訊檢索系統中，找出一些與語句 S 相關的關聯文件 $\mathbf{D}_{\text{Top}}=\{D_1,\ldots,D_M\}$ ，稱之為虛擬關聯文件(Pseudo Relevant Documents)，用以代表關聯類別 R_S 。接著，透過檢視詞彙 w 與語句 S 在這些虛擬關聯文件中同時出現之關係，可計算出詞彙與語句的聯合機率[14]：

$$P_{\text{RM}}(w,S)=\sum_{D_j\in\mathbf{D}_{\text{Top}}}P(w,S\mid D_j)P(D_j) \tag{13}$$

當我們進一步地假設在給定某一篇虛擬關聯文件時，詞彙與語句是獨立的，並且語句內的詞彙也是獨立且不考慮其先後次序(即所謂的詞袋假設)，則透過虛擬關聯回饋所估測的語句模型為：

$$P_{\text{RM}}(w\mid S)=\frac{\sum_{D_j\in\mathbf{D}_{\text{Top}}}\prod_{w'\in S}P(w'\mid D_j)P(w\mid D_j)P(D_j)}{\sum_{D_{j'}\in\mathbf{D}_{\text{Top}}}\prod_{w''\in S}P(w''\mid D_{j'})P(D_{j'})} \tag{14}$$

我們稱之為關聯模型(Relevance Model, RM)。關聯模型的優點在於藉由虛擬關聯文件的資訊，可以更清楚地知道語句所蘊含的資訊、所欲表達的內涵，所以相較於傳統使用最大化相似度估測的語句模型，可更準確地表達語句的語意內容或主題特性，以提升摘要的成效。運用此一關聯模型來調適語句模型時，庫爾貝克-萊伯勒離散度量值的公式(參照式(5))可進一步地表示成：

$$KL(D\parallel S)=\sum_{w\in V}P(w\mid D)\log\frac{P(w\mid D)}{\gamma\cdot P(w\mid S)+(1-\gamma)\cdot P_{\text{RM}}(w\mid S)} \tag{15}$$

其中 $0\le\gamma<1$ ，當 $\gamma=0$ 代表使用關聯模型取代原本的語句模型。

四、實驗語料及評估方法

1、實驗語料

本論文實驗語料庫為公視新聞語料(Mandarin Chinese Broadcast News Corpus, MATBN)，是由中央研究院資訊科學研究所耗時三年與公共電視台合作錄製並整理的中文新聞語料，其錄製內容為每天一個小時的公視晚間新聞深度報導。我們抽取其中由 2001 年 11 月到 2002 年 8 月總共 205 則新聞報導，區分成訓練集(共 185 則新聞)以及測試集(共 20 則新聞)兩部分，其詳細的統計資訊如表一所示。全部 205 則語音文件長度約為 7.5 小時，我們先做人工切音，切出真正含有講話內容的音訊段落，再經由語音辨識器自動產生出的語音辨識結果稱之為語音文件(Spoken Document, SD)，因此語音文件中只包含有語音辨識錯誤之雜訊；另一方面，我們將此 205 則語音文件藉由人工聽寫的方式，產生出沒有辨識錯誤的正確文字語料，我們稱之為文字文件(Text Document, TD)，每則文字文件再經由三位專家標記摘要語句，我們將此標記的人工摘要做為語音文件與文字文件的正確摘要答案。藉由比較語音文件和文字文件的摘要效能，我們可以觀察語音辨識錯誤對於各種摘要方法之影響。本研究的背景語言模型訓練語料取材自

表一、實驗語料統計資訊

	訓練集	測試集
語料時間	2001/11/07-2002/01/22	2002/01/23-2002/08/22
文件個數	185	20
文件平均持續幾秒	129.4	141.2
文件平均詞個數	326.0	290.3
文件平均語句個數	20.0	23.3
文件平均字錯誤率 (Character Error Rate, CER)	28.8%	29.8%
文件平均詞錯誤率 (Word Error Rate, WER)	38.0%	39.4%

2001 到 2002 年的中央社新聞文字語料(Central News Agency, CNA)，並且以 SRI 語言模型工具[29]訓練出經平滑化的單連語言模型，我們假設此單連語言模型為明確度中的非相關資訊之來源。另外，本論文蒐集 2002 年中央通訊社的 101,268 則同時期新聞文字文件做為建立關聯模型時的檢索標的[6]。

2、評估方法

自動摘要的評估方法主要有兩種，一為主觀人為評估，另一為客觀自動評估；前者為請幾位測試人員來為系統所產生的摘要做評估，給分的範圍為 1-5 分，後者則是預先請幾位測試者依據事先定義好的摘要比例挑選出適合的摘要語句，系統所產生的摘要句子將與測試者所挑選出的句子計算召回率導向的要點評估(Recall-Oriented Understudy for Gisting Evaluation, ROUGE)[19]。由於主觀人為評估非常耗時耗力，所以目前多數自動摘要方法皆採用召回率導向的要點評估做為文件摘要的評估方式，本論文亦採用此種評估方式。ROUGE 方法是計算自動摘要結果與人工摘要之間的重疊單位元(Units)數目占參考摘要(Reference Summary)長度(單位元總個數)的比例。估計的單位可以是 *N*-連詞(*N*-gram)、詞序列(Word Sequences)，如：最長相同詞序列或詞成對(Word Pairs)。由於此方法是採用單位元比對的方式，不會產生語句邊界定義的問題，並且適合於多份人工摘要的評估。其評估的分數有三種，ROUGE-1(Unigram)、ROUGE-2(Bigram)和 ROUGE-L(Longest Common Subsequence)分數，ROUGE-1 是評估自動摘要的訊息量，ROUGE-2 是評估自動摘要的流暢性，ROUGE-L 是最長共同字串，本論文希望觀察摘要的流暢性，因此，實驗數據主要是以 ROUGE-2 分數為主。本論文所設定的摘要比例為 10%，其定義為摘要所含詞彙數占整篇文件詞彙數的比例，也就是以詞彙做為判斷摘要比例的單元。在挑選摘要語句過程中，若選到某語句中的某個詞彙時就已經剛好達到摘要比例，為了保持語句語意完整性，此語句剩下的詞彙也會被挑選成為摘要。

五、實驗結果

本論文主要著重在非監督式摘要方法之發展與改進，因此所比較的對象以非監督式摘要方法為主；除此之外，本論文亦嘗試與現今最被廣為使用的監督式機器學習方法做比較，即支持向量機(SVM)[37]。

1、基礎實驗

首先，我們比較庫爾貝克-萊伯勒離散度(KL)與數個非監督式摘要方法之摘要成效，包

表二、基礎實驗結果

		F-score (%)		
		ROUGE-1	ROUGE-2	ROUGE-L
TD	LS	22.5	09.8	18.3
	LEAD	31.0	19.4	27.6
	VSM	34.7	22.8	29.0
	KL	**41.1**	**29.8**	**36.1**
SD	LS	18.1	04.4	13.8
	LEAD	25.5	11.7	22.1
	VSM	34.2	18.9	28.7
	KL	**36.4**	**21.0**	**30.7**

含有最長語句摘要(Longest Sentence, LS)、首句摘要(LEAD)[27]以及向量空間模型(Vector Space Model, VSM)[36]。一般來說，文件中長句可能蘊含有較豐富的主題資訊，因此依據文件中語句長度做排序後，依序選取最長語句做為摘要結果是一種簡單的摘要方法。除此之外，也有學者研究發現，文件常以開門見山法的方式來提點出主題，因此文件開頭的前幾個語句經常是具代表性的語句，首句摘要即是以此概念出發，選取前幾句語句來形成整個文件的摘要。最長語句摘要(LS)及首句摘要(LEAD)都僅適用在一部分具有特殊結構的文件上，因此它們的缺點就是有其侷限性。另外，向量空間模型是把文件和語句分別視為一個向量，並使用詞頻-反文件頻(TF-IDF)特徵來計算每一維度的權重值，文件與語句間的關聯性是藉由餘弦相似度量值來估測，當語句分數較高時，則越有機會成為此文件的摘要[36]。

表二為本論文之基礎實驗結果。首先，在 TD 的實驗中，KL 的摘要效果比 LS、LEAD 及 VSM 等非監督式摘要方法來得好些；因 LS 與 LEAD 僅適用於特殊文章結構上，所以若被摘要文件不具有某種特殊的文章結構，其摘要效能就會有限。相較之下，KL 是較具一般性的摘要方法，因此比較不會受限於文章的結構之影響，故摘要效能比 LS 以及 LEAD 來得彰顯。KL 與 VSM 皆使用淺層的詞彙(詞頻)資訊，但由於 KL 是計算語句模型與文件模型之間的距離關係，對於代表語句與文件的語言模型，我們較容易透過各種技術來進行模型的估計與調適，進而獲得較好的摘要成果。另一方面，在 SD 的實驗中，KL 同樣較優於 LS、LEAD 之摘要方法，但 VSM 的結果則稍微較 KL 好一點，我們認為這可能是因為 VSM 比較不受到語音辨認錯誤的影響。

通常語音文件主要會有語音辨識錯誤和語句邊界偵測錯誤的問題，但我們有先經人工切音，因此摒除了語句邊界偵測錯誤的問題，藉由比較 TD 與 SD 之實驗結果，我們可以觀察語音辨識錯誤率對摘要結果的影響性。比較各式方法，SD 比 TD 下降了 1.9%~8.8%的 ROUGE-2 摘要效能，由此可知語音辨識錯誤率對摘要效能是有顯著的影響性。為了減緩語音辨認錯誤的問題，在未來我們將嘗試使用音節(Syllable)為單位來建立語句以及文件模型；或利用詞圖(Word Graph)、混淆網路(Confusion Network)來含括更多的可能正確候選詞彙以裨益模型估測；更可利用韻律資訊(Prosodic Information)等聲學線索來輔助減緩語音辨認錯誤對摘要效能的影響。

2、使用明確度量值之實驗

接著，我們探討語句明確度量值於語音文件摘要之成效。實驗結果如表三所示，使用語句明確度量值(KL+Clarity, 參照式(10))來輔助挑選摘要語句確實較單純使用 KL

表三、考量明確度量值之實驗結果

		F-score (%)		
		ROUGE-1	ROUGE-2	ROUGE-L
TD	KL	41.1	29.8	36.1
	KL+CE	41.1	29.9	36.2
	KL+SE	44.0	32.6	38.6
	KL+Clarity	**44.7**	**33.5**	**39.3**
SD	KL	36.4	21.0	30.7
	KL+CE	36.4	21.9	31.2
	KL+SE	39.6	25.3	34.7
	KL+Clarity	**40.3**	**26.1**	**35.4**

可以獲得更好的摘要效果，這是因為庫爾貝克-萊伯勒離散度量值愈小，表示語句與被摘要文件的相似度應將會愈大；語句明確度量值愈大，則愈有可能表示語句不僅具有獨特性且能明確呈現被摘要文件之主題，綜合這兩個面向後，可挑選出與被摘要文件相似度高並且言簡意賅的語句來形成摘要。我們同時分析了 KL、KL+Clarity 及人工所選的平均摘要語句長度分別為 22.7、20.3 以及 17.2 個詞彙，由此可知 KL+Clarity 所選的摘要語句會比較接近人工所挑選摘要語句之長度，也可看出使用 KL+Clarity 相對於 KL 會比較偏好簡短的語句。

另外，本論文亦針對明確度量值中的內在資訊－語句資訊複雜度(KL+SE，參照式(11))以及外在資訊－語句與被摘要文件的非相關資訊之交互亂度(KL+CE，參照式(12))進行探討。實驗結果顯示 KL+SE 會比 KL 以及 KL+CE 來得好，這個結果說明了語句資訊複雜度在摘要語句的選取上是相當重要的，因為它可以表現出語句本身的獨特性，使語句更能呈現文件所要表達的主題。然而，KL+CE 的實驗結果不論在 TD 或 SD 中皆與 KL 相差不多，對此我們認為可能的原因是因為本論文使用背景單連語言模型來作為被摘要文件的非相關資訊的對應模型，因此在單獨使用的情況下成效不彰。實際上，每一篇被摘要文件的非相關資訊應該都要有所不同，但我們在摘要實驗中先簡單假設每一篇被摘要文件的非相關資訊都是同一個(即背景單連語言模型)，如何為每一篇被摘要文件建立其真正的非相關資訊模型將是我們未來重要的研究課題。總結而言，明確度量值除了考慮語句本身的複雜度資訊外，也考量到使用被摘要文件的非相關資訊來幫助選取摘要語句，所以結合使用明確度量值之方法來輔助挑選重要且具代表性的語句對摘要效能的提升是非常有助益的。

3、語句明確度之分析

為了更進一步、嚴格地分析 KL+Clarity 的摘要能力，本小節以平均正確率均值(Mean Average Precision, MAP)來比較 KL、LEAD 和 KL+Clarity 的摘要能力。相較於 ROUGE 是較寬鬆地計算兩語句間詞彙重疊數目比例做為評量標準，平均正確率均值是嚴格的以每一篇被摘要文件所選出的摘要語句，是否與人工參考摘要語句相同作為評分標準。本實驗中，我們使用各種方法分別計算文件中每一語句後依據各自的分數排序，選取排名前 3 高的語句來計算平均正確率均值(MAP)；另外，由於 SD 中會有語音辨識錯誤等雜訊的干擾，故我們選擇 TD 做為分析之語料。

首先比較 KL 與 LEAD 的平均正確率均值，如圖一所示，KL 在大部分的文件中

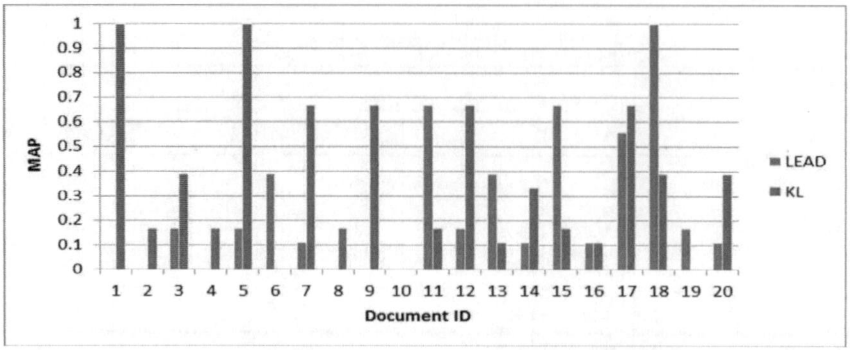

圖一、KL 與 LEAD 之平均正確率均值比較

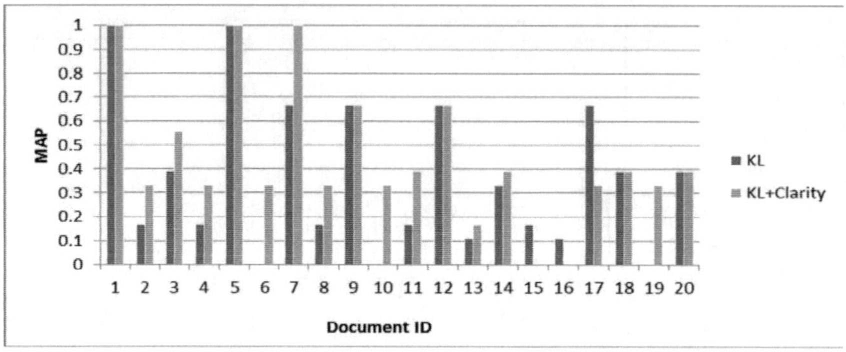

圖二、KL 與明確度之平均正確率均值比較

其平均正確率均值都大於 LEAD，唯有少數幾篇文件的平均正確率均值低於 LEAD，我們觀察那幾篇文件後發現其文章結構是以開門見山法的形式來呈現，因此 LEAD 在這幾篇文件可獲得一定程度的摘要結果。接著，我們比較 KL 與 KL+Clarity 之平均正確率均值，由圖二中可觀察到 KL+Clarity 的平均正確率均值在測試集的大多數文件中皆會高於 KL，只有少數幾篇文件(第 15、16 及 17 篇)會低於 KL 的平均正確率均值。我們認為其原因是可能是因為本論文使用背景單連語言模型來作為所有被摘要文件的非相關資訊的對應模型，而這幾篇文件的非相關資訊可能與背景單連語言模型較不相近，因此造成其摘要結果不如預期。

4、考量關聯模型之實驗

使用關聯模型於語句模型之建立時，需要做一次的資訊檢索來為每個語句找出虛擬關聯文件，本論文採用文件相似度量值 $P(S \| D)$ [36]，由同時期的新聞文字文件(共 101,268 篇)中為每一語句選取出 15 篇虛擬關聯文件來進行關聯模型之估測與相關實驗[6]。由於文件中的語句通常相對簡短，因此當使用最大化相似度估測建立語句模型時，容易遭遇資料稀疏的問題，不容易獲得精準的模型，故我們期望考慮額外的關聯資訊於語音文件摘要，亦即藉由虛擬關聯文件來重新估測並建立語句的語言模型，能獲得進一步地摘要成效。重新估測後的關聯模型則可與原本的語句模型相結合或取代之，相結合的參數調整在本實驗中是採用經驗設定(Empirical Setting)。實驗結果如表四所示，在 TD 與 SD 之摘要成效上，使用關聯模型(KL+RM)相較於 KL 在 ROUGE-2 的結果上能有 3.7%與 3.5%的改進。

接著，我們更進一步地結合本論文所探討之語句明確度量值以及關聯模型，實驗結果如表四所示。首先，結合關聯模型與明確度量值(KL+Clarity+RM) 相較於 KL+RM 在 TD 及 SD 的 ROUGE-2 結果分別有 3.8%與 2.1%的進步率。總合而言，結合了庫爾貝克

表四、考量關聯模型之實驗結果

		F-score (%)		
		ROUGE-1	ROUGE-2	ROUGE-L
TD	KL+RM	45.3	33.5	40.3
	KL+CE+RM	45.9	34.5	41.2
	KL+SE+RM	**47.7**	36.4	**42.6**
	KL+Clarity+RM	**47.7**	**37.3**	**42.6**
SD	KL+RM	39.3	24.5	34.1
	KL+CE+RM	39.1	26.2	34.7
	KL+SE+RM	**40.1**	26.4	35.2
	KL+Clarity+RM	40.0	**26.6**	**35.4**

-萊伯勒離散度量值、明確度量值以及關聯模型，是由四個面向來挑選重要的摘要語句，一為語句與文件之相似度($KL(D \| S)$)，二是語句本身資訊複雜度($H(S)$)，第三是語句與被摘要文件的非相關資訊之交互亂度($CE(N_D \| S)$)，最後為語句與關聯文件之相關資訊($P_{RM}(w|S)$)，此實驗結果亦顯示，這四個面向之資訊可以相輔相成的使用，達到最佳的摘要成效。

在關聯模型的相關實驗中，語音辨識錯誤也是影響摘要效能非常嚴重，在 KL+Clarity+RM 的數據中，SD 比 TD 劇烈下降了 10.7%的 ROUGE-2 摘要效能，在未來研究中，我們認為可以以次詞索引(Subword Indexing)的方式來建立關聯模型以減緩語音辨識錯誤之影響。

5、與監督式模型之比較

除了各式非監督式摘要方法外，本論文亦嘗試比較支持向量機(SVM)於文件摘要之成效。支持向量機是現今常見的監督式機器學習方法之一，近年來已有學者將其運用至文件摘要領域之中[37]。本論文使用訓練集的 185 篇文件進行支持向量機模型的訓練語料，我們為文件中的每一語句抽取 19 維特徵[17]，包括有韻律特徵(Prosodic Features)、語彙特徵(Lexical Features)、結構特徵(Structural Features)以及基本的模型特徵(Model Features)等資訊，其核心函數設定為半徑式函數(Radial Basis Function)，其中 SVM 的參數設定都是使用預設值。

實驗結果如圖三所示，一如預期地，SVM 與其他各式非監督式模型相比較，不論是在 TD 或 SD 的實驗上(其 ROUGE-2 分別為 37.8 及 35.9)都是表現最好的方法，這是由於監督式機器學習藉由使用人工標注的摘要句子進行模型之訓練，其使用的資訊較非監督式機器學習方法多且正確，因此其摘要的效果也較非監督式機器學習來的好。值得一提的是，將明確度與關聯模型(KL+Clarity+RM)互相結合之後，摘要之成效在 TD 上可逼近於監督式機器學習方法的 SVM，此一實驗結果令人感到驚訝，因為本論文所探討之各式摘要方法僅考慮了文件與語句中的單一種特徵值，即藉由詞彙分佈資訊來挑選語句，而支持向量機不僅使用了 19 種特徵值，更需要使用人工標註的正確答案進行模型的訓練。我們認為，此結果之原因可能是由於支持向量機之摘要技術是將摘要任務視為一個二元分類問題，在自動摘要的研究中或許可以達到某一程度的摘要成效，但未必是最好的解決方法。另一方面，在 SD 的實驗中，SVM 相較於其他方法能擁有特別突出的結果，其原因可能是因為我們所使用的實驗語料是經人工切音，因此 SD 中語句的

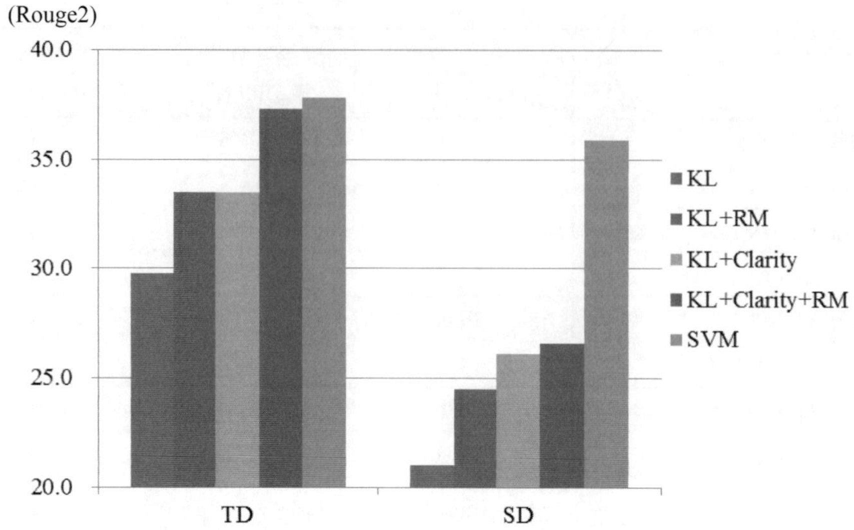

圖三、SVM 與其他非監督式摘要方法之比較

韻律特徵是很正確的資訊，又因為韻律特徵對語音文件摘要是具有相當程度的幫助，所以 SVM 在 SD 的實驗中才能表現得如此傑出。

六、結論與未來方向

本論文主要有兩個貢獻，第一為首次探究明確度於語音文件摘要上之效用，當與庫爾貝克-萊伯勒離散度相結合後，運用於語音文件摘要上具有加成作用之效果。我們亦同時檢視明確度的內部組成，將之區分成內在資訊(語句本身資訊複雜度)及外在資訊(語句與被摘要文件非相關資訊之交互亂度)兩個面向，來詮釋明確度如何輔助挑選文件中重要且具代表性的摘要語句。第二，基於所謂關聯性(Relevance)的概念，本論文嘗試使用虛擬關聯文件來重新估測並建立語句的語言模型，使其得以更精準地代表語句的語意內容，以增進自動摘要的效能。相較於其它現有的非監督式摘要方法，本論文所提出之摘要方法有明顯的效能改善，甚至可以逼近常見的監督式摘要方法。

未來，我們的研究將有三個主要的方向：首先，本論文所提出之語句明確度是由兩種資訊組合而成，而這兩種資訊在摘要語句挑選時扮演同等重要的角色，我們將進一步的研究是否可以針對不同的文件或不同的語句給予適當的權重調整，以期獲得更好的摘要成效；第二，目前關聯模型僅運用於重建語句的語言模型，我們將嘗試使用被摘要文件的關聯資訊來重新估測並建立文件的語言模型；最後，我們希望將明確度此一摘要特徵資訊結合於監督式機器學習方法(如 CRF 或深度類神經網絡(Deep Neural Network Learning, DNN)等)中，期望訓練後的模型能夠在文字文件摘要或語音文件摘要上獲得更好的表現。

致謝

本論文之研究承蒙教育部–國立臺灣師範大學邁向頂尖大學計畫(102J1A0800)與行政院國家科學委員會研究計畫(NSC 101-2221-E-003-024-MY3、NSC 101-2511-S-003-057-MY3、NSC 101-2511-S-003-047-MY3 和 NSC 102-2221-E-003-014-MY3)之經費支持，謹此致謝。

参考文獻

[1] R. Barzilay and M. Elhadad, *Using Lexical Chains for Text Summarization,* Proceedings of Workshop on Intelligent Scalable Text Summarization, pp. 10-17, 1997

[2] P. Baxendale, *Machine-made Index for Technical Literature – an Experiment,* IBM Journal of Research and Development, Vol. 2, No. 4, pp. 354-361, 1958

[3] X.-Y. Cai, and W.-J. Li, *Ranking through Clustering: An Integrated Approach to Multi-Document Summarization,* IEEE Transactions on Audio, Speech and Language Processing, Vol. 21, No. 7, pp.1424-1433, 2013

[4] J. Carbonell and J. Goldstein, *The Use of MMR Diversity-based Reranking for Reordering Documents and Producing Summaries,* Proceedings of the 21th Annual International ACM SIGIR Conference on Research and Development in Information Retrieval (SIGIR), pp. 335-336, 1998

[5] Y.-T. Chen, B. Chen and H.-M. Wang, *A Probabilistic Generative Framework for Extractive Broadcast News Speech Summarization,* IEEE Transactions on Audio, Speech and Language Processing, Vol. 17, No. 1, pp. 95-106, 2009

[6] B. Chen, H.-C. Chang, K.-Y. Chen, *Sentence Modeling for Extractive Speech Summarization*, Proceeding of International Conference on Multimedia & Expo (ICME), 2013

[7] B. Chen, K.-Y. Chen, P.-N. Chen, Y.-W. Chen, *Spoken Document Retrieval With Unsupervised Query Modeling Techniques*, IEEE Transactions on Audio, Speech and Language Processing, 20(9):2602-2612, 2012

[8] J.-M. Conroy and D.-P. O'Leary, *Text Summarization via Hidden Markov Models,* Proceedings of the 24th Annual International ACM SIGIR Conference on Research and Development in Information Retrieval (SIGIR), pp. 406-407, 2001

[9] M. Galley, K. McKeown, J. Hirschberg, and E. Shriberg, *Identifying Agreement and Disagreement in Conversational Speech: Use of Bayesian Networks to Model Pragmatic Dependencies,* Proceedings of Annual Meeting of the Association for Computational Linguistics (ACL), pp. 669-676, 2004

[10] Y. Gong and X. Liu, *Generic Text Summarization using Relevance Measure and Latent Semantic Analysis,* Proceedings of the 24th Annual International ACM SIGIR Conference on Research and Development in Information Retrieval (SIGIR), pp. 19-25, 2001

[11] S. Hummel, A. Shtok, D. Carmel, *Clarity Re-visited*, Proceedings of the Annual International ACM SIGIR Conference on Research and Development in Information Retrieval (SIGIR), pp.1039-1040, 2012

[12] J.-J. Kuo and H.-H. Chen, *Multi-document Summary Generation using Informative and Event Words,* Journal of ACM Transactions on Asian Language Information Processing, Vol. 7, No.1, pp. 550-557, 2006

[13] J. Kupiec, *A Trainable Document Summarizer,* Proceedings of the 18th Annual International ACM SIGIR Conference on Research and Development in Information Retrieval (SIGIR), pp. 68-73, 1995

[14] V. Lavrenko and W.-B. Croft, *Relevance -based Language Models,* Proceedings of the 24th Annual International ACM SIGIR Conference on Research and Development in Information Retrieval (SIGIR), pp. 120-127, 2001

[15] J.-H. Lee, S.-Y. Kong, Y- C. Pan, Y. S. Fu, and Y.-T. Huang, *Multilayered Summarization of Spoken Document Archive by Information Extraction and Semantic Structuring,* Proceedings of the 7th Annual Conference of the International Speech Communication Association (Interspeech), pp. 1539-1542, 2006

[16] S.-H. Lin and B. Chen, *A Survey on Speech Summarization Techniques,* The Association for Computational Linguistics and Chinese Language Processing Newsletter, Vol. 21, No. 1, pp. 4-16, 2010

[17] S.-H. Lin and B. Chen, *Improved Speech Summarization with Multiple-hypothesis Representations and Kullback-Leibler Divergence Measures,* Proceeding of the 10th Annual Conference of the International Speech Communication Association (Interspeech), pp. 1847-1850, 2009

[18] S.-H. Lin, Y.-M. Yeh and B. Chen, *Leveraging Kullback-Leibler Divergence Measures and Information-rich Cues for Speech Summarization,* IEEE Transactions on Audio, Speech and Language Processing. Vol. 19, No. 4, pp. 871-882, 2011

[19] C.-Y. Lin, *ROUGE: Recall-oriented Understudy for Gisting Evaluation.* 2003 [Online]. Available: http://haydn.isi.edu/ROUGE/.

[20] Y. Liu, and D. Hakkani-Tur, *Speech Summarization,* Chapter 13 in Spoken Language Understanding: System for Extracting Semantic Information from Speech, G. Tur and R. D. Mori (Eds), New York, Wiley, 2011

[21] P. Luhn, *The Automatic Creation of Literature Abstracts,* IBM Journal of Research and Development, Vol. 2, No. 2, pp.159-165, 1958

[22] I. Mani and M.-T. Maybury, *Advances in Automatic Text Summarization,* Cambridge: MIT Press, 1999

[23] R. Mihalcea and P. Tarau, *TextRank Bringing Order into Texts,* Proceedings of Empirical Method in Natural Language Processing (EMNLP), pp. 404-411, 2004

[24] G. Murray, S. Renals, and J. Carletta, *Extractive Summarization of Meeting Recordings,* Proceedings of the 6th Annual Conference of the International Speech Communication Association (Interspeech), pp. 593-596, 2005

[25] M. Ostendorf, *Speech Technology and Information Access*, IEEE Signal Processing Magazine, Vol. 25, No. 3, 2008

[26] C.-D. Paice, *Constructing Literature Abstracts by Computer Techniques and Prospects,* Journal of Information Processing and Management, Vol. 26, No. 1, pp. 171-186, 1990

[27] G. Penn and X. Zhu, *A Critical Reassessment of Evaluation Baselines for Speech Summarization,* Proceedings of Annual Meeting of the Association for Computational Linguistics, pp. 470-478, 2008

[28] D. Shen, J.-T. Sun, H. Li, Q. Yang, and Z. Chen, *Document Summarization using Conditional Random Fields,* Proceedings of International Joint Conference on Artificial Intelligence (IJCAI), pp. 2862-2867, 2007

[29] A. Stolcke, SRI Language Modeling Toolkit, http://www.speech.sri.com/projects/srilm/.

[30] T. Strzalkowski, J. Wand, and B. Wise, *A Robust Practical Text Summarization,* Proceedings of AAAI Conference on Artificial Intelligence Spring Symposium on Intelligent Text Summarization, pp. 26-33, 1998

[31] S.-C. Townsend, Y. Zhou, W.-B. Croft, *Predicting Query Performance,* Proceedings of the Annual International ACM SIGIR Conference on Research and Development in Information Retrieval (SIGIR), pp. 299-306, 2002

[32] X. Wan and J. Yang, *Multi-document Summarization using Cluster-based Link Analysis,* Proceedings of the Annual International ACM SIGIR Conference on Research and Development in Information Retrieval (SIGIR), pp. 299-306, 2008

[33] X.-H. Wang, H. Fang, C.-X. Zhai. *A Study of Methods for Negative Relevance Feedback,* Proceedings of the Annual International ACM SIGIR Conference on Research and Development in Information Retrieval (SIGIR), pp. 219-226, 2008

[34] M. Witbrock and V. Mittal, *Ultra Summarization: a Statistical Approach to Generating Highly Condensed Non-extractive Summaries,* Proceedings of the 22th Annual International ACM SIGIR Conference on Research and Development in Information Retrieval (SIGIR), pp. 315-316, 1999

[35] C.-X. Zhai and J. Lafferty, *A Study of Smoothing Methods for Language Models Applied to Ad Hoc Information Retrieval,* Proceedings of the Annual International ACM SIGIR Conference on Research and Development in Information Retrieval (SIGIR), pp. 334-342, 2011

[36] C.-X. Zhai, *Statistical Language Models for Information Retrieval: A Critical Review,* Foundations and Trends in Information Retrieval, 2(3), pp.137-213, 2008

[37] J. Zhang and P. Fung, *Speech Summarization without Lexical Features for Mandarin Broadcast News,* Proceedings of NAACL HLT, Companion Volume, pp. 213–216, 2007

[38] J.-J. Zhang, H.-Y. Chan and P. Fung, *Extractive Speech Summarization using Shallow Rhetorical Structure Modeling,* IEEE Transactions on Audio, Speech and Language Processing, Vol. 18, No. 6, pp. 1147-1157, 2010

分頻式調變頻譜分解於強健性語音辨識

Sub-band modulation spectrum factorization in robust speech recognition

范顥騰 Hao-teng Fan
國立暨南國際大學電機工程學系
Department of Electrical Engineering
National Chi Nan University
s99323904@mail1.ncnu.edu.tw

蔡益彰 Yi-zhang Cai
國立暨南國際大學電機工程學系
Department of Electrical Engineering
National Chi Nan University
s99323523@mail1.ncnu.edu.tw

洪志偉 Jeih-weih Hung
國立暨南國際大學電機工程學系
Department of Electrical Engineering
National Chi Nan University
jwhung@ncnu.edu.tw

摘要

在本篇論文中，我們使用了非負矩陣分解(nonnegative matrix factorization, NMF)技術來強化語音特徵調變頻譜、藉此提升自動語音辨識系統之雜訊強健性，其中，NMF 法為語音之調變頻譜的強度求取一組基底向量，而我們藉由此組基底向量來擷取語音中重要的辨識成分，跟以往基於 NMF 之強健技術不同之處在於兩點：其一，我們利用了正交投影(orthogonal projection)的方式取代原先的迭代方式，使運算速度大幅增加。其二，我們採取分頻帶分解的方式取代原先全頻帶分解，藉此減少計算量。在 Aurora-2 之連續數字資料庫之辨識實驗顯示，上述的新方法相對於基礎實驗而言，能有效提升雜訊環境下語音辨識的精確度，可提供高達 58%的相對錯誤改善率，而跟原 NMF 法相較，新方法運算複雜度明顯降低，而能維持原辨識精確度、部分甚至有提升的效果。

Abstract

This paper proposes a novel scheme that enhance the modulation spectrum of speech features in noise speech recognition via non-negative matrix factorization (NMF). In the presented approach, we apply NMF to obtain a set of non-negative basis spectra vectors which derived from the clean speech to represent the important components for speech recognition. The difference compared to the conventional NMF-based scheme that leverages iterative search to update the full-band modulation spectra is two: first, we apply the orthogonal projection to update the low sub-band modulation spectra. Second, we process the low half-band of the modulation spectrum rather than the full-band. The presented new process improves the computation efficiency without the cost of degarded recognition performance. In the Aurora-2 database and task, the presented new NMF-based approach can achieve the average error reduction rate of over 58% relative to the baseline MFCC.

關鍵詞：非負矩陣分解法、強健性、調變頻譜、語音辨識。

Keywords: nonnegative matrix factorization, modulation spectrum, speech recognition, noise robustness.

一、緒論

當一套語音辨識系統[1]應用在實際環境下時，環境的不匹配、語者變異性及發音的變異性通常會造成辨識效能的低落，為了降低這些變異性所造成的影響而發展的技術，一般而言統稱為強健性技術(robustness techniques)。

常見的語音特徵(speech features)強健性技術中，有一大類別是對於語音特徵的統計值做正規化(statistics normalization)，如倒頻譜平均值正規化法(cepstral mean normalization, CMN)[2]、倒頻譜平均值與變異數正規化法(cepstral mean and variance normalization, CMVN)[3]、倒頻譜增益正規化法(cepstral gain normalization, CGN)[4]、相對頻譜法(RelAtive SpecTra, RASTA)[5]、倒頻譜平均值與變異數正規化結合自回歸動態平均濾波器法(cepstral mean and variance normalization plus auto-regressive-moving average filtering, MVA)[6]、統計圖等化法(histogram equalization, HEQ)[7][8]、時間序列結構正規化法(temporal structure normalization, TSN)[9]等，這些正規化通常是作用於語音特徵的時間序列(temporal sequence)上。

本篇論文中，與上述正規化法主要不同的是，我們對於特徵時間序列的傅立葉轉換、即其調變頻譜(modulation spectrum)作強健性更新，其它常見的調變頻譜處理技術有頻譜統計圖等化法(spectral histogram equalization, SHE)[10]、強度比率等化法(magnitude ratio equalization, MRE)[10]、調變頻譜替代法(modulation spectrum replacement, MSR)與調變頻譜濾波法(modulation spectrum filtering, MSF)[11]等。作用於調變頻譜上其可能的好處是，我們可以直接針對不同的頻率成分加以處理。由N.Kanedera的研究[12]發現，大部份的語音辨識資訊分布在 1 Hz 及 16 Hz 的中低調變頻率之間，因此如果若著重於處理此段調變頻率成分，而非整體頻帶，預期將可在不影響原始全頻帶方法之辨識精確度的前提下，有效減低計算上的複雜度、提升強健性技術的即時(real-time)性。

在分析多維資料的特性時，非負矩陣分解法(non-negative matrix factorization, NMF)[13-16]是近十幾年來相當新穎且有用的技術，起初，NMF 常運用在影像處理上，近年來，已有許多的相關 NMF 的應用及研究於語音辨識上。例如在文獻[17]中，利用了 NMF 對於語音特徵之全頻帶的調變頻譜作分解與更新，而達到了提升語音特徵強健性的效果。在本篇論文中，我們延伸了文獻[17][18]的觀念與方法，提出了兩種提升運算效能的新步驟：

1. 藉由正交投影(orthogonal projection)的方式取代原先 NMF 中求取新調變頻譜強度之迭代法(iteration approach)，如此可避免迭代法中費時的迭代運算及不確定的迭代數目，進而改進整體的運算速度。
2. 我們採取分頻帶分解的方式取代原先全頻帶分解，可只對於重要的中低頻帶作 NMF 的分解與更新，或分別對中低頻帶與高頻帶作 NMF 的分解與更新，藉此強調中低頻帶的重要性、並可減少計算量。

除了上述採用 NMF 更新及分解調變頻譜之外，我們另行使用文獻[18]中的方法來進行討論，以主軸成分分析(principal component analysis, PCA)求取調變頻譜基底矩陣，由於主軸成分分析其主要目的在於針對一群資料找出其最佳投影方向，使得其投影後的資料點能夠獲得對大之變異量，因此，同樣以投影方法更新調變頻譜，並利用上述分頻帶分解進行更新的方法降低其運算複雜度。

在 Aurora-2 的數字資料庫的辨識實驗上，我們驗證了上述新方法的良好效果、可有效降低原始 NMF 處理法的複雜度，有時可附加提升辨識精確度的功能。

二、非負矩陣分解調變頻譜投影法

在本章節中我們將分成四個小節介紹基本的非負矩陣概念、及本篇論文所提出的方法之原理與步驟。首先第一小節介紹非負矩陣分解法，接著第二小節說明之前學者所提出的迭代式頻譜更新法，第三小節則說明本論文所提出的調變頻譜投影法，最後一小節則是藉由功率頻譜密度圖來討論其效能。

（一）非負矩陣分解法之介紹

非負矩陣分解法(nonnegative matrix factorization, NMF)主要目的是將一個內容皆為非負實數的矩陣，分解為元素皆為非負實數的兩個基底矩陣之乘積。假設欲分解的非負矩陣表示為 $\mathbf{V} = [\mathbf{v}_1, \ldots \mathbf{v}_M]$ ，其中 $\mathbf{v}_j$ 為矩陣 $\mathbf{V}$ 之第 j 行，而矩陣 $\mathbf{V}$ 的尺寸為 N×M。藉由 NMF 分解 $\mathbf{V}$ ，得到 $\mathbf{W}$ 及 $\mathbf{H}$ 兩個非負矩陣，如下式表示：

$$\mathbf{V} \approx \mathbf{W}_{N\times r}\mathbf{H}_{r\times M} \tag{1}$$

$\mathbf{W}$ 及 $\mathbf{H}$ 尺寸分別為 N×r 與 r×M，r 可決定 $\mathbf{W}$ 及 $\mathbf{H}$ 兩矩陣尺寸(一般而言 r 遠小於 N 與 M)，其中 $\mathbf{W}$ 帶有 $\mathbf{v}$ 的行向量的綜合資訊，當我們改寫成 $\mathbf{v} \approx \mathbf{Wh}$ 時，則 $\mathbf{v}$ 、$\mathbf{h}$ 和 $\mathbf{V}$ 、$\mathbf{H}$ 將呈現行相關的關係，換句話說，$\mathbf{v}$ 可視為 $\mathbf{W}$ 之行向量的線性組合而 $\mathbf{h}$ 為其權重比，然而最主要的目的在於使 $\mathbf{W}$ 與 $\mathbf{H}$ 兩矩陣的乘積逼近於 $\mathbf{V}$ ，如此一來才能得到一組可靠的基底，這個過程我們以下式表示：

$$(\mathbf{W}, \mathbf{H}) = \min_{\tilde{\mathbf{W}}, \tilde{\mathbf{H}}} \sum_{i,\mu} \left(\mathbf{V}_{i,\mu} - \left(\tilde{\mathbf{W}}\tilde{\mathbf{H}} \right)_{i,\mu} \right)^2 \tag{2}$$

（二）NMF 使用於全頻帶調變頻譜之迭代式更新

無論是此小節將要介紹的迭代式更新法或是下一小節的投影法，所採用的皆是與壓縮感知(compressed sensing)[16]相同的概念，簡單來說，所謂的壓縮感知並不直接對訊號直接做採集，而是經由將信號投影至一組波形上，得到一組壓縮數據後，再藉由最佳化的方式進行解碼，進而估計出原始訊號的重要訊息。

在文獻[18]中，首先提及利用NMF於語音倒頻譜特徵調變頻譜的更新上。在此，我們簡要地介紹其更新步驟：

步驟 I. 對於特定項之語音特徵(如第一維倒頻譜特徵)而言，將用以訓練聲學模型的每一句乾淨語音特徵時間序列作作離散傅立葉轉換(discrete Fourier transform, DFT)，得到其調變頻譜序列，將這些不同語句所對應之調變頻譜序列的強度(magnitude)排成一個矩陣 $\mathbf{V}$ 的每一行(column)，因此若 $\mathbf{V}$ 的尺寸為 N×M，代表了我們共有 M 句語音，而其頻率點數為 N。
步驟 II. 利用前述之 NMF 法分解矩陣 $\mathbf{V}$，即求取等式(1)中的兩個矩陣 $\mathbf{W}$ 與 $\mathbf{H}$。其中矩陣 $\mathbf{W}$ 包含了 r 個尺寸為 N×1 的行向量(column vector)，這 r 個行向量包含了每一句乾淨語音調變頻譜強度之基底向量，而 $\mathbf{H}$ 則是代表了每一句乾淨語音的權重。
步驟 III. 對於訓練與測試的語句其特徵時間序列的調變頻譜強度（以向量 $\tilde{\mathbf{v}}$ 表示），我們利用前步驟所得的矩陣 $\mathbf{W}$，對此向量 $\tilde{\mathbf{v}}$ 以 NMF 的迭代法作逼近進而求得最後的 $\mathbf{h}^{(L)}$，而 $\mathbf{h}^{(L)}$ 即為 $\tilde{\mathbf{v}}$ 與 $\mathbf{W}$ 之間的權重比關係，整個過程如下：

初始： 任意指定一非負向量 $\mathbf{h}^{(0)}$。

迭代：前後兩向量 $\mathbf{h}^{(j)}$ 與 $\mathbf{h}^{(j+1)}$ 的關係為：

$$\mathbf{h}_k^{(j+1)} = \mathbf{h}_k^{(j)} \frac{(\mathbf{W}^T\tilde{\mathbf{v}})_k}{(\mathbf{W}^T\mathbf{W}\mathbf{h}^{(j)})_k} \tag{3}$$

其中對向量使用下標 k 代表此向量中的第 k 項。

終止：在多次迭代之後，藉由最後一次迭代所得的向量 $\mathbf{h}^{(L)}$（假設迭代總次數為 L），新調變頻譜強度為：

$$\tilde{\mathbf{v}}' = \mathbf{W}\mathbf{h}^{(\mathbf{L})}. \tag{4}$$

此新的調變頻譜強度配合原始的相位成分(phase part)，經過反傅立葉轉換就可得到新的特徵時間序列。

（三）NMF 使用於調變頻譜之投影式更新

在這裡，我們為前述的 NMF 調變頻譜更新技術，提出了兩個降低計算複雜度的修正步驟，分述如下：

I. 使用正交投影(orthogonal projection)替代原始的迭代法：

根據之前的描述，新調變頻譜強度由於 $\tilde{\mathbf{v}}'$ 必須以迭代方式輾轉求得，因此極可能影響演算法的運算複雜度。因此，我們希望能找出"單次"的運算法來求取新調變頻譜強度。如式(4)所示，新調變頻譜強度 $\tilde{\mathbf{v}}'$ 是由乾淨語音所得的基底矩陣 $\mathbf{W}$ 中每一個行向量作線性加成(linear combination)而得，換言之，$\tilde{\mathbf{v}}'$ 必落在基底矩陣 $\mathbf{W}$ 之行空間(column space)中。根據線性代數的知識，我們直接採用原始調變頻譜強度 $\tilde{\mathbf{v}}$ 投影於基底矩陣 $\mathbf{W}$ 之行空間之分量，作為新的調變頻譜強度，可表示為：

$$\tilde{\mathbf{v}}' = proj_{\mathbf{W}}(\mathbf{v}) = \mathbf{W}(\mathbf{W}^{\mathbf{T}}\mathbf{W})^{-1}\mathbf{W}^{\mathbf{T}}\mathbf{v} \tag{5}$$

或

$$\tilde{\mathbf{v}}' = proj_{\mathbf{W}}(\mathbf{v}) = \mathbf{B}\mathbf{B}^{\mathbf{T}}\mathbf{v} \tag{6}$$

其中，矩陣 $\mathbf{B}$ 包含了基底矩陣 $\mathbf{W}$ 之行空間的正交基底(orthogonal basis)，接下來我們將採用(6)式來求得新的調變頻譜強度而不是(5)式的主要原因，是因為 $\mathbf{W}$ 有可能為稀疏矩陣(sparse matrix)且秩數小於 r，若此情況一旦發生，則 $(\mathbf{W}^{\mathbf{T}}\mathbf{W})^{-1}$ 項將呈現無解的情形，因此採用(6)式將可避免此問題，並且帶有額外的好處為矩陣 $\mathbf{B}$ 可在更新每一句語音調變頻譜前就事先由矩陣 $\mathbf{W}$ 求得，相較之下複雜度相對較低。採用投影法的最大優點在於無須隨著不同的語句而重新計算，所以並不會影響更新每一句特徵之運算複雜度。同時，在等式(6)的運算中，我們可以先計算向量 $\mathbf{B}^{\mathbf{T}}\mathbf{v}$，再將其左乘上矩陣，這樣的作法會遠比直接將事先算好的投影矩陣 $\mathbf{B}\mathbf{B}^{\mathbf{T}}$ 乘上向量 $\mathbf{v}$ 來的少。例如，矩陣 $\mathbf{B}$ 的尺寸(至多)

為 $N \times r$，矩陣 $\mathbf{BB}^{\mathrm{T}}$ 的尺寸為 $N \times N$，故若直接把 $\mathbf{BB}^{\mathrm{T}}$ 右乘尺寸為 $N \times 1$ 的向量 $\mathbf{v}$ ，所需的乘法數目為 N^2；然而，先計算 $\mathbf{B}^{\mathrm{T}}\mathbf{v}$ ，再計算 $\mathbf{B}(\mathbf{B}^{\mathrm{T}}\mathbf{v})$ 所需的乘法數目為 $Nr + Nr = 2Nr$，而實際運用上，2Nr 通常低於 N^2，這是因為由於在 NMF 運算中，求取的基底矩陣 **W** 其行向量個數 r 通常遠低於其尺寸 N。(在我們的實驗設定中，N=513, r=10，則 2Nr=5120 < 65536= N^2)，整體過程如下圖一所示。

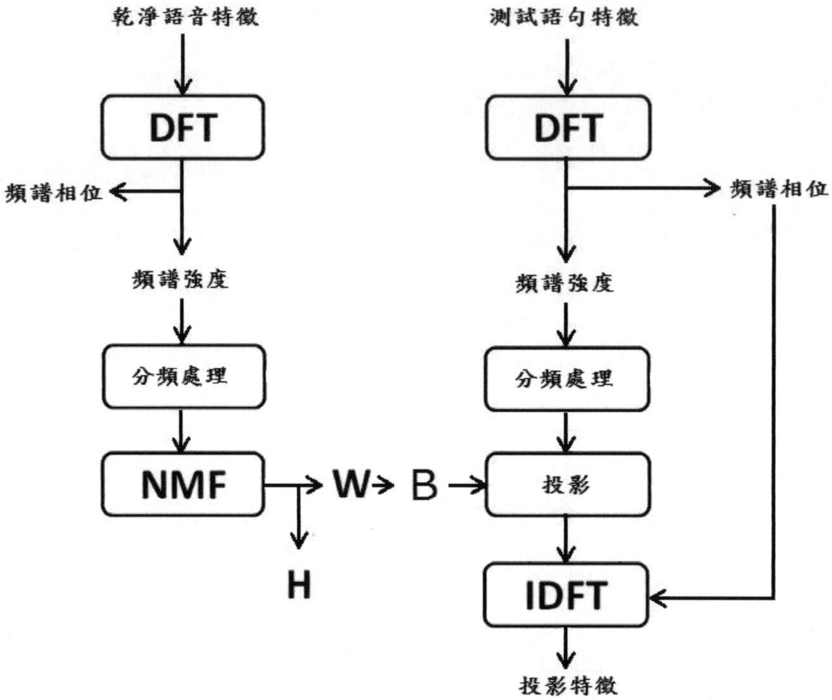

圖一 投影式調變頻譜更新法流程圖

II. 使用子頻帶更新替代原始的全頻帶更新：

如同先前所提到的，不同頻帶的語音特徵時間序列調變頻譜對語音辨識的重要性並不一致，圖二為利用 NMF 所求得的基底矩陣 **W** 之調變頻譜強度分布圖，我們可觀察到其分佈區域大多集中於 10 Hz 之前，由此可知低頻帶的成分尤其重要，等量的雜訊干擾若存在於低頻帶，相較於存在於高頻帶，對於語音辨識的精確度影響更大，原始的 NMF 更新法則是對於全頻帶一併更新，而在這裡的新步驟裡，我們只針對前半段子頻帶的調變頻譜作更新，相較於原方法，不僅可以降低一半的複雜度，我們也預期這樣的處理並不會影響其後的辨識精確度，此點可在之後的實驗數據中證實。接下來我們將原始的 NMF 更新法以 $\mathrm{NMF}^{(i,f)}$表示，其中的代號"i"與"f"分別代表了迭代(iteration)與全頻帶(full-band)兩個詞)，及本論文提出的兩種改良式 NMF 法的排列組合，分別以 $\mathrm{NMF}^{(p,f)}$ 、$\mathrm{NMF}^{(i,low)}$ 與 $\mathrm{NMF}^{(p,low)}$表示，其中的代號"p"與"low"分別代表了投影 projection 與低頻帶 low-band 兩個詞)。

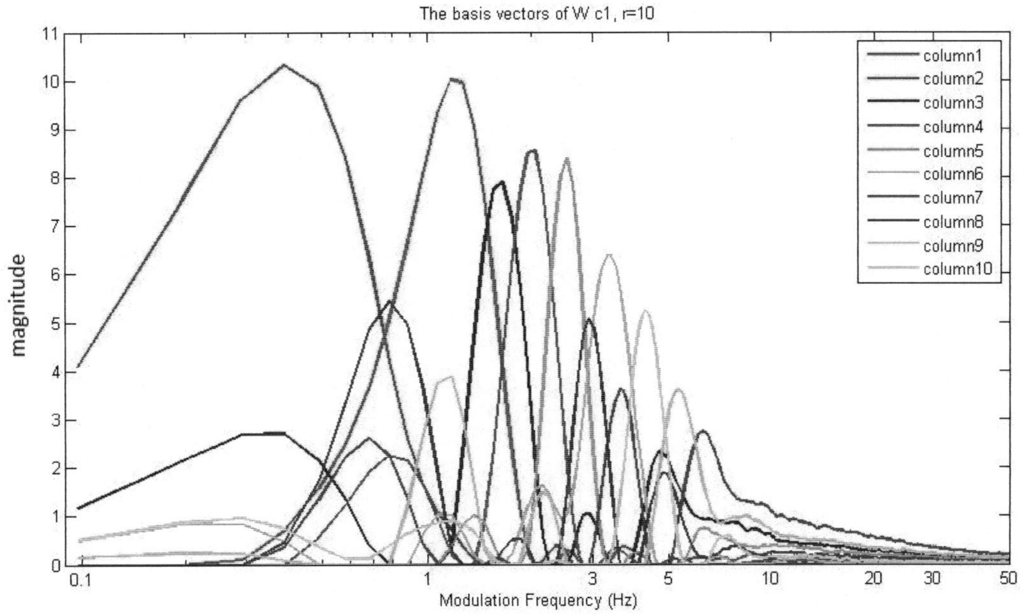

圖二 基底矩陣 **W** 之調變頻譜強度分布圖

（四）迭代法及投影法之初步效能討論

此小節主要在於比較迭代法與投影法的調變頻譜失真改善程度，藉由功率頻譜密度(power spectral density, PSD)圖來評估這兩個方法的效能。在此我們採用 AURORA 2.0[19]資料庫中的 MAH_27O6571A 語音檔，加上不同訊雜比(SNR)的地下鐵 (subway) 雜訊，使用的 NMF 法，其參數 r 設為 10。圖三的(a)(b)(c)(d)分別代表經過全頻帶迭代法、全頻帶投影法、低頻迭代法及低頻投影法處理後的第 1 維特徵序列的功率頻譜密度圖。

根據四個功率調變頻譜密度圖的結果，我們可發現四種結果都表現出相當好的失真改善性能，無論是經過迭代法或投影法處理過後的功率頻譜密度圖都明顯集中於調變頻率範圍[0, 25Hz]之間，因此，針對此段調變頻率範圍進行處理的效果可相當接近於全頻帶處理，在之後的辨識率實驗中也將證明此點。此外，在圖 3.1(c)(d)中可觀察到經過半頻處理後的兩種方法在 25Hz 前的失真改善程度皆相當良好。

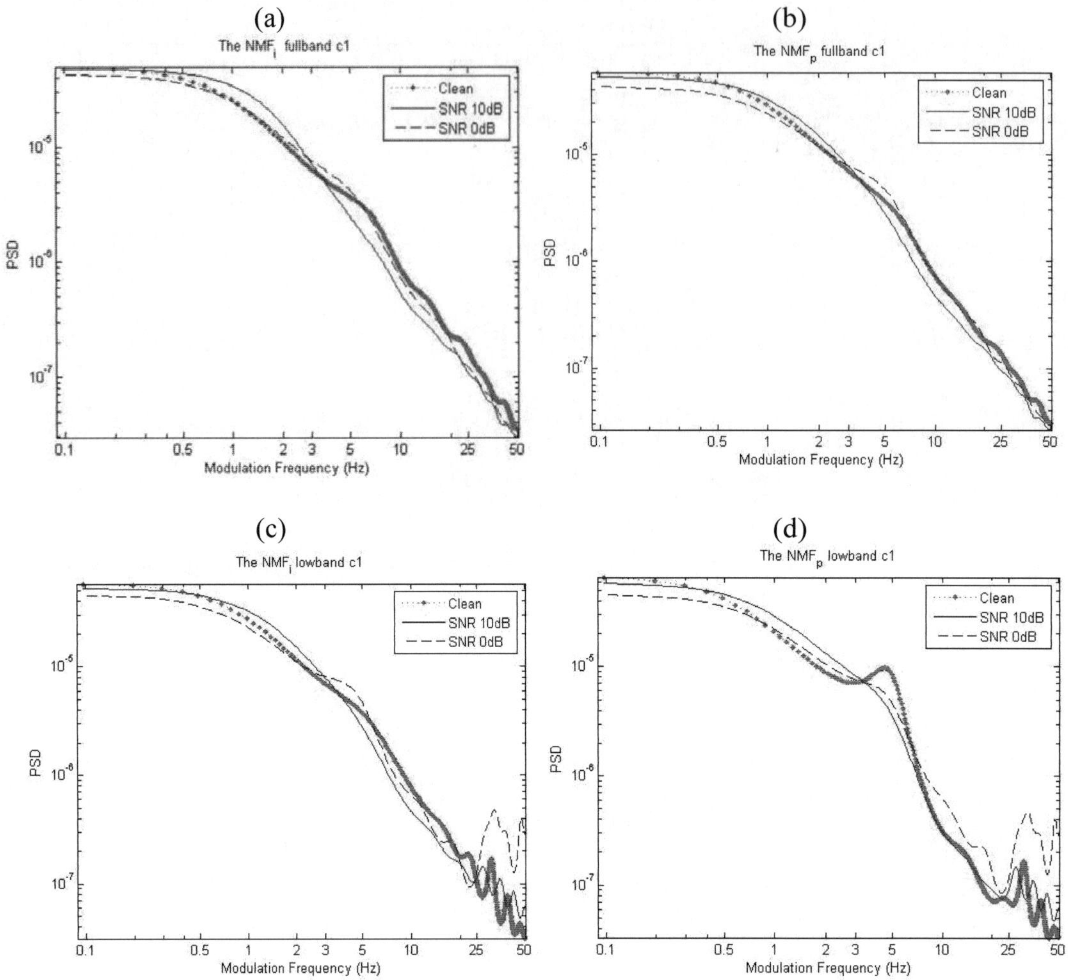

圖三　各種方法作用於不同訊雜比下的 c1 特徵序列之功率頻譜密度圖：(a)全頻帶迭代法 (b)全頻帶投影法 (c)低頻帶迭代法 (d)低頻帶投影法

三、實驗環境設定

本論文之實驗中所採用的語音資料庫為歐洲電信標準協會(European Telecommunication Standard Institute, ETSI)所發行的 AURORA 2.0[19]語音資料庫，內容包含美國成年男女以人工方式錄製的一系列連續英文數字字串，在我們所採取的乾淨模式訓練、多元雜訊模式測試(clean-condition training, multi-condition testing)之實驗架構中，用以訓練聲學模型之語句為 8440 句乾淨語句，唯其包含了 G.712 通道之通道效應。測試語料則包含了三個子集合：Sets A 與 B 的語句摻雜了加成性雜訊，Set C 則同時包含加成性雜訊與摺積性雜訊，Sets A 與 B 各包含 28800 句語音，Sets C 包含 14400 句語音。加成性的雜訊種類分別為：地下鐵(subway)、人類嘈雜聲(babble)、汽車(car)、展覽館(exhibition)、餐廳(restaurant)、街道 (street)、機場 (airport)、火車站(train station)等雜訊，並以不同程度的訊雜比(signal-to-noise ratio, SNR)摻雜，分別為：clean、20 dB、15 dB、10 dB、5 dB、0 dB 與-5 dB；而通道效應分為 G.712 與 MIRS 兩種通道標準，由國家電信聯盟

(international telecommunication Union, ITU)[20]所訂定而成。

上述之用以訓練與測試的語句，我們先將其轉換成梅爾倒頻譜特徵參數(mel-frequency cepstral coefficients, MFCC)，作為之後各種強健性方法的基礎特徵(baseline feature)，建構 MFCC 特徵的過程主要是根據 AURORA 2.0[19]資料庫中的設定，最終 MFCC 特徵包含了 13 維的靜態特徵(static features)附加上其一階差分與二階差分的動態特徵(dynamic features)，共 39 維特徵。值得一提的是，本論文之後所提的強健性技術，皆是作用於 13 維的靜態特徵上，再由更新後的靜態特徵求取 26 維的動態特徵。同時，為了初步降低雜訊對於語音特徵的干擾，我們先以簡易但效果卓著的 MVN 法處理 MFCC 特徵，之後再配搭所新提出的各種基於 NMF 的演算法，藉此得到更佳的辨識精確度。

在聲學模型上，我們採取連續語音辨識中常見的隱藏式馬可夫模型(hidden Markov model, HMM)，並採用由左到右(left-to-right)形式的 HMM，意即下一個時間點所在的狀態只能停留在當下的狀態或下一個鄰近的狀態，狀態的變遷隨著時間由左至右依序前進。此外，模型中的狀態觀測機率函數為連續式高斯混合機率函數(Gaussian mixtures)，所以此模型又稱為連續密度隱藏式馬可夫模型(continuous-density hidden Markov model, CDHMM)。我們採用了 HTK[21]軟體來訓練上述的 HMM，在模型單位的選取上，採用前後文獨立(context independent)的模型樣式，所得之聲學模型包含了 11 個數字(oh, zero, one, …, nine)與靜音的隱藏式馬可夫模型，每個數字的 HMM 皆包含了 16 個狀態，而每個狀態由 3 個高斯混合函數組成。

四、實驗數據與討論

本節將由四部分所組成。

（一） 基於迭代方式之 NMF 頻譜強度更新法其辨識率實驗結果與討論

在本節中，我們列出兩種基於迭代方式之 NMF 頻譜強度更新法：$NMF^{(i,f)}$ (全頻帶更新) 與 $NMF^{(i,low)}$ (半頻帶更新)所得的實驗結果並加以討論，我們變化式(1)所設定的矩陣行向量數 r，來觀察其帶來的影響。為了比較方便起見，我們先於表一與表二分別列出各種方法於「同一組別、不同訊雜比」與「同一訊雜比、不同組別」之平均辨識率，且先固定參數 r=10，接著變化參數 r=5, 10, 15，觀察 $NMF^{(i,f)}$ (全頻帶更新) 與 $NMF^{(i,low)}$ (半頻帶更新)兩法的總平均辨識率，呈現於表三中。

從表一、表二與表三之數據，我們可發現：

1. 只處理低頻帶之 $NMF^{(i,low)}$法在三組不同的雜訊環境下，對於 MVN 欲處理的語音特徵在辨識率上的提升，幾乎等同於原始處理全頻帶之 $NMF^{(i,f)}$法，在 Set A 與 Set B 中的辨識表現上，$NMF^{(i,low)}$法略低於 $NMF^{(i,f)}$法，但在 Set C 上，$NMF^{(i,low)}$法則略優於 $NMF^{(i,f)}$法，此結果呼應之前我們的推測，即由於語音鑑別資訊大部分集中於低頻帶區域，只對低頻帶處理就可獲得很好的效能，幾乎等同於全頻帶的處理。

2. 上述之 $NMF^{(i,low)}$法與 $NMF^{(i,f)}$法不僅在三組不同的雜訊環境下之平均效能相似，在不同的訊雜比(SNR)環境下，得到的辨識率也十分相近，這顯示辨識環境中無論雜訊程度的多寡，低頻帶處理的 $NMF^{(i,low)}$法都不會顯著低於原始全頻帶處理的 $NMF^{(i,f)}$法的強健性效能。

3. 當變化基底頻譜向量數 r 時，可發現就總平均辨識率而言，r 值的三種設定(5, 10, 15)所對應的兩種 NMF 法效果也是十分接近，較小的 r 值對應之平均辨識率甚至是較好的，這顯示了我們可以使用少量的基底頻譜，就可使這兩種 NMF 法發揮其近乎最佳的效果。

表一、使用 10 個基底頻譜向量(r=10)時， 原始 NMF(i,f)法與新提出之 NMF(i,low)法在不同組別之下、取 5 種訊雜比(20 dB, 15 dB, 10 dB, 5 dB 與 0 dB)之辨識率(%)平均比較

	Set A	Set B	Set C	Avg	RR
MVN	73.81	75.02	75.08	74.55	36.76
$NMF^{(i,f)}$	82.65	83.94	81.75	82.99	57.73
$NMF^{(i,low)}$	82.80	84.08	81.89	83.13	58.08

表二、使用 10 個基底頻譜向量(r=10)時， 原始 $NMF^{(i,f)}$法與新提出之 $NMF^{(i,low)}$法在不同組別之下、取 5 種訊雜比(20 dB, 15 dB, 10 dB, 5 dB 與 0 dB)之辨識率(%)平均比較

	Clean	20 dB	15 dB	10 dB	5 dB	0 dB	-5 dB
MVN	99.08	96.58	93.07	84.56	65.24	33.73	13.39
$NMF^{(i,f)}$	98.71	96.57	94.48	89.52	78.23	55.11	26.64
$NMF^{(i,low)}$	98.76	96.74	94.65	89.74	78.61	54.87	25.60

表三、使用三種基底頻譜向量數的設定(r=5, 10, 15)時， 總平均辨識率(%)之比較

	r = 5	r = 10	r = 15
$NMF^{(i,f)}$	83.36	82.99	82.87
$NMF^{(i,low)}$	83.19	83.13	83.09

(二)基於正交投影方式之 NMF 頻譜強度更新法其辨識率實驗結果與討論

在本節中，我們列出了所新提出之兩種基於**正交投影方式**之 NMF 頻譜強度更新法：$NMF^{(p,f)}$ (全頻帶更新) 與 $NMF^{(p,low)}$ (半頻帶更新)所得的實驗結果並加以討論，類似前一節，我們變化式(1)所設定的矩陣行向量數 r，來觀察其帶來的影響。且為了方便起見，我們先於表四與表五中分別列出各種方法於「同一組別、不同訊雜比」與「同一訊雜比、不同組別」之平均辨識率，且先固定參數 r=10，接著變化參數 r=5. 10, 15，觀察 $NMF^{(p,f)}$ (全頻帶更新) 與 $NMF^{(p,low)}$ (半頻帶更新)兩法的總平均辨識率，呈現於表六之中。從這幾個表中，我們得到了與上一節十分類似的結論，亦即：

1. 利用正交投影方式之全頻處理法 $NMF^{(p,f)}$與半頻處理法 $NMF^{(p,low)}$，無論於不同類別或是不同程度的雜訊環境，對於 MVN 預處理之 MFCC 語音特徵都有十分接近的辨識率改善效能。

2. 少量的基底頻譜向量(r=5)即可使全頻處理法 $NMF^{(p,f)}$與半頻處理法 $NMF^{(p,low)}$都達到很好的辨識精確度。

表四、使用 10 個基底頻譜向量(r=10)時， 原始 $NMF^{(p,f)}$法與新提出之 $NMF^{(p,low)}$法在不同組別之下、取 5 種訊雜比(20 dB, 15 dB, 10 dB, 5 dB 與 0 dB)之辨識率平均比較

	Set A	Set B	Set C	Avg	RR
MVN	73.81	75.02	75.08	74.55	36.76
$NMF^{(p,f)}$	82.66	83.82	81.63	82.92	57.56
$NMF^{(p,low)}$	82.65	83.97	81.90	83.03	57.84

表五、使用 10 個基底頻譜向量(r=10)時， 原始 $NMF^{(p,f)}$法與新提出之 $NMF^{(p,low)}$法在不同組別之下、取 5 種訊雜比(20 dB, 15 dB, 10 dB, 5 dB 與 0 dB)之辨識率平均比較

	Clean	20 dB	15 dB	10 dB	5 dB	0 dB	-5 dB
MVN	99.08	96.58	93.07	84.56	65.24	33.73	13.39
$NMF^{(p,f)}$	98.73	96.61	94.48	89.53	78.20	54.70	25.92
$NMF^{(p,low)}$	98.74	96.65	94.57	89.72	78.55	54.72	25.07

表六、使用三種基底頻譜向量數的設定(r=5, 10, 15)時， 總平均辨識率之比較

	r = 5	r = 10	r = 15
$NMF^{(p,f)}$	83.33	82.92	83.20
$NMF^{(p,low)}$	83.34	83.03	82.97

（三）各種強健性方法之效能比較

接下來我們將彙整前述不同的調變頻譜更新方法之實驗結果，除了我們先前提及的四種基於 NMF 的調變頻譜更新法：$NMF^{(i,f)}$、$NMF^{(i,low)}$、$NMF^{(p,f)}$與 $NMF^{(i,low)}$之外，在這裡我們也同時作了兩個特徵時間序列更新法：HEQ 與 MVA，及基於 PCA 的調變頻譜更新法，為了精簡比較起見，在各種 NMF 法與 PCA 法中，基底向量數目 r 固定為 10。

此外，我們也進一步去分析，在 NMF 法與 PCA 法中，僅更新整段頻帶之前 1/3（約前 170 個頻率點）與前 1/4（前 128 個頻率點）之頻譜強度對於辨識率之影響為何。這些實驗數據皆彙整於表七。藉由表七可以觀察到下列幾點：

1. MVN 法在處理 MFCC 特徵上，可使平均辨識率從 59.75%大幅提昇至 74.55%，而 HEQ 及 MVA 更可分別提供 22.46%及 19.00%的絕對錯誤率改善。
2. PCA 法無論處理全頻帶或低頻帶，都能有十分顯著的辨識率改進，且跟 NMF 的效能幾乎不相上下，甚至於更高，此原因極可能是雖然 PCA 並未加入「所求得之調變頻譜強度必不為負」的限制，但其實得到的頻譜強度仍然絕大部分都是大於或等於零，相位失真的可能性極小，所以效能優越。這將在之後的章節作說明。
3. HEQ 與 MVA 相對於 MVN 法能夠帶來更佳的辨識率，但本論文所討論之四種 NMF 頻譜更新法則明顯都優於 HEQ 與 MVA。

4. 之前所討論的兩種低頻帶更新法$NMF^{(i,low)}$與$NMF^{(f,low)}$皆是更新半頻帶的頻譜強度(相當於更新 256 個低頻率點)，如果我們將更新範圍縮減至全頻帶的 1/3 與 1/4（分別為三個表中所列之 170 點與 128 點），其辨識率相對於全頻帶與半頻帶的更新法而言，確實會逐漸變低，但是變低的幅度並未很顯著，PCA 法也是如此，這代表了對於 NMF 與 PCA 法而言，我們可以更新比一半更少的頻率點，就足以趨近更新全部頻率點之效能。
5. 我們所提的三種新方法：$NMF^{(i,low)}$、$NMF^{(p,f)}$與$NMF^{(p,low)}$若與原始的$NMF^{(i,f)}$法相較，全頻式的$NMF^{(p,f)}$、半頻式的$NMF^{(i,low)}$與$NMF^{(p,low)}$皆可得到十分接近的平均辨識率。
6. 整體而言，在本論文中所提出的兩種改善步驟（正交投影與低頻處理），確實能降低原始 NMF 用於更新語音調變頻譜之方法的運算複雜度，同時，辨識率並不會因此而降低。在使用正交投影法的改善步驟時，所得到的辨識率甚至可超越原步驟之結果，意味了此兩種新步驟可同時使 NMF 法的效率與效能同時提升。

表七、不同調變頻譜正規化法與各種特徵時間序列強健性技術之辨識率(%)比較表

方法	更新之低頻率點個數	基底向量個數	Set A	Set B	Set C	平均	AR	RR
MFCC	—	—	59.24	56.37	67.53	59.75	-	-
MVN	—	—	73.81	75.02	75.08	74.55	14.80	36.76
HEQ	—	—	79.96	81.74	80.45	80.77	21.02	52.22
MVA	—	—	78.15	79.17	79.12	78.75	19.00	47.21
迭代式 NMF	Full	r=10	82.65	83.94	81.75	82.99	23.24	57.73
	256	r=10	82.80	84.08	81.89	83.13	23.38	58.08
	170	r=10	82.55	83.93	81.88	82.97	23.22	57.68
	128	r=10	82.24	83.62	81.40	82.62	22.87	56.83
投影式 NMF	Full	r=10	82.66	83.82	81.63	82.92	23.17	57.56
	256	r=10	82.65	83.97	81.90	83.03	23.28	57.84
	170	r=10	82.66	83.90	81.84	82.99	23.24	57.74
	128	r=10	82.37	83.86	81.64	82.82	23.07	57.32
PCA	Full	r=10	83.10	84.13	82.22	83.34	23.59	58.60
	256	r=10	82.23	83.57	81.63	82.65	22.90	56.89
	170	r=10	82.41	83.66	81.71	82.77	23.02	57.20
	128	r=10	82.49	83.71	81.73	82.82	23.07	57.32

（四）**迭代法及投影法之運算複雜度及負值頻譜強度之討論**

在之前提到，我們所提出的兩種改良式 NMF 調變頻譜更新法，可有效降低原始 NMF 法的運算複雜度，在這裡，我們藉由實驗中各種參數的設定，來具體觀察這些基於 NMF 之調變頻譜更新法($NMF^{(i,f)}$、$NMF^{(i,low)}$、$NMF^{(p,f)}$與 $NMF^{(p,low)}$)的運算量與所需時間、藉此比較它們的複雜度。

在參數的設定上，求取調變頻譜的 FFT 點數為 1024 點，由於共軛對稱特性的關係，因此式(1)中的調變頻譜點數 N=513，基底矩陣 W 的行向量數 r=10，迭代式 NMF 法($NMF^{(i,f)}$與 $NMF^{(i,low)}$)之迭代數 L 設為 100，則四種演算法 $NMF^{(i,f)}$、$NMF^{(i,low)}$、$NMF^{(p,f)}$與 $NMF^{(p,low)}$對於單一調變頻譜向量之更新所需的的乘法運算數目及運作於 MATLAB 程式所需的時間詳列於表八，在此，執行時間改善率的定義如下：

$$執行時間改善率 = \left(1 - \frac{其他方法執行時間}{NMF(i,f)執行時間}\right) \times 100\% \quad (7)$$

表八 四種基於 NMF 之調變頻譜更新法的複雜度比較

方法	乘法總數(代數表示與參數帶入後的實際值)		在 MATLAB 執行所需時間(msec)	執行時間改善率(%)
$NMF^{(i,f)}$	$L(r^2+2r)+2Nr$	22260	5.52	—
$NMF^{(p,f)}$	2Nr	10260	3.30	40.22
$NMF^{(i,low)}$	$L(r^2+2r)+Nr$	17130	4.45	19.38
$NMF^{(p,low)}$	Nr	5130	1.98	64.13

由表八我們可看出，我們提出的三種新方法：$NMF^{(p,f)}$ 、$NMF^{(i,low)}$ 與 $NMF^{(p,low)}$ ，相對於原始的迭代式全頻帶處理之 $NMF^{(i,f)}$ 法可得到較低的運算複雜度（較少的乘法數目）及執行時間，其中，投影方式可減少 $L(r^2+2r)$次的乘法運算，半頻處理後則可減少 Nr 次的運算量。此外，實際程式運作的時間也都有相當大的改善，其中 $NMF^{(p,low)}$可減少約 64%的執行時間。

在我們之前的辨識實驗裡，主要是比較四種基於 NMF 的頻譜強度更新技術，但因我們所提出的正交投影法與線性代數理論中的 PCA 法密切相關，因此實驗裡我們也同時檢視基於 PCA 的頻譜強度更新技術的效果，簡單來說，PCA 亦是如同 NMF 一般，對於式(1)的資料矩陣 V 求取一組基底矩陣 W，並符合式(2)之最佳化準則。但跟 NMF 不同的點在於，PCA 並無限制限制矩陣 W 之行向量其中元素必為非負實數，經由 PCA 所求出之基底矩陣，其所包含的行向量恰為資料矩陣 V 所對應之共變異矩陣(convariance matrix)其 r 個固有向量(eigenvector)，前這些固有向量分別對應至共變異矩陣從大至小排序之前 r 個固有值(eigenvalue)。在無非負的限制下，PCA 比 NMF 能夠達到更小的平方誤差和（如式(2)所示），但潛在缺點是，PCA 求出之基底向量與之後使用正交投影方式求取出的調變頻譜強度可能出現負值，此違背了頻譜強度必為非負值的前提。

以下，我們將討論各種方法（包含 PCA 法）在更新頻譜強度時，所可能產生負值的情形，其中，原始利用迭代方式的 $NMF^{(i,f)}$法並不會造成負值的產生，而利用正交投影方式的 $NMF^{(p,f)}$法在求得正交化矩陣 B 時可能產生負值，此外，如前所述，PCA 法也無法保證所求取出的頻譜強度必不小於零。在此，我們統計在 Aurora-2 資料庫之三個測試集裡，藉由不同方法其更新後的頻譜強度中所有負數總數，並且平均後得到每一句中每一維特徵之負數平均數量，列於表八。由表八中可發現到，經由迭代公式所求得之頻譜強度由於 NMF 法分解非負矩陣的本質，確實不會產生負值，但 NMF 投影法與 PCA 皆有少許的機會得到負值的頻譜強度，其中 PCA 得到負頻譜強度的比率略高於 NMF 投影法約 0.0006%，雖然頻譜強度為負值並不合理、會引入相位的失真（增加相位 π），但我們發現，由於上述兩種方法得到負值頻譜強度的機率相當低，因此可能對辨識性能的影響也就不明顯。此結果已在前面的實驗章節中呈現。

表八 異常之負值頻譜強度數量比較表

方法	$NMF^{(i,f)}$	$NMF^{(p,f)}$	$PCA^{(p,f)}$
正值平均數量	513	512.53	512.24
負值平均數量	0	0.47	0.7596
負值率(負值平均數量/總數量)	0%	0.0009162%	0.0015%

五、結論

本論文的重點在於改善原始基於迭代方式、非負矩陣分解（NMF）之全頻帶調變頻譜更新法之複雜度，同時保有其對語音特徵的雜訊強健化效能，所提出之方法與原始法最大不同在於，我們採取一次性的正交投影方式來求取在基底頻譜矩陣之展開空間(the spanned subspace)的新調變頻譜強度，而原始的迭代方式則是利用逐次逼近的方式來求得基底頻譜之權重。同時，我們根據語音調變頻譜其主要辨識資訊都集中在低頻區域的瞭解，提出了單獨更新低頻調變頻譜的模式，同是提升調變頻譜更新法的執行效率。就實際運行於 MATLAB 程式中、執行時間的改善程度來看，投影法可降低 40.22%的執行時間，半頻處理則可降低 19.38%以上的時間；特別的是，我們發現在 Aurora-2 資料庫的辨識實驗中，上述兩種改善運算複雜度之方式幾乎不會影響 NMF 調變頻譜更新法對應之辨識精確度，仍能提供原始 MVN 預處理後的 MFCC 特徵顯著的辨識率提升。

在未來的展望中，我們可將投影法與其他特徵時間序列域強健技術做結合，或是藉由 NMF 找出各種雜訊的基底，再藉由頻譜消去法(spectral subtraction, SS)或其他消噪法達到抑制雜訊或提升辨識率的效果。此外，也可進一步在其他資料庫上處理(如中文數字語音或是更多字彙的資料庫)，使其在現實層面中能有更多實際的應用。

參考文獻

[1] 王小川, “語音訊號處理,” 全華科技圖書, 2004.

[2] S. Furui, “Cepstral analysis technique for automatic speaker verification,” IEEE Trans.

On Acoustics, Speech and Signal Processing, pp.254-272, 1981.
[3] S. Tiberewala and H. Hermansky, "Multiband and adaptation approaches to robust speech recognition," 1997 European Conference on Speech Communication and Technology (Eurospeech 1997).
[4] S. Yoshizawa, N. Hayasaka, N. Wada and Y. Miyanaga, "Cepstral gain normalization for noise robust speech recognition," 2004 International Conference on Acoustics, Speech and Signal Processing (ICASSP 2004), pp.1021-1024, 2004.
[5] H. Hermansky and N. Morgan, "RASTA Processing of speech features," IEEE Trans-actions on Industrial Electronics, IEEE Trans. On Speech and Audio Processing, 1994.
[6] C. Chen and Bilmes, "MVA Processing of speech features," IEEE Trans. on Audio, Speech and Language Processing, pp.257-270, 2006.
[7] F.Hilger and H. Ney, "Quantile based histogram equalization for noise robust large vocabulary speech recognition," IEEE Trans. on Audio, Speech and Language Processing, pp.845-854, 2006.
[8] A. Torre, A. M. Peinado, J. C. Segura, J. L. Perez- Cordoba, M. C. Benitez, and A. J. Rubio, "Histogram equalization of speech representation for robust speech recognition," IEEE Trans. Speech Audio Processing, vol. 13, no. 3, pp. 355–366, May 2005.
[9] X. Xiao, E. S. Chug and H. Li, "Normalizing the speech modulation spectrum for robust speech recognition," IEEE International Conference on Acoustics, Speech and Signal Processing (ICASSP 2007), 2007.
[10] L. C. Sun, C. W. Hsu and L. S. Lee, "Modulation spectrum equalization for robust speech recognition," 2007 Automatic Speech Recognition and Understanding (ASRU2007).
[11] C. C. Lai, "Study of modulation spectrum normalization for robust speech recognition," Master's thesis, National Chi Nan University, Taiwan, July. 2011.
[12] N. Kanedera, T. Arai, H. Hermansky, and M. Pavel, "On the importance of various modulation frequencies for speech recognition," Eurospeech 1997.
[13] D. D. Lee and H. S. Seung, "Learning the parts of objects by non-negative matrix factorization," Nature, 401:788–791, 1999.
[14] D. D. Lee and H. S. Seung, "Algorithms for non-negative matrix factorization," Ad-vances in Neural Information Processing Systems 13, 2000.
[15] B. Schuller, F. Weninger, M. Wollmer, Y. Sun, and G. Rigoll, "Non-negative matrix factorization as noise-robust feature extractor for speech recognition," ICASSP 2010.
[16] David L. Donoho, "Compressed sensing," IEEE Transactions on Information Theory, 52(4): 1289-1306, 2006.
[17] Wen-Yi Chu, Jeih-weih Hung, and Berlin Chen, "Modulation spectrum factorization for robust speech recognition," APSIPA 2011.

[18] Jan-Yee Lee, Jeih-weih Hung, "Exploiting principal component analysis in modulation spectrum enhancement for robust speech recognition," Fuzzy Systems and Knowledge Discovery (FSKD), vol 3, pp 1947 – 1951, 2011.

[19] H. G. Hirsch and D. Pearce, "The aurora experimental framework for the performance evaluations of speech recognition systems under noisy conditions," Proceedings of ISCA IIWR ASR2000, Paris, France, 2000

[20] ITU recommendation G.712, Transmission Performance Characteristics of Pulse Code Modulation Channels, Nov. 1996.

[21] The hidden Markov model toolkit (HTK): http://htk.eng.cam.ac.uk

使用語音評分技術輔助台語語料的驗證

Using Speech Assessment Technique for the Validation of Taiwanese Speech Corpus

李毓哲 Yu-Jhe Li[1], 王崇喆 Chung-Che Wang[1], 陳亮宇 Liang-Yu Chen[2],
張智星 Jyh-Shing Roger Jang[3], 呂仁園 Ren-Yuan Lyu[4]
[1] 國立清華大學資訊工程學系，[2] 國立清華大學資訊與應用研究所，
[3] 國立臺灣大學資訊工程學系，[4] 長庚大學資訊工程學系
yujhe.li@mirlab.org, geniusturtle@mirlab.org, davidson.chen@mirlab.org,
jang@mirlab.org, renyuan.lyu@gmail.com

摘要

本論文的主要研究為使用語音辨識及結合語音評分，對未整理的台語語料進行初步的篩選。藉由機器先過濾掉有問題的音檔，如錄音音量過小、太多雜訊、錄音音檔內容有誤等情形，取代傳統人工聽測費時的做法。本論文如圖一所示，可分為三個階段，分別是：「基礎聲學模型訓練」、「語音評分與錯誤原因標記」及「效能評估」。

於基礎聲學模型訓練階段，以長庚大學提供的台語語料 ForSD (Formosa Speech Database) [1] 為材料，使用隱藏式馬可夫模型（Hidden Markov Model, HMM）、梅爾倒頻譜係數（Mel-frequency Cepstral Coefficients, MFCCs） [2] 和對數能量（Log energy）做為語音特徵進行聲學模型的訓練。聲學模型單位分別為：單音素聲學模型（Monophone acoustic model）、音節內右相關雙連音素聲學模型（Biphone acoustic model）及音節內左右相關三連音素聲學模型（Triphone acoustic model），其針對測試語料進行自由音節解碼辨識網路（Free syllable decoding）的音節辨識率（Syllable accuracy）最佳結果分別為：27.20%、43.28%、45.93%。其中左右相關三連音素聲學模型的辨識率最佳，因此我們選擇此模型進行第二階段的實驗。

於語音評分與錯誤原因標記階段，將於基礎聲學模型訓練階段已訓練好的左右相關三連音素聲學模型，對待整理的語料進行語音評分 [3, 4]。語音評分能藉由聲學模型對錄音進行評分，在本論文中以評分後的分數來評量音檔的與文本間的相似程度。但依據前人研究 [5]，在某些狀況下語音評分的分數並不合理，因此在本論文中，為了降低評分時不合理情形出現的機率，加入了三種分數調整的扣分機制，分別是：音節之音框個數差距過大、音節中連續音素之音框數目過小、以及文本與辨識結果之音節數目不一。而此評分結果將依照門檻值分為三部分，分別為低分區、中間值區及高分區。且針對低分區部分語料進行人工標記，標記其錯誤原因，再對其擷取特徵，使用支持向量機（Support Vector Machine, SVM）訓練出分類器，最後以該分類器對低分區語料進行二次檢驗，將低分區語料分為可用語料及不良語料。

於效能評估階段，將原先訓練語料分別加入「未整理語料」、「中間值區及高分區語料」、「高分區語料」進行聲學模型的訓練，比較篩選語料前、後效能，其音節辨識率結果分

別為：40.22%、41.21%、44.35%。

由結果看來，經過篩選後語料所訓練出的聲學模型與未經篩選語料所產生的聲學模型，其辨識率的差別最高可達 4.13%，證實本論文所提的方法，藉由語音評分確實能有效的自動篩選掉有問題的語句。

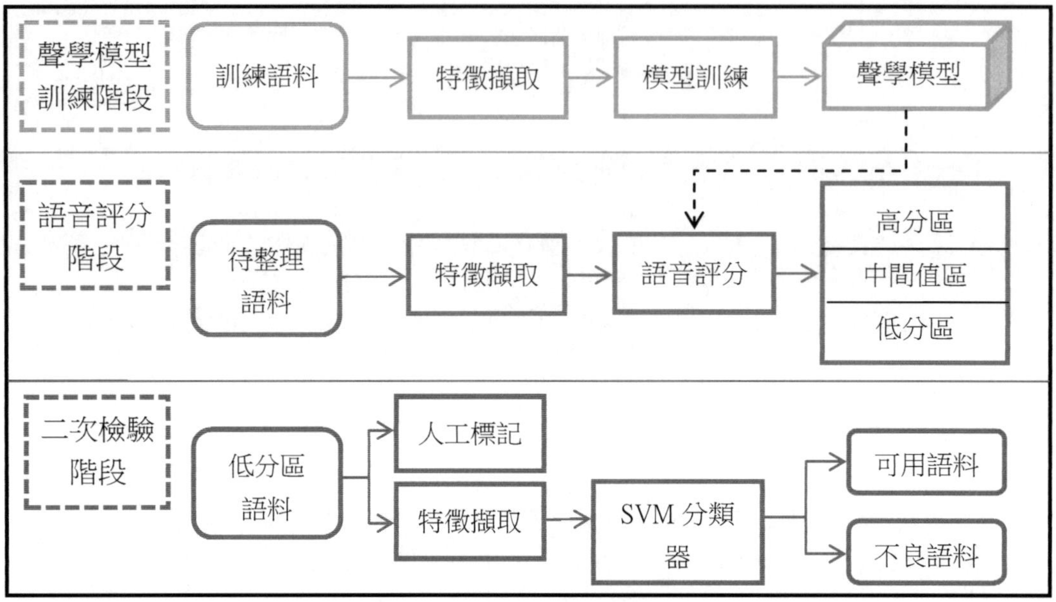

圖一、語料整理系統流程圖

關鍵詞：台語語料整理、隱藏式馬可夫模型、語音評分、語音辨識、支持向量機

Keywords: Taiwanese Corpus Validation, Hidden Markov model, Speech Assessment, Support Vector Machine.

參考文獻

[1] Ren-yuan Lyu, Min-siong Liang, Yuang-chin Chiang, Toward Construction A Multilingual Speech Corpus for Taiwanese (Min-nan), Hakka, and Mandarin, International Journal of Computational Linguistics and Chinese Language Processing, 2004.

[2] Steven B. Davis and Paul Mermelstein, Comparison of Parametric Representation for Monosyllabic Word Recognition in Continuously Spoken Sentences, IEEE International Conference on Acoustics, 1980.

[3] 李俊毅，語音評分，清華大學碩士論文，民國 91 年。

[4] 陳宏瑞，使用多重聲學模型以改良台語語音評分，清華大學碩士論文，民國 100 年。

[5] 黃武顯，基於 32 位元整數運算處理器之華語語音評分的改良與研究，清華大學碩士論文，民國 96 年。

基於 Sphinx 可快速個人化行動數字語音辨識系統

Quickly Personalizable Mobile Digit Speech Recognition System Based on Sphinx

顏宗芃 Tsung-Peng Yen　　陳嘉平 Chia-Ping Chen
國立中山大學資訊工程系
Department of Computer Science and Engineering
National Sun Yat-Sen University
m003040029@student.nsysu.edu.tw,　cpchen@cse.nsysu.edu.tw

摘要

本論文建立了一個透過網路提供數字語音辨識服務的系統，除了語音辨識功能也提供線上個人化調適功能來克服在不同環境中的噪音强健性。以英文數字辨識來説使只需要經過少許的調適就能夠在少許的時間内打造出正確率達 80% 以上的個人化英文數字語音辨識系統。Sphinx-4 是專門為了研究而開發的工具，具有延展性、模組化、可插拔的架構，因為這些特性我們選擇使用 Sphinx-4 做為語音辨識系統的核心。為了讓選擇聲學模型與訓練語料及調適聲學模型上有一個依據，使用 AURORA2 語料庫訓練模型，台灣口音英語語料庫與 Android 裝置錄製的語料進行調適實驗，結果顯示使用 EAT 語者獨立的語料經 100 句調適後正確率能夠由 80% 進步到約 90% ；多環境模型經 Android 單人語料經 25 句能從平均 70% 提升到約 95% 的正確率。

關鍵詞： 行動化、語音辨識、個人化、調適、噪音强健性、Sphinx

Abstract

In this paper, we introduce a system for on-line digit speech recognition services. Besides the speech recognition service in our system, we also provide adaptation function to improve the noise-robustness between different environment. In the case of English digit recognition, our recognition system can achieve over 80% accuracy for a specific speaker by using a few adaptation data. We use Sphinx-4 as a speech recognition kernel in our system. Because Sphinx-4 is a system prepared exclusively for researchers, it is a flexible, modular and pluggable framework. We provide our experiment results on AURORA2, EAT and Android device recording. We use AURORA2 database training models that adapt by EAT and Android device recording. The experimental results show we can get high accuracy after a few adaptation.

keywords: mobile, speech recognition, personalizable, adapt, noise-robustness, Sphinx

一、研究背景、動機

拜科技的演進及網路發展所賜，語音辨識成為了生活上日漸重要的角色如 Google voice search [1]、Iphone Siri [2] 及其它相關應用 [3] [4] [5]，衍生了許多可以連上網際網路的科技產品 (如 PDA 、智慧型手機、平版電腦)。這些科技產品都已經成為了現代人的生活必需品，但是大多數都是使用傳統的按鍵來進行操作，想要利用按鍵靈活的操作這些不同的裝置是非常困難的。但如果我們的裝置不侷限於按鍵輸入而使用語音輸入來控制這些裝置，甚至不需要把手機從包包中拿出來就能夠撥出電話與朋友交談。把語音變成隨身攜帶的萬用遙控器能夠大大的改善使用上的便利性，即使是身體有殘缺的人只需要透過口語，也能利用這個系統來操作這些現代科技的手持裝置。

現在大多數的即時語音辨識系統都是建立在網際網路上，在辨識的過程中使用者透過個人電腦或是其它裝置將語音傳至伺服器上，待伺服器辨識完成後將結果回傳，把語音辨識相關等較較耗費資源的工作都交給伺服器運算。這種架構讓使用者不需要使用高效能的裝置就能使用語辨識的服務，像雲端運算服務 [6] 多數都建立於大型的分散式伺服器上。在 [7] 中提到，人類可用語音輸入來控制瀏覽器指標以增進使用者與網頁的互動。

在本論文專注在建立一個能夠兼具服務與研究的語音辨識網路系統，研究不同口音、噪音環境、調適句數對辨識率的影響以提供給使用者在選擇聲學模型、訓練、調適上能夠有一個依據，利用網際網路結合自動語音辨識 (Automatic Speech Recognition, ASR) 系統，釋出一個網路語音辨識系統。

二、系統架構

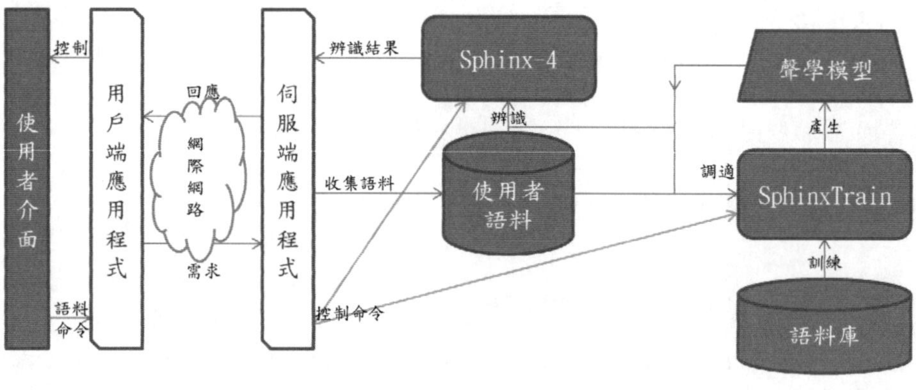

圖 1、 系統架構圖

現在常見到的主流的語音辨識研究大多是以隱藏式馬可夫模型 (Hidden Markov Model, HMM)如 [8] [9] [10]，與高斯混合模型 (Gaussian Mixture Model, GMM) [11] [12] 統計模型的方法建立的，這一類的辨識工具有 HTK [13]、CMU Sphinx 等等，在本篇論文中選擇使用 CMU Sphinx 的 Sphinx-4 [14] 作為核心辨識工具。

主從式架構是一種運用網路技術、開放的架構來降低成本的一種小型化電腦系統，用戶端可能是一台個人電腦或小型工作站，本身就具備完整獨立作業的能力；伺服端則是一台較大型的伺服器或電腦主機，而在用戶端及伺服端之間則藉著可靠的通信協定連結。

本系統以 HTTP (HyperText Transfer Protocol)的方式建立主從式架構，一個伺服端 (server) 透過網路來同時服務多個用戶端 (client)，HTTP 是網際網路應用最為廣泛的一種網路協定，它的好處在於能夠容易的使用網頁伺服器架構出用戶端給瀏覽器使用，而且在其它裝置上也很容易能夠設計出符合條件的用戶端，圖 1 表示了整個系統架構，用戶端與伺服端分別使用不同的應用程式來控制，使用者透過使用者介面 (user interface) 與用戶端應用程式溝通，用戶端應用程式將語料及命令以需求的方式送出至伺服端，伺服端應用程式收到需求後針對所需控制辨識工具做辨識或調適的動作，完成後把將辨識結果或完成訊息回應給用戶端應用程式以操控使用者介面。

三、實驗

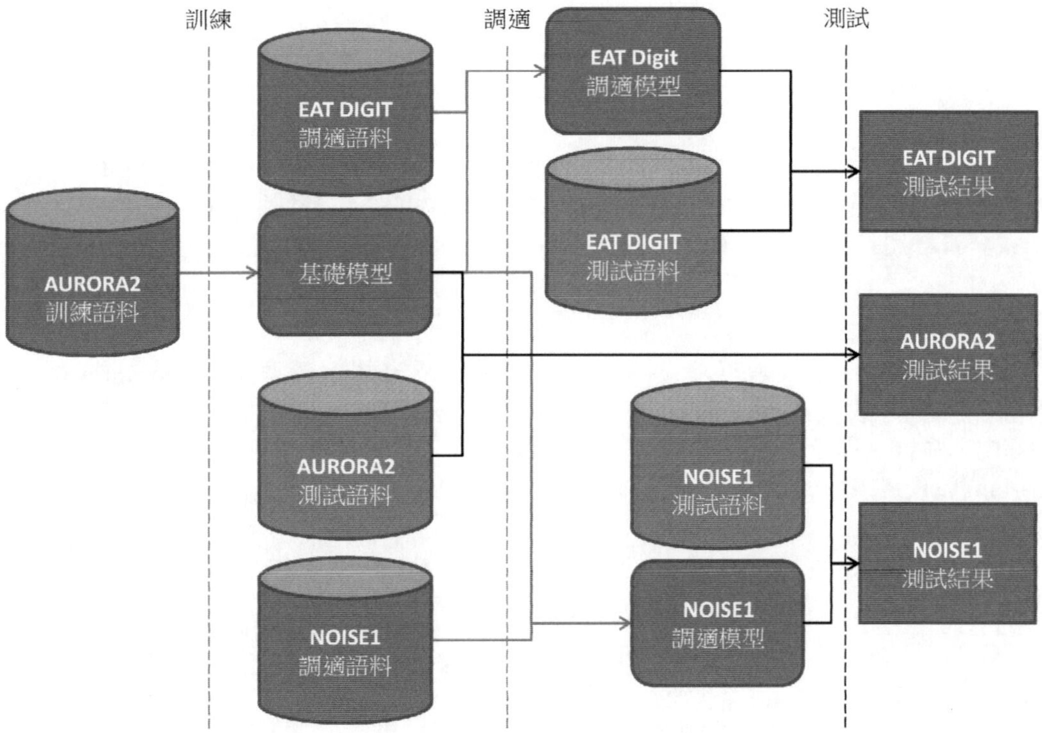

圖 2、 實驗流程

本論文中的實驗一共用到了 AURORA2、EAT DIGIT、NOISE1 三個語料庫，圖 2 簡明的表示了整個實驗的流程，第一步是使用 AURORA2 的語料進行訓練作為調適的基礎模型，再分別使用 EAT DIGIT 及 NOISE1 語料來調適進行不同的腔調、噪音、裝置實驗。

(一)、語料庫介紹

本篇論文使用 AURORA2 [15] 產生基礎聲學模型 (baseline model)，台灣口音英語語料 (English Across Taiwan, EAT) [16] 英文數字部分 (簡稱 EAT DIGIT) 及自行錄製的 NOISE1 語料做為調適語料進行一系列調適的實驗。

AURORA2 ：使用不同加成性噪音、訊噪比來測試語音辨識系統强健性的語料庫。

EAT DIGIT ：從 EAT 中的可用語料中過濾出純英文數用的部分，句數如表 1。

表 1、 台灣口音英語語料庫可用純英文數字語料句數

環境＼分類	非英語系學生			英語系學生			
	女	男	加總	女	男	加總	總和
gsm	212	334	546	386	156	542	1088
pstn	168	171	439	341	136	477	916
mic16k	421	697	1118	794	318	1112	2230

NOISE1 ：從 AURORA2 語料庫中選擇 NOISE1 的文本 (corpus) 錄製(故稱 NOISE1 語料庫)，使用裝置 DHD (HTC Desire HD)及 WFS(Wildfire S)錄製 8KHz 16bits PCM 格式語音檔案，整個語料庫如表 2 所示。

表 2、 NOISE1 語料庫錄製環境有關閉所有家電與門窗的安靜宿舍 中(dormitory) 、安靜宿舍於開啓的電風扇旁 (fan) 、下班時段西子灣捷運二號出口旁的公車等候亭 (road) 、中山大學下午五點的籃球場 (basketball) 、中山大學中午 11 點半 L 型停車場 (parkingLot) 及中山大學電資大樓 F5017b 實驗室 (laboratory)。

(a) 各環境與裝置句數

分類	環境	語者	使用裝置	
			DHD	WFS
clean	dormitory	tpyen	1001	X
noise	fan	tpyen	50	X
	road	tpyen	50	X
	basketball	tpyen	50	X
	parkingLot	tpyen	50	X
f5017b	laboratory	如表 2(b)	200	200

(b) f5017b 環境語料各語者與裝置句數

語者	性別	使用裝置	
		DHD	WFS
jcdeng	女	50	50
mkwu	男	50	50
tpyen	男	50	50
yhhuang	男	50	50

(二)、**實驗**設定

本實驗所使用的特徵參數為梅爾倒頻譜係數 (Mel-scale Frequency Cepstral Coefficients, MFCC) ，如表 3 所示，在擷取所有音檔特徵參數除了於 EAT 中 mic16k 所使用的取樣頻率為 16000 外其餘所使用的參數都是一致的。後端的聲學模型上使用高斯混合模型來訓練，所使用的字典 (dictionary) 與音素 (phone) 列於表 4中，隱藏式馬可夫模型每一個音素一個模型、每一個模型 3 個狀態、每個狀態包含 8 個高斯混合分佈 (Gaussian mixture distribution) 訓練上下文相關 (context dependent) 的模型。

表 3、 擷取特徵參數所使用的參數檔案

參數	說明	設定值
alpha	預强調參數	0.97
dither	增加 1/2-bit 雜訊避免零能量音框	yes
ncep	倒譜係數	13
lowerf	下截止頻率	64
upperf	上截止頻率	4000
nfft	快速傅利葉轉換大小	512
wlen	漢明窗長度	0.025
input_endian	輸入資料的位元組序，在 NIST 與 MS Wav 格式中忽略	big
samprate	取樣頻率	8000
feat	Sphinx 參數格式	1s_c_d_dd

分別對 AURORA2 的乾淨訓練語料與多環境訓練語料使用 SphinxTrain 得到乾淨語料 (clean) 及多環境語料 (multi) 兩個聲學模型，使用 AURORA2 的測試語料所得到的辨識率如表 5 所示，本論文使用字模型 (word dependant model) 作為基礎模型，把相同發音的音素模型共用所得到的結果也非常相近於現在的結果。實驗中利用 EAT DIGIT 與 NOISE1 語料做一系列的調適實驗，在這些調適實驗中所用到的調適法為最大後驗 (Maximum A Posteriori, MAP) [17] 方法來進行。

(三)、AURORA2 聲學模型使用 EAT DIGIT 語料庫語料調適實驗

為了解外國語言腔調在受過訓練後與未受過訓練的差異進行英語系與非英語系學生的腔調比較、調適效果與句數關係、跨環境調適效果三項實驗。EAT DIGIT 一共有 gsm、pstn、mic16k 三種錄音方式，再細分為 gsm 英語系學生的語料 (gsmE) 、gsm 非英語系學生的語料 (gsmN)、pstnE、pstnN、mic16kE、mic16kN，最後把這六種條件的語料分成測試語料以及調適語料，如表 6 所示。把每一種條件的語料再各分成兩半，一半做測試語料一半做調適語料。分別在後面加上 _ t 與 _ a 代表測試語料及調適語料，將每一種環境的語料一共分成四份 (E_ test、E_adapt、NE_test、NE_adapt) 。

1、EAT DIGIT 英語系與非英語系腔調比較

利用各環境 E_a 及 N_a 的部分調適成英語系模型及非英語系模型，再使用 E_t 與 N_t 的

表 4、 字典與音素

字典	
文字	音素
eight	EY_eight, T_eight
five	F_five, AY_five, V_five
four	F_four, OW_four, R_four
nine	N_nine, AY_nine, N_nine_2
oh	OW_oh
one	W_one, AX_one, N_one
seven	S_seven, EH_seven, V_seven, E_seven, N_seven
six	S_six, I_six, K_six, S_six_2
three	TH_three, R_three, II_three
two	T_two, OO_two
zero	Z_zero, II_zero, R_zero, OW_zero
filler	
<s>	SIL
<sil>	
</s>	

表 5、 乾淨語料與多環境語料模型辨識率(Avg.：0-20db 的平均值)

	乾淨語料模型				多環境語料模型			
dB ╲測試集	A	B	C	Avg.	A	B	C	Avg.
clean	99.5	99.5	99.3	99.5	99.0	99.0	98.8	99.0
20	95.3	96.8	95.4	95.9	98.3	98.4	97.7	98.2
15	87.1	90.2	87.1	88.3	97.6	97.5	97.0	97.4
10	63.6	71.3	64.3	66.8	95.0	95.0	94.3	94.9
5	24.6	31.6	26.7	27.8	84.5	84.5	84.4	84.5
0	2.1	4.8	3.5	3.5	47.8	48.4	50.5	48.6
-5	0.4	1.0	0.6	0.7	8.2	11.7	10.7	10.1
Avg.	54.5	58.9	55.4	56.5	84.6	84.8	84.8	84.7

表 6、 將 EAT 六種條件的語料進一步分成測試語料及調適語料

	測試語料			調適語料			
	女	男	總句數	女	男	總句數	總計
gsmN	106	167	273	106	167	273	546
gsmE	193	78	271	193	78	271	542
pstnN	84	135	219	84	136	220	439
pstnE	170	68	238	171	68	239	477
mic16kN	210	348	558	211	349	560	1118
mic16kE	397	159	556	397	159	556	1112

語料測試，得到的英語系與非英語系腔調差異做比較如表 7：

由這些數據中發現不論是使用英語系或非英語系的語料來調適，辨識率都是英語系語料優於非英語系語料。 AURORA2 的錄製語者都是以英文為母語，因此擁有較標準的口音得到較高的辨識率是可預期的現象。在以英語系語料為測試語料的條件下，不論是使用英語系或非英語系語料都能得到良好的調適效果；相對於使用非英語系語料測試時使用英語系語料調適的效果就沒那麼優異。

這個實驗的結果表示出口音對辨識率的影響很大，在訓練過與未訓練過辨識率的差距可以多達 10%，而且即使是訓練過的口音或多或少還是會受到母語口音的影響，在選擇調適語料的時後以挑選與使用者母語相同的語料為佳。

2、EAT DIGIT 調適效果與句數關係

在調適效果與句數關係的實驗中，使用不同的句數來觀察各個條件下使用不同句數調適的辨識率。在這邊調適句數單位 1 是代表一句男生語料加上一句女生語料 (5 單位就代表 5 句男生語料加 5 句女生語料，以此類推)，如單一性別語料不足則使用另一種性別的語料補足。對三種環境做句數調適效果的測試，我們讓三種環境中的英語系及非英語系的語料輪流當測試語料及訓練語料，結果如表 8 9。

由實驗結果中能夠看出調適句數與正確率成長起初正確率略微下降、後來快速成長、到最後逐漸趨緩的整個過程趨勢，由圖中也可得知在使用語者無關 (context independent) 調適語料時使用約 50 單位 (男女各 50 句) 的語料可以達到最佳的效果，而使用超過 50 單位後識率的成長便逐漸趨緩，如果我們用相同的方法直接使用 50 單位的調適語料來訓練聲模型只能得到約 60% 的正確率。

3、EAT DIGIT 跨環境調適效果

在這個實驗中我們將每一種條件的測試語料分別對六種條件的調適模型來測試在錄音裝置與錄製格式不同的條件下的差異性，所得到的結果如表 10 11所示，gsm 與 pstn 語料都是藉由電話話筒接收聲音，所錄得的 8KHz 8Bits Mulaw 格式的取樣點，經程式轉成8khz 16bits PCM 格式的取樣點，麥克風語料則是由個人電腦及麥克風經由音效卡錄製 16KHz 16bits 的聲音訊號。結果顯示這些條件下的環境是非常接近的，不論是使用

表 7、 英語系與非英語系腔調比較

乾淨語料模型			
測試語料＼調適語料	乾淨語料模型(無調適)	gsmE_a	gsmNE_a
gsmE_test	85.6	93.0	92.5
gsmN_test	73.5	86.4	89.5
測試語料＼調適語料	乾淨語料模型(無調適)	pstnE_a	pstnN_a
pstnE_test	85.2	92.5	92.7
pstnN_test	77.4	90.5	90.5
測試語料＼調適語料	乾淨語料模型(無調適)	mic16kE_a	mic16kN_a
mic16kE_t	87.1	91.5	92.7
mic16kN_t	75.5	87.6	91.2

多環境語料模型			
測試語料＼調適語料	多環境語料模型(無調適)	gsmE_a	gsmN_a
gsmE_t	85.8	92.2	91.6
gsmN_t	75.1	86.5	88.1
測試語料＼調適語料	多環境語料模型(無調適)	pstnE_a	pstnN_a
pstnE_t	84.1	92.3	91.6
pstnN_t	78.1	88.1	88.3
測試語料＼調適語料	多環境語料模型(無調適)	mic16kE_a	mic16kN_a
mic16kE_t	85.1	92.0	91.6
mic16kN_t	74.4	87.4	89.5

表 8、 AURORA2 乾淨語料模型分別以 EAT 六種條件做調適的句數與正確率

測試語料	調適語料	調適前	1	5	10	25	50	75	100	全部
gsmN_t	gsmE_a	73.5	72.1	80.1	83.8	85.5	87.2	88.4	89.0	89.5
gsmE_t	gsmE_a	85.6	83.6	87.4	89.1	89.1	91.0	91.7	92.6	93.0
pstnN_t	pstnE_a	77.4	76.9	84.5	86.3	87.2	90.2	90.5	90.9	90.5
pstnE_t	pstnE_a	85.2	84.1	87.5	88.4	90.9	92.4	91.9	92.6	92.5
mic16kN_t	mic16kN_a	75.5	77.9	82.4	83.4	85.0	87.1	88.6	89.4	91.2
mic16kE_t	mic16kE_a	87.1	86.4	87.3	88.6	89.0	91.2	92.2	92.3	91.5

表 9、 AURORA2 多環境語料模型分別以 EAT 六種條件做調適的句數與正確率

測試語料	調適語料	調適前	1	5	10	25	50	75	100	全部
gsmN_t	gsmN_a	75.1	75.1	79.9	81.6	84.7	85.7	86.3	86.7	88.1
gsmE_t	gsmE_a	85.8	84.3	86.8	88.7	89.2	91.2	91.4	91.8	92.2
pstnN_t	pstnN_a	78.1	77.6	84.0	86.4	86.0	88.7	88.1	88.5	88.3
pstnE_t	pstnE_a	84.1	81.5	87.2	89.3	89.7	90.8	91.5	91.8	92.3
mic16kN_t	mic16kN_a	74.4	75.9	79.8	81.2	84.1	84.7	86.4	87.0	89.5
mic16kE_t	mic16kE_a	85.1	84.2	86.7	88.0	88.8	90.1	90.8	90.9	92.0

電話直接錄音還是透過音效卡使用麥克風在個人電腦上錄音，在沒有其它特別噪音的情況下使用不同的取樣頻率在辨識率的差異並不大。

表 10、 AURORA2 乾淨語料模型分別使用 EAT 六種條件語料調適的辨識率

測試語料＼調適語料	gsmE_a	gsmN_a	pstnE_a	pstnN_a	mic16kE_a	mic16kN_a	Avg.
gsmE_t	93.0	92.5	92.3	91.4	92.2	91.3	92.1
gsmN_t	86.4	89.5	88.2	87.8	87.1	89.0	88.0
pstnE_t	92.1	92.1	92.5	92.7	92.9	92.7	92.5
pstnN_t	88.3	89.8	90.5	90.5	88.7	91.0	89.8
mic16kE_t	89.5	90.0	90.8	90.8	91.5	92.7	90.9
mic16kN_t	83.9	88.0	86.5	87.7	87.6	91.2	87.5
Avg.	88.9	90.3	90.1	90.2	90.0	91.3	90.1

(四)、AURORA2 聲學模型使用 NOISE1 語料調適實驗

將網路辨識系統運用在現流行的 Android 手機上面，撰寫了一個符合本論文中所提出的語音辨識系統的用戶端程式，進行一系列的辨識與調適實驗，這些實驗主要在測試手持行動裝置上使用本篇論文中的語音辨識系統的效能及實用性。

1、NOISE1 調適效果與句數

首先將 NOISE1 中的 clean 語料分兩個部分，分別為測試語料 (前500句) 及調適語料 (後501句)，使用的調適語料由少到多，調適單位 1 代表一句調適語料，其實驗結果如表 12 所示：

由 Android 裝置所錄製的語料不論在乾淨語料模型或是多環境語料模型在未調適的情況下與誇環境實驗得到相近的結果，調適過程中所使用的都是使用同一個人的語料來進行，在句數相同的情況下明顯地勝過先前使用不同語者語料所調適的模型，另外由此表中能觀察到約在 25 到 50 句時調適效果逐漸趨緩，因此假設以 AURORA2 的模

表 11、 AURORA2 多環境語料模型分別使用 EAT 六種條件語料調適的辨識率

測試語料＼調適語料	gsmE_a	gsmN_a	pstnE_a	pstnN_a	mic16kE_a	mic16kN_a	Avg.
gsmE_t	92.2	91.6	92.0	91.3	92.7	91.6	91.9
gsmN_t	86.5	88.1	87.4	88.8	86.2	87.3	87.4
pstnE_t	90.9	89.6	92.3	91.6	92.4	91.2	91.3
pstnN_t	86.4	86.4	88.1	88.3	88.6	88.4	87.7
mic16kE_t	89.1	88.9	91.0	90.0	92.0	91.6	90.4
mic16kN_t	83.3	86.4	86.3	87.3	87.4	89.5	86.7
Avg.	88.1	88.5	89.5	89.6	89.9	89.9	89.2

表 12、 AURORA2 模型以 NOISE1 clean 語料調適句數與正確率

調適模型	調適前	2	5	10	20	25	50	100	150	200	501
乾淨語料模型	80.0	81.3	83.6	90.8	93.5	95.1	95.4	97.8	98.3	98.4	98.8
多環境語料模型	82.5	84.0	88.2	91.1	93.2	95.0	95.1	96.2	96.2	97.3	98.9

型使用 NOISE1 語料調適 25 句能得到最大的投資報酬率的結果來進行 NOISE1 之後的調適實驗。

2、NOISE1 不同噪音環境的調適效果

在前面 NOISE1 與 EAT DIGIT 調適實驗中使用乾淨語料模型與多環境語料模型的實驗結果沒有什麼差別，造成這個現象的主因就是因為所使用的測試語料幾乎都是沒有噪音的語料，而手持式裝置最方便的一處就是走到哪就能帶到哪，不論是要坐車、運動、郊遊或是參加一些其它的社交活動這些裝置幾乎是寸步不離身，但這些環境中並不會每一個地方都能跟 NOISE1 clean 的環境一樣幾乎沒有噪音，可以說是每一個環境中都難免會有一些噪音，嚴重的話甚至聽不清楚語者所說的話。撇開這些無噪音或噪音極大的極端情況找尋生活上常常會遇到的幾種噪音來進行實驗，一共選擇了 basketball、road、fan、parkingLot 四個環境噪音，每一種噪音環境下含有 50 句均使用前 25 句為測試資料後 25 句為調適語料進行調適實驗，其實驗結果如表 13 所示：

在這四種環境中只有 road 是屬於被較强的噪音所污染，其餘三種環境都是屬於輕微的噪音干擾可以從乾淨語料模型的辨識率中明顯的分辨出來，即使是在未針對新的環境來進行調適的情況下多環境語料模型仍然顯現了他在噪音環境下擁有較好辨識率的優勢。

為了進一步了解在噪音環境之下需要多少調適語料才能讓達到一般能接受的正確率進一步對這些語料進行句數與正確率的實驗，其結果如表 14 所示，就平均情況來而言針對環境進行調適 5 句之後能夠得到 80% 左右的辨識率，進行完 25 句調適之後就能得到約 90% 的正確辨識率。這張表格顯示使用乾淨語料模型噪音環境的情況下調適過程反覆不斷的上升下降，造成這種情形應該是因為有些調適語料噪音較大而有些則較

表 13、 AURORA2 模型以 NOISE1 noise 語料測試在不同噪音環境與調適後的正確率

噪音環境＼聲學模型	clean	clean_adapt	multi	multi_adapt
basketball	65.6	94.6	76.3	96.8
road	43.0	72.0	64.5	91.4
fan	62.4	88.2	76.3	97.9
parkingLot	65.6	95.7	66.7	100.0
Avg.	59.2	87.1	71.0	96.5

小，在較小噪音調適下能夠正常的對語者的腔調口音及環境調適，在較大的噪音下就會完全被噪音影響讓轉移機率產生較大幅的變動，但使用多環境語料模型的這種情況較不明顯，這証明了乾淨語料模型在並不適合在少量且噪音大的情況下進行調適。

表 14、 AURORA2 模型以 NOISE1 noise 語料測試在不同噪音環境與調適後的正確率與調適句數關係

模型	clean					multi				
句數	basketball	road	fan	parkingLot	Avg.	basketball	road	fan	parkingLot	Avg.
0	65.6	43.0	62.4	65.6	59.2	76.3	64.5	76.3	66.7	71.0
...										
4	82.8	59.1	78.5	74.2	73.7	81.7	75.3	81.7	74.2	78.2
5	87.1	63.4	80.6	83.9	78.8	82.8	76.3	88.2	82.8	82.5
6	88.2	65.6	81.7	83.9	79.9	84.9	77.4	87.1	82.8	83.1
...										
23	92.5	79.6	92.5	92.5	89.3	95.7	88.2	93.5	93.5	92.7
24	92.5	79.6	92.5	92.5	89.3	95.7	88.2	93.5	94.6	93.0
25	94.6	72.0	88.2	95.7	87.6	96.8	91.4	97.9	100.0	96.5

3、NOISE1 不同裝置的調適效果比較

除了環境噪音對辨識率的影響以外還要考慮到的就是裝置上的差異性，畢竟每個裝置上的麥克風品質不盡相同。造成辨識率差異的不僅僅只會有麥克風，現在有一些裝置還會自動將輸入音源做降噪處理，功能非常人性化也非常的好用，但礙於手邊沒有這麼多裝置可以做辨識率測試的實驗，我們只取得 DHD 及 WFS 兩個裝置來進行實驗，使用 NOISE1 中分類為 f5017b 的語料每一個語者在相同裝置之下均使用前 25 句為測試資料後 25 句為調適語料其實驗結果如表 15 所示。從表中我們不僅能觀察到英文發音造成的差異也能看到裝置不同所帶來的影響，在四位語者中以 yhhuang 英文發音最為標準，所實驗出來的辨識率果然也是最好的。而不論是使用乾淨語料模型或多環境

語料模型以 DHD 裝置的語料在調適前的辨識率明顯低於 WFS 裝置，即使如此在經過 25 句的環境調適以後就能達到平均 95% 以上的辨識率，藉由這個實驗我們可以了解到使用現成的聲學模型於腔調、使用裝置不同的情況也不需要經過大量的調適就能達到良好的辨識率。

表 15、 AURORA2 模型以 NOISE1 f5017b 使用不同裝置語料調適句數與正確率

DHD 裝置				
語者＼聲學模型	clean	clean_adapt	multi	multi_adapt
cjdeng	54.8	97.9	54.8	97.9
mkwu	51.6	95.7	50.5	96.8
tpyen	53.8	96.8	54.8	97.6
yhhuang	63.4	100.0	71.0	100.0
Avg.	55.9	97.6	57.8	98.1
WFS 裝置				
語者＼聲學模型	clean	clean_adapt	multi	multi_adapt
cjdeng	80.6	88.2	75.3	95.7
mkwu	78.5	98.9	80.6	100.0
tpyen	79.6	100.0	83.9	98.9
yhhuang	86.0	100.0	93.5	100.0
Avg.	81.2	96.8	83.3	98.7

五、結論與未來展望

本論文利用現有的語音辨識工具 Sphinx-4 整合出一個網路語音辨識服務系統，這個系統透過網路提供了英文數字語音辨識的服務並支援快速個人化功能，可以在不同環境中快速的達到理想的辨識率，系統內所使用的核心辨識核心 Sphinx-4 是由 JAVA 語言編寫而成的，擁有極具延展性、模組化、可插拔的架構並且有良好跨平台能力的優點，本身也提供了許多的應用程式介面，可以追蹤解碼器、運行速度、記憶體使用量等等，非常適合用於研究。因為 Sphinx-4 的特性使伺服端可以在任何支援 JAVA 的作業系統上運行，而用戶端可以是電腦、手機或其它可上網的裝置。

此系統透過網路提供即時的語音辨識，並且可以將使用者及研究人員將使用期間所辨識過的語料收集起來，使用上非常容易且方便，再透各種語料的調適實驗讓使用者在挑選語言模型、訓練語料及測試語料時有個依據。對於這個平台我們跨出的第一步是將這個系統整合出來，提供原始碼讓任何有興趣的人使用。

這個系統擁有網路語音辨識、調適及語料收集的功能，並能夠在使用的過程中將語料收集至伺服端。透過網路語音辨識的功能若能加上其它的技術就能衍生新的應用。如加入人工智慧應用在智慧型手機上，就能展現出更完善的功能。而在語料收集這個區塊目前只是單純的把音檔儲存在伺服端，沒有執行分類或是過濾的動作，其它功能

也還尚有不足的部分。例如可以利用可插拔的特性加入對傳輸檔案進行編碼壓縮來節省網路頻寬、線上即時更換聲學模型解決不同語言問題、對聲學模型調適克服不同使用環境等等功能。針對上述幾點情況進行擴充，這個系統就能夠吸引更多人使用，以促進語音辨識相關應用研究的發展。

參考文獻

[1] J. Schalkwyk, D. Beeferman, F. Beaufays, B. Byrne, C. Chelba, M. Cohen, M. Kamvar, and B. Strope, "“Your word is my command”: Google search by voice: A case study," in *Advances in Speech Recognition: Mobile Environments, Call Centers and Clinics*, 2010, ch. 4, pp. 61–90.

[2] I. VanDuyn, "Comparison of voice search applications on ios," http://www.isaacvanduyn.com/downloads/research-proposal.pdf, [Online]. Available.

[3] M. Kamvar and S. Baluja, "A large scale study of wireless search behavior: Google mobile search," in *Proceedings of the SIGCHI Conference on Human Factors in Computing Systems*, ser. CHI '06. New York, NY, USA: ACM, 2006, pp. 701–709.

[4] T. X. He and J.-J. Liou, "Cyberon voice commander 多國語言語音命令系統 (Cyberon Voice Commander - a Multilingual Voice Command System) [In Chinese]," in *ROCLING*, 2007.

[5] Y. Lu, L. Liu, S. Chen, and Q. Huang, "Voice based control for humanoid teleoperation," in *Intelligent System Design and Engineering Application (ISDEA), 2010 International Conference on*, vol. 2, 2010, pp. 814–818.

[6] M. Armbrust, A. Fox, R. Griffith, A. D. Joseph, R. H. Katz, A. Konwinski, G. Lee, D. A. Patterson, A. Rabkin, I. Stoica, and M. Zaharia, "Above the clouds: A berkeley view of cloud computing," EECS Department, University of California, Berkeley, Tech. Rep. UCB/EECS-2009-28, Feb 2009.

[7] J. Borges, J. Jimenez, and N. Rodriquez, "Speech browsing the world wide web," in *Systems, Man, and Cybernetics, 1999. IEEE SMC '99 Conference Proceedings. 1999 IEEE International Conference on*, vol. 4, 1999, pp. 80–86 vol.4.

[8] L. Rabiner and B.-H. Juang, "An introduction to hidden markov models," *ASSP Magazine, IEEE*, vol. 3, no. 1, pp. 4–16, 1986.

[9] Y. Zhao and B.-H. Juang, "Stranded gaussian mixture hidden markov models for robust speech recognition," in *Acoustics, Speech and Signal Processing (ICASSP), 2012 IEEE International Conference on*, 2012, pp. 4301–4304.

[10] ——, "Exploiting sparsity in stranded hidden markov models for automatic speech recognition," in *Signals, Systems and Computers (ASILOMAR), 2012 Conference Record of the Forty Sixth Asilomar Conference on*, 2012, pp. 1623–1625.

[11] L. Burget, P. Schwarz, M. Agarwal, P. Akyazi, K. Feng, A. Ghoshal, O. Glembek, N. Goel, M. Karafiat, D. Povey, A. Rastrow, R. Rose, and S. Thomas, "Multilingual acoustic modeling for speech recognition based on subspace gaussian mixture models," in *Acoustics Speech and Signal Processing (ICASSP), 2010 IEEE International Conference on*, 2010, pp. 4334–4337.

[12] D. Povey, L. Burget, M. Agarwal, P. Akyazi, K. Feng, A. Ghoshal, O. Glembek, N. Goel, M. Karafiat, A. Rastrow, R. Rose, P. Schwarz, and S. Thomas, "Subspace gaussian mixture models for speech recognition," in *Acoustics Speech and Signal Processing (ICASSP), 2010 IEEE International Conference on*, 2010, pp. 4330–4333.

[13] S. J. Young, D. Kershaw, J. Odell, D. Ollason, V. Valtchev, and P. Woodland, *The HTK Book Version 3.4*. Cambridge University Press, 2006.

[14] W. Walker, P. Lamere, P. Kwok, B. Raj, R. Singh, E. Gouvea, P. Wolf, and J. Woelfel, "Sphinx-4: a flexible open source framework for speech recognition," Mountain View, CA, USA, Tech. Rep., 2004.

[15] D. Pearce, H. günter Hirsch, and E. E. D. Gmbh, "The aurora experimental framework for the performance evaluation of speech recognition systems under noisy conditions," in *in ISCA ITRW ASR2000*, 2000, pp. 29–32.

[16] 中華民國計算語言學學會, "台灣口音英語語料庫說明 English Across Taiwan (EAT)," http://www.aclclp.org.tw/doc/eat_brief.pdf, [Online]. Available.

[17] C.-H. Lee and J.-L. Gauvain, "Speaker adaptation based on map estimation of hmm parameters," in *Proceedings of the 1993 IEEE international conference on Acoustics, speech, and signal processing: speech processing - Volume II*, ser. ICASSP'93. Washington, DC, USA: IEEE Computer Society, 1993, pp. 558–561.

機器翻譯為本的中文拼字改錯系統

Chinese Spelling Checker Based on Statistical Machine Translation

邱絢紋 Hsun-wen Chiu
吳鑑城 Jian-cheng Wu
張俊盛 Jason S. Chang
國立清華大學資訊系統與應用研究所
Department of Institute of Information Systems and Applications
National Tsing Hua University
chiuhsunwen@gmail.com, wujc86@gmail.com, jason.jschang@gmail.com

Abstract

Chinese spell check is an important component for many NLP applications, including word processors, search engines, and automatic essay rating. However, compared to spell checkers for alphabetical languages (e.g., English or French), Chinese spell checkers are more difficult to develop, because there are no word boundaries in Chinese writing system, and errors may be caused by various Chinese input methods. Chinese spell check involves automatically detecting and correcting typos, roughly corresponding to misspelled words in English. Liu et al. (2011) show that people tend to unintentionally generate typos that sound similar (e.g., *措折 [cuo zhe] and 挫折 [cuo zhe]), or look alike (e.g., *固難 [gu nan] and 困難 [kun nan]).

The methods for spell check can be broadly classified into two types: rule-based methods (Ren et al., 2001; Jiang et al., 2012) and statistical methods (Hung & Wu, 2009; Chen, 2010). Rule-based methods use knowledge resources such as a dictionary to identify a word as a typo. Statistical methods tend to use a large monolingual corpus to create a language model to validate the correction hypotheses. Consider the sentence "心是很重要的。" [xin shi hen zhong yao de] which is correct. However, "心" and "是" are likely to be regarded as an error by a rule-based model for the word "心事" with identical pronunciation. In statistical methods, "心" and "是" are a bigram which has high frequency in a monolingual corpus, so we may determine that "心是" is not a typo after all. In this paper, we propose a model that combines rule-based and statistical approaches. Probable errors, proposed by the rule-based detection module, are verified using statistical machine translation (SMT) model. Our model treats spell check and correction as a kind of translation, where typos are translated into correctly spelled words according to the translation probability and the language model probability.

We describe three modules for solving the problem of Chinese spell check: word segmentation, error detection, and error correction. The first module segments the input sentence into word tokens in an attempt to reduce the search space and the probability of false alarm. The second module detects probable errors in the segmented tokens. Any sequences of two or more singleton words are considered likely to contain an error. However, over-segmentation might lead to falsely identified errors. For example, phrases like "超世之才" [chao shi zhi cai] tend to be over-segmented to "超世/之/才" which might lead to false alarms. So we use additional lexicon items and reduce the chance of generating false alarms.

In addition, we use n-grams consist of single-character words to distinguish between correct token sequences and typos: when a sequence of singleton words is not found in the reference list of dictionary entries plus the web-based character ngrams, we regard the ngram as containing a typo. For example, "森林 的 芳 多 精" [sen lin de fang duo jing]: bigrams such as "的 芳", and "芳 多" and trigrams such as "的 芳 多" and "芳 多 精" are all considered as candidates for typos since those ngrams are not found in the reference list.

The third and final module is the error corrector. we use a SMT model to translate the sentences containing typos into correct ones. Once we generate a list of candidates of typos, we attempt to correct typos, using a statistical machine translation model to translate typos into correct word. The translation probability *tp* is a probability indicating how likely a typo is translated into a correct word. *tp* of each correction translation is calculated using the following formula:

$$tp = \log_{10}\left(\frac{freq(trans)}{freq(trans) - freq(candi)} * \gamma\right) \quad \begin{matrix} if\ trans\ in\ ngrams \\ otherwise = 0 \end{matrix}$$

where *freq(trans)* is the frequency of translation, *freq(candi)* is the frequency of the candidate, and γ is the weight of different error types: visual or phonological.

We use a simple, publicly available decoder written in Python which translates monotonically without reordering the Chinese words and phrases using translation probability and language models. To train our model, we used several corpora including Sinica Chinese Balanced Corpus, TWWaC (Taiwan Web as Corpus), a Chinese dictionary (MOE, 1997), and a confusion set (Liu et al., 2011). The decoder reads a translation model in GIZA++ format, and a language model in SRILM format. We used the official dataset from SIGHAN 7 Bake-off 2013: Chinese Spell Check to evaluate our systems.

The results produced by the proposed system were evaluated using precision rate, recall rate and F-score. We evaluated the results of detection as well as correction for many systems with different language resources and settings. The results show that using Web corpus achieves higher precision than dictionary or compiled corpus in detection systems. Using dictionary leads to the highest recall but slightly lower precision. By combining dictionary and Web corpus, we achieve the best precision, recall, and F-score. By restricting the sound confusion to identical sounds and the shape confusion to strongly similar shapes, we can improve precision dramatically. We can further improve the precision and recall, by using different weights in modeling probability of sound and shape based hypotheses which obtain precision rate of .95, recall rate of .56, and F-score of .70 in correction. Because typos are more often related to sound confusion than shape confusion, so giving higher weight to sound confusion indeed leads to further improvement in both precision and recall. In order to test whether we can reduce false alarms further, we tested our systems on a dataset with additional 350 sentences without typos. The best performing system obtain precision rate of .91, recall rate of .56, and F-score of .69 in correction. The results show that this system is very robust, maintaining high precision rate in different situations.

Many avenues exist for future research and improvement of our system. For example, new terms can be automatically discovered and added to the Chinese dictionary to improve both detection and correction performance. Part of speech tagging can be performed to provide more information for error detection. Named entities can be recognized in order to avoid false alarms. Supervised statistical classifier can be used to model translation probability more accurately. Additionally, an interesting direction to explore is using Web ngrams in addition to a Chinese dictionary for correcting typos. Yet another direction of research would be to consider errors related to missing or unnecessary characters.

In summary, we have introduced in this paper, we proposed a novel method for Chinese spell check. Our approach involves error detection and correction based on the phrasal statistical machine translation framework. The error detection module detects errors by segmenting words and checking word and phrase frequency based on a compiled dictionary and Web corpora. The phonological or morphological spelling errors found are then corrected by running a decoder based on statistical machine translation model (SMT). The results show that the proposed system achieves significantly better accuracy in error detecting and more satisfactory performance in error correcting than the state-of-the-art systems. The experiment results show that the method outperforms previous work.

References

Yong-Zhi Chen (2010). Improve the detection of improperly used Chinese characters with noisy channel model and detection template. Master thesis, Chaoyang University of Technology.

Ta-Hung Hung & Shih-Hung Wu (2009). Automatic Chinese character error detecting system based on n-gram language model and pragmatics knowledge base. Master thesis, Chaoyang University of Technology.

Ying Jiang, Tong Wang, Tao Lin, Fangjie Wang, Wenting Cheng, Xiaofei Liu, Chenghui Wang, & Weijian Zhang (2012). A rule based Chinese spelling and grammar detection system utility. *2012 International Conference on System Science and Engineering (ICSSE)*, pages 437 - 440, 30 June - 2 July 2012.

Chao-Lin Liu, Min-Hua Lai, Kan-Wen Tien, Yi-Hsuan Chuang, Shih-Hung Wu, & Chia-Ying Lee (2011). Visually and phonologically similar characters in incorrect Chinese words: Analyses, identification, and applications. *ACM Trans. Asian Lang, Inform. Process.* 10, 2, Article 10, pages 39, June 2011.

MOE. (2007). MOE Dictionary new edition. Taiwan: Ministry of Education.

Fuji Ren, Hongchi Shi, & Qiang Zhou (2001). A hybrid approach to automatic Chinese text checking and error correction. *2001 IEEE International Conference on Systems, Man, and Cybernetics*, Vol. 3, pages 1693 - 1698, 07 - 10 Oct. 2001.

Detecting English Grammatical Errors based on Machine Translation

張竟 Jim Chang

吳鑑城 Jiancheng Wu

張俊盛 Jason S. Chang

國立清華大學資訊工程系

Department of Computer Science

National Tsing Hua University

{jim.chang.nthu@gmail.com; wujc86@gmail.com; jason.jschang@gmail.com}

Keywords: grammatical error correction, serial errors, machine translation, n-grams

Many people are learning English as a second or foreign language, and there are estimated 375 million English as a Second Language (ESL) and 750 million English as a Foreign Language (EFL) learners around the world according to Graddol (2006). Evidently, automatic grammar checkers are much needed to help learners improve their writing. However, typical English proofreading tools do not target specifically the most common errors made by second language learners. The grammar checkers available in popular word processors have been developed with a focus on native speaker errors such as subject-verb agreement and pronoun reference. Therefore, these word processors (e.g., Microsoft Word) often offer little or no help with common errors causing problems for English learners.

Grammatical Error Detection (GED) for language learners has been an area of active research. GED involves pinpointing some words in a given sentence as grammatically erroneous and possibly offering correction. Common errors in learners' writing include missing, unnecessary, and misuse of articles, prepositions, noun number, and verb form. Recently, the state-of-the-art research on GED has been surveyed by Leacock et al. (2010). In our work, we address serial errors in English learners' writing related to the proposition and verb form, an aspect that has not been dealt with in most GED research. We also consider the issues of broadening the training data for better coverage, and coping with data sparseness when unseen events happen.

Researchers have looked at grammatical errors related to the most common prepositions (e.g., De Felice and Pulman, 2007; Gamon 2010). In the research area of detecting verb form errors, methods based on template related to parse tree, maximum entropy with lexical and POS features have been proposed (e.g., Lee and Seneff, 2006; Izumi et al. 2003).

The Longman Dictionary of Common Errors, second edition (LDOCE) is the result of analyzing errors encoded in the Longman Learners' Corpus. The LDOCE shows that grammatical errors in learners' writing are mostly isolated, but there are certainly a lot of consecutive errors (e.g., the unnecessary preposition "*of*" immediately followed by a wrong verb form "*thinking*" in "*These machines are destroying our ability of thinking* [*to think*]."). We refer to two or more errors appearing consecutively as *serial errors*. Previous work on grammar checkers either focuses on handling one common type of errors exclusively, or independently. However, if an error is not isolated, it becomes difficult to correct the error when another related error is in the immediate context. In other words, when serial errors occur in a sentence, a grammar checker needs to correct the first error in the presence of the second error (or vise versa), making correction hard to solve. These errors could be corrected more effectively, if the corrector recognized them as serial errors and attempt to correct the serial errors at once.

Consider an error sentence "*I have difficulty to understand English.*" The correct sentence for this should be "*I have difficulty in understanding English.*" It is hard to correct these two errors one by one, since the errors are dependent on each other. Intuitively, by identifying "*difficulty to understand*" as containing serial errors and correcting it to "*difficulty in understanding*," we can handle this kind of problem more effectively.

We present a new method for correcting serial grammatical errors in a given sentence in learners' writing. In our approach, a statistical machine translation model based on trigram containing a word followed by preposition and verb, or infinitive in web-scale ngrams data is generated to attempt to translate the input into a grammatical sentence. The method involves automatically learning two translation models based on Web-scale n-gram (Brants and Franz, 2006). The first model translates trigrams containing serial preposition-verb errors into correct ones. The second model is a back-off model, used in the case where the trigram is not found in the training data.

Input: *I have difficulty to understand English.*	
Phrase table of translation model:	Back-off translation model:
difficulty of understanding ||| difficulty in understanding ||| 1.00	difficulty of VERB+ing ||| difficulty in VERB+ing ||| 0.80
difficulty to understand ||| difficulty in understanding ||| 1.00	difficulty to VERB ||| difficulty in VERB+ing ||| 1.00
difficulty with understanding ||| difficulty in understanding ||| 1.00	difficulty with VERB+ing ||| difficulty in VERB+ing ||| 1.00
difficulty in understand ||| difficulty in understanding ||| 1.00	difficulty in VERB ||| difficulty in VERB+ing ||| 1.00
difficulty for understanding ||| difficulty in understanding ||| 1.00	difficulty for VERB+ing ||| difficulty in VERB+ing ||| 1.00
difficulty about understanding ||| difficulty in understanding ||| 1.00	difficulty about VERB+ing ||| difficulty in VERB+ing ||| 1.00
Output: *I have difficulty in understanding English.*	

Figure 1. Example system translates the sentence "I have difficulty to understand English."

At run-time, our system will generate multiple possible trigram by changing word's preposition and verb form in the original trigram. Example trigrams generated for "difficulty to understand" are shown in Figure 1. The system will then rank all these generated sentences and use the highest ranked sentence as suggestion.

To conclude, we have introduced a new method for correcting serial errors in a given sentence in learners' writing. In our approach, a statistical machine translation model is generated to attempt to translate the given sentence into a grammatical sentence. The method involves automatically learning two translation models based on Web-scale n-gram. Evaluation on a set of sentences in a learner corpus shows that the proposed method corrects serial errors reasonably well with a precision of 0.68, recall 0.33 and F-score 0.45. Our methodology exploits the state of the arts in machine translation to develop a system that can effectively deal with serial errors or many error types at the same time.

References

Thorsten Brants and Alex Franz. The Google Web 1T 5-gram corpus version 1.1. LDC2006T13, 2006.

Rachele De Felice and Stephen G. Pulman. Automatic detection of preposition errors in learner writing. *CALICO Journal*, 26(3):512–528, 2009.

Michael Gamon. Using mostly native data to correct errors in learners' writing. In *Proceedings of the Eleventh Annual Conference of the North American Chapter of the Association for Computational Linguistics (NAACL)*, Los Angeles, 2010.

David Graddol, 2006. English next: Why global English may mean the end of 'English as a Foreign Language.' UK: British Council.

Emi Izumi, Kiyotaka Uchimoto, Toyomi Saiga, Thepchai Supnithi, and Hitoshi Isahara. Automatic error detection in the Japanese learners' English spoken data. In *Companion Volume to the Pro- ceedings of the 41st Annual Meeting of the Association for Computational Linguistics (ACL)*, pages 145–148, 2003.

Leacock Claudia et al. 2010. Automated grammatical error detection for language learners. *Synthesis Lectures on Human Language Technologies,* 3(1) 1–134.

John Lee and Stephanie Seneff. 2006. Automatic grammar correction for second-language learners. In *Proceedings of the Ninth International Conference on Spoken Language Processing (Interspeech)*, pages 1978–1981.

Selecting Proper Lexical Paraphrase for Children

Tomoyuki Kajiwara   Hiroshi Matsumoto   Kazuhide Yamamoto
Nagaoka University of Technology
{kajiwara, matsumoto, yamamoto}@jnlp.org

Abstract

We propose a method for acquiring plain lexical paraphrase using a Japanese dictionary in order to achieve lexical simplification for children. The proposed method extracts plain words that are the most similar to the headword from the dictionary definition. The definition statements describe the headword using plain words; therefore, paraphrasing by replacing the headword with the most similar word in the dictionary definition is expected to be an accurate means of lexical simplification. However, it is difficult to determine which word is the most appropriate for the paraphrase. The method proposed in this paper measures the similarity of each word in the definition statements against the headword and selects the one with the closest semantic match for the paraphrase. This method compares favorably with the method that acquires the target word from the end of the definition statements.

Keywords: Lexical Simplification, Lexical Paraphrase.

1. Introduction

In the current information age, a various readers have easy access to diverse text data. To achieve information transmission and gathering effectively, we must address the gap in readers' linguistic skills. The gap of linguistic skills results from differences in age, such as between children and adults, as well as from differences in expert knowledge. In the effort to bridge this gap, and also to facilitate better communication with foreign language speakers[8] and people with disabilities, technology can play an important role.

To investigate how technology can be applied toward bridging the gap in readers' linguistic skills, we simplify the text of newspaper articles containing words that pose difficulties in communication, especially for elementary school students. Children are still developing their language skills, and as such, they have smaller vocabularies than adults. In this paper, we perform text simplification for children by paraphrasing selected newspaper articles using only words found in Basic Vocabulary to Learn (BVL)(3).

BVL is a collection of words selected based on a lexical analysis of elementary school textbooks. It contains 5,404 words that can help children write expressively. We define words not included in BVL as Difficult Words (DWs) and those in BVL paraphrased from DW as Simple Words (SWs).

Paraphrasing newspaper articles using words that children can understand makes a great contribution to reading assistance for young students.

2. Related Works

Although there are some methods [10] proposed for automatically acquiring paraphrasable expressions from Web pages, the quality of the results are still unsatisfactory. Hence typical methods use thesauri or dictionaries. Thesaurus is a language resource that contains semantically classified vocabulary words. Methods that utilize a thesaurus have an advantage in that they can measure the semantic relatedness between words (i.e., the distance between meanings). Japanese dictionaries are another language resource that provides the definition of a given lemma. Methods that utilize a dictionary have an advantage in that they are able to acquire simplified text. The aim of this study is to simplify the text of newspaper article through paraphrasing based on the use of a Japanese dictionary.

Fujita et al. [1] and Mino and Tanaka [9] paraphrased the headword of a noun in a dictionary as the headword of another noun by assessing the similarity of the definitions for the two. Yet, as also reported by Mino and Tanaka, the target words acquired by this method are not simpler than the original words. We paraphrase by taking advantage of Japanese dictionary characteristics, namely that "The definition statements are simpler than the headwords" [9], because our aim is lexical simplification.

Kaji et al. [3] assumed that the definition statement has an inflectable word as a nominative if the headword is inflectable, and the nominative is placed at the end of the definition statement. Then, they proposed a method for paraphrasing inflectable words. Mino and Tanaka assumed that the last segment of the main sentence in the definition statement represents the meaning of the headword, and they proposed a method for paraphrasing nouns. Kajiwara and Yamamoto [4] assumed that the target word is the same part-of-speech as headword and is placed at the end of the definition statement. They proposed a method for paraphrasing both nouns and inflectable words.

These describe the selection of target words from the end of the definition statement in the dictionary. As shown in Figure 1, however, appropriate target words are not always found at the end of definitions. In Figure 1, the dictionary definition of "大詰め (final stage)" is "芝居の最後の場面 (the last scene of the play)." The end of the definition statement is "場面 (scene)." However, the DW "大詰め (final stage)" cannot be paraphrased as "場面 (scene)." In this example, paraphrasing with the SW "最後 (last)" is correct. The original phrase "大詰めの大一番 (big match of the final stage)" is paraphrased as "最後の大一番 (big match of the last)." Therefore, we propose a better method for identifying target words from within a definition statement.

definition：【大詰め】芝居の**最後**の場面
paraphrase: **大詰め**の大一番 → **最後**の大一番

Figure 1: Example of a word that cannot be paraphrased as the end portion of the definition statement

Multiple target word candidates can be acquired by making use of the entire definition statement. Therefore, a process is needed for selecting the most appropriate target words. In the study of the selection of target words, researchers employ various methods such as assessing semantic similarity based on data from a thesaurus [7] or using the statistical information from large resources based on the distributional hypothesis [3][6]. Thesauruses provide hierarchical semantic classifications of words. By measuring the semantic distance between words in the thesaurus, it is possible to measure the proximity of meaning between words. Furthermore, according to the distributional hypothesis [2], words with similar meanings are often used in similar contexts. Based on this hypothesis, Lapata et al. and Keller et al. reported that the plausibility determination of the expression can be achieved by utilizing co-occurrence frequency and n-gram. In this paper, in order to maintain as much of the original meaning as possible in the paraphrase, we select the SW with the highest similarity to the DW (as determined using a thesaurus).

3. Proposed Method

3.1 Acquisition of the Target Word Candidates

As shown in Figure 2, the target word candidates are selected according to the following steps.

1. DWs are extracted from the input (i.e., the original sentence). DWs are content words that do not appear in BVL. A content word is one whose part-of-speech is identified as either a noun, verb, adjective, or adverb. In Figure 2, the DW "教授 (professor)" is included in the original sentence "教授はどうなのだろう (What would the professor have in mind?)."
2. The original DW is located in the Japanese dictionary. Figure 2 shows that Japanese dictionaries give four different definition statements for "教授 (professor)": "教授という地位の人 (people with the status of professor)," "教授という地位 (status of professor)," "学問や技などを教えること (teaching learning and skill)," and "大学の先生 (university teacher)."
3. The definition statements of headwords are analyzed by the Japanese language morphological analyzer MeCab(5), and words are extracted if they are the same part-of-speech as the headword. In Figure 2, DW "教授 (professor)" is a noun. Therefore, seven nouns are extracted: "教授 (professor)," "地位 (status)," "人 (people)," "学問 (learning)," "わざ (skill)," "大学 (university)," and "先生 (teacher)."

DWs are removed, and only SWs are retained. In Figure 2, "教授 (professor)" and "地位 (status)" are DWs. Therefore, five SWs are obtained as target words: "人 (people)," "学問 (learning)," "わざ (skill)," "大学 (university)," and "先生 (teacher)."

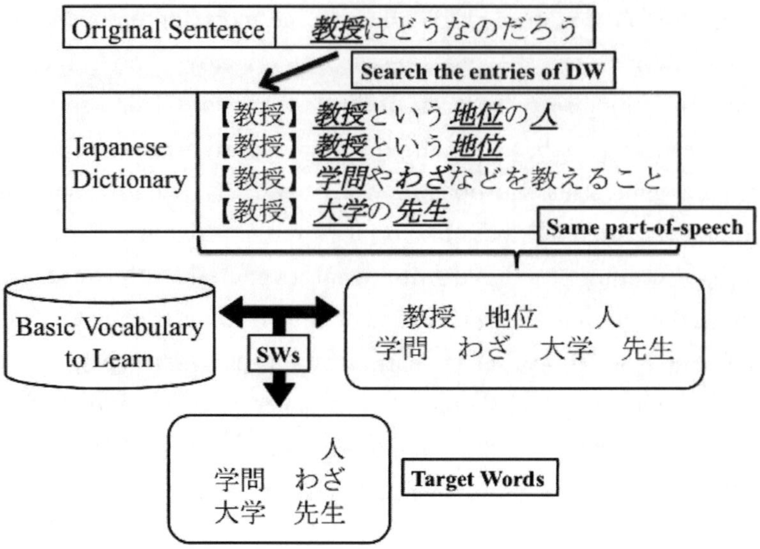

Figure 2: Target word selection by the proposed method

3.2 Selection of the Proper Target Word

In the proposed method, SWs with the highest similarity scores relative to the DW are selected for the purpose of maintaining as much of the original meaning as possible.

Japanese WordNet(1) is used to measure the similarity of meaning between words. WordNet is a language resource that includes a hierarchically described set of synonyms. Using WordNet allows us to measure the similarity of meaning as a distance between words belonging to sets of synonyms. If two or more SWs have the highest similarity score, one is selected at random.

4. Comparative Methods

4.1 Acquisition of the Target Word Candidates

As shown in Figure 3, Kajiwara and Yamamoto's approach [4] is used as comparative method for selecting target word candidates. In this method, target word candidates are selected according to the following steps.

1. DWs are extracted from the input (i.e., the original sentence). In Figure 3, DW "教授 (professor)" is included in the original sentence "教授はどうなのだろう (What would the professor have in mind?)."

2. The original DW is located in the Japanese dictionary. Figure 3 shows that Japanese dictionaries give four different definition statements for "教授 (professor)": "教授という地位の人 (people with the status of professor)," "教授という地位 (status of professor)," "学問や技などを教えること (teaching learning and skill)," and "大学の先生 (university teacher)."
3. The definition statements of headwords are analyzed by the Japanese language morphological analyzer MeCab, and words are extracted from the end of sentences if they are the same part-of-speech as the headword. In Figure 3, DW "教授 (professor)" is a noun. Therefore, four nouns are extracted: "地位 (status)," "人 (people)," "わざ (skill)," and "先生 (teacher)." Note that "教授 (professor)," "学問 (learning)," and "大学 (university)" are also nouns; however, according to Kajiwara and Yamamoto (2013), target words are limited to words from the end of definition statements.
4. DWs are removed, and only SWs are retained. In Figure 3, "地位 (status)" is a DW. Therefore, three SWs are obtained as target words: "人 (people)," "わざ (skill)," and "先生 (teacher)."

In contrast to the method proposed here, Kajiwara and Yamamoto's method describes the acquisition of only one target word from the end of the definition statement.

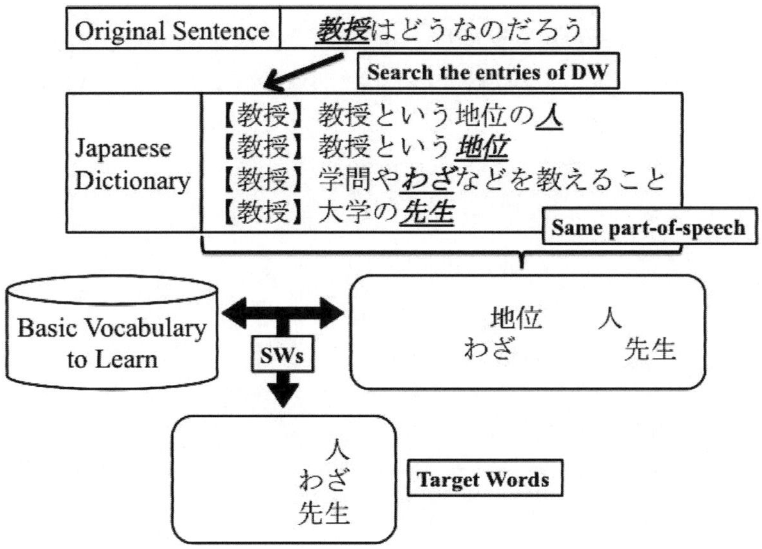

Figure 3: Target word selection by the comparative method

4.2 Selection of the Proper the Target Word

The selection of target words in the proposed method is compared with similar processes in five other methods. In addition, we compare target word selection by weighted voting, which uses a combination of these methods. Ma et al. [7] showed that weighted voting is effective in word sense disambiguation. We apply the method of weighted voting in the selection of target words in this paper, and compare it with the proposed method.

(1) Selection by frequency of the target words

We consider that if the same SW is obtained from many different definition sentences, then it is sufficiently reliable as a target word.

$$score(x) = \sum_X freq(x) \qquad (1)$$

(2) Selection by co-occurrence frequency

Utilizing the co-occurrence frequencies of content words besides DWs and each SW in the same sentence, we select the most reliable SW as the target word.

$$score(x) = \sum_Z freq(x, z_n) \qquad (2)$$

(3) Selection by Point-wise Mutual Information

In criterion (2), simply the summation of co-occurrence frequencies is used. For this selection criterion, in addition to the previous criteria, the Point-wise Mutual Information (PMI) criterion, which ignores the effect of single-word frequency, is utilized as well. From the calculation of co-occurrence with PMI shown in equation (3), the co-occurrence frequency can be accurately measured, even for words with high frequencies.

$$score(x) = \sum_Z log \frac{freq(x, z_n)}{freq(x)freq(z_n)} \qquad (3)$$

(4) Selection by tri-gram frequency

To select SWs from the same context as DWs, tri-gram frequency is obtained. For the sentences with DWs, the frequencies of all tri-grams whose DW is replaced with a SW are obtained by using the three types of tri-grams, two surrounding words, and the DW. Then, as shown in equation (4), the score of SW x is represented using the two words before and after DW y in the source sentence $\{w_{-m}\ldots w_{-2}w_{-1}yw_{+1}w_{+2}\ldots w_{+n}\}$.

$$score(x) = freq(w_{-2}w_{-1}x) + freq(w_{-1}xw_{+1}) + freq(xw_{+1}w_{+2}) \qquad (4)$$

(5) Selection by distributional similarity

To select SWs used in contexts similar to those of DWs, we first create document vectors and then to calculate the similarity of the document vectors of DW and SW. For the similarity calculation between vectors, cosine similarity is applied. In equation (5), the similarity of two document vectors of SW x and DW y is set as the score for SW x.

$$score(x) = \frac{\vec{x} \cdot \vec{y}}{|\vec{x}||\vec{y}|} \qquad (5)$$

A) Weightless voting by comparative methods

B) Weighted voting by comparative methods

Weighted voting uses the five comparative methods. Weight is an accuracy of paraphrase in that each method that has been evaluated in advance. The word with the highest score according to each criterion is selected by the five criteria. Finally, the word with the best total score is selected.

C) Weightless voting adds the proposed method to (A)

D) Weighted voting adds the proposed method to (B)

Weighted vote by all methods also adds the proposed method to the five comparative methods.

5. Experiment

5.1 Data

News sentences including one DW in each are paraphrased. DWs are words that appear more than 50 times in the Mainichi News Paper published in 2000[8] and are not included in BVL. The selected newspaper includes 232,038 sentences and 26,709 kinds of DWs. In total, the sample comprises 221 DWs appearing more than 50 times. Among them, 165 DWs include one or more of the paraphrasable SWs in the definition statements. After DWs with only paraphrasable candidate are excluded, the experiment data consist of 152 DWs.

We combined multiple Japanese dictionaries to increase the coverage of the paraphrasing. We used the following three dictionaries: *EDR* Japanese word dictionary[2], *The Challenge*, an elementary school Japanese dictionary[7], and *Sanseido Japanese Dictionary*[4].

In the comparative method for selection, co-occurrence frequencies of content words and content word frequency are obtained using the 7-gram from the Web Japanese N-gram[6]. Web Japanese N-gram includes the word N(1 to 7)-grams parsed by MeCab. Each N-gram appears more than 20 times in 20 billion sentences in Web text. The acquisition of co-occurrence frequency or creating a document vector uses the longest 7-gram data. Additionally, the word frequency used for calculation of PMI is acquired from 7-gram data to match the co-occurrence frequency. Tri-gram frequency is from the tri-gram.

5.2 Procedure

The target words are acquired by each method with 152 DWs. In selection of proper target word, DWs are split into 52 DWs and 100DWs. First, 52 DWs are used in order to select the proper target word by the proposed method and five comparative methods. Based on the rate of correct answers, a proper target word is selected by weighted voting of 100 DWs.

Three subjects that do not include the author and coauthor are evaluated. When two or more subjects in the three subjects are judged that the SW can be replaced with DW in the original sentence, the SW is the correct answer. Kappa coefficients of the subjects are 0.617, 0.600, and 0.662, respectively.

5.3 Results

Tables 1 and 2 and Figures 4 and 5 show the accuracies of the paraphrases. For the selection of the target word, the proposed method using WordNet similarity is the most efficient. At this point in the analysis, the proposed method has a level of accuracy similar to the comparative methods.

Table 1: Accuracy of each selection for 52 DWs

Method of selection	Method of acquisition	
	Proposed (%)	K&Y2013 (%)
Baseline: Randomness	32.2	41.5
Proposed: WordNet similarity	69.2	65.4
(1) Frequency	40.4	40.4
(2) Co-occurrence	32.7	38.5
(3) Point-wise Mutual Information	30.8	51.9
(4) 3-gram frequency	50.0	53.8
(5) Distributional similarity	40.4	48.1

Table 2: Accuracy of each combinational selection for 100 DWs

Method of selection	Method of acquisition	
	Proposed (%)	K&Y2013 (%)
Baseline: Randomness	30.2	39.2
Proposed: WordNet similarity	60.0	58.0
A) Weightless voting by comparative methods (1)-(5)	45.0	55.0
B) Weighted voting by comparative methods (1)-(5)	44.0	60.0
C) Weightless voting adds the WordNet similarity to (A)	54.0	60.0
D) Weighted voting adds the WordNet similarity to (B)	60.0	62.0

Table 3 shows the percentage of the possible SWs among the acquired target word candidates. Multiple SWs are acquired for each target word, and in some cases, multiple SWs may be the correct answer. The number of included paraphrasable target words in Table 3 is the number of DWs that acquire more than one word that can be the correct answer. The number of correct answers is slightly better than that produced by the proposed method, which selects target words from the entire definition statement.

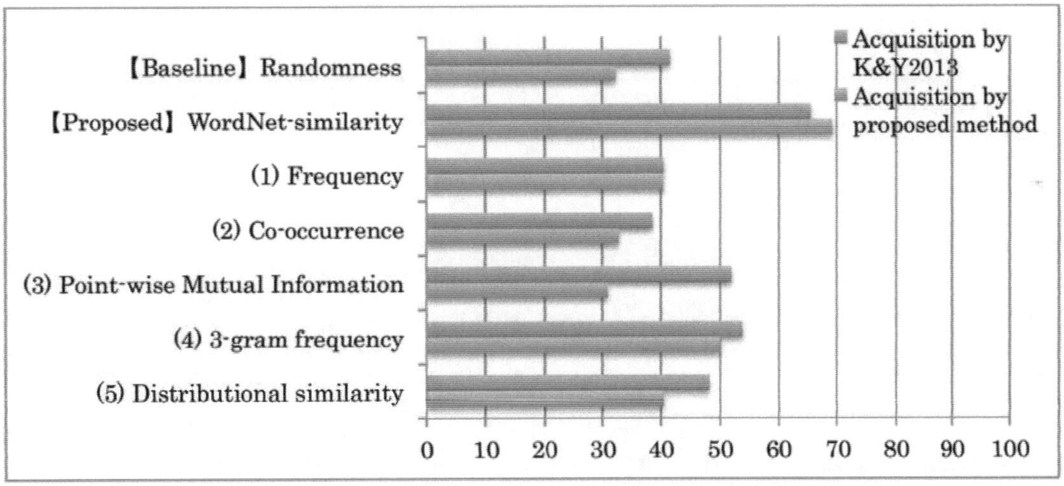

Figure 4: Accuracy of each target word selection for 52 DWs

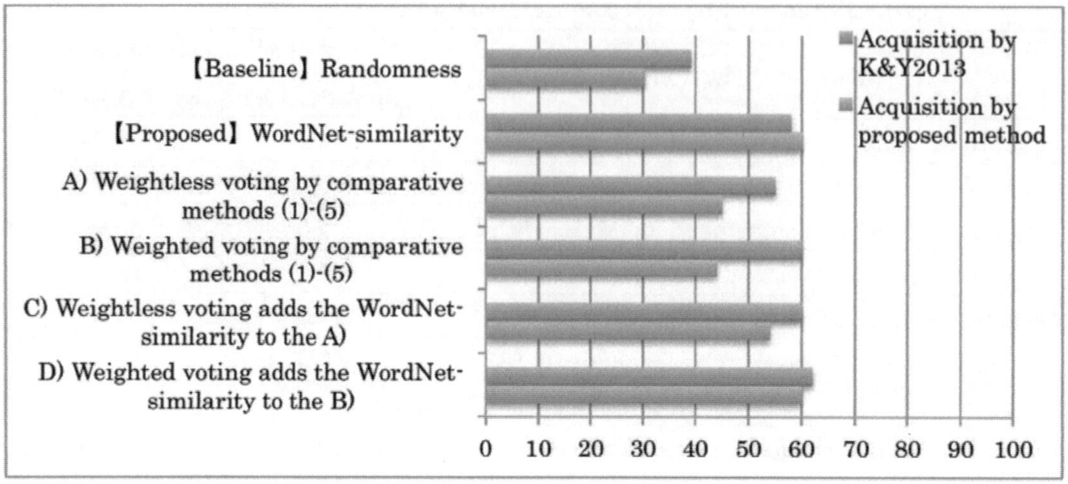

Figure 5: Accuracy of each combinational selection for 100 DWs

Table 3: Number of paraphrasable target words

Acquisition Method	Number of included paraphrasable target words	Percentage of included paraphrasable target word (%)
Proposed	153 / 221	69.2
K&Y2013	143 / 221	64.7

6. Discussion

6.1 Acquisition of the Target Word Candidates

The proposed method is able to acquire more target words than the comparative method, which includes paraphrasable SWs. Assuming that we can reliably select the target words, the proposed method can be expected to improve the accuracy of paraphrasing. This shows the potential as well as effectiveness of the proposed method, which acquires target words from the entire definition statement.

However, the number of target words including paraphrasable words acquired by the proposed method differs by only 3.2 points from the number acquired by the comparative method. This shows that words at the end of definition statements are more effective than those found elsewhere.

The word that can be used to paraphrase the headword represents the central core of the meaning in definition statements. In the Japanese dictionary, central core meanings often appear at the end of the definition.

6.2 Selection of the Proper Target Word

As shown in Table 1, the selection using WordNet similarity was highly accurate, in contrast to the proposed method. As shown in Table 2, the selection accuracies by comparative methods are improved by match-up and vote.

Regarding the acquisition of target word candidates, the accuracy of voting by the five comparative methods is less than the proposed method, which uses WordNet similarity. Moreover, by combining the WordNet similarity method and five comparative methods, the voting method achieves an accuracy rate nearly equal to that of the proposed method, which uses only WordNet similarity.

The comparative methods, which use the weighted voting method without WordNet similarity, have an accuracy rate nearly equal to that of the proposed method, which uses only WordNet similarity. However, when the WordNet similarity method and five comparative methods were combined, no significant changes were observed in the accuracy rate of the weighted voting.

If the combined method obtains a nearly equal accuracy, the proposed method is better than the weighted voting method because of its simplicity. These results show that selecting the target word based on its similarity of meaning with the original word is a better method than selection by frequency or context information.

6.3 Output Analysis

There are some successful examples only produced by the proposed method; these are shown in Table 4. In these cases, the target word is located not at the end of the definition statements. The proposed method is able to acquire the target word in these cases, although they are few.

On the other hand, as shown in Table 5, the proposed method is the only one to produce certain unsuccessful examples. There are two major types of such errors: 1) The target word is selected at random because two or more SWs have the highest similarity of WordNet with original word, and 2) the non-paraphrasable word's similarity is higher than that of the word at the end of the definition statement. For example, in the case of DW "再生 (play)," the SW "利用 (use)" has the highest WordNet similarity compared to the words from the end of the definition statement, but the SW "力 (power)" is acquired from another part, not the end of the definition statement, and its similarity is higher than the SW "利用 (use)." In this original sentence in Table 5, the DW "再生 (play)" and SW "力 (power)" are non-paraphrasable, but the DW "再生 (play)" and SW "利用 (use)" are paraphrasable.

Table 4: Successful examples from the proposed method without combination

Original	***警戒***は厳重、ピリピリしている。 ***Vigilance*** is strict, and the tension is so thick.
Paraphrase	***注意***は厳重、ピリピリしている。 ***Caution*** is strict, and the tension is so thick.
Definition Statement	【警戒】***注意***して用心すること 【vigilance】***caution*** and precaution
Original	とはいえ、勇気ある***決断***だ。 Although it is a courageous ***decision***
Paraphrase	とはいえ、勇気ある***決定***だ。 Although it is courageous ***determining***
Definition Statement	【決断】はっきりと***決定***した事柄 【decision】what was ***determined*** clearly
Original	***大詰め***の大一番 big match of the ***final stage***
Paraphrase	***最後***の大一番 big match of the ***last***
Definition Statement	【大詰め】芝居の***最後***の場面 【final stage】the ***last*** scene of the play

Table 5: Erroneous examples from the proposed method without combination

Original	主な***ポイント***をまとめた a summary of the main ***points***
Paraphrase	主な***点数***をまとめた a summary of the main ***scores***
Compared method	主な***要点***をまとめた a summary of the main ***essentials***
Definition Statements	ポイント：***要点***。***点数***。得点。地点。拠点。… Point: ***essential***. ***score***. game. spot. hub. …
Original	録画中の番組も***再生***できる I can also ***play*** the program during recording.
Paraphrase	録画中の番組も***力***できる I can also ***power*** the program during recording.
Compared method	録画中の番組も***利用***できる I can also ***use*** the program during recording.
Definition Statements	再生：廃物を再***利用***する。いったん消え失せていたものが、 ***力***や命を取り戻すこと。 Play: ***Use*** the garbage again. What was gone once again regains ***power*** and life. …

7. Conclusion

This paper demonstrates that to achieve lexical simplification for elementary school students, it is effective to paraphrase using definition sentences from multiple Japanese dictionaries and the lexical restrictions of BVL. Since the proposed method acquires target words from the full text of the definition, it may be able to select more appropriate target words than comparative methods, which make use of only the end of the definition statement. However, if the appropriate target word appears in other places (i.e., other than the end of the definition), which is the case for a few words in this experiment, the proposed method still achieves about the same level of the accuracy of paraphrase as does the comparative method.

It is necessary to select a proper target word from among several candidates that have been acquired. The results of this experiment show that the method of utilizing WordNet similarity is better than the method utilizing frequency and context information.

References

[1] Atsushi Fujita, Kentaro Inui, Hiroko Inui. 2000. An environment for constructing nominal-paraphrase corpora. *Technical Report of IEICE, TL, 100*(480): 53-60. (in Japanese).

[2] Zellig S. Harris. 1954. Distributional structure. *Word, 10*: 146-162.

[3] Nobuhiro Kaji, Daisuke Kawahara, Sadao Kurohashi, and Satoshi Sato. 2002. Verb paraphrase based on case frame alignment. *Proceedings of the 40th Annual Meeting of the Association for Computational Linguistics (ACL)*, 215-222.

[4] Tomoyuki Kajiwara, Kazuhide Yamamoto. 2013. Lexical simplification and evaluation for children's reading assistance from multiple resources. *Proceedings of the 19th Annual Meeting of the Association for Natural Language Processing*, 272-275. (in Japanese).

[5] Frank Keller, Maria Lapata, and Olga Ourioupina. 2002. Using the web to overcome data sparseness. *Proceedings of the 2002 Conference on Empirical Methods in Natural Language Processing (EMNLP)*, 230-237.

[6] Maria Lapata, Frank Keller, and Scott McDonald. 2001. Evaluating smoothing algorithms against plausibility judgements. *Proceedings of the 39th Annual Meeting of the Association for Computational Linguistics (ACL)*, 346-353.

[7] Xiaojuan Ma, Christiane Fellbaum, and Perry R. Cook. 2010. A multimodal vocabulary for augmentative and alternative communication from sound/image label datasets. *Proceedings of the NAACL Human Language Technologies (HLT 2010) Workshop of Speech and Language Processing for Assistive Technologies*, 62-70.

[8] Manami Moku, Kazuhide Yamamoto and Ai Makabi. 2012. Automatic Easy Japanese Translation for information accessibility of foreigners. *Proceedings of Coling-2012 Workshop on Speech and Language Processing Tools in Education (SLP-TED), pp.85-90.*

[9] Hideya Mino, and Hideki Tanaka. 2011. Simplification of nominalized continuative verbs in broadcast news. *Proceedings of the 17th Annual Meeting of the Association for Natural Language Processing*, 744-747. (in Japanese).

[10] Kazuhide Yamamoto. 2002. Acquisition of Lexical Paraphrases from Texts. *Proceedings of 2nd International Workshop on Computational Terminology (Computerm 2002), no page numbers.*

Tools and Resources

1) Francis Bond, Hitoshi Isahara, Sanae Fujita, Kiyotaka Uchimoto, Takayuki Kuribayashi, and Kyoko Kanzaki. Enhancing the Japanese WordNet in The 7th Workshop on Asian Language Resources, in conjunction with ACL-IJCNLP 2009.

2) *EDR Japanese Word Dictionary*. Japan Electronic Dictionary Research Institute, Ltd. (EDR). 1995.

3) Mutsuro Kai, Toshihiro Matsukawa. *Method of Vocabulary Teaching: Vocabulary Table version*. Mitsumura Tosho Publishing Co., Ltd., 2002.

4) Hidetoshi Kenbo, Kyosuke Kindaichi, Haruhiko Kindaichi, Takeshi Shibata, and Yoshihumi Hida. 1994. *Sanseido Japanese Dictionary*. Sanseido Publishing Co., Ltd.

5) Taku Kudo. MeCab 0.993.
http://mecab.googlecode.com/svn/trunk/mecab/doc/criterion.html

6) Taku Kudo, Hideto Kazawa. Web Japanese N-gram Version 1. Published by Gengo Shigen Kyokai.
http://www.gsk.or.jp/catalog/GSK2007C/catalog.html

7) Yoshimasa Minato. 2011. *The Challenge Elementary School Japanese Dictionary*. Benesse Holdings, Inc.

8) The Mainichi Newspapers. 2000. Mainichi Shimbun CD-ROM 2000.

合成單元與問題集之定義於隱藏式馬可夫模型中文歌聲合成系統之建立

Synthesis Unit and Question Set Definition for Mandarin HMM-based Singing Voice Synthesis

Ju-Yun Cheng, Yi-Chin Huang, and Chung-Hsien Wu

Department of Computer Science and Information Engineering, National Cheng Kung University, Tainan, Taiwan

E-mail: carrie771221@gmail.com ychin.huang@gmail.com chunghsienwu@gmail.com

Long Abstract

The fluency and continuity properties are very important in singing voice synthesis. In order to synthesize smooth and continuous singing voice, the Hidden Markov Model (HMM)-based synthesis approach is employed to build our Mandarin singing voice synthesis system. The system is designed to generate Mandarin songs with arbitrary lyrics and melodies in a certain pitch range. We also build a singing voice database for system training and synthesis, which is designed based on the phonetic converge of Mandarin speech. In addition, the acoustic feature extraction using STRAIGHT algorithm is employed to generate satisfactory vocoded singing voices.

The purpose of this paper is to elaborate the construction of Mandarin singing voice synthesis system by defining the synthesis model and question set for HMM-based singing voice synthesis. In addition, we implemented two techniques, including pitch-shift pseudo data extension and vibrato post-processing, to make synthesized singing voice more natural.

The proposed system framework consists of two main phases, the training phase and the synthesis phase. In the training phase, excitation, spectral and aperiodic factors are extracted from a singing voice database. The lyrics and notes of songs in the singing voice corpus are considered as contextual information for generating context-dependent label sequences. Then, the sequences are clustered with context-dependent question set and then the context-dependent HMMs are trained based on the clustered phone segments. In the synthesis phase, the input musical score and the lyric are converted into a context-dependent label sequence. The label sequence, consisting of excitation, spectrum and aperiodic factors, for the given song is constructed by concatenating the parameters generated from the context-dependent HMMs. Finally, the generated parameter sequences are synthesized using Mel Log Spectrum Approximation (MLSA) filter to generate the singing voice.

The approaches used in this study are to improve the model accuracy by defining the question set, extending the singing voice database through generating pitch-shift pseudo data, and adding the vibrato singing skill using signal post-processing. The selection of question set is crucial to generate proper synthesis models. In the baseline system, the most frequently used questions of F0 and mel-cepstral clustering trees are sub-syllables types, position of note and phrase level. Since the recorded singing database is not large enough to contain each combination of contextual factors. Thus, only essential and suitable questions are defined compared to the traditional method. Besides, the extended pitch-shift pseudo data are helpful to cover the missing pitch information of sub-syllables and increase the size of the training data. Based on the analysis results of the defined pitch range (C4~B4) of the recorded singing corpus, shifting the frequency of a note too much would change the timbre. Thus, the missing pitch information of sub-syllables of the recorded corpus is compensated using the nearby notes from other songs, and shifting the frequency of signal to the corresponding Hertz by a pitch-to-frequency mapping table. The vocal vibrato is a natural oscillation of musical pitch and the singers generally employ vibrato as an expressive and musically useful aspect of the performance. So adding vibrato can make synthesized singing voice more natural and expressive. The frequency and the amplitude can be considered since the two fundamental parameters affect the singing voice with vibrato effect. The method to create vibrato is to vary the time delay periodically and use the principle of Doppler Effect. Our system implemented this phenomenon by a delay line and a low frequency oscillator (LFO) to vary the delay.

For evaluation, the singing voice signals were sampled at a rate of 48 kHz and windowed by a 25ms Blackman window with a 5ms shift. Then mel-cepstral coefficients were obtained from STRAIGHT-extracted spectra. The feature vectors consist of spectrum, excitation and aperiodic factor. The spectrum parameter vectors consist of 49th-order STRAIGHT mel-cepstral coefficients including the zero-th coefficient, their delta, and delta-delta coefficients. The excitation parameter vectors consist of log F0, its delta, and delta-delta. A five-state, left-to-right Hidden Semi-Markov Models (HSMM) was employed in which the spectral part of the state was modeled by a single diagonal Gaussian output distribution. The excitation stream was modeled with multi-space probability distributions HSMM (MSD-HSMM), each of which consists of a Gaussian distribution for "voiced" frames and a discrete distribution for "unvoiced" frames. We evaluate the nature of synthesized singing voice with the long duration model, and the result show that the system with long duration model obtained 62% preference higher than 38% for the system without long duration model. It shows that long duration model can actually improve the nature of phones with longer duration. Besides, the experimental results show that suitable question set definition can improve the quality and intelligibility of synthesized singing voice, and pitch-shift pseudo data and vibrato post-processing can successfully improve the quality and naturalness of the synthesized singing voice.

In conclusion, a corpus-based Mandarin singing voice synthesis system based on HMM framework was implemented in this paper. We defined the Mandarin synthesis models and the question set for model clustering and construction. In the context-dependent HMM, linguistic information and musical information are considered. Music information such as pitch, duration, is included to model the singing characteristics. Furthermore, we used three methods to refine our system, i.e. question set definition, pitch-shift pseudo data extension and vibrato post-processing. Experimental results show that our system can synthesize singing voice successfully and the refinements can actually improve the fluency and continuity of the proposed Mandarin singing voice synthesis system.

References

[1] H. Kenmochi, H. Ohshita, "VOCALOID-Commercial singing synthesizer based on sample concatenation", in *INTERSPEECH*, pp.4009-4010, 2007.

[2] S.-S. Zhou, Q.-C. Chen, D.-D. Wang, X.-H. Yang, "A Corpus-Based Concatenative Mandarin Singing voice Synthesis System", in *Machine Learning and Cybernetics, 2008 International Conference on*, vol.5, no., pp.2695-2699, 2008.

[3] T. Yoshimura, K. Tokuda, T. Masuko, T. Kobayashi and T. Kitamura, "Simultaneous modeling of spectrum, pitch and duration in HMM-based speech synthesis", in *EUROSPEECH*, vol.5, pp.2347-2350, 1999.

[4] K. Oura, A. Mase, T. Yamada, S. Muto, Y. Nankaku, and K. Tokuda, "Recent Development of the HMM-based Singing Voice Synthesis System-Sinsy", in *7th ISCA Speech Synthesis Workshop*, pp.211-216, 2010.

[5] H.-Y. Gu, H.-L. Liau, "Mandarin Singing Voice Synthesis Using an HNM Based Scheme," in *International Congress on Image and Signal Processing (CISP)*, vol.5, no., pp.347-351, 2008.

[6] T. Saitou, M. Goto, M. Unoki, M. Akagi, "Speech-to-Singing Synthesis: Converting Speaking Voices to Singing Voices by Controlling Acoustic Features Unique to Singing Voices", in *Applications of Signal Processing to Audio and Acoustics Workshop on*, vol., no., pp.215,218, 2007

[7] J. Li, H. Yang, W. Zhang, L. Cai, "A Lyrics to Singing Voice Synthesis System with Variable Timbre", in *Applied Informatics and Communication Communications in Computer and Information Science,* vol.225, pp.186-193, 2011.

[8] Y. E. Kim, "Singing Voice Analysis/Synthesis", *Massachusetts Institute of Technology*, 2003.

[9] C.-C. Hsia, C.-H. Wu and J.-Y. Wu, "Exploiting Prosody Hierarchy and Dynamic Features for Pitch Modeling and Generation in HMM-based Speech Synthesis," *IEEE Trans. Audio, Speech, and Language Processing*, Vol. 18, No. 8, November 2010, pp. 1994~2003.

[10] Y.-C. Huang, C.-H. Wu, S.-T. Weng, "Hierarchical prosodic pattern selection based on Fujisaki model for natural mandarin speech synthesis", in *Chinese Spoken Language Processing (ICASSP), 2012 8th International Symposium on* , vol., no., pp.79-83, 2012

[11] Y.-C. Huang, C.-H. Wu, and Y.-T. Chao, "Personalized Spectral and Prosody Conversion using Frame-Based Codeword Distribution and Adaptive CRF," *IEEE Trans. Audio, Speech, and Language Processing*, Vol. 21, No. 1, January 2013, pp. 51~62.

[12] K. Saino, H. Zen, Y. Nankaku, A. Lee, and K. Tokuda "An HMM-based Singing Voice Synthesis System", in *International Conference on Spoken Language Processing (ICSLP)*, pp. 1141-1144, 2006.

基於時域上基週同步疊加法之歌聲合成系統

Singing Voice Synthesis System Based on Time Domain-Pitch Synchronized Overlap and Add

吳銘冠 Ming-Kuan Wu　　陳嘉平 Chia-Ping Chen
國立中山大學資訊工程系
Department of Computer Science and Engineering
National Sun Yat-Sen University
m003040056@student.nsysu.edu.tw,　cpchen@cse.nsysu.edu.tw

摘要

在本研究中，我們提出並實作一個串接式的歌聲合成系統，用來產生具有配樂的合成歌聲。語料庫的錄製是根據注音符號檢字表來錄製，並錄製三種不同的音高。我們將主旋律中的力度、音符編號、起始時間和結束時間來當作合成資訊，並加入了轉音的資訊。在合成單元的處理上，採用時域上基週同步疊加法來對合成單元做時域上的修改。我們提供一個歌曲的選擇介面供使用者來進行歌曲的合成，並加入了一些對於合成歌曲的調整。包括了整體上音符編號的調整、歌詞的修改等等。此外，也做了一些聽測實驗，來進行合成歌曲的品質、清晰度和相似度的評估。品質評估方面，合成歌曲加上配樂有改善的效果。清晰度和相似度評估方面，簡單的歌曲有較好的表現。

關鍵詞： 串接合成方法、歌聲合成、時域上基週同步疊加法

Abstract

In this study, we propose and implement a concatenation-based singing synthesis system to synthesize the singing voice with background music. We record three different pitches to build our corpus for all syllables. The synthesis informations, including velocity, note number, start time and end time are extracted from the main melody. Runs and riffs information was added into consideration afterward. We use TD-PSOLA to modify the synthesis units in time domain. At last, we add back the background music extracted from MIDI to our synthesis song. We implemented a user interface for users to synthesize songs. This interface can be used to adjust the synthesis songs, for example, adjust the overall pitches in the song, modify syllables, etc. Finally, we evaluate the quality, clarity and similarity of the synthesis songs. The results show that the proposed method achieve better results with simple songs than with fast songs.

keywords: concatenation synthesis, singing synthesis, TD-PSOLA

一、緒論

(一)、研究背景、目的

近年來，電腦的普及和效能大大的提升，也有愈來愈多的訊號處理能藉由電腦得到更好的成效。如何利用電腦來完成歌聲合成系統，需要考慮到兩個部分。其一為處理輸入的音樂訊號，其二為根據這些音樂訊號去處理所錄製的合成單元，以便完成歌聲合成。歌聲合成的目的，是能夠像人類一樣演唱出樂譜上的旋律和歌詞。因此，本研究的重點是完成一個歌聲合成系統。

(二)、相關研究

1、聲音合成

基週同步疊加法 (Pitch Synchronous Overlap and Add, PSOLA) [1] 主要是為了解決文字轉語音 (Text to Speech, TTS) 上合成品質的問題，他同時也提供了音高升降的處理方式。其演算法能盡量不改變波形的輪廓來變換語音訊號的週期。 PSOLA 演算法可分為時域上基週同步疊加法 (Time Domain-Pitch Synchronous Overlap and Add, TD-PSOLA) [2] [3] [4] 和頻域上基週同步疊加法 (Frequency Domain-Pitch Synchronous Overlap and Add, FD-PSOLA) [5] 兩種。 FD-PSOLA 是將語音訊號轉到頻域上做處理，處理完之後再轉回時域上。 TD-PSOLA 則是運用窗函數直接在時域上對波形做處理。而 TD-PSOLA 的優點則能改善在頻域所耗費太多時間，以及在時域上接合效果太差等問題。

2、歌聲合成

語料庫為主的合成系統，是將事先錄製好的歌手聲音，分析並儲存在資料庫裡。接著利用串接的方式，來產生合成歌曲 [6] [7]。例如由 YAMAHA 公司所開發的商業化軟體 (VOCALOID) [8]。圖 1 為概略的系統架構圖。由圖中可知，使用者只需要歌詞和音符就可以合成出歌曲。

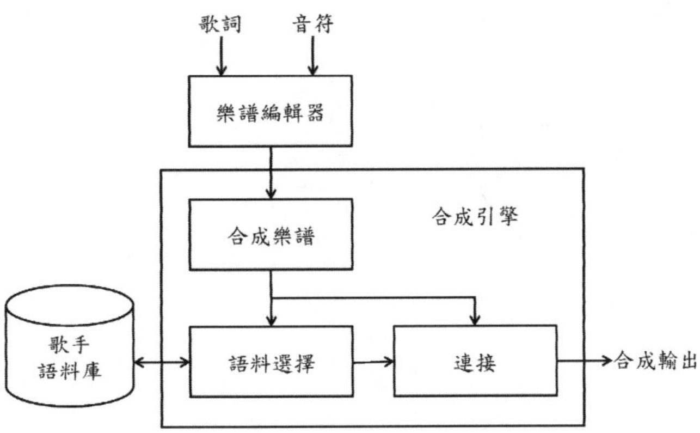

圖 1、 Vocaloid System Diagram

台灣科技大學古鴻炎教授，在語音合成，歌手聲音的合成，以及電腦音樂方面也有相關的研究 [9] [10]。主要採用諧波加噪音模型 (Harmonic plus Noise Model, HNM) 的方式來合成中文歌聲。此模型是由語音訊號的諧波部分 $h(t)$ 和噪音部分 $n(t)$ 所組成。 HNM 會先依訊號的頻譜計算出最大的有聲頻率 (Maximum Voiced Frequency, MVF) $F_m(t)$ 。頻率值小於 MVF 的頻譜部份，在HNM中視為諧波部分，而頻率值大於 MVF 的頻譜部份，在 HNM 中視為噪音部份。諧波部分為語音週期訊號的分量，而噪音部分解釋了非週期分量。這兩個分量在頻域上是分開的，其中諧波部分 $h(t)$ 如式子 1 所示。

$$h(t) = \sum_{k=1}^{K(t)} a_k(t) \cos(\phi_k(t)), \tag{1}$$

其中 $a_k(t)$ 和 $\phi_k(t)$ 表示在時間為 t 時，第 k 個弦波的振幅和相位， $K(t)$ 則表示此時諧波部份所包含的諧波個數。最後，合成的訊號 $s(t)$ 就是由諧波 $h(t)$ 和噪音 $n(t)$ 兩部份的訊號值相加而得到，如式子 2 所示。

$$s(t) = h(t) + n(t). \tag{2}$$

(三)、系統概述及研究方向

本研究是以時域上基週同步疊加法為基礎，來對錄製的合成單元做時域上的修改。接著實作出一個能夠合成出自然歌聲的合成系統。其中，要注意轉音的處理、音量的處理、音節連結上的處理和音節時間的對應，且音色要盡量保持不變。另外，還要能夠使合成出來的歌聲，與配樂同步播放。大致上的流程圖如圖 2 所示。

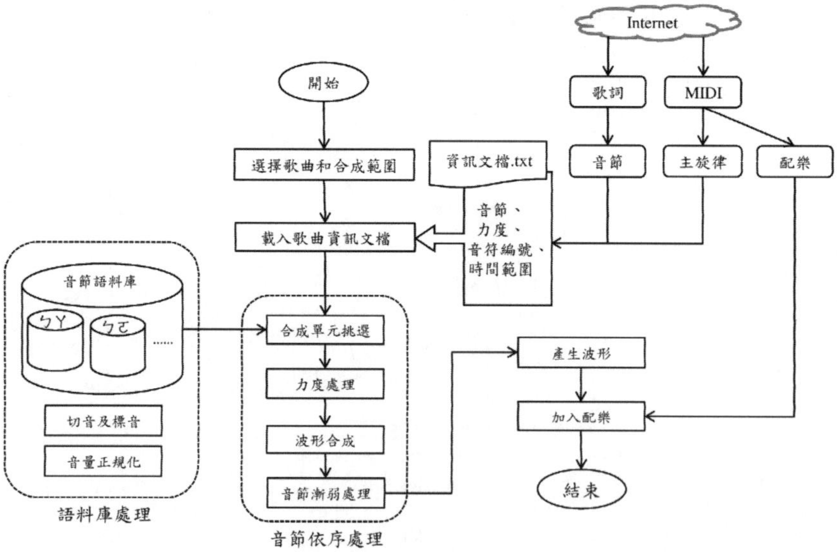

圖 2、 中文歌聲合成系統流程圖

二、資料處理

(一)、訊息處理

本研究中歌詞是根據魔鏡歌詞網來蒐集。音節的部分，是根據網際智慧股份有限公司的中文拼音查詢系統來進行轉換。轉換的步驟為將原本整首歌詞的標點符號去除，然後將整首歌詞放入此系統中，便可以輸出整首歌詞的音節。將收集的 MIDI 利用 Guitar Pro 軟體來分離主旋律和配樂。其中，主旋律中的資訊包括音高 (這裡指的是 MIDI 音符編號) 、音符的起始時間、音符的結束時間和力度。接著將音節歌詞加入，並寫成一個合成資訊的文檔。如表 1 所示。

表 1、 合成資訊文檔片段

音節	力度	音符編號	時間範圍
ㄅㄨ	95	69	11.5384-11.7692
ㄓ	79	70	11.7692-12
ㄗㄣ	79	72	12-12.2308
ㄇㄜ	79	70	12.2308-12.4615
ㄕㄜ	79	69-67	12.4615-12.6923-12.9231
ㄑㄩ	95	69	12.9231-13.7692

根據表 1 來解釋。由左到右分別為歌詞轉換後的音節、力度、 MIDI 音符編號和時間範圍。力度為 MIDI 資訊裡的參數，其解釋為音符所按下去的速度。數值愈高表示按下去的力道愈大，所演奏出來的聲音也就愈大聲。在音符編號的欄位裡，大於兩項代表此音節有轉音的現象。時間範圍為此音節在歌曲裡所在的時間位置，以秒為單位。

(二)、合成單元建立

為了能錄製所有的歌唱音節，錄音是根據注音符號檢字表來錄製。錄製的對象為一個喜歡唱歌，且音準不算太差的男性語者。錄製的地點為安靜的研究室或者安靜的宿舍空間。錄音軟體為 Goldwave ，錄音設備為 Audio-Technica 的麥克風，型號為 AT9942 。規格採用頻率 16000Hz 、 16bit 的 wave 檔格式。為了使合成出來的音色更像語者的聲音，分別錄製在 midi 音符編號 44、50、56 左右 3 組不同的音高來當作合成單元。。錄製時與麥克風的距離為 15 公分，音節的發音盡量持平。之後，我們將錄製好的 3 組音檔分別切除前後非語音的部分，並根據自相關函數 (Auto-Correlation Function, ACF) [11] 來進行音高追蹤。自相關函數是一個基於時域的方法，主要是使用自相關來計算一個音框和本身音框的相似度。根據式子 3 來說明，其中 $s(i)$ 為語音訊號， τ 是時間延遲量。接著，我們可以找出一個合理的 τ 值，就可以算出此音框的音高。

$$acf(\tau) = \sum_{i=0}^{n-1-\tau} s(i)s(i+\tau), \tag{3}$$

換句話說，自相關函數的作法為，將音框每次向右平移一點，和原本音框重疊的部分做內積。重複 n 次後會得到 n 個內積值，根據此方式可以找到音高週期 (pitch period) 。接著算出音節平均的音高週期。最後將平均的音高週期取倒數，就是此音節

的音高頻率 (pitch frequency)。音高頻率轉換成音符編號的式子如 4 所示。為了能更準確的追蹤音高，我們將音符編號取到小數第四位來標記每個錄製音節的名稱。

$$音符編號 = 69 + 12 * \log_2(音高頻率/440). \qquad (4)$$

因為原本錄製的音節，聲音大小不一致，故在這裡將音量做正規化。我們將音框設為 128 個取樣點，並對音節每個音框內的值，取絕對值後累加起來，來當作音量值。接著在這個音節內取最高的音量值來當作音量正規化的標準。根據全部共 1242 個音節，其最大音量值如圖 3 (A) 所示。將其排序後可以發現到，最大音量值集中在 20 左右，故我們將其定為正規音量的標準。

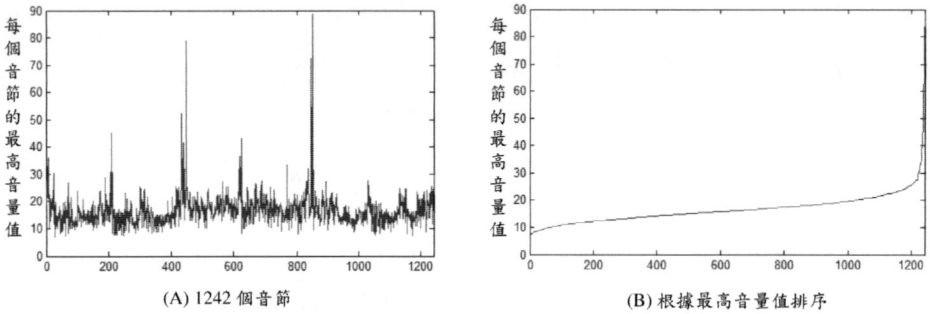

圖 3、 正規音量值分析圖

根據以上分析的結果，其音量正規的流程圖如圖 4 所示。 (A) 為原本錄製的音檔，之後將每個音框內的值，取絕對值後累加起來得到 (B) 。接著根據最大音量值 20 來縮放整個音節的音量值 (C) ，最後調整原本的波形使之正規化 (D) 。

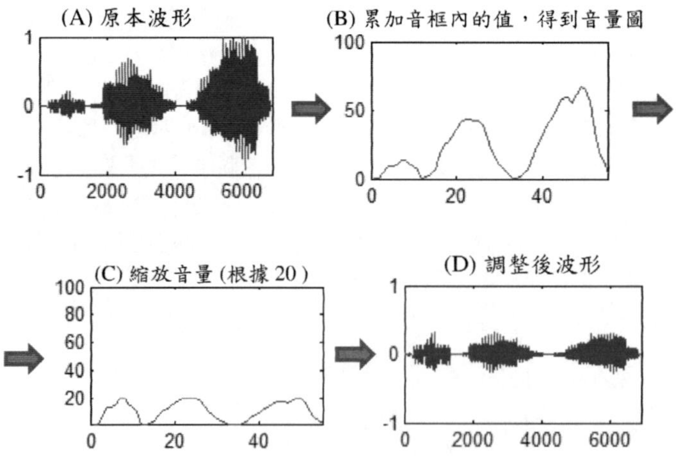

圖 4、 正規音量流程圖

(三)、合成單元挑選

根據之前每個音節，所錄製 3 組不同音高的音符編號 ，此小節說明如何來挑選合成單元。在語料庫裡，有 414 個音節，每個音節有 3 個不同音符編號的 wave 音檔。每個音檔的檔名是根據音符編號來命名。因此，根據欲合成的音符編號，來選取差值最小的合成單元。如圖 5 所示。

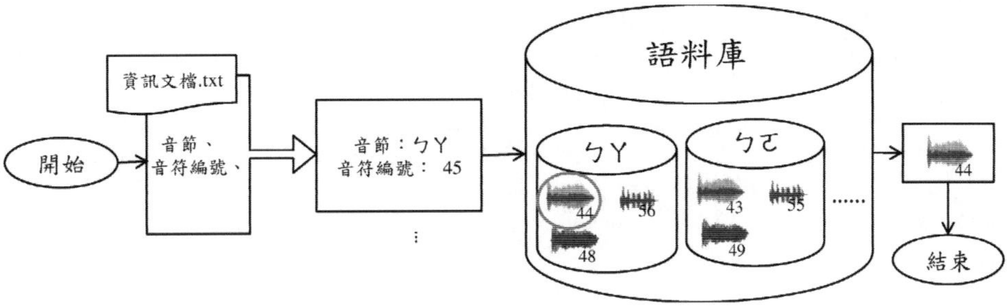

圖 5、 合成單元選擇流程圖

三、合成方法

(一)、音量調整

在做完音量正規化之後，我們就可以根據合成資訊文檔中的力度，來調整每個音節的音量大小。這裡採用的是較為簡單的式子如 5 所示。其中， $y[n]$ 為輸入訊號 $x[n]$ 音量調整後的訊號， V_{max} 為在合成資訊文檔中出現最多次的力度， V_i 為欲調整音量音節的力度。經由這樣的方式，能讓合成的歌曲音量更有變化。

$$y[n] = x[n] * \frac{V_i}{V_{max}} \tag{5}$$

(二)、時域上基週同步疊加法簡介

同步疊加法 (Synchronized Overlap-Add, SOLA) [12] 是由疊加 (overlap-add) 技術經過改良之後的一種方法。疊加的演算法較為簡單，只藉著重疊的方式來處理訊號。但所得到結果不佳，造成的失真也相當大。而同步疊加法藉著重新放置資料來控制聲音的播放速度，因此在時域上以同步疊加法來做修改，可以得到較好的聲音品質。

時域上基週同步疊加法 (Time Domain-Pitch Synchronous Overlap and Add, TD-PSOLA) 是將時域的波形訊號以漢明窗切割，然後分別對切割出來的波形做處理，再重疊相加。這個方法可以盡量不改變波形，將語音訊號的週期拉長或縮短。所以合成出來聲音，音色與原本的聲音不會相差太大。在品質與自然度上也有不錯的表現。因為是在時域上做計算，因此計算度也比在頻域上做處理的合成方式低。

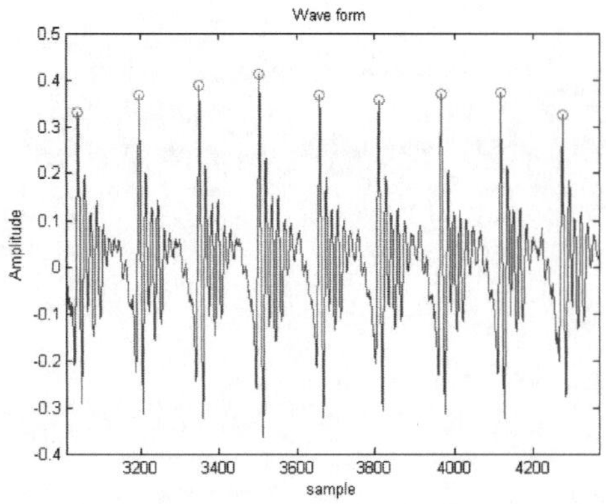

圖 6、 語音訊號中求取基週標位示意圖

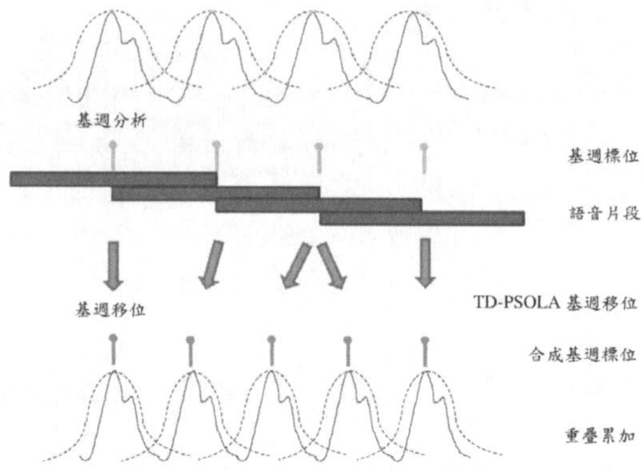

圖 7、 TD-PSOLA 示意圖

在進行 TD-PSOLA 之前，要先做語音的基週標位 (speech pitch mark) 。語音基週標位提供合成階段韻律調整之資訊，其理論的基礎是從一組聲音訊號下找出全域最大值之位置，接著再從左右兩邊來尋找區域最大值位置，圖 6 為基週標位示意圖。有了基週標位的資訊之後，就可以來進行 TD-PSOLA 演算法，如圖 7 所示。將語音訊號根據其基本週期分割成重疊且較小的訊號，接下來根據欲合成的音高來調整其基週標位。在兩兩基週標位上乘上一個漢明窗來重新加成，最後將剩下的語音訊號經過疊加的方式重新結合。使用這樣的方式，可以保持基週標位上主要的特徵。雖然訊號的長短與基本頻率改變了，但對於原本頻譜的破壞相對減少了許多，音色也不太容易變質。在音長調整方面，在此應用線性投射 (linear mapping) 的原則，做指標位置的對應。進行音長延長時，將部份分析音框重複。若要縮短音框，則刪除部分分析音框即可。

(三)、後續處理

1、轉音處理

根據圖 8 的 TD-PSOLA 變調的示意圖，發現到是根據固定的尺度來修改整體的音高。

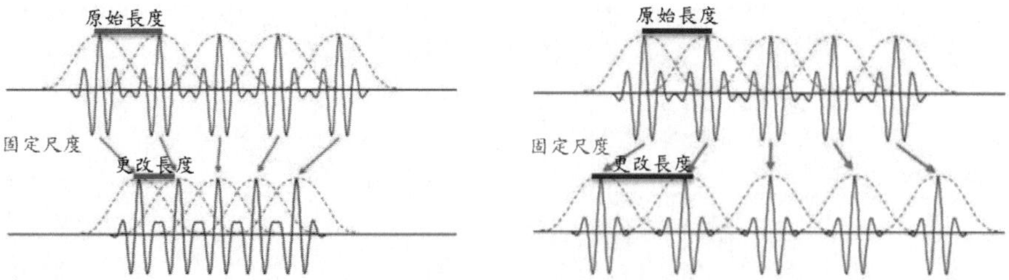

圖 8、 TD-PSOLA 變調示意圖

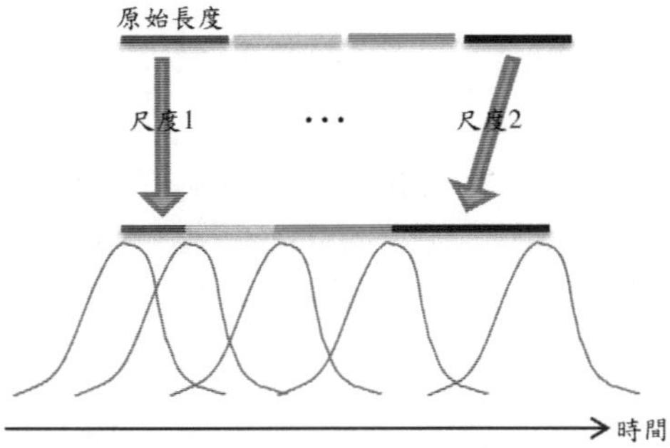

圖 9、 動態更改尺度示意圖

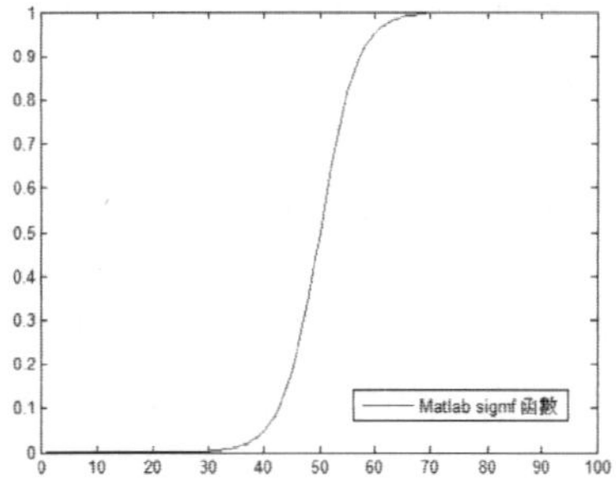

圖 10、 Sigmoid 函數

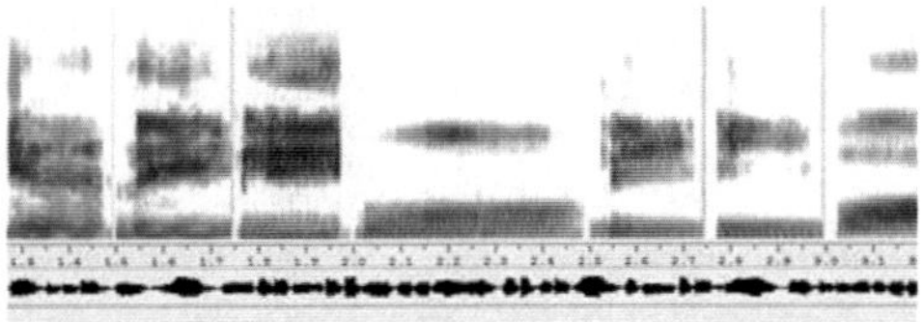

圖 11、 音節尚未做漸弱之頻譜圖

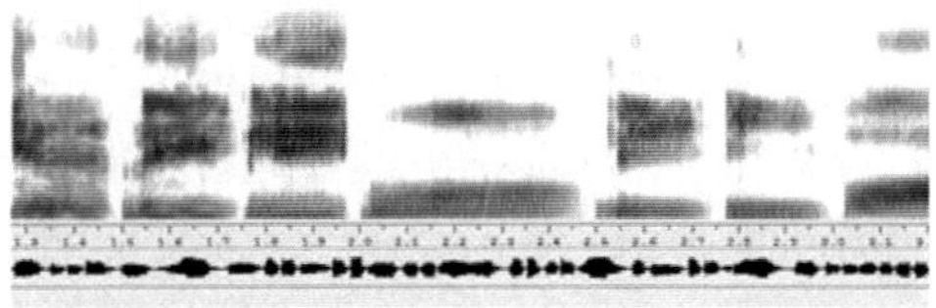

圖 12、 音節做過漸弱處理的頻譜圖

因此我們如果在疊加的過程中動態更改尺度的話，就可以達到轉音的效果，如圖 9 所示。為了更接近真實的轉音，這裡採用 Sigmoid 函數來對尺度的變化作處理。 Sigmoid 函數為一個 S 型函數，其式子如 6 所示。其中 a 表示 Sigmoid 函數開口的方向， c 為偏移值。基本上就是根據音節的長度和轉音音高的差值來做調整。圖 10 為在 Matlab 中的 Sigmoid 函數，在這裡將參數 a 設定為 0.3 來做轉音的處理。

$$f(x) = \frac{1}{1 + e^{-a(x-c)}}. \tag{6}$$

2、音節漸弱處理

根據之前的步驟，將每個音節合成出來，接著根據合成資訊文檔中的時間資訊，將音節對應到相對應的時間位置上。發現到音節彼此相接有雜訊的產生，將其轉到頻域上如圖 11 所示。因此，在每個合成完的音節之後做漸弱處理，如式子 7 所示。

$$y[n] = \begin{cases} x[n], & \text{if } n = 1, ..., (N - L - 1) \\ x[n] * \frac{N-n}{L}, & \text{if } n = (N - L), ..., N. \end{cases} \tag{7}$$

其中 N 為音節的長度， L 為漸弱的長度，範圍為 $1, ..., (N - 2)$ 。經由漸弱的方式處理完之後，音節串聯之後的雜訊有所改善，如圖 12 所示。

四、系統實作

(一)、系統流程

首先會載入歌曲清單，之後使用者可以選擇欲合成的歌曲和欲合成的範圍。經由使用者所選擇的歌曲，系統會去資料庫找出合成的資訊文檔、歌詞和配樂音檔。接著根據其資訊顯示歌詞、音節、力度、音符編號和時間範圍。

合成階段的流程圖如圖 13 所示。一開始會根據所選的歌曲，找出其歌曲資料夾底下的合成資訊文檔，裡面的訊息包括歌曲中每個音節的語言、力度、音符編號、開始時間和結束時間。一開始會將第一個音符編號定位在 48 ~ 60 之間，其餘音節的音符編號根據其差值來做調整。這裡提供了可以修改合成資訊的功能，包括了音節的修改和整體音符的修改。確定完合成資訊之後，系統會根據音節的順序，依序去音節語料庫尋找合適的合成單元進行合成。接著調整音量大小，然後將訊號經由 TD-PSOLA 來變換音高和長度，若有轉音的情形發生則做轉音的處理。接著對每個音節做漸弱處裡，然後根據文檔裡的時間資訊將合成的音檔串接起來。最後這裡提供了加入配樂的功能，配樂音檔是由 midi 中抽取出來並將合成歌曲整批對應到配樂上，並且可以調整配樂的音量大小。

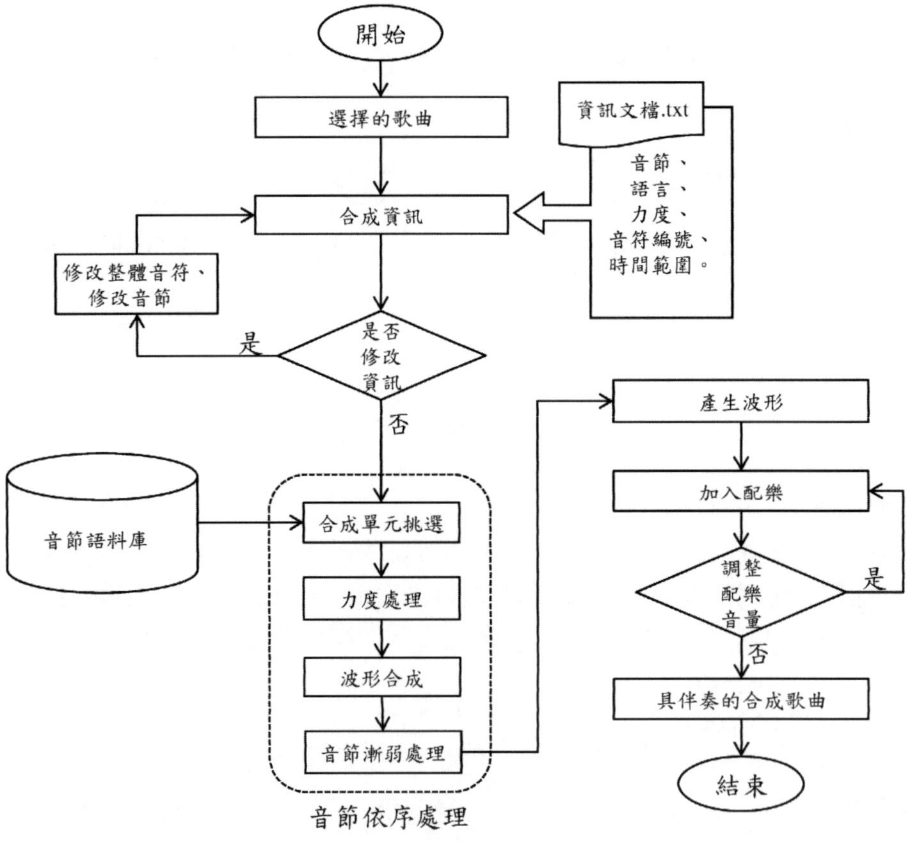

圖 13、 合成階段流程圖

(二)、介面實作

本小節實作一個具有配樂之歌唱合成系統，圖 14 為歌唱合成系統介面圖。 A 部分為載入歌曲清單； B 部分為選擇歌曲和合成範圍； C 部分顯示歌詞、音節、力度、音符編號和時間範圍； D 部分為合成按鈕組； E 部分為合成歌曲的波形圖。

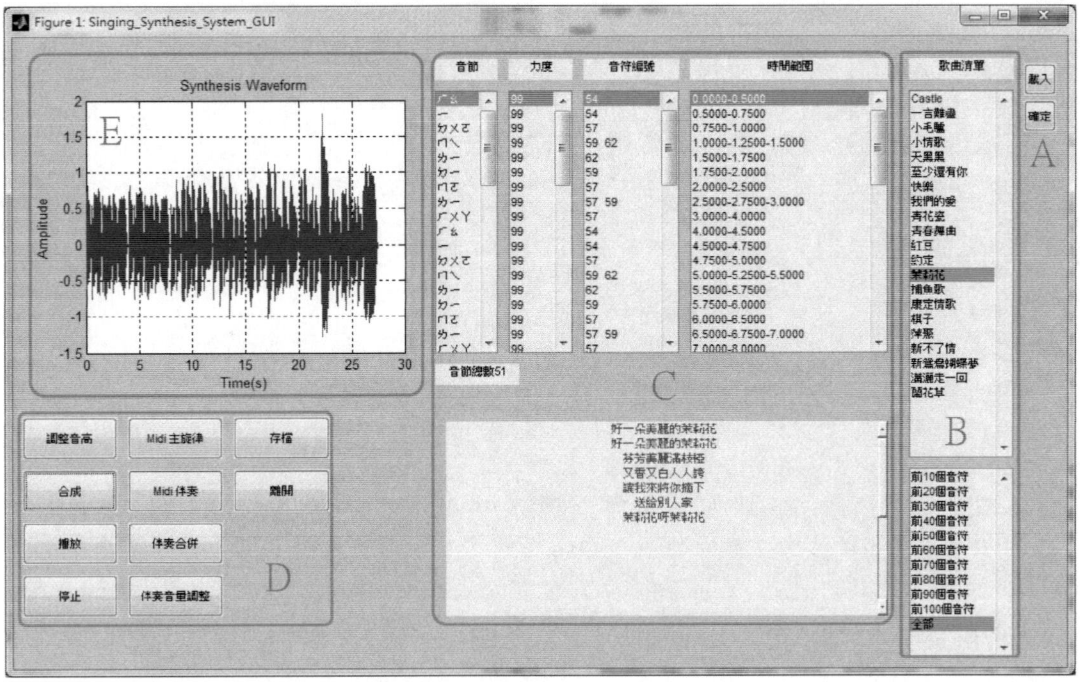

圖 14、 歌唱合成系統介面圖

五、實驗

歌曲的合成評估，主要分為品質、清晰度和相似度三個部份。品質代表合成出來歌聲品質的好壞；清晰度主要是評估合成出來的歌聲訊號聽起來是否清楚無雜訊，以及咬字的清楚程度；相似度則是評估合成歌聲與原唱的接近程度。評測人數為 10 人。為了要盡量分析多種曲風，故先將歌曲做分類。由於抒情類歌曲較多，因此選了兩首來當作評估的歌曲，其它分類各選一首歌曲。最後，我們將選擇出來的歌曲用在 TD-PSOLA 系統加入配樂的品質評估、清晰度和相似度的評估上，分類的種類如下所示。

◊ 童謠：適合孩童念誦的歌謠。
◊ 民謠：坊間流傳的歌謠。
◊ 抒情：節奏慢，且曲風溫柔的歌曲。
◊ 快節奏：拍子較短，速度較快的歌曲。
◊ 悲壯：歌曲帶有一點悲傷，且副歌通常給人激昂的感覺。
◊ 中國風：特性為穿插一些艱深的字詞和文言文。
◊ 節奏藍調：特性為歌曲帶有一點憂鬱，且會有重複的現象。

(一)、品質評測

在品質測試中，是根據平均評定得分 (Mean Opinion Score, MOS) 的 5 分評分制度，如表 2 的評分方式來打分數。因為歌唱總是伴隨著配樂，因此我們將原本歌曲裡的配樂加到合成歌曲，並且比較結果。

首先，我們先做沒有配樂的比較實驗。一開始我們讓受測者聽原唱，並將其定為 5 分。接著，將合成步驟中的轉音處理、音節的串接處理、音量正規化處理和力度處理拿掉，並且只保留一組音高 (音符編號 50 左右) 來當作 1 分 (baseline) 的評測標準。然後讓受測者聽合成出來的歌聲 (TD-PSOLA) 並給予分數。接著，我們進行歌曲加上配樂的實驗。首先讓受測者聽原唱加上配樂，也將其定為 5 分，然後將之前 baseline 的歌曲也加上配樂並評為 1 分，最後讓受測者聽取合成加配樂的歌聲，並給予分數。

表 2、 品質評分表

類別	優秀	很好	普通	不好	糟糕
分數	5	4	3	2	1

TD-PSOLA 的品質評測結果如表 3 所示。整體上來說，加入配樂後的平均分數比未加入配樂要來的高 0.4 分。其解釋為在人類的聽覺上，加入配樂可以縮短和原唱加上配樂的差距。

表 3、 品質評測表

編號	曲風	歌曲片段	未加入配樂			有加入配樂		
			原唱	baseline	合成	原唱	baseline	合成
1	童謠	捕魚歌	5	1	3.2	5	1	3.6
2	民謠	茉莉花	5	1	2.7	5	1	3.8
3	抒情	天黑黑1	5	1	1.9	5	1	2.5
4	抒情	天黑黑2	5	1	1.8	5	1	1.9
5	抒情	紅豆1	5	1	2.4	5	1	2.7
6	抒情	紅豆2	5	1	2.5	5	1	2.6
7	快節奏	新鴛鴦蝴蝶夢1	5	1	2.1	5	1	2.3
8	快節奏	新鴛鴦蝴蝶夢2	5	1	2.6	5	1	2.7
9	悲壯	我們的愛1	5	1	2.2	5	1	2.5
10	悲壯	我們的愛2	5	1	2.9	5	1	3.3
11	悲壯	我們的愛3	5	1	2.7	5	1	3.1
12	中國風	青花瓷1	5	1	2.5	5	1	3.3
13	中國風	青花瓷2	5	1	2	5	1	2.7
14	節奏藍調	龍捲風	5	1	1.9	5	1	2.2
平均			5	1	2.4	5	1	2.8

(二)、清晰度評測

在清晰度測試中，也是根據 MOS 評分制。首先讓受測者先聽一段乾淨無雜訊，且咬字清楚的原唱當作參考，並將其分數評為 5 分， 1 分的評測標準同上。最後，每位受測者在聽完合成的歌聲之後，隨即在聲音清晰程度的表現給予 1 到 5 分的分數。

合成歌曲清晰度的評測結果如表 4 所示；清晰度的評測重點為歌聲訊號是否清楚無雜訊，和咬字的清楚程度。從表中我們可以看到【捕魚歌】和【茉莉花】的分數是較高的。但是在其它歌曲方面，分數明顯的較為低落。根據【新鴛鴦蝴蝶夢1】這首歌曲來分析其原因，本系統沒有做音節上子音和母音的延長處理，使得某些音節在經由TD-PSOLA的過程中，少了重要的發音資訊。因此，若是合成的音節較原本的合成單元短，會讓合成的聲音聽起來不清楚。一方面可能的原因為，音節的起始保留的空白訊號太短，造成串接合成上有雜訊的產生。

表 4、 清晰度和相似度評測表

編號	曲風	歌曲片段	清晰度評分	相似度評分
1	童謠	捕魚歌	3.8	3.6
2	民謠	茉莉花	3.2	3
3	抒情	天黑黑1	2.5	2.1
4	抒情	天黑黑2	2.1	1.9
5	抒情	紅豆1	2.1	2.3
6	抒情	紅豆2	2.8	2.7
7	快節奏	新鴛鴦蝴蝶夢1	1.9	2
8	快節奏	新鴛鴦蝴蝶夢2	2.8	3.2
9	悲壯	我們的愛1	2.3	2.2
10	悲壯	我們的愛2	3.1	3.3
11	悲壯	我們的愛3	2.9	2.6
12	中國風	青花瓷1	2.1	2.5
13	中國風	青花瓷2	2	2
14	節奏藍調	龍捲風	2.3	1.8
平均			2.6	2.5

(三)、相似度評測

在相似度測試中，也是採用 MOS 評分制。首先讓受測著先聽完原本真人的歌聲，分數為滿分 5 分。 1 分的歌曲標準和之前的一樣。接著，讓受測者聽完合成的歌聲之後，隨即給予 1 到 5 分的分數來評測與真人歌聲的相似程度。

最後，相似度的評測結果如表 4 所示。相似度評測的重點為，評估合成歌聲與原唱接近的程度。根據表中我們可以發現到【捕魚歌】和【茉莉花】因為有轉音上的處理，所以具有較好的表現。其它的歌曲分數就普普通通。值得我們注意的是【龍捲風】這首歌曲，在相似度的表現上差强人意。分析其原因為，這首歌曲沒有轉音上的表現，且在真人的歌聲中音節的連接較為連續。因此，之前的合成步驟中，對音節間的連結做漸弱處理，這會導致音節間的不相連。

六、結論與未來方向

在本研究中，我們採用時域上基週同步疊加法來處理合成單元。之後實作一個串接式的歌唱合成系統，用來產生具有配樂的合成歌聲。我們分別錄製 3 組不同音高的語料庫，來當作合成單元。根據 100 首左右的 MIDI 歌曲的資訊來分析訊息，並蒐集歌曲的歌詞和所對應的音節。根據本系統，使用者可以選擇想要合成的歌曲，並且修改歌曲整體上的音符編號和音節。歌曲的合成中，包括了合成單元的挑選、音量正規、力度處理、音節連接時漸弱的處理和合成時間的對應等等，最後將產生出來的合成歌聲與配樂同步結合。接著，利用主觀評測方式來分析此系統的優、缺點並做改進。品質評估方面，串接式的合成還是有一定程度的表現，尤其是在加了配樂之後，分數大部分呈現上升的情形。清晰度評估方面，由於沒有做音節上子音和母音的處理，除了某些歌曲表現較好之外，其它歌曲就表現的普普通通。相似度評估方面，有些歌曲沒有轉音上的表現會造成分數較為低落。另外，本系統沒做連音的處理，會使得合成出來的歌聲不像真人所演唱的歌聲。在轉音、振音或顫音等唱腔的部分，因為著手的語音資料並不是那麼的多，將來如果能蒐集到更多資料來進行分析，應該能使系統更加完善。最後，本研究提出的方式，可以推廣到其他語言的歌聲合成，也可以應用在哼唱的歌唱合成。

參考文獻

[1] H. Valbret, E. Moulines, and J. P. Tubach, “Voice transformation using PSOLA technique,” *Speech Communication*, vol. 11, no. 2-3, pp. 175–187, June 1992.

[2] C. Hamon, E. Moulines, and F. Charpentier, “Diphone synthesis system based on timedomain prosodic modifications of speech,” in *IEEE International Conference on Acoustics, Speech and Signal Processing, ICASSP*, 1989, pp. 238–241.

[3] E. Moulines and F. Charpentier, “Pitch-synchronous waveform processing techniques for text-to-speech synthesis using diphones,” *Speech Communication*, vol. 9, no. 5-6, pp. 453–467, December 1990.

[4] V. Colotte and Y. Laprie, “Higher precision pitch marking for TD-PSOLA,” in *XI European Signal Processing Conference- EUSIPCO 2002*, Toulouse, France.

[5] F. J. Charpentier and M. Stella, “Diphone synthesis using an overlapadd technique for speech waveforms,” in *IEEE International Conference on Acoustics, Speech and Signal Processing, ICASSP*, 1986, pp. 2015–2018.

[6] J. Bonada and A. Loscos, “Sample-based singing voice synthesizer by spectral concatenation,” *Proceedings of the Stockholm Music Acoustics Conference*, August 2003. [Online]. Available: files/publications/SMAC2003-aloscos.pdf

[7] X. Rodet, “Synthesis and processing of the singing voice,” in *IEEE Benelux Workshop on Model based Processing and Coding of Audio (MPCA-2002)*, November 2002.

[8] H. Kenmochi and H. Ohshita, "VOCALOID - Commercial singing synthesizer based on sample concatenation," in *INTERSPEECH 2007, 8th Annual Conference of the International Speech Communication Association, Antwerp, Belgium.* ISCA, August 2007, pp. 4009–4010.

[9] H.-Y. Gu and H.-L. Liau, "Mandarin singing voice synthesis using an HNM based scheme," in *Proceedings of the 2008 Congress on Image and Signal Processing, Vol. 5 - Volume 05*, ser. CISP '08. Washington, DC, USA: IEEE Computer Society, 2008, pp. 347–351.

[10] J.-C. Wang, H.-Y. Gu, and H.-M. Wang, "Mandarin singing voice synthesis based on harmonic plus noise model and singing expression analysis," in *Technical Report, Spoken Language Group, Institute of Information Science, Academia Sinica, Taipei*, March 2008, pp. 1–8.

[11] Y. Tabata and T. Shimamura, "Noise robust pitch extraction based on auto-correlation analysis in the frequency somain," in *Proceedings of 2001 International Symposium on Intelligent Multimedia, video and Speech Processing*, May 2001.

[12] S. Roucos and A. Wilgus, "High-quality time scale modification of speech," in *IEEE International Conference on Acoustics, Speech and Signal Processing, ICASSP*, 1985, pp. 236–239.

基於音段式 LMR 對映之語音轉換方法的改進

Improving of Segmental LMR-Mapping Based Voice Conversion Methods

古鴻炎　　張家維
Hung-Yan Gu　　Jia-Wei Chang

國立臺灣科技大學 資訊工程系
Department of Computer Science and Information Engineering
National Taiwan University of Science and Technology
e-mail: {guhy, m9815064}@mail.ntust.edu.tw

摘要

基於線性多變量迴歸(linear multivariate regression, LMR)頻譜對映之語音轉換方法，轉換出的頻譜包絡仍然存在過度平滑(over smoothing)的現象，因此本論文研究在音段式 LMR 頻譜對映之前加入直方圖等化(HEQ)的處理，並且在 LMR 頻譜對映之後加入目標音框挑選的處理，希望藉以提升轉換出語音的品質。在此，直方圖等化處理包含兩個步驟，首先是把離散倒頻譜係數(DCC)轉換成主成分分析(PCA)係數，接者把 PCA 係數轉換成累積密度函數(CDF)係數；目標音框挑選則是依據一個音框的音段類別編號、及 LMR 對映出的 DCC 向量，到目標語者相同音段類別所收集的音框群中，去搜尋出距離較小的目標語者 DCC 向量、並且取代原先對映出的 DCC 向量，如此以避免發生頻譜包絡之過度平滑現象。對於直方圖等化與目標音框挑選，我們以外部(未參加模型參數訓練)平行語料來量測語音轉換之平均 DCC 誤差，當加入直方圖等化後會使誤差值變大一些，而當加入目標音框挑選後則會使誤差值變大得更多。不過，VR (variance ratio)值量測及主觀聽測的結果卻是相反的方向，亦即直方圖等化可使語音品質提升一些，而目標音框挑選則可使語音品質獲得更為明顯的提升。這種誤差距離值和語音品質聽測之間的不一致性，我們設法去尋找了它的原因，所找到的一個理由在內文裡說明。

關鍵詞：語音轉換，線性多變量迴歸，直方圖等化，目標音框挑選，離散倒頻譜係數

一、緒論

把一個來源語者(source speaker)的語音轉換成另一個目標語者(target speaker)的語音，這種處理稱為語音轉換(voice conversion)[1, 2, 3]，語音轉換可應用於銜接語音合成處理，以獲得多樣性的合成語音音色。去年我們曾嘗試以線性多變量迴歸(linear multivariate regression, LMR)來建構一種頻譜對映(mapping)的機制[4]，然後用於作語音轉換，希望藉以改進傳統上基於高斯混合模型(Gaussian mixture model, GMM)之頻譜對映機制[3]常遇到的一個問題，就是轉換出的頻譜包絡(spectral envelope)會發生過度平滑(over smoothing)的現象。我們經由實驗發現，音段式(segmental) LMR 頻譜對映機制不僅在平均轉換誤差上可以比傳統 GMM 頻譜對映機制獲得一些改進，並且轉換出語音的音質也

比傳統 GMM 對映的稍好一些。不過，整體而言音段式 LMR 對映機制所轉換出的頻譜包絡，仍然存在有過於平滑的現象，而使得轉換出的語音仍然令人覺得有一些悶悶的，而不像真人發音那樣清晰。前面提到的"音段式" LMR，是指我們對於訓練語料中不同的韻母、有聲聲母(如/m, n, l, r/)的語音要分別去建立各自的 LMR 矩陣，這是為了避免發生一對多(one to many)對映的問題[5]，而造成某些相鄰的音框之間，相鄰音框所轉換出的頻譜卻出現劇烈的頻譜形狀差異(即頻譜不連續)，而不連續的頻譜很可能導致怪音(artifact sound)被合成出來。

去年我們研究的基於 LMR 頻譜對映之語音轉換系統，其主要的處理流程如圖一所

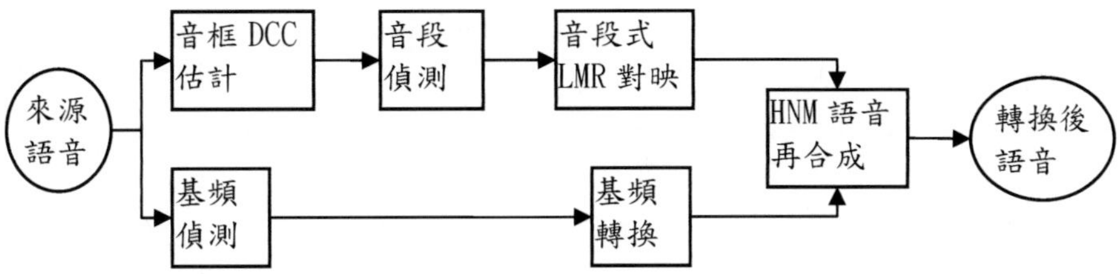

圖一、基於 LMR 頻譜對映之語音轉換的主要處理流程

示，來源語者發出的語音先分割成一序列的音框，然後對各個音框去估計它的 40 階 DCC (discrete cepstral coefficients) 倒頻譜係數[6, 7]及偵測出基頻值；接著，依據各音框的 DCC 係數，可作有聲聲母與韻母的音段(segment)偵測，先前我們曾提出一種基於音段式 GMM 與最大似然率(maximum likelihood)的音段自動偵測方法[8]，實驗顯示即使挑選到錯誤但近似的音段，也仍可轉換出正確的語音，由於在此我們把焦點放在 LMR 對映方塊，所以音段偵測方塊暫時以讀取標記(label)檔案的方式來進行；LMR 對映就是把 LMR 矩陣乘以輸入的 DCC 向量而求得輸出的 DCC 向量，至於 LMR 矩陣的訓練方法，則可參考我們去年發表的論文[4]；之後，LMR 對映出的 DCC 向量，以平均值與標準差轉換出的基頻值，兩者就可送給 HNM (harmonic plus noise model)語音再合成方塊，以合成出轉換後的語音信號，關於使用諧波加雜音模型(HNM)作語音信號合成的細節，可參考前人的論文[9, 7]。

為了提升轉換出的語音的音質，我們開始思考在 GMM 對映與 LMR 對映之外，是否還有其它種類的對映方法？後來我們想到一種似乎可行的頻譜對映方法，就是以直方圖等化(histogram equalization, HEQ)來取代 LMR 對映。直方圖等化雖然起源於影像處理領域，但是近年來被應用於語音辨識領域[10, 11]，用以降低環境噪音造成的訓練語音和測試語音之間的頻譜不匹配(mismatch)問題，而使得辨識率獲得了明顯的改進。有鑑於此，我們覺得在語音轉換的問題上，來源與目標語者之間有著差異的頻譜形狀而呈現出差異的音色，這可想像是因為來源語音通過了某一種特殊的通訊通道而使得其頻譜形狀被轉換成目標語音的形狀，以致於造成來源與目標語音之間的頻譜不匹配。因此在觀念上應可應用直方圖等化的處理，來模仿前述的通訊通道之特性，以把來源語音的頻譜轉變成目標語音的頻譜，所以我們構想了如圖二所示的基於直方圖等化之語音轉換的處理流程。

在圖二的處理流程中，我們不直接拿 DCC 係數去作直方圖等化，即計算 CDF (cumulative density function)係數，我們的觀點是，一個音框各維度的 DCC 係數之間有

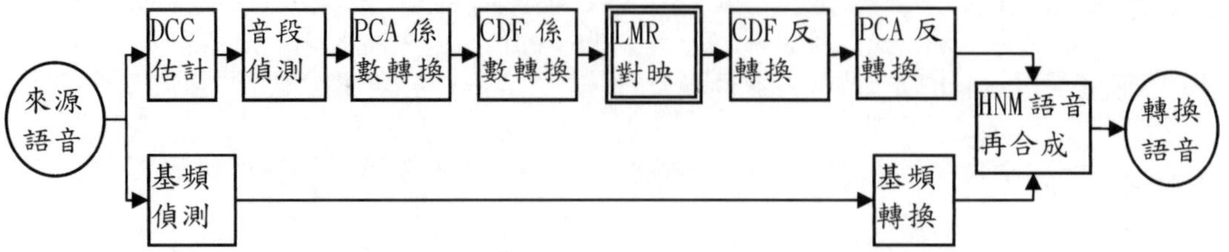

圖二、基於直方圖等化之語音轉換的處理流程

明顯的相關性存在，而直方圖等化卻是對特徵的各維度獨立去進行，這恐將降低直方圖等化的功用，因此我們決定對各個音段類別所屬的音框 DCC 向量先進行主成分分析(principle component analysis, PCA) [12]，再依據主成分向量把 DCC 係數轉換成 PCA 係數，如此將可讓一個音框各維度的 PCA 係數之間變成是獨立的。此外，圖二中的 LMR 對映方塊，一開始時是未被加入的，不過經由初步的測試實驗發現，當沒有作 LMR 對映的處理時，轉換出語音的音色雖可達到部分近似目標語者的音色，但是仍存在明顯的音色落差，因此我們遂決定把 LMR 對映方塊加上去，以提升音色相似度。

對於圖一處理流程會遇到的頻譜包絡過於平滑的情況，雖然前人曾經提出至少兩種的改進方法，即全域變異數(global variance, GV)之變異數調整方法[13]、和頻率軸校正(frequency warping)的方法[14, 15]，但是 Toda 等人的方法[13]和 Erro 等人的方法[14]都是針對 GMM 對映所設計的，而 Godoy 等人的方法[15]則不是針對 GMM 對映或 LMR 對映所設計的。因此我們就從另外一個方向去思考圖一流程的改進作法，在參考 Dutoit 等人的論文[16]之後，我們想到的一個作法是，在圖一”LMR 對映”方塊之後插入”目標音框挑選”的方塊。既然經過 GMM 或 LMR 對映得到的頻譜包絡會發生過度平滑的現象，那麼就不要直接拿 LMR 對映得到的頻譜係數去作語音再合成處理，而要改變成依據**來源音框**(來源語者音框)的音段類別、及對映出的頻譜特徵係數(如 DCC)，去對同一音段類別的**目標音框**(目標語者音框)群作搜尋，以找出頻譜特徵最相似(或距離最小)的目標音框，然後把找出的目標音框的頻譜係數拿去取代對映出的頻譜係數，如此就可免除發生頻譜包絡過度平滑的問題。由於被找出的目標音框不是經由頻譜對映而得到，所以在此也稱它為**真實音框**(真實語音的音框)，此外，目標音框的音段分類與收集是在訓練階段進行，所以轉換階段就可直接去作搜尋與挑選。當圖一插入”目標音框挑選”的方塊之後，一種基於 LMR 對映及目標音框挑選之改進的語音轉換處理流程就如圖三所示。

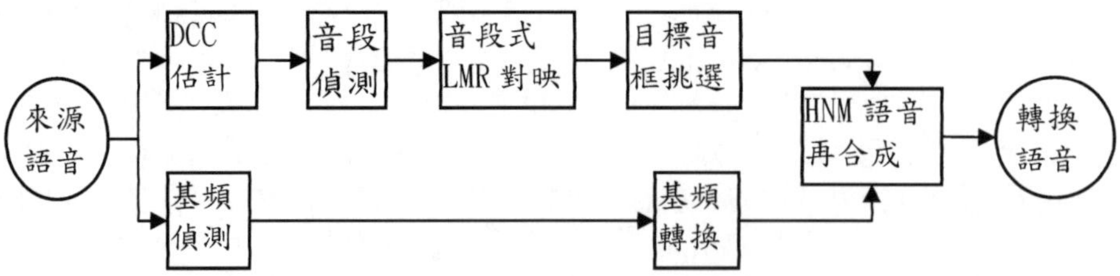

圖三、基於 LMR 對映及目標音框挑選之語音轉換的處理流程

除了分別去加入直方圖等化和目標音框挑選的處理動作，我們也考慮了另外一種處理流程，就是同時把這兩種處理動作加入圖一的處理流程中，如此轉換出的語音是否可以獲得最好的音色相似度及語音品質？這將會第四節中作實驗探討。此外，在圖一、二、

三裡都出現的 DCC 估計之方塊，表示我們仍然採用離散倒頻譜係數(DCC)[6, 7]作為頻譜特徵參數，並且階數設為 40 階，即一個音框要計算出 $c_0, c_1, c_2, \ldots, c_{40}$ 等 41 個係數，但是只拿 $c_1, c_2, \ldots, c_{40}$ 去作頻譜轉換的處理。當轉換出各個音框的 DCC 係數之後，我們就可依據各音框的 DCC 係數去計算出頻譜包絡[6, 7]，然後再依據頻譜包絡、轉換出的基頻值，去設定該音框的 HNM 模型之諧波參數和雜音參數[7, 9]，之後就可拿這些參數去合成出語音信號 [7, 9]。

二、PCA 係數轉換與直方圖等化

若要依據圖二的處理流程來進行語音轉換的處理，則各音框在求取 DCC 係數之後，接著就要作 PCA 係數轉換和 CDF 係數轉換的動作，然後在 LMR 對映之後，還要作 PCA 反轉換和 CDF 反轉換的動作，以將頻譜特徵還原成 DCC 係數。因此，在這一節就說明 PCA 係數轉換和 CDF 係數轉換的細節。

(一)、PCA 係數轉換

要能夠把一個來源音框的 DCC 係數轉換成 PCA 係數，則在訓練階段就要先對來源語者各個音段類別所收集到的 DCC 向量作 PCA 分析，以求取來源語者各個音段類別的主成分向量。相對地，要能夠把一個 LMR 對映後音框的 PCA 係數反轉換成 DCC 係數，則在訓練階段也要先對目標語者各個音段類別所收集到的 DCC 向量作 PCA 分析，以求取目標語者各個音段類別的主成分向量。然而關於 PCA 分析的作法，我們曾經思索的一個疑問是，雖然直覺上我們會認為來源音框和目標音框應該要分開去收集，並且分開去作 PCA 分析以求取各自的主成分向量，但是，為什麼不能夠把同一音段類別的來源音框和目標音框放在一起去作 PCA 分析？又為什麼不讓來源音框和目標音框共用一組主成分向量呢？因此，我們將以實驗評估的方式來探討此一疑問。

PCA 分析是由 K. Pearson 於 1901 年提出，在 1933 年時再由 H. Hotelling 加以發展[17]。PCA 轉換是一種正交變換，它可以將原本維度間相關的原始數據轉換成各維度獨立的新數據，再者作 PCA 轉換後的新數據，它們的總變異數(variance)與原始數據集的總變異數相等，也就是說 PCA 轉換能保留原始數據的訊息。

1、主成分分析

對於某一音段類別的所有訓練語音作音框切割及求取 DCC 係數，以建立一個 40 維 DCC 係數的數據集，接著再對這個數據集作 PCA 分析以得到該種音段的主成分向量，詳細的分析流程如下:

(a) 假設某一音段類別的訓練語音總共可切成 M 個音框，而每個音框經由計算可得到一個 DCC 係數的向量，然後把全部音框的 DCC 向量並列成各欄(column)的方式，表示成大小為 $L \times M$ 的矩陣 $\Gamma=[\Gamma_1, \Gamma_2, \ldots, \Gamma_M]$，其中 L 表示 DCC 係數的階數，M 的值大於 L。

(b) 接著求出這 M 個音框之 DCC 向量的平均向量 Ψ，Ψ 代表著這 M 個音框共有的 DCC 向量成分。

(c) 將第 i 個音框的 DCC 向量作標準化，即減去平均向量 Ψ，而得到一個差值向量 Φ_i。

(d) 使用所有的差值向量Φ_i，來計算出一個共變異矩陣Λ。

$$\Lambda = \sum_{i=1}^{M} \Phi_i \Phi_i^{\mathrm{T}} \tag{1}$$

(e) 對矩陣Λ求其特徵值(eigen value)λ_i與特徵向量(eigen vector)γ_i。

$$\Lambda \cdot \gamma_i = \lambda_i \cdot \gamma_i, \quad i = 1, 2, ..., L \tag{2}$$

(f) 求得特徵向量γ_i後，進一步對γ_i作正規化，以取得L個主成分基底向量μ_i。

$$\begin{aligned} \upsilon_i &= \sqrt{(\gamma_{i1})^2 + (\gamma_{i2})^2 + \cdots + (\gamma_{iL})^2}, \quad i = 1, 2, ..., L \\ \mu_i &= \left[\frac{\gamma_{i1}}{\upsilon_i}, \frac{\gamma_{i2}}{\upsilon_i}, \cdots \frac{\gamma_{iL}}{\upsilon_i} \right]^{\mathrm{T}}, \quad i = 1, 2, ..., L \end{aligned} \tag{3}$$

2、主成分係數轉換

當我們對某一個音段類別做完主成分分析後，就可得到該類別的 DCC 平均向量Ψ、L個主成分基底向量μ_i。接著，要把各個音框的 DCC 係數轉換成 PCA 係數，首先把一個音框的 DCC 向量Γ_i減去 DCC 平均向量Ψ而得到差值向量Φ_i，再將Φ_i分別投影到各個主成分基底向量μ_i，投影公式為:

$$\omega_{ij} = \mu_j^{\mathrm{T}} \cdot \Phi_i, \quad j = 1, 2, ..., L \tag{4}$$

如此就可得到 DCC 向量Γ_i的L個主成分係數(亦稱為 PCA 係數)，再用以形成L維度的主成分係數(PCA 係數)之向量：

$$\Omega_i = [\omega_{i1}, \omega_{i2}, ..., \omega_{iL}]^{\mathrm{T}} \tag{5}$$

3、主成分係數反轉換

在圖二的處理流程中，"PCA 反轉換"方塊就是要將轉換後的 PCA 係數還原到 DCC 係數的向量空間，以得到轉換後的 DCC 係數。假設我們取得一序列音框的 PCA 係數之向量，則首先要知道各個音框分別所屬的音段類別，如此才能對各個音框分別去作還原，令第i個音框所屬的音段類別之編號為k，則我們就要取出訓練階段目標語者在第k類音段所計算出的 DCC 平均向量Ψ、及L個主成分基底向量μ_j，來把轉換後的 PCA 向量Ω_i還原成轉換後的 DCC 向量Γ_i，如公式(6)所示:

$$\Gamma_i = \Psi + \sum_{j=1}^{L} \mu_j \cdot \omega_{ij} \tag{6}$$

(二)、直方圖等化

直方圖等化所指的是圖二流程裡"CDF 係數轉換" 與 "CDF 反轉換"兩方塊的處理。要能夠把一個來源音框的 PCA 係數轉換成 CDF 係數，則在訓練階段就要先對來源語者各個音段類別所收集到的 PCA 向量作 HEQ 分析，以建造來源語者各個音段類別的 HEQ 表格。相對地，要能夠把一個 LMR 對映後音框的 CDF 係數反轉換成 PCA 係數，則在訓練階段也要先對目標語者各個音段類別所收集到的 PCA 向量作 HEQ 分析，以建造目標語者各個音段類別的 HEQ 表格。這裡提到 HEQ 表格，意謂我們採取基本的表格法來建立 PCA 係數和 CDF 係數之間的直方圖等化關係。

1、HEQ 表格建造

選定一個來源(或目標)語者的音段類別，令該類別裡收集到的音框總數為 M，則將 M 個維度為 L 的 PCA 係數向量作為輸入資料，依照下列步驟來建造 HEQ 表格:

(a) 令區間數為 N，並且對各個維度 i，i=1, 2, ⋯, L，分別作下列步驟的處理。

(b) 將 M 個音框中所有位於第 i 維度的 PCA 係數挑出，然後依係數值作由小到大之排序，排序後則把 M 個 PCA 係數依順序且平均地分配到 N 個區間。

(c) 區間編號 j 從 1 變到 N，對於第 j 個區間內的 PCA 係數，挑選排序位於中間(median)的 PCA 係數數值，然後記錄該 PCA 係數值為 Fp_i^j，並且記錄其對應的 CDF 值為 Fc_i^j，CDF 值就是該 PCA 係數在全體(M 個)係數排序中的順序值除以 M。

(d) 記錄第 i 維度 PCA 係數的最大值為 Fp_i^{N+1}，且記錄其對應的 CDF 值為 $Fc_i^{N+1}=1$；此外，記錄第 i 維度 PCA 係數的最小值為 Fp_i^0，且記錄其對應的 CDF 值為 $Fc_i^0=\frac{1}{M}$。

當所有維度都完成上述步驟，則該音段類別的 HEQ 表格就建立完成了。對於區間數 N 的選擇，我們在評估實驗裡嘗試了 32, 64, 128 等三種。HEQ 表格建造後的外觀為何？在此舉一個簡化的例子，設有 20 個音框，PCA 係數向量維度為 1 維，且 PCA 係數序列排序後為 1, 2, ⋯, 20，若設定的區間數為 N=4，則建造出的 HEQ 表格如下所列。

表一、一個簡化的 HEQ 表格例子

區間 j	0	1	2	3	4	5
Fp_1^j	1(min)	3	8	13	18	20(max)
Fc_1^j	0.05	0.15	0.4	0.65	0.9	1

2、CDF 係數轉換

假設有一個音框的 PCA 係數向量 $P=[P_1,P_2,\cdots,P_L]$ 要被轉換，而該音框所屬的音段類別資訊，已經在圖二的“音段偵測”方塊決定出來，所以我們可以取出該音段類別的來源音框所訓練出的 HEQ 表格，然後以線性內插的方式來計算出該音框的 CDF 係數向量 $Q=[Q_1,Q_2,\cdots,Q_L]$，線性內插之公式如下：

$$Q_i = Fc_i^j + (Fc_i^{j+1} - Fc_i^j)\cdot\left[\frac{(P_i - Fp_i^j)}{(Fp_i^{j+1} - Fp_i^j)}\right],\quad i=1,2,...,L. \tag{7}$$

公式(7)中 i 表示維度編號，Fp_i^j 、Fc_i^j 分別為 HEQ 表格裡所記錄的第 j 區間的 PCA 係數值、CDF 值，並且假設我們已作過搜尋而得知 P_i 的值落於 Fp_i^j 與 Fp_i^{j+1} 之間。

3、CDF 反轉換

假設有一個音框的 CDF 向量 $Q=[Q_1, Q_2, \cdots, Q_L]$ 要被反轉換成 PCA 係數向量，而該音框所屬的音段類別資訊，已經在圖二的"音段偵測"方塊決定出來，所以我們可以取出該音段類別的目標音框所訓練出的 HEQ 表格，然後以線性內插的方式來計算出該音框的 PCA 係數向量 $P=[P_1, P_2, \cdots, P_L]$，線性內插之公式如下：

$$P_i = Fp_i^j + (Fp_i^{j+1} - Fp_i^j) \cdot \left[\frac{(Q_i - Fc_i^j)}{(Fc_i^{j+1} - Fc_i^j)} \right], \quad i = 1, 2, ..., L. \tag{8}$$

公式(8)中 i 表示維度編號，Fp_i^j 、Fc_i^j 分別為 HEQ 表格裡所記錄的第 j 區間的 PCA 係數值、CDF 值，並且假設我們已作過搜尋而得知 Q_i 的值落於 Fc_i^j 與 Fc_i^{j+1} 之間。

三、目標音框挑選

在訓練階段，我們可預先把目標語者的訓練語音依據標示檔的資訊拿去作音段分類、及對各種音段分別作音框的收集，之後在轉換階段，就可依據所偵測出的音段代號去取出對應的音框集，再依據所轉換出的 DCC 向量去作真實音框的搜尋與挑選。

令 $Y_1, Y_2, \cdots, Y_T$ 是一序列 T 個被轉換出的 DCC 向量，轉換可以是直接經由圖三"LMR 對映"方塊得到，或是 LMR 對映後再作 CDF 反轉換與 PCA 反轉換而得到(圖二的流程)。為了改進轉換出的語音的品質，所以在此要依據 Y_t 及其對應的音段類別代號 $I(t)$，從目標語者的 $I(t)$ 音段的音框集去挑選出一個非常靠近 Y_t 的真實音框的 DCC 向量 Z_t。然而挑選 Z_t 的準則，不僅只是考慮 Y_t 與 Z_t 的匹配距離 dist(Y_t, Z_t)，也要考慮相鄰音框之間的連接距離 dist(Z_{t-1}, Z_t)，以避免發生頻譜之不連續，而導致怪音被合成出來。在本論文裡，距離函數 dist(·, ·)是量測幾何距離。除了依循 Dutoit 等人的論文[16]去考慮音框連接的距離，我們還更加考慮了另外一種距離量測，即動態頻譜(dynamic spectral)距離，以把轉換出的相鄰兩 DCC 向量之間的頻譜改變 $\Delta Y_t = Y_t - Y_{t-1}$ 納入考慮。在此，動態頻譜距離是量測 dist(ΔY_t, ΔZ_t)，而 $\Delta Z_t = Z_t - Z_{t-1}$ 表示相鄰兩個挑選出的 DCC 向量之間的頻譜改變。

依據前述的三種距離，即匹配距離、連接距離與動態頻譜距離，我們發展了一種基於動態規劃的演算法來作目標音框的挑選。首先，對於各個轉換出的 DCC 向量 Y_t，我們依其音段編號 $I(t)$，從第 $I(t)$ 個音框集去尋找出 K 個最靠近 Y_t (即離 Y_t 的距離最小)的真實音框的 DCC 向量，在此 K 的值設為 16。接著，令 $U(t, i)$ 表示從時刻 1 到時刻 t 的最小的累積距離，而條件是在時刻 t 時所挑選到的目標音框必須是 K 個中的第 i 個。如此，我們就可得到如下的遞迴公式:

$$U(t,i) = \min_{0 \le j < K} \left[U(t-1, j) + \alpha \cdot dist\left(Z_{t-1}^{j}, Z_{t}^{i}\right) + \alpha \cdot dist\left(Y_t - Y_{t-1}, Z_t^i - Z_{t-1}^j\right) \right] + dist\left(Y_t, Z_t^i\right), \quad (9)$$

其中 α 是加權常數，我們經過試驗後將它的值設為 0.5， Z_t^i 表示時刻 t 時所尋找出的 K 個音框中的第 i 個音框 DCC 向量。另外，前人論文[16]中曾提到一個技巧，當 Z_t^i 和 Z_{t-1}^j 被檢查出是來自同一次發音的相鄰音框時，就機動地把公式(9)中 α 的值改設為 0，以便優先選取相鄰的目標音框來提升頻譜連接的自然性。在此我們也應用了這個技巧，並且把條件放寬，就是當 Z_t^i 和 Z_{t-1}^j 不是直接相鄰而是存在另一個音框在它們之間，我們也接受此一情況而會把 α 的值機動地改設為 0。

當到達最後時刻 T 時，全部路徑中的最小累積距離 A(T)可以下列公式來計算，

$$A(T) = \min_{0 \le j < K} \left[U(T, j) \right] \quad , \quad (10)$$

此外，我們可再作回溯(backtrack)處理，以找出在最佳路徑上各個時刻 t 所選到的目標音框編號 $k(t)$，然後把 t 時刻所選到的第 $k(t)$個目標音框的 DCC 向量，拿去取代被轉換出的 DCC 向量 Y_t。

四、測試實驗

我們邀請了二位男性和二位女性錄音者，其中二位男性以 MA 和 MB 為代號，而另二位女性則以 FA 和 FB 為代號。請四位錄音者分別到隔音錄音室去錄製 375 句(共 2,926 個音節)之國語平行語料，取樣率設成 22,050Hz，這 375 句的語料中，前 350 句被拿來作模型參數的訓練之用，而剩下的 25 句則保留作為外部測試之用。在此我們實驗了四種語者配對方式，分別是(a)MA 至 MB、(b)MA 至 FA、(c)FA 至 MA、(d)FA 至 FB，這四種配對方式中，前者就當來源語者，而後者則當目標語者。

(一)、語音轉換系統之訓練

首先，我們操作 HTK (HMM tool kit)軟體，經由強制對齊(forced alignment)來作自動標音，把一個語句的各個聲母、韻母的邊界標示出來，然後操作 WaveSurfer 軟體，以檢查自動標記的邊界是否有錯，有錯則作人工更正。接著，依據各個聲、韻母的拼音符號標記和邊界位置，就可作音段切割和分類的動作，我們一共分成 57 類，即 21 類聲母和 36 類韻母。

對於各個語音音框，我們先計算零交越率(ZCR)，以把 ZCR 很高的無聲(unvoiced)音框偵測出來；再使用一種基於自相關函數及 AMDF 的基週偵測方法[18]，來偵測剩餘音框的音高頻率。之後，把一個語者發音中有聲(voiced)音框偵測出的音高頻率值收集起來，據以算出該語者音高的平均值及標準差，而平均值及標準差就是本論文所使用的音高參數。在此一個音框的長度設為 512 個樣本點(23.2ms)，而音框位移則設為 128 個樣本點(5.8ms)。此外，對於一個音框的頻譜係數，我們使用先前發展的 DCC 估計程式[7]來計算出 41 維的 DCC 係數。

在訓練 LMR 對映矩陣之前，我們逐一對各個聲、韻母類別所收集的平行發音音段

作 DTW 匹配，以便為來源語者音段所切出的各個音框，去目標語者之平行音段內找出正確的音框來對應。然後，把各個平行音段的音框序列串接起來，就可為一個聲、韻母類別準備好一序列的來源音框和目標音框的 DCC 向量對應組合，(S_i, R_i)，i=1, 2, ⋯, Nr，其中 S_i 表示第 i 個來源音框的 DCC 向量，R_i 表示第 i 個經 DTW 配對到的目標音框的 DCC 向量，Nr 表示此一序列的音框總數。再來，依照所建構系統的結構，若是如圖三的流程，則各個聲、韻母類別的一序列的來源與目標音框對應的 DCC 向量組合，就可直接拿去訓練計算 LMR 對映所需的對映矩陣[4]；然而當系統的結構是如圖二所示的流程時，則各個聲、韻母類別的 DCC 向量組合序列，(S_i, R_i)，i=1, 2, ⋯, Nr，其中各個組合的 S_i 與 R_i 就必須先作 PCA 係數轉換和 CDF 係數轉換，以形成 CDF 係數的向量組合，然後才拿去訓練 LMR 對映之映矩陣。

設 $\tilde{S}$ 、 $\tilde{R}$ 矩陣的定義如下所列，

$$\tilde{S} = \begin{bmatrix} S_1 & S_2 & \dots & S_{Nr} \\ 1, & 1, & \dots & 1 \end{bmatrix}, \quad \tilde{R} = \begin{bmatrix} R_1 & R_2 & \dots & R_{Nr} \\ 1, & 1, & \dots & 1 \end{bmatrix}, \tag{11}$$

其中各行的 S_i 與 R_i 都被附加一列的常數 1，以增加一個常數項至多變量線性迴歸的各個維度裡，如此，LMR 對映所需的最佳(least squared error)對映矩陣 $\tilde{M}$ ，就可以下列公式[4]來求得，

$$\tilde{M} = \tilde{R} \cdot \tilde{S}^{t} \cdot (\tilde{S} \cdot \tilde{S}^{t})^{-1} \quad . \tag{12}$$

然後，我們就可用矩陣 $\tilde{M}$ 來作 LMR 對映，即令$[Y^t, 1]^t = \tilde{M} \cdot [X^t, 1]^t$，其中 X 表示一個來源語者音框的 DCC 或 CDF 係數向量，而 Y 表示經由 LMR 對映出的係數向量。

(二)、共用主成分向量之測試

圖二的處理流程裡，PCA 係數轉換與 PCA 反轉換兩個處理方塊，若讓兩者共用一組主成分向量是否會比較好？原先不共用主成分向量的情況，表示“PCA 係數轉換”方塊使用的主成分是由**來源**音框作完音段分類後再作 PCA 分析得到，而“PCA 反轉換”方塊使用的主成分則是由**目標**音框作完音段分類後再作 PCA 分析得到；若是共用主成分向量，就表示同一音段類別的來源音框和目標音框要放在一起去作 PCA 分析，以求得共用的一組主成分向量。

我們以量測語音轉換的平均轉換誤差的方式，來比較共用與不共用主成分向量之優劣。在此，我們只拿平行語料最後的 25 句來作語音轉換之外部測試，當一個來源音框經過轉換而得到 DCC 向量之後，我們就可量測此 DCC 向量與對應的目標音框 DCC 向量之間的幾何距離，這樣的距離也稱為轉換誤差，當把全部音框的轉換誤差加總及取平均，就可算出平均的轉換誤差。此外，我們也把圖二流程裡的直方圖等化(即 CDF 係數轉換與反轉換)分成三種情況來作實驗，就是分別設定區間的數量 N 為 32、64、與 128，經過實驗量測後，我們得到如表二所示的平均轉換誤差值。

從表二的轉換誤差平均值可以看出，圖二中的 PCA 係數轉換與反轉換方塊若是使用共用的 PCA 主成分向量，則平均轉換誤差可從 0.5447 降到 0.5414，這說明了使用共用的 PCA 主成分向量，可以略微提升來源與目標音框之間 PCA 係數的相關性，而稍微減小 LMR 對映的誤差。此外，關於直方圖等化的區間數的設定，依據表二的轉換誤差平均值可知，設為 64 區間或 128 區間是沒有差異的。

表二、共用與不共用主成分向量之平均轉換誤差

誤差 配對	不共用 PCA 向量			共用 PCA 向量		
	32 區間	64 區間	128 區間	32 區間	64 區間	128 區間
MA=> MB	0.5442	0.5438	0.5442	0.5389	0.5389	0.5389
MA=> FA	0.5159	0.5158	0.5156	0.5155	0.5154	0.5154
FA => MA	0.5387	0.5386	0.5384	0.5369	0.5344	0.5344
FA => FB	0.5807	0.5806	0.5805	0.5773	0.5768	0.5768
平均	**0.5449**	**0.5447**	**0.5447**	**0.5422**	**0.5414**	**0.5414**

(三)、PCA 轉換之必要性測試

對於圖二的流程裡，加入“PCA 係數轉換”與“PCA 反轉換”方塊是否為必要的？在此我們以量測語音轉換的平均轉換誤差的方式，來比較 PCA 係數轉換加入與不加入的優劣，所用的測試語料和誤差的量測方式，和 4.2 節裡敘述的一樣，亦即使用平行語料最後 25 句來作外部測試，並且量測轉換得到的 DCC 向量與對應的目標音框 DCC 向量之間的幾何距離，再計算全部音框的平均誤差。此外，直方圖等化也分成三種區間數來作實驗，即 32、64、與 128 個區間。經過實驗量測後，我們得到如表三所示的平均轉換誤差值，其中右邊三欄的數值是取自表二的右邊三欄。

表三、作與不作 PCA 係數轉換之平均轉換誤差

誤差 配對	不作 PCA 係數轉換			作 PCA 係數轉換		
	32 區間	64 區間	128 區間	32 區間	64 區間	128 區間
MA=> MB	0.5454	0.5450	0.5446	0.5389	0.5389	0.5389
MA=> FA	0.5177	0.5172	0.5171	0.5155	0.5154	0.5154
FA => MA	0.5410	0.5402	0.5399	0.5369	0.5344	0.5344
FA => FB	0.5826	0.5825	0.5823	0.5773	0.5768	0.5768
平均	**0.5467**	**0.5462**	**0.5460**	**0.5422**	**0.5414**	**0.5414**

從表三的數值可以看出，作 PCA 係數轉換的確可使得語音轉換的誤差平均值下降，在 64 區間直方圖等化的情況下，平均轉換誤差可從 0.5462 降到 0.5414，這說明了直方圖等化之前先作 PCA 係數轉換是有用的、需要的。

(四)、目標音框挑選之轉換誤差

目標音框挑選可用以避免發生頻譜過度平滑的問題，其詳細的作法已在第三節說明。在此我們依據圖三之處理流程，測試目標音框挑選是否可以讓語音轉換的平均誤差減少？是否可以比圖二處理流程的好？圖三流程的語音轉換方法，我們稱為基本型目標音框挑選法，此外，我們也測試了另外一種語音轉換方法，稱為複合型目標音框挑選法，就是在圖二流程中“PCA 反轉換”與“HNM 語音再合成”兩方塊之間插入“目標音框挑選”之方塊，至於直方圖等化(CDF 轉換與反轉換)所用的區間數，這裡就設為 64。

對於前述的基本型與複合型目標音框挑選法，我們使用的測試語料和誤差的量測方式，和 4.2 節裡敘述的一樣，亦即使用平行語料最後 25 句來作外部測試，並且量測轉換得到的 DCC 向量與對應的目標音框 DCC 向量之間的幾何距離，再計算全部音框的平均誤差。經過實驗量測後，我們得到如表四所示的平均轉換誤差值，由表四可知基本

型目標音框挑選的轉換誤差平均值會變大成為 0.6029，這明顯比表三的 0.5414 增加了許多；再者，複合型目標音框挑選的轉換誤差平均值也變得更大，0.6121。根據這二個變大很多的誤差平均值，直覺上會讓人認為基本型與複合型目標音框挑選法，所轉換出的語音應會在音色相似度和語音品質上衰減很多，然而實際上當我們去聽轉換出的語音時，發現經由基本型或複合型目標音框挑選所轉換出的語音，語音品質卻是會變得更為清晰(應是使用真實音框 DCC 的緣故)，並且音色相似度也沒有衰減。所以，基於量測兩 DCC 向量之間幾何距離的轉換誤差平均值，其數值大小和語音品質之間似乎不是正比例的關係。

表四、目標音框挑選之平均轉換誤差

誤差 配對	基本型	複合型
MA=> MB	0.5990	0.6087
MA=> FA	0.5706	0.5791
FA => MA	0.5925	0.6032
FA => FB	0.6493	0.6574
平均	**0.6029**	**0.6121**

前述的**不一致性**情況，即誤差距離變大反而得到更好的語音品質，是什麼原因造成的？為了瞭解其原因，我們就找一些目標音框來觀察它們的頻譜包絡曲線。對於各個目標音框，我們把 LMR 對映出的 DCC 向量、經目標音框挑選得到的 DCC 向量、及該目標音框的 DCC 向量，計算出三者的頻譜包絡曲線並且畫出來作比較，結果我們發現了一個現象可用以解釋前述的不一致性。一個例子如圖四所示，圖四中的虛線代表/song/音節的一個目標音框的頻譜包絡線，淺灰色實線代表 LMR 對映得到的 DCC 向量所算出的頻譜包絡線，深黑色實線則代表**目標音框挑選**得到的 DCC 向量所算出的頻譜包絡線，比較這三條包絡線，我們可發現在橫軸頻率範圍 2,500 Hz 至 4,500 Hz 之間，深黑色實線的形狀比起淺灰色實線的形狀較為接近虛線曲線的共振峰起伏，所以這可以解釋為什麼**目標音框挑選**能夠改進轉換出語音的品質；此外，在橫軸頻率範圍 5,500 Hz 至 11,000 Hz 之間，淺灰色實線會比深黑色實線更為靠近虛線曲線，所以這可以解釋為什麼 LMR 對映所導入的轉換誤差，會比**目標音框挑選**所導入的轉換誤差來得小。

轉換後音框與目標音框的頻譜向量之間，誤差距離平均值的大小並不能夠代表語音品質的好壞，這樣的情形在前人的研究中已經注意到了，所以 Godoy 等人[15]採用以變異數比值(variance ratio, VR)來量測轉換後語音的品質，變異數比值的量測公式為:

$$VR = \frac{1}{C}\sum_{i=1}^{C} \frac{1}{L}\cdot\sum_{k=1}^{L}\frac{\hat{\sigma}_i^k}{\sigma_i^k} \quad , \tag{13}$$

其中 C 表示音段的類別數，L 表示頻譜向量的維度，$\hat{\sigma}_i^k$ 表示轉換後音框中第 i 類音段第 k 維頻譜係數的變異數，σ_i^k 則表示目標音框第 i 類第 k 維頻譜係數的變異數。

對於前面提到的四種處理流程，即作與不作直方圖等化(含 PCA)、作與不作目標音框挑選之四種組合，我們依據公式(13)去量測轉換後音框與目標音框之間的變異數比值，結果得到如表五所示 VR 值。由表五的 VR 值可發現，若不作目標音框挑選，則平均 VR 值只有 0.2 左右，但是當加入目標音框挑選之後，就可讓平均 VR 值提升到 0.5

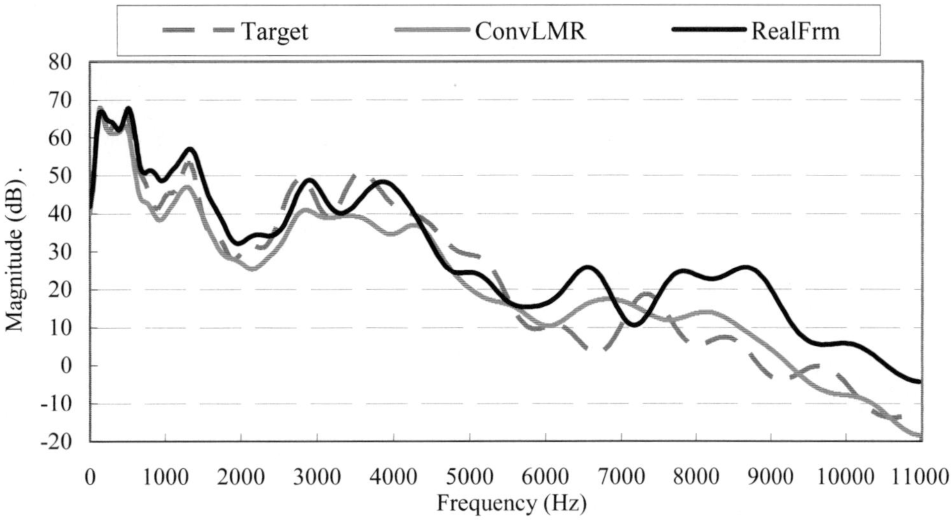

圖四、音節/song/一個音框的三條頻譜包絡曲線

以上，所以客觀上來看，目標音框挑選之處理應可以讓語音品質獲得明顯的提升。至於直方圖等化，做了此種處理反而讓 VR 值下降一些，而 VR 值下降一些是否在主觀聽測上就會感覺到語音品質的衰退？這尚需進行聽測實驗來驗證。

表五、變異數比值之比較

配對	無 目標音框挑選		有 目標音框挑選	
	DCC+LMR	HEQ+LMR	DCC+LMR	HEQ+LMR
MA=> MB	0.2463	0.1671	0.5893	0.5245
MA=> FA	0.1994	0.1290	0.5182	0.4485
FA => MA	0.2367	0.1775	0.5814	0.5383
FA => FB	0.2063	0.1375	0.5648	0.5303
平均	**0.2222**	**0.1528**	**0.5634**	**0.5104**

(五)、語音品質主觀聽測

我們使用未參加模型訓練的來源語句，來準備 4 組作語音品質聽測的音檔，這 4 組音檔的代號是 VD、VH、WD、WH，並且每一組中含有兩個音檔，分別是使用 MA=>MB 與 MA=>FA 之語者配對來作語音轉換而產生出的音檔，在此以_1 與_2 之代號來作區分。代號 VD 與 VH 中的 V 表示未作目標音框挑選，而 WD 與 WH 中的 W 則表示有作目標音框挑選；此外，VD 與 WD 中的 D 表示直接拿 DCC 向量去作 LMR 對映，就如圖一之處理流程，而 VH 與 WH 中的 H 表示 DCC 向量要先作 PCA 係數轉換及 CDF 係數轉換，然後才作 LMR 對映，就如圖二之處理流程。這 4 組音檔可從如下網頁去下載試聽: http://guhy.csie.ntust.edu.tw/vcHeqLmr/。

使用這 4 組音檔，我們先編排成二項的聽測實驗，第一項聽測實驗裡，受測者先、後點播(VD_1, VH_1)與(VD_2, VH_2)兩對音檔來試聽，然後受測者分別給每一對音檔一個評分，以顯示左邊音檔的語音品質比起右邊音檔的品質是好或壞；第二項聽測實驗裡，受測者先後點播(WD_1, WH_1)與(WD_2, WH_2)兩對音檔來試聽，然後受測者分別給每一對音檔一個評分，以顯示左邊音檔的語音品質比起右邊音檔的品質是好或壞。在二項聽測實驗裡，受測者都是同樣的 12 位學生，他們大部分都不熟悉語音轉換之研究領域，至於評分的標準是，2 (-2)分表示右(左)邊音檔的語音品質比左(右)邊音檔的明顯地好，1 (-1)分表示右(左)邊音檔的語音品質比左(右)邊音檔的稍為好一點，0 分表示分辨不出左、右兩音檔的語音品質。在二項聽測實驗之後，我們將受測者所給的評分作整理，結果得到如表六所示的平均評分。從表六的二項平均評分(即 0.583 與 0.375)可得知，評分分數都是正值，表示先作直方圖等化再作 LMR 對映，比起 DCC 向量直接作 LMR 對映會得到更好一些的語音品質；此外，第二項聽測的平均評分(0.375)，比起第一項聽測的平均評分(0.583)要稍微低一點，表示在作過目標音框挑選的處理之後，直方圖等化所帶來的語音品質改進，就會變得較不明顯。

表六、語音品質聽測--比較 DCC 與 HEQ

	DCC vs. HEQ (無 目標音框挑選)	DCC vs. HEQ (有 目標音框挑選)
平均評分 AVG (STD)	0.583 (0.776)	0.375 (0.824)

接著，我們再將前述的 4 組音檔作編排以進行另二項聽測實驗，在第三項聽測實驗裡，受測者先、後點播(VD_1, WD_1)與(VD_2, WD_2)兩對音檔來試聽，然後受測者分別給每一對音檔一個評分，以顯示左邊音檔的語音品質比起右邊音檔的品質是好或壞；在第四項聽測實驗裡，受測者先後點播(VH_1, WH_1)與(VH_2, WH_2)兩對音檔來試聽，然後受測者分別給每一對音檔一個評分，以顯示左邊音檔的語音品質比起右邊音檔的品質是好或壞。在第三、第四項聽測實驗裡，受測者也共有 12 位學生，他們大部分不熟悉語音轉換之研究領域，至於評分的標準與分數範圍則和前一段所說的一樣。在這二項聽測實驗之後，我們將受測者所給的評分作整理，結果得到如表七所示的平均評分。從表七的二項平均評分 0.917 與 1.125 可得知，只要加入目標音框挑選的處理，就可讓轉換出語音的品質獲得明顯的提升，並且這樣的提升要比表六裡的更明顯很多，所以這二項聽測實驗的結果，和表五裡量測出的 VR 值是相互呼應的。

表七、語音品質聽測--比較有、無目標音框挑選之差異

TFS (Target Frame Selection)	TFS_no vs. TFS_yes (DCC+LMR)	TFS_no vs. TFS_yes (HEQ + LMR)
平均評分 AVG (STD)	0.917 (0.584)	1.125 (0.680)

五、結論

我們研究改進了線性多變量迴歸(LMR)頻譜對映為基礎的語音轉換方法，在處理流程中加入**直方圖等化**及**目標音框挑選**之處理步驟，用以提升轉換出語音的品質。當我們在圖一流程的 DCC 估計與 LMR 對映之間插入"直方圖等化"處理(包含 PCA 係數轉換與 CDF 係數轉換)之後，雖然語音轉換的平均誤差距離會由 0.5382 [4]變大成為 0.5414，但是主

觀聽測實驗的結果顯示，轉換出語音的品質卻是比未加直方圖等化時的好，所以直方圖等化處理可用以紓解 LMR 對映所造成的頻譜過度平滑之問題。此外，關於來源語者和目標語者是否應共用主成分向量的疑問，實驗的結果顯示，讓兩語者共用主成分向量是比較好的作法，可讓語音轉換的平均誤差從 0.5447 減小成 0.5414。

另一種改進語音品質的方法是，在圖一流程的 LMR 對映與 HNM 語音再合成之間插入"目標音框挑選"之處理，雖然語音轉換的平均誤差距離會由 0.5382 變大成為 0.6029，但是客觀 VR 值的量測及主觀聽測實驗的結果都顯示，轉換出語音的品質確實是明顯地提升了，不論 LMR 頻譜對映方塊之前有否作過直方圖等化的處理，所以"目標音框挑選"比起"直方圖等化"，對於轉換出語音之品質提升更為有功效，並且 VR 值大體上可反應出語音的品質。另外，對於平均誤差距離愈大反而得到愈好的語音品質，這種不一致性的情況，我們觀察一些音框的頻譜包絡曲線後發現，轉換出之語音聽起來比較模糊者，通常其頻譜包絡在 2,500 Hz 至 4,500 Hz 之頻率範圍，會顯現過度平滑的情形，並且比起清晰者較為遠離目標頻譜包絡曲線；然而在 5,000 Hz 之後的頻率範圍，雖然模糊者的頻譜包絡也是顯現過度平滑的情形，但是比起清晰者卻較為接近目標頻譜包絡曲線，所以會計算出比較小的誤差距離。

致謝

感謝國科會計畫之經費支援，國科會計畫編號 101-2221-E-011-144。

参考文獻

[1] M. Abe, S. Nakamura, K. Shikano, and H. Kuwabara, "Voice Conversion through Vector Quantization," *Int. Conf. Acoustics, Speech, and Signal Processing*, New York, Vol. 1, pp. 655-658, 1988.

[2] H. Valbret, E. Moulines, J. P. Tubach, "Voice Transformation Using PSOLA Technique," *Speech Communication*, Vol. 11, No. 2-3, pp. 175-187, 1992.

[3] Y. Stylianou, O. Cappe, and E. Moulines, "Continuous Probabilistic Transform for Voice Conversion," *IEEE Trans. Speech and Audio Processing*, Vol. 6, No. 2, pp.131-142, 1998.

[4] 古鴻炎、張家維、王讚緯，「以線性多變量迴歸來對映分段後音框之語音轉換方法」，*第 24 屆自然語言與語音處理研討會*，中壢，Session 1 (speech processing)，2012。

[5] E. Godoy, O. Rosec, and T. Chonavel, "Alleviating the One-to-many Mapping Problem in Voice Conversion with Context-dependent Modeling," *Proc. INTERSPEECH*, pp. 1627-1630, Brighton, UK, 2009.

[6] O. Cappé and E. Moulines, "Regularization Techniques for Discrete Cepstrum Estimation," *IEEE Signal Processing Letters*, Vol. 3, No. 4, pp. 100-102, 1996.

[7] H. Y. Gu and S. F. Tsai, "A Discrete-cepstrum Based Spectrum-envelope Estimation Scheme and Its Example Application of Voice Transformation," *International Journal of*

Computational Linguistics and Chinese Language Processing, Vol. 14, No. 4, pp. 363-382, 2009.

[8] H. Y. Gu and S. F. Tsai, "An Improved Voice Conversion Method Using Segmental GMMs and Automatic GMM Selection," *Int. Congress on Image and Signal Processing*, pp. 2395-2399, Shanghai, China, 2011.

[9] Y. Stylianou, *Harmonic plus noise models for speech, combined with statistical methods, for speech and speaker modification*, Ph.D. thesis, Ecole Nationale Supèrieure des Télécommunications, Paris, France, 1996.

[10] A. Torre, A. M. Peinado, J. C. Segura, J. L. Perez-Cordoba, M. C. Bentez and A. J. Rubio, "Histogram Equalization of Speech Representation for Robust Speech Recognition," *IEEE trans. Speech and Audio Processing*, Vol. 13, No. 3, pp. 355-366, 2005.

[11] S. H. Lin, Y. M. Yeh, and B. Chen, "A Comparative Study of Histogram Equalization (HEQ) for Robust Speech Recognition," *Computational Linguistics and Chinese Language Processing*, Vol. 12, No. 2, pp. 217-238, 2007.

[12] I. T. Jolliffe, *Principal Component Analysis*, second edition, New York: Springer-Verlag, 2002.

[13] T. Toda, A. W. Black, and K. Tokuda, "Voice Conversion Based on Maximum-likelihood Estimation of Spectral Parameter Trajectory," *IEEE trans. Audio, Speech, and Language Processing*, Vol. 15, pp. 2222-2235, 2007.

[14] D. Erro, A. Moreno, and A. Bonafonte, "Voice Conversion Based on Weighted Frequency Warping," *IEEE trans. Audio, Speech, and Language Processing*, Vol. 18, pp. 922-931, 2010.

[15] E. Godoy, O. Rosec, and T. Chonavel, "Voice Conversion Using Dynamic Frequency Warping with Amplitude Scaling, for Parallel or Nonparallel Corpora," *IEEE trans. Audio, Speech, and Language Processing*, Vol. 20, pp. 1313-1323, 2012.

[16] T. Dutoit, A. Holzapfel, M. Jottrand, A. Moinet, J. Perez, and Y. Stylianou, "Towards a Voice Conversion System Based on Frame Selection," *Int. Conf. Acoustics, Speech, and signal Processing*, Honolulu, Hawaii, pp. 513-516, 2007.

[17] H. Hotelling, "Analysis of a Complex of Statistical Variables into Principal Components," *Journal of Educational Psychology*, Vol. 24, No. 6, pp. 417-441, 1933.

[18] H. Y. Kim, et al., "Pitch detection with average magnitude difference function using adaptive threshold algorithm for estimating shimmer and jitter," 20-th Annual *Int. Conf. of the IEEE Engineering in Medicine and Biology Society*, Hong Kong, China, 1998.

*** Formatting Issue - Best Available Paper/Graphic ***

中英文的文字蘊涵與閱讀測驗的初步探索

An Exploration of Textual Entailment and Reading Comprehension for Chinese and English

黃瑋杰 Wei-Jie Huang

林柏誠 Po-Cheng Lin

劉昭麟 Chao-Lin Liu

國立政治大學資訊科學系

Department of Computer Science, National Chengchi University

{100753014, 101753028, chaolin}@nccu.edu.tw

摘要

文字蘊涵是研究文字敘述之間的邏輯關係的工作，本文利用詞彙、語法、詞彙語意的相關語文資訊，建構經驗法則公式與機器學習模型，檢驗自動推測文字蘊涵關係的效果。本文所報告的效果在NTCIR-10的RITE競賽中的簡體與繁體中文的文字蘊涵都有相當好的表現。我們同時延伸文字蘊涵的推論技術，企圖以語文處理技術自動回答國小及國中的中英文閱讀測驗試題，這一部份的工作仍在發展之中，對於比較簡易的四選一的試題，如果相關的基礎技術成熟，可以達到超過五成的答對率。

Research on text entailment studies the logical relationships between statements. We employed linguistic information at the lexical, syntactic, and semantic levels to build heuristics and machine-learning based models for algorithmic judgment of text entailment relationships. Methods proposed in this paper achieved relatively very good performances in the RITE task for both traditional and simplified Chinese entailment problems in NTCIR-10. We extended our work and attempted to automatically answer questions in reading comprehension tests in Chinese and English used in elementary and middle schools. To make the automatic answering more feasible, we manually selected statements which were relevant to the test items before we ran the text entailment component. Experimental results indicated that it was then possible to find the answers better than 50% of the time for one out of four multiple-choice items.

關鍵詞：文字蘊涵、經驗法則公式、機器學習模型

1 緒論

在自然語言處理的領域中，讓電腦能夠理解人類使用的語言，進而帶給人類便利的生活，是該領域的研究者一直追求的目標，其中文字蘊涵 Textual Entailment(TE)便是一個相當重要的議題，藉由文字蘊涵的技術可以延伸到很多應用方面，例如在問答系統、信息抽取、閱讀理解等等都有很大的益助，而所謂的文字蘊涵就是讓電腦自動判斷兩個句子是否具有推導的關係，在文字蘊涵的框架中，我們將句對個別以文本(T_1)和假設(T_2)作為分別，以下面的句對為例，文本即可以推導至假設，因為假設所擁有的資訊都包含於文本內。同時，我們也利用文字蘊涵的技術應用在閱讀測驗的自動答題上，如果可以判別閱讀測驗的選項與本文具有推論的關係，則間接可以判別該選項為答案的機率較大，讓系統能夠自動答題。

文本:日本時間2011 年3 日11 日，日本宮城縣發生芮氏規模9.0 強震，造死傷失蹤約3 萬多人。
假設:日本時間2011 年3 日11 日，日本宮城縣發生芮氏規模9.0 強震。

Recognizing Textual Entailment(RTE)[2]和 Recognizing Inference in Text(RITE)[8]則為目前為文字蘊涵所舉辦的相關競賽，該比賽將句對分類為 Yes 或 No 兩種推論的結果；以下面這組句對為例，『尼泊爾毛派叛亂份子在新國王大壽前夕發動攻擊』與『尼泊爾毛派叛亂份子在新國王華誕前夕發動攻擊』，前句與後句差別於「大壽」與「華誕」，但兩句的含義是相同的，因此我們期待系統判別該句對有推論的關係，並得到 Yes 的推論結果。

我們在判斷句子的推論關係上分為兩個做法作為判別的依據；第一個方法是使用經驗法則式的推論模型，該模型將可能會影響到文字蘊涵的特徵資訊擷取下來，並利用加減分的機制，將之形成一個計算公式，例如我們認為當兩個句子的詞彙覆蓋[1]比例夠高，某方面也代表著句對間具有相同的資訊量，因此在公式中，詞彙覆蓋的比例就以加分的方式來處理；而句對間的否定詞數量如果不一樣，句子的含義也可能大相逕庭，因此當否定詞的數量不同時系統則以減分的方式處理，藉由這些特徵的加減分計算最後我們可以判別所得的分數是否有超過推論的門檻值，再以此作為判別推論的依據。

第二個方法是使用機器學習的方式，除了藉由第一個方法所蒐集到的特徵資訊，我們也將剖析樹(Parse Trees)、POSes(Parts-Of-Speech)動詞標記和詞彙依賴關係(Word Dependency) [7]做為訓練模型的特徵集合，並採用三種不同的分類演算法訓練分類模型，分別是支持向量機(Support Vector Machines, SVMs)[5]、決策樹(Decision Trees)與線性回歸(Linear Regression)[3]，透過不同類型的分類器獲得推論關係的結果。

我們利用以上述建構的推論模型參加 NTCIR-10[10]國際資訊評估競賽，在文本蘊涵 RITE 簡體中文與繁體中文兩個分項獲得第二名。其中作為繁體中文及簡體中文推論評分標準的 Macro-F1 分別為 67.07%和 68.09%。

本篇論文於第二節介紹關於句子蘊涵的相關競賽，第三節介紹經驗法則式推論模型以及我們所蒐集認為對文字蘊涵有幫助的語文特徵資訊，並於第四節呈現實驗的結果和結論；第五節介紹機器學習的方法包含蒐集新的特徵、特徵的擷取；第六節則是實測我們的演算法的實驗結果。第七節我們將前面所建構的經驗法則式推論模型和機器學習模型應用在閱讀理解的應用上，第八節則呈現閱讀理解實驗的結果及結論，最後第九節為結論以及未來展望。

2 Textual Entailment 背景資訊

2.1 相關競賽

RTE 是基於英文語料對語句推論的相關競賽，從 2005 年開始，由 First Recognition Textual Entailment(RTE-1)所舉辦的第一次比賽，並針對英文語句推論提供評估的平台，使得句子的推論關係逐漸受到重視，而隨後 RTE 的競賽也增加了許多關於語意推論的相關應用，例如 Question Answering(QA)、Information Retrieval(IR)、multi-document Summarization 等等。

RITE 則是 NTCIR(NACSIS Test Collections for IR)國際資訊檢索評估競賽的其中一項子任務，與 RTE 不同的是，Recognizing Inference in Text (RITE-1) 競賽開始針對中文語句推論的研究議題提供評估的平台，目的是為了讓中文母語使用者也能專注到此議題上。

2.2 文獻探討

在 RITE-2 的競賽中，我們發現多數的隊伍在研究文字蘊涵時，都有使用詞彙的覆蓋比率與句子表面相似度[4]作為判別文字蘊涵的重要特徵，然而僅僅這些方法並不足以判別文字的蘊涵關係，因此某些方法如 Wu[6]所提出的 LCS Similarity 用來判別T_1及T_2句對的最長相同字串，當作判別蘊含的依據，或是 Hattori[4]利用句子表面相似度和句意相似度的高低，組合成一個 2x2 的矩陣作為判別的策略，因此可以進一步的分析 2x2 四種情況的組合會在什麼情況下發生，例如當表面相似度很高但句意相似度卻很低時，可以猜想句對中可能有不同數量的否定詞存在；我們參考 RITE-1 競賽中具有高效能的方法並搭配我們自己的方法，建構出判別文字蘊涵的模型。

3 經驗法則式推論模型與特徵介紹

經驗法則式(Heuristics)推論模型的系統架構與運行流程如圖一所示，首先將語料讀入系統後，透過數字轉換模組將數字正規化，接著進行中文斷詞或英文分詞[7]，並標記實體名詞[10]與解析句法結構，最後通過我們提出的計算方法與門檻值設定，計算推論關係的評分，由 0 至 1，並根據門檻值獲得欲判斷的文字蘊涵關係，而詳細的特徵我們將在 3.1 節至 3.5 節作介紹。

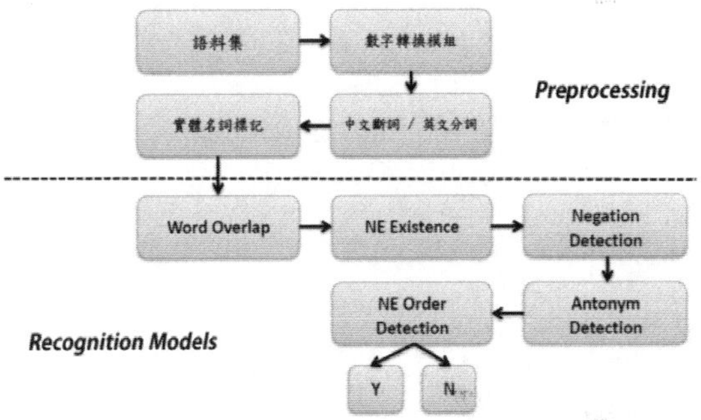

圖一、經驗法則式推論系統架構與流程

3.1 詞彙覆蓋比例

在評估一個句子的意義是否能推論至另一個句子時，我們認為句子中每一個詞彙都代表一項資訊，當兩個句子裡相同的詞彙比例夠高時，通常代表這兩個句子擁有相同的資訊量，因此具有推論的關係。

我們以 T_1 和 T_2 分別作為句對斷詞或分詞後的詞彙集合，其中以 T_2 作為文本，計算兩個句子的詞彙重疊比例，如下方公式(1)，T_1 和 T_2 分別為兩個句子斷詞或分詞後的詞彙集合，透過該公式計算兩個句子間相同詞彙的比例，以 0 至 1 表示相同比例的高低。

(1)

但公式(1)需要詞彙完全相同才會納入計算，如此一來可能會漏掉部分的縮寫詞彙、同義詞彙或因為各種原因被斷詞器斷開的情況，因此我們修改了公式(1)，加入詞彙部分相同的計算，也把近義詞的判斷[12][15]加入到公式(1)的修改，使之成為公式(2)

*** Formatting Issue - Best Available Paper/Graphic ***

∊T ∊T

(2)

3.2 實體名詞判斷

如果只使用詞彙的覆蓋比例來表示句子間的推論關係，我們僅能掌握句子表面的資訊含量，而無法了解句子所表達的內容，因此透過實體名詞標記，將句子中的人名、地名和組織名擷取出來，並把這些標記出來的詞彙視為重要的資訊，將有助於判別句子間的推論關係。

我們將上述的假設加入一個函數，調整推論關係的計算，如公式(3)，NE_{t2} 為 t_2 中擷取出的實體名詞，其中 t 為 T 句子經由斷詞或分詞後的集合；$f_{NEPenalty}$ 會判斷 NE_{t2} 中的元素會被包含於 t_1 與否，當有元素不包含在 t_1 時，則給予一次範圍 0 至 1 的 α 懲罰分數。因此推論關係的判斷加入該函式，變成公式(4)。

α, (3)

(4)

3.3 否定詞判斷

即使兩個句子擁有高比例的詞彙覆蓋和實體名稱相同，但句子間常因為存在否定詞而使句意大為改變，進而造成錯誤的推論判斷，因此我們增加系統對否定詞的擷取，並設計簡單的規則判斷否定詞對計算推論關係的影響，所謂的否定詞我們以否定詞辭典作為依據，例如辭典中：「無」、「未」、「不」、「沒有」...視為否定詞，並藉由句子中的否定詞集，適當地調整推論關係的評分。

我們認為兩個句子若包含不同數量的否定詞時，較容易有不同的意義產生，而降低推論關係的可能性，因此再度加入一個函式針對否定詞做推論分數的調整，如下方公式(5)所示。Negation 表示句子當中包含的否定詞集合，β 為否定詞數量不相等時用以調整的懲罰分數，其值介於 0 至 1，並將推論關係的判斷延伸成公式(6)。

β,

(5)

*** Formatting Issue - Best Available Paper/Graphic ***

(6)

3.4 反義詞判斷

除了否定詞外，句子之間若存在反義詞[12]，我們認為這樣是更加顯示兩個句子之間可能不具有推論的關係，因此我們嘗試分析句子之間的反義詞包含狀況，若包含反義詞，則給予較重的懲罰分數，大幅調整推論關係的判斷。公式(7)顯示反義詞判斷的函式，*Antonym* 表示一個詞彙的反義詞集合，γ 則是反義詞存在時的懲罰分數，其值為 1 至 2，而判斷推論關係的公式則變成公式(8)。

(7)

(8)

3.5 實體名詞錯位

主詞與受詞位置可能影響句子的語意，因此我們在前處理便標記出實體名詞的索引，並且我們認為當推論分數較高時，代表句子之間的詞彙使用非常相近，此時若實體名詞發生錯位，則較容易影響兩個句子語意的相似程度，如圖二，因此增加一個函式判斷索引值的迥異，藉以調整推論關係的評分，如公式(9)。公式中 *i* 代表實體名詞於句子中的位置，m 和 n 為 *NE_Order* 的索引值，δ 為範圍 1 到 2 的懲罰分數，λ 為使用該函式的推論分數門檻值。透過上述的各種語言資訊的使用，最後合併成一項推論關係的計算公式(11)，將推論關係的程度以 0 至 1 的分數顯示高低，我們預期該方法能有效地判定語句間的推論關係。

t_1：**台灣**出口至**印度**成長 28.6%
t_2：**印度**從**台灣**出口成長率可達 28.6%
[台灣：0, 印度：1
[台灣：1, 印度：0

圖二、實體名詞位置比對範例

(9)

(10)

(11)

4 經驗法則式推論模型實測

4.1 實驗語料

我們經由參與 NTCIR 的競賽，取得 RITE 的訓練(Dev.)與測試(Test)中文語料集，語料為推論關係二元分類(Binary Classification)。圖三為中文二元分類的資料內容，每筆資料皆有一個編號記錄，並包含兩個句子－t_1 與 t_2，而 label 代表的是 t_1 的內容是否能推論出 t_2 中的假設，Y 表示成立，N 則反之。我們取得了和 NTCIR-10 RITE-2 的訓練與測試語料，表一為訓練與測試語料集的數量統計。

英文語料我們則採用 Microsoft Research Paraphrase Corpus(MSR Corpus)[12]，MSR 於 2004 年由 Quirk 等人提出，語料集共包含 5801 個英文句對，並且標記兩個句子之間是否相關聯。

```
<pair id="4" label="N">
  <t1>思科公司是全球最大的網路供應公司</t1>
  <t2>微軟是全球最大軟體公司</t2>
</pair>
```

圖三、二元分類資料集

表一、中文訓練語料集統計

來源	NTCIR-10 RITE-2		MSR	
語言	繁體中文		英文	
類別	Dev.	Test	Dev.	Test
Y	716	479	2753	1147
N	605	402	1323	578
總和	1321	881	4076	1725

4.2 推論模型門檻值與特徵參數選定

為了最佳化推論系統的效果，我們透過 RITE-2、MSR 及 RTE 三種不同的訓練語料從實驗裡設定所有參數組合藉由效能的變化以人工的方式設定參數，調整中英文推論模型的各項參數與門檻值以尋求準確率的極大值，藉以分析參數組合對於單項推論的效果，所謂的單項推論即是在判斷文字蘊涵關係時，僅判斷具有蘊涵關係或不具有蘊涵關係兩種；最後我們以準確率較佳的參數設定針對測試語料進行推論系統的評估，不過礙於版面限制，本篇論文中文語料只節錄 RITE-2 繁體語料作為代表，而英文語料則以 MSR 作為代表，其它詳細的實驗結果可參照黃瑋杰碩士論文[13]。

表四列出繁體中文訓練語料的參數搜尋結果，由於搜尋的結果過多，因此在這裡僅列出較佳的幾組參數設定與訓練語料的準確率，其中編號 E 代表推論成立的門檻值。而表五則列出英文訓練語料－MSR 的參數搜尋結果，同樣地僅列出較佳的幾組設定與準確率，我們將準確率(Acc)與 Macro-F1 定義如下公式。

$$\text{準確率(} \quad \frac{\text{推論結果正確個數}}{\text{語料個數}} \qquad \text{精確率(} \quad \frac{\text{推論結果單項正確個數}}{\text{推論結果單項個數}}$$

*** Formatting Issue - Best Available Paper/Graphic ***

$$召回率(\frac{推論結果單項正確個數}{參考答案中的單項個數}$$

Macro-F1=

表四、RITE-2 繁體中文訓練語料參數設定

編號	E	α	β	γ	λ	δ	Acc
C1	0.54	0.1	0.27	1.8	0.85	1.9	73.05%
C2	0.56	0.08	0.25	1.0	0.85	1.8	73.13%
C3	0.56	0.08	0.25	1.7	0.85	1.8	73.20%

表五、MSR 訓練語料參數設定

編號	E	α	β	γ	λ	δ	Acc
C13	0.47	0.05	0.13	1.3	0.55	1.2	71.07%
C14	0.47	0.05	0.17	1.3	0.55	1.0	71.12%
C15	0.49	0.05	0.14	1.2	0.55	1.0	71.15%
C16	0.49	0.05	0.17	1.2	0.55	1.0	71.17%
C17	0.49	0.05	0.20	1.2	0.55	1.0	71.20%

4.3 實測結果

根據上述這些訓練語料的參數調整，進行測試語料的實驗，分析經驗法則式推論模型經由參數調校後的效能與單項推論能力。

我們使用表四的參數進行 RITE-2 繁體中文測試語料的推論關係預測，並且加入近義詞的判定，觀察是否能提升推論效果，最後針對預測的結果進行分析，計算單項答案的準確率與召回率。圖四則為 RITE-2 繁體中文測試語料使用近義詞的效能比較，從圖中的結果顯示近義詞在 RITE-2 的測試語料中能提升不少系統效能，而我們也有對 RITE-1 測試語料進行實驗其結果則是略微的下降，礙於版面所以省略其結果，因此我們認為近義詞在推論關係的判斷是否具有幫助，因語料特性的不同而有所差異。

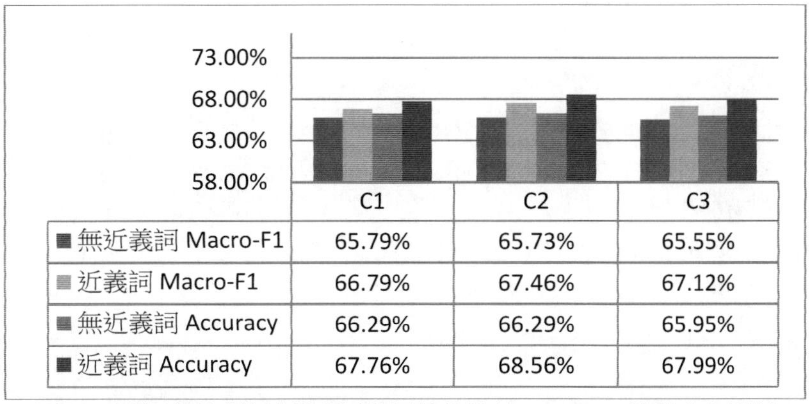

圖四、經驗法則式推論模型近義詞效能比較：RITE-2 繁體中文語料

最後透過相同的推論模型，使用 MSR 英文訓練語料的參數設定對語料預測推論結果，藉以瞭解相同的語言模型是否可以套用在不同的語料中的推論關係判斷，圖五顯示測

試語料透過經驗法則式推論模型的系統效能綜合指標。我們觀察 MSR 測試語料的實驗結果，從表五可以看出實體名詞錯位的懲罰參數 δ，C15 至 C17 皆為最低的懲罰分數 1.0，所以可得知該特徵對於推論關係的影響不大，因此也間接對否定推論關係判定較差的情形發生，但仍能達到不錯的準確率。

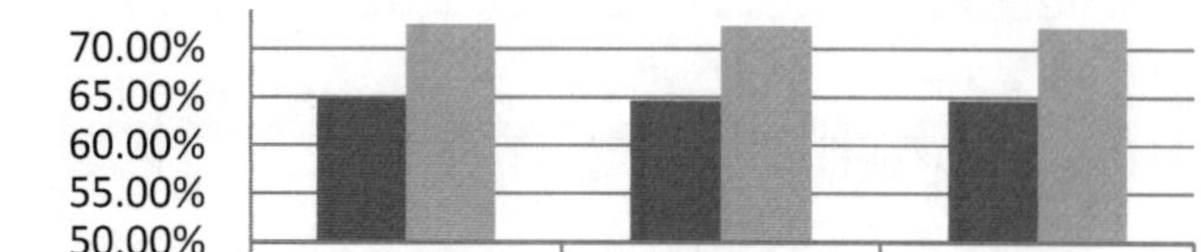

	C15	C16	C17
Macro-F1	64.82%	64.67%	64.67%
Accuracy	72.46%	72.23%	72.12%

圖五、 經驗法則式推論模型系統效能：MSR 測試語料

經由多組中文與英文語料實驗，可以發現我們提出的函式組成經驗法則式推論系統與 NTCIR-9、NTCIR-10 競賽成績相比，在中文語料中仍屬於不錯的效果。英文的實驗結果則仍有進步空間，兩種推論能力都需要就現有的函式進行改善，以提升英文語句的推論效果。從這些實驗可以得知未來我們需要發展更多函式來判定否定的推論關係，尤其是針對語句間的反義、獨立與矛盾等現象需要處理。

5 機器學習方法

機器學習演算法建構的推論模型系統架構如圖六所示，同樣使用上一節的元件進行前處理，接著擷取我們認為可以增加推論效果的語文資訊，做為訓練模型的特徵集合；最後我們採用三種不同的分類演算法訓練分類模型，分別是支持向量機(Support Vector Machines, SVMs)、Weka J48 決策樹(J48 Decision Trees)與 Weka 線性回歸(Linear Regression)[13]，透過不同類型的分類器獲得推論關係的結果。

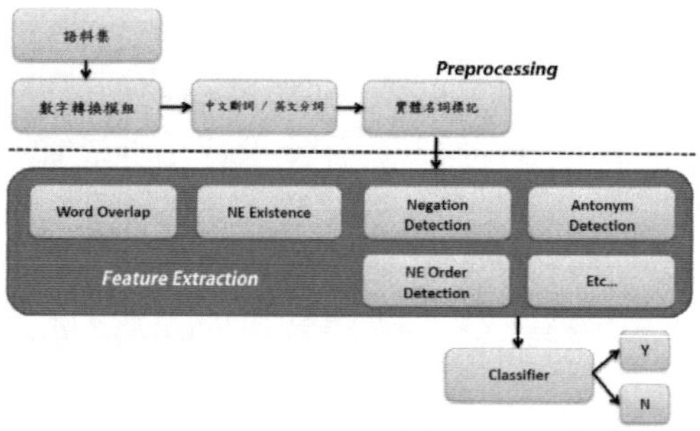

圖六、機器學習推論系統架構

前一小節說明了經驗法則式推論模型所使用的函式，我們針對這些函式進行數值化的轉換，做為訓練推論模型的特徵；這些特徵包含詞彙覆蓋比例、實體名詞數量、實體名詞相似度、實體名詞錯位數量、句子長度、否定詞數量、近義詞數量、反義詞數量等項目。除此之外，我們希望加深推論模型對語法結構的認識，因此加入剖析樹分析、POSes 動詞標記與詞彙依賴關係等元素，計算其相似度做為特徵，希望提高推論模型的能力。

5.1 剖析樹分析

我們透過史丹佛剖析器(Stanford Parser)[9]取得句子的剖析樹，並且我們認為使用整個剖析樹分析句法結構相似度容易增加計算的難度，因為句子之間可能僅有部分的結構具有共通性即可具備推論的關係，因此以每一個節點做為根節點(ROOT)擷取其下層節點形成的子樹，使用這些子樹來計算兩個句子結構的相似程度。

5.2 POSes 動詞標記

POSes 標記由史丹佛剖析器獲得，我們認為動詞在句子中扮演較重要的角色，因其指出整個句子的事件與動作意圖，因此特意將被標註成動詞的詞彙抓取出來，以兩個句子個別的動詞數量與相似度做為特徵[15]，並期望讓分類器學習動詞使用在推論關係上的影響力。

原句：1997 年香港回歸中國

	1997	年	香港	回歸	中國	ROOT
1997	0	0	0	1	0	0
年	0	0	0	1	0	0
香港	0	0	0	1	0	0
回歸	0	0	0	0	0	1
中國	0	0	0	1	0	0
ROOT	0	0	0	0	0	0

圖七、詞彙依賴關係矩陣 M

原句：1997 年香港回歸中國

	1997	年	香港	回歸	中國	ROOT
1997	0	0	0	1	0	1
年	0	0	0	1	0	1
香港	0	0	0	1	0	1
回歸	0	0	0	0	0	1
中國	0	0	0	1	0	1
ROOT	0	0	0	0	0	0

圖八、經過五步的詞彙依賴關係，M

5.3 詞彙依賴關係

史丹佛剖析器亦能根據剖析樹的生成，產生詞彙之間依賴的關係(Stanford Dependencies)，我們將依賴關係中的詞彙做為節點，將句子中的詞彙關係視為一個有向圖(Directed Graph)，並化做矩陣形式如圖七。

我們發現一個矩陣內可以顯示的資訊並不充沛，如此稀疏的矩陣中，我們難以找到句子之間包含相同關係的詞彙組合，因此以相鄰矩陣(Adjacency Matrix)的概念做進一步的運算；例如一個矩陣 M，可以經由矩陣相乘獲得節點到節點之間移動所需要的步數，因此計算 M^3 便能瞭解任一個節點過程經由兩個節點，所與其他節點的間接依賴關係。我們將這樣的移動視為依賴關係的延伸，如此能找出更多潛在的詞彙依賴關係，並且將不同移動步數的矩陣結果聯集，獲得更豐富的依賴關係。圖八便是圖七的矩陣計算任一個節點經由四個以內的節點所形成的直接或間接依賴關係表，我們透過這樣的矩陣，分析句子之間詞彙依賴關係相似的程度，並以該數值做為一項特徵。

6 機器學習方法實測

6.1 實驗語料與設計

我們依照經驗法則式推論模型所使用的語言資訊抽取特徵，並提出如剖析樹結構及詞彙依賴關係等語法結構特徵，希望增加推論關係的分類能力。接著以 SVM、J48 和線性回歸等演算法訓練分類模型，並以貪婪式搜尋各個語料的特徵組合與其分類效果，最後經由挑選出來的特徵組合進行分類演算法評比，再以指定的分

表六、中文特徵集編號表

F1	**F2**
F3	**F4**
F5	**F6**
F7	**F8**
F9	**F10**
F11	**F12**
F13	**F14**
F15	**F16**
F17	

類演算法進行中英文測試語料的效能評估與指定特徵對推論關係判斷的效能比較。不過礙於版面限制，本篇論文中文語料只節錄 RITE-2 繁體語料作為代表，而英文語料則以 MSR 作為代表，其它詳細的實驗結果可參照黃瑋杰碩士論文[13]。

表七、英文特徵集編號表

E1	E2
E3	E4
E5	E6
E7	E8
E9	E10
E11	E12
E13	E14

為了瞭解各種特徵組合的分類效果，我們採用貪婪式的特徵組合搜尋，測試訓練語料中所有的特徵組合，由 LibSVM 與 Weka 將訓練語料自動切為十個等分(10-fold)，在 SVM 及 J48 演算法的分類下進行循環估計(Cross-Validation)，找尋準確率極大值的特徵組合，而線性回歸則再次使用訓練語料做為評估語料，設定門檻值為 0.5 找尋準確率最大值，最後將獲得的特徵組合進行測試語料的實驗評估。表六與表七具有編號形式的中英文特徵集。

6.2 特徵選取

接著展開三種分類演算法在各種語料的特徵組合搜尋。我們由三種分類演算法的結果中搜尋各種語料中準確率較佳的特徵組合，表八表九顯示在不同語料與分類演算法中獲得較佳準確率的特徵組合，我們將透過這些特徵組合比較三種分類演算法在推論關係判斷上的效果。

表八、RITE-2 繁體中文訓練語料特徵組合搜尋

SVM		
編號	特徵組合編號	Accuracy
M1	F1, F2, F3, F4, F5, F6, F8, F9, F12, F14	71.99%
J48		
M2	F1, F2, F3, F5, F7, F8, F12, F13, F15	71.78%
線性回歸		
M3	F1,F3,F4,F5,F6,F7,F8,F9,F10,F11,F12,F13,F14,F15,F16,F17	72.98%

表九、MSR 訓練語料特徵組合搜尋

SVM		
編號	特徵組合編號	Accuracy
M4	E1, E6, E9, E12	70.93%
J48		
M5	E1, E6, E8, E10, E12, E14	71.82%
線性回歸		
M6	E1,E2,E3,E4,E5,E6,E7,E9,E10,E11,E12,E13,E14	72.45%

*** Formatting Issue - Best Available Paper/Graphic ***

6.3 實驗設計、演算法與參數的選定和結果

為了瞭解三種分類器在推論關係判斷上的效果，我們根據上一小節獲得的特徵組合，透過 SVM、J48 及線性回歸等演算法進行分類器的效能評估，SVM 與 J48 演算法以十等分的循環估計準確值為評估指標，線性回歸演算法則再以訓練語料測試，設定門檻值為 0.5 對推論關係分類，評估其準確值。我們將依據各種分類模型在訓練語料的效果，在不同類型的語料中採用指定的分類演算法進行推論關係的分類。

圖九和圖十分別為 RITE-2 繁體中文及 MSR 訓練語料在不同分類模型下，以準確率較佳的特徵組合進行推論關係的分類結果，M1 至 M3 可參照表八，為繁體中文的特徵組合；M4 至 M6 可參照表九為 MSR 英文語料的特徵組合；從繁體中文與 MSR 兩種語料的結果觀察，使用線性回歸演算法進行推論關係分類時，平均上都能獲得較佳的準確率，即使在 SVM 及 J48 分類模型能獲得最高準確率的特徵組合，透過線性回歸演算法的使用，相較於兩種演算法的最高準確率僅有些微的下跌，仍能達到不錯的效果

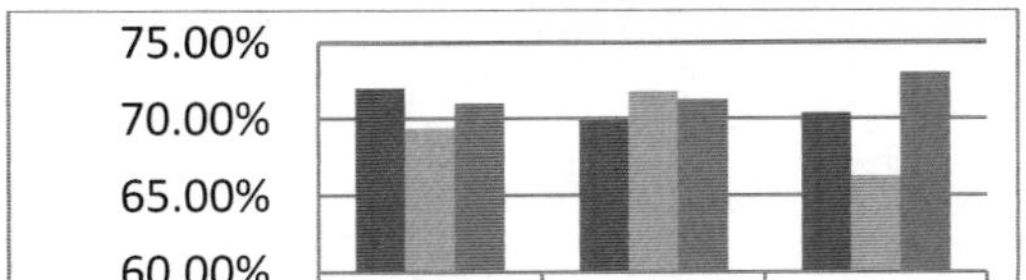

	M1	M2	M3
SVM	71.99%	69.87%	70.40%
J48	69.46%	71.78%	66.34%
線性回歸	71.01%	71.23%	72.98%

圖九、分類模型準確率比較：RITE-2 繁體中文訓練語料

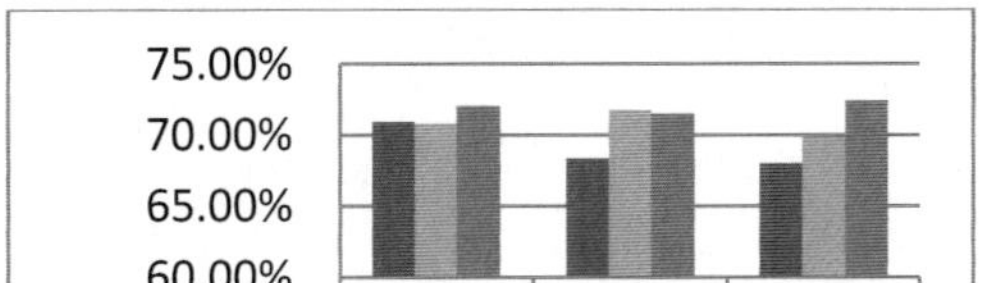

	M4	M5	M6
SVM	70.93%	68.38%	68.03%
J48	70.80%	71.82%	69.89%
線性回歸	72.06%	71.57%	72.45%

圖十、分類模型準確率比較：MSR 訓練語料

7 閱讀理解的實驗準備

本節將介紹文字蘊涵在閱讀測驗中的應用，藉由前面節次判別文字蘊涵關係所建構的模型，作為推論閱讀測驗答案的依據；我們在 7.1 與 7.2 小節介紹實驗的前處理。希望透過文字蘊涵在閱讀測驗中的應用，未來可以將此應用推廣至實務的教育資訊系統。

7.1 問題轉直述句

在前面實驗所使用的推論系統中，所有的語料都是以兩個直述句進行推論關係的判斷，而在閱讀測驗中，為了直接提升推論關係的效果，我們也將問句及選項通過人工的方式轉換成四個直述句，再採用推論系統進行短文與四個直述句的推論關係判定，如圖十一為中文閱讀測驗直述句轉換的例子。

<q>「除舊布新」是指什麼？</q>
<a1>整理環境和轉換心情迎接新年</a1>
<a2>換舊屋住新房</a2>
<a3>認識新朋友</a3>
<a4>把舊的家具丟掉買新家具</a4>

⇩

<a1>「除舊布新」是指整理環境和轉換心情迎接新年</a1>
<a2>「除舊布新」是指換舊屋住新房</a2>
<a3>「除舊布新」是指認識新朋友</a3>
<a4>「除舊布新」是指把舊的家具丟掉買新家具</a4>

圖十一、直述句轉換範例

7.2 從短文篩選相關句

除了將問題及選項轉換為直述句來進行推論關係的判斷之外，一篇短文中可能同時敘述相當多種的事實與動作，因此每一道問題的背後往往都僅有利用到短文中部分的陳述句子來回答。

為了瞭解經由短文內容挑選適當的句子後，對指定問題回答的推論效果，我們首先採用人工的方式進行短文的過濾，依據題組中每一道問題，對短文採取過濾，挑選其中與此道問題相關的句子，形成一個較小的句子集合來對問題及選項的組合判斷推論關係。

我們希望先透過人工過濾的形式，進行部分實驗來驗證這樣的工作具有一定成效，接著再發展相關的自動化技術與方法，如判定短文與問題的關連性、中心詞彙或關鍵字搜尋，藉以提昇推論系統在閱讀測驗中的效能。

8 閱讀測驗答題實測

我們透過上述所建構的經驗法則式推論模型和機器學習模型分別對中英文閱讀測驗進行答題效能的評估，並介紹語料來源、實驗設計及呈現實驗結果。

表十、閱讀測驗語料集統計

中文閱讀測驗		英文閱讀測驗	
年級	數量		數量
國小一年級	21	國中一年級	260
國小三年級	39	國中二年級	468
國小四年級	40	國中三年級	498
國小五年級	44		
國小六年級	86		

8.1 實驗語料的來源、數量

我們蒐集中英文的閱讀測驗語料集，中文的部分以國小孩童閱讀測驗為主，英文則蒐集國中的閱讀測驗，並且我們依照年級將語料分類，相關的統計如表十，語料內容都以一篇短文與數則題目組成，每一道題目都包含一個問題與四個選項，僅有國小三年級的中文語料屬於三個選項，並且每一道題目的答案都為單一選項。

8.2 實驗設計、語料的使用方式

在閱讀測驗的實驗中，我們採用前面兩種不同的推論系統進行效能評估，並將語料採用不同的方式進行人工轉換或過濾，以嘗試此方法在閱讀測驗中的效果。

表十一、閱讀測驗實驗參數設定

語言	E	α	β	γ	λ	δ
中文	0.57	0.28	0.24	2.0	0.85	2.0
英文	0.47	0.0	0.26	1.3	0.6	1.2

我們將語料分為三種類別，原始語料、問句重組及短文過濾，並分別採用兩種推論系統－經驗法則式推論模型與機器學習分類模型，判斷閱讀測驗中最佳的回答選項。在經驗法則式推論模型中，我們以各個選項通過計算後的推論分數為評量指標，選取其中分數最高者為該問題的最佳答案；而機器學習分類模型則由 SVM 演算法，輸出其推論關係的機率值，以選項中機率值最高的做為答案，此外我們在中文的部分也加入線性回歸演算法的推論關係判斷，以數值最高的選項做為答案。

經驗法則式推論模型的參數設定，中文的部份我們採用 NTCIR-10 RITE-2 競賽時的最佳設定，而英文則是從實驗中藉由效能的變化以人工的方式設定參數，如表十一所示。機器學習的分類模型則由 RITE-2 繁體中文訓練語料及 MSR 英文訓練語料，選取適當的特徵訓練分類模型，接著進行閱讀測驗中短文與每一個選項的推論關係判斷。表十二顯示中文閱讀測驗採用 SVM 演算法的特徵集，表十三為使用線性回歸之特徵集，表十四為英文之特徵集。

表十二、中文閱讀測驗特徵集 – SVM

表十三、中文閱讀測驗特徵集 – 線性回歸

表十四、英文閱讀測驗特徵集 – SVM					

8.3 實驗結果

首先採用經驗法則式推論模型對中英文閱讀測驗進行實驗，所使用的參數如上一節所示，我們依序對原始語料、直述句轉換與短文過濾的三種形式語料進行閱讀測驗的推論關係判斷。

圖十二與圖十三分別為中文及英文閱讀測驗的效能圖表，從各年級的結果顯示，在四選一的閱讀測驗中，我們的推論系統即使在高年級的語料中，仍可以獲得約 37%的效果，而在套用適當的方法後，由中文的結果可以發現，短文過濾對於閱讀測驗中推論關係的判斷是較有幫助的，除了一年級的語料外，都顯示了此方法有助於推論系統正確回答閱讀測驗的問題；而直述句轉換則較不如我們預期有較多的進步幅度，僅在四年級有些微的進步。而一年級語料並未在短文過濾中發揮功效，我們認為和語料的數量具有相當的關係，一年級語料的數量非常稀少，因此我們認為這樣的效果並無法有效顯示真正在小學一年級閱讀測驗的形式與測驗設計，需要更多的語料來驗證我們提出的方法。

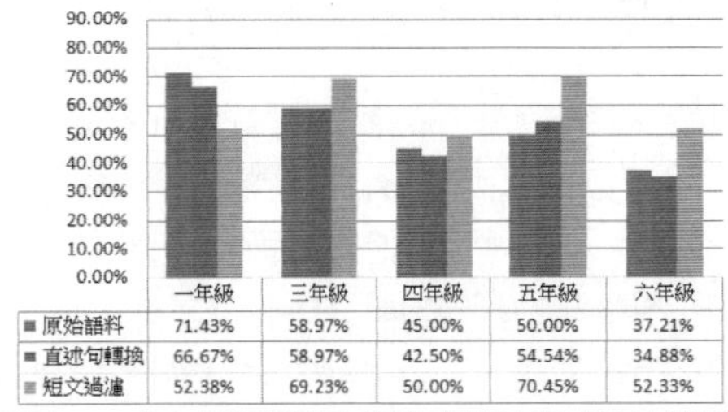

圖十二、中文閱讀測驗準確率-經驗法則式推論模型

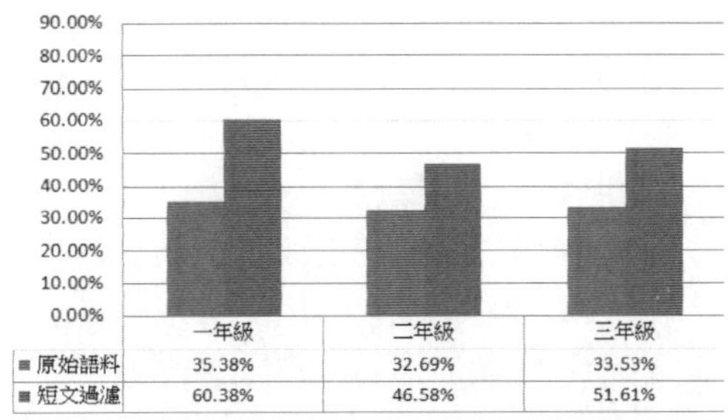

圖十三、英文閱讀測驗準確率 – 經驗法則式推論模型

接著觀察圖十三，英文語料採用短文過濾的方法來進行實驗比較，如同中文閱讀測驗的效果，原始的英文語料透過經驗法則式推論模型都能達到 30%以上的基本效能，而採用短文過濾後，則大約都能提升十到二十個百分點，說明短文過濾在增強推論系統判斷閱讀測驗答案時具有良好的功效，未來可以針對此部分發展自動化的處理方法過濾短文。

接著使用機器學習演算法訓練分類模型判斷閱讀測驗中每個選項的推論關係，在中文閱讀測驗，我們以上一小節的特徵集，採用 SVM 及線性回歸兩種演算法做推論關係的分類。圖十四及圖十五為中文閱讀測驗的效能比較，由圖表觀察得知，短文過濾在閱讀測驗中判斷推論關係是一項非常有效用的步驟。然而使用機器學習分類模型的閱讀測驗效果則不如經驗法則式推論模型來的有效果。

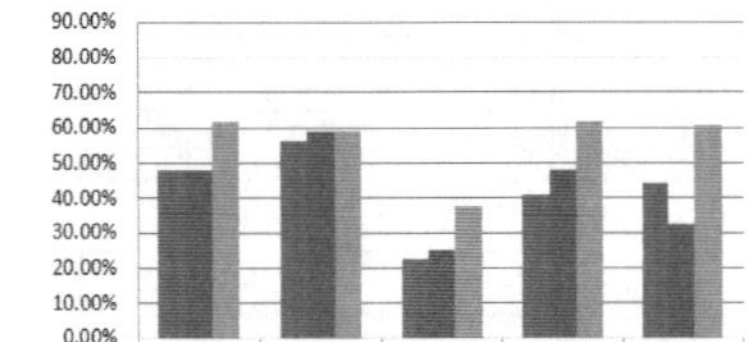

	一年級	三年級	四年級	五年級	六年級
原始語料	47.62%	56.41%	22.50%	40.91%	44.19%
直述句轉換	47.62%	58.97%	25.00%	47.73%	32.56%
短文過濾	61.90%	58.97%	37.50%	61.36%	60.47%

圖十四、中文閱讀測驗準確率-SVM

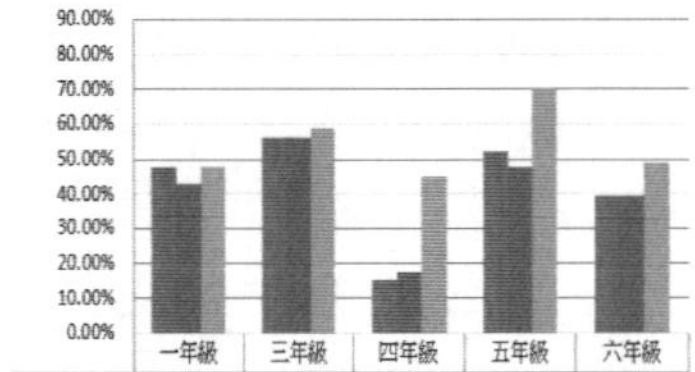

	一年級	三年級	四年級	五年級	六年級
原始語料	47.62%	56.41%	15.00%	52.27%	39.53%
直述句轉換	42.86%	56.41%	17.50%	47.73%	39.53%
短文過濾	47.62%	58.97%	45.00%	70.45%	48.84%

圖十五、中文閱讀測驗準確率-線性回歸

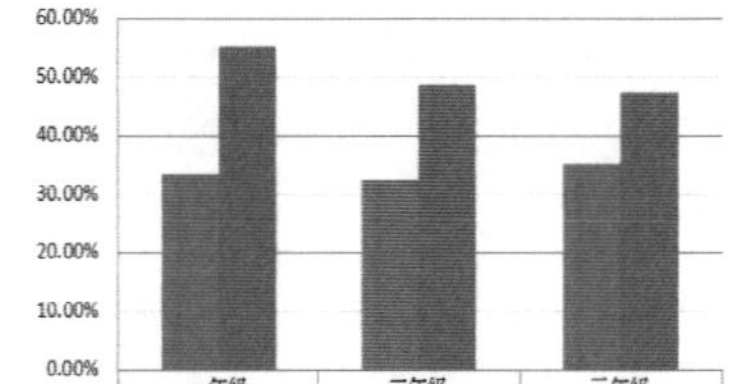

	一年級	二年級	三年級
原始語料	33.46%	32.48%	35.34%
短文過濾	55.38%	48.93%	47.39%

圖十六、英文閱讀測驗準確率-SVM

而英文閱讀測驗中，我們僅使用 SVM 演算法進行部分的實驗，並僅採用短文過濾的方法對閱讀測驗文本前處理，從圖十六的結果可以發現經由短文過濾後，閱讀測驗的回答準確率在不同年級語料中都能獲得約十五到二十個百分點的進步，是個相當不錯的效能，在四選一個閱讀測驗中可以獲得 50%左右的準確率。

9 結論

本研究利用會影響文字蘊涵的特徵資訊，建構經驗法則式模型用以判別 RITE、RTE、MSR 語料的文字蘊涵關係，也採用機器學習的方法透過 SVM、J48 及線性回歸等演算法進行效能評估，最後並利用前面建構好的推論系統應用於閱讀測驗的自動答題上面，在經驗法則式模型的方法上，中文和英文語料的準確率分別可達 68.56%和 72.23%；採用機器學習線性回歸的方法，中文和英文語料的準確率分別可達 72.98%和 72.54%；而基於上述建構好的推論系統作閱讀測驗的自動答題，在四選一的閱讀測驗中也可以獲得約 50%的準確率。

我們提出的推論系統與 NTCIR-9、NTCIR-10 競賽成績相比，在中文語料中仍屬於不錯的效果。英文的結果則仍有的進步空間，我們認為語料的不同語言特性，足以影響推論關係的準確率，因為某些特徵可能只對部分的語料有效，而在閱讀理解的部分，在問題轉直述句和篩選相關句的部分目前仍是以人工處理，其中在篩選相關句的部分就足以讓準確率上升十幾個百分點，我們希望未來能夠自動化的完成閱讀測驗前處理的部分，並針對閱讀理解的部分再找出有用的語言特徵藉以提升答題的準確率。

*** Formatting Issue - Best Available Paper/Graphic ***

致謝

本研究承蒙國家科學委員會研究計劃 NSC-101-2221-E-004-018-與國立政治大學頂尖大學計畫 102H-36 的部份資助，僅此致謝。我們感謝評審對於本文的各項指正與指導，限於篇幅因此不能在本文中全面交代相關細節。

参考文獻

[1] Rod Adams, "Textual Entailment Through Extended Lexical Overlap", *Proceedings of the Second PASCAL Challenges Workshop on Recognising Textual Entailment,* pp. 128-133, 2006.

[2] Ido Dagon, Oren Glickman and Bernardo Magnini, "The PASCAL Recognising Textual Entailment Challenge", *Machine Learning Challenges*. Lecture Notes in Computer Science, 3944, pp. 177-190, Springer, 2006.

[3] Mark Hall, Eibe Frank, Geoffrey Holmes, Bernhard Pfahringer, Peter Reutemann, and Ian H. Witten, "The WEKA Data Mining Software: An Update", *SIGKDD Explorations*, 11(1), 2009.

[4] Shohei Hattori, Satoshi Sato, "Team SKL's Strategy and Experience in RITE2", *Proceedings of NTCIR-10 Workshop Meeting*, pp. 435-442, 2013.

[5] Chih-Wei Hsu, Chih-Chung Chang and Chih Jen Lin, *A Practical Guide to Support Vector Classification.* Retrieved from website: http://www.csie.ntu.edu.tw/~cjlin/papers/guide/guide.pdf, 2010.

[6] Han Ren, Hongmial Wu, Chen Lv, Donghong Ji, and Jing Wan, "The WHUTE System in NTCIR-10 RITE Task", *Proceedings of NTCIR-10 Workshop Meeting*, pp. 560-565, 2013.

[7] Chris Manning and Hinrich Schutze, *Foundations of Statistical Natural Language Processing*, MIT Press. Cambridge, MA: May 1999.

[8] Hideki Shima, Hiroshi Kanayama, Cheng-Wei Lee, Chuan-Jie Lin, Teruko Mitamura, Yusuke Miyao, Shuming Shi and Koichi Takeda, "Overview of NTCIR-9 RITE: Recognizing Inference in Text," *Proceedings of NTCIR-9 Workshop Meeting*, pp. 291-301, 2011.

[9] Stanford Parser, http://nlp.stanford.edu/software/lex-parser.shtml

[10] Stanford Named Entity Recognizer, http://www-nlp.stanford.edu/software/CRF-NER.shtml

[11] NTCIR(NII Test Collection for IR Systems) Project
http://research.nii.ac.jp/ntcir/index-en.html

[12] Microsoft Research Paraphrase Corpus,
http://research.microsoft.com/en-us/downloads/607d14d9-20cd-47e3-85bc-a2f65cd28042/

[13] WEKA, http://www.cs.waikato.ac.nz/ml/weka/

[14] 劉群、李素建，基於《知網》的辭彙語義相似度計算，*中文計算語言學期刊*，7(2)，頁 59-76，2002。

[15] 黃瑋杰，*中英文語句語意推論*，國立政治大學資訊科學系碩士論文，2013。
http://thesis.lib.nccu.edu.tw/cgi-bin/gs32/gsweb.cgi/ccd=jkFqMR/search#result

蘊涵句型分析於改進中文文字蘊涵識別系統

Entailment Analysis for Improving Chinese Recognizing Textual Entailment System

楊善順 Shan-Shun Yang, 吳世弘 Shih-Hung Wu*
朝陽科技大學資訊工程系
Department of Computer Science and Information Engineering
Chaoyang University of Technology, Taichung, Taiwan (R.O.C)
{s10027619, shwu}@cyut.edu.tw *Contact author
陳良圃 Liang-Pu Chen, 邱宏昇 Hung-Sheng Chiu, 楊仁達 Ren-Dar Yang
財團法人資訊工業策進會
Institute for Information Industry, Taipei, Taiwan (R.O.C)
{eit, bbchiu, rdyang } @iii.org.tw

摘要

文字蘊涵是自然語言處理最近興起的研究課題。文字蘊涵識別(Recognizing Textual Entailment, RTE)的目標為給定一個句子對(T1,T2)系統能夠準確的推斷這兩句子之間的蘊涵關係。文字蘊涵識別最基本的方法是藉由句子字面上的資訊例如語意、句法[2]等等進而推斷句子是否有著蘊涵關係,因此文字蘊涵識別可以應用到其他自然語言處理的研究中，如問答系統、資訊抽取、資訊檢索、機器翻譯[3][4]等等。

我們所參與公開評測 NTCIR10 RITE-2[5]將文字蘊涵的研究分成兩種層面，首先是分兩類(Binary Class, BC) ，任務的目標是單純判別 T1 與 T2 之間是否具有蘊涵關係。但句子之間蘊涵關係並不能單純以有或沒有這麼簡單就區分開，NTCIR RITE 另外定義多類(Multi Class, MC)這項任務，將句子之間的蘊涵分類為正向、雙向、矛盾、與獨立四種關係。假設這個句子對具有蘊涵關係，但有可能兩個句子所包涵的資訊數量不同，造成我們只能從其中一個句子推論出另一個句子的完整的意思，這樣的情況我們稱為兩個句子間的蘊涵關係為正向蘊涵。反之兩個句子可以互相推論出另一個句子的含意，這樣的情況我們就稱為雙向蘊涵關係。假設句子對之間沒有蘊涵關係，我們可以很合理認為兩個句子所表達的意思不相同，但這並不完全正確的想法。可能兩個句子所包涵的資訊大致相同只是少部份資訊不同造成句子的意思互相衝突，這樣的情況我們就稱之為矛盾蘊涵。或是兩個句子本身包涵的資訊毫無關係這樣的情況我們就稱之為獨立蘊涵，藉由將句子之間的蘊涵關係細分，使得文字蘊涵系識別的研究更有其意義。

在本文中將介紹我們的觀察 NTCIR-10-RITE-2 資料集以及正式評測結果後發現過去系統[6]的缺陷，進而提出如何改進中文文字蘊涵系統。過去處理文字蘊涵大多使用機器學習的方法，這種一視同仁方法處理，對於比較特別的問題往往在處理時會產生誤判。我們針對於特定類型的問題做處理，增加系統可以處理的問題類型。與過去系統[6]最大的不同在於加入特殊類型問題處理的子系統,在系統處理完預處理後將可以特殊類型處理的句子挑選出來使用我們開發的子系統做處理,處理後的結果在與過去使用的機器學習方法結果，作整合得到最後的結果。目前我們已經實做了”肯定/否定句”、”時間資訊不一致”、”數字資訊不一致”、 ”主/受詞資訊不一致”四個特殊類型問題處理子系統，當然特殊類型的問題不止上述的幾種，我們也歸納出更多特殊類型有待完成。

實驗結果顯示配合之前提出的機器學習方法，增加特殊類型分類對特殊類型句子進行個別處理，這樣的過程可以有效改進系統，實驗結果系統在識別簡體中文蘊涵兩類的正確率從原本 67.86%提昇到 72.92%。另外過去系統在繁體中文上的處理結果不佳，因此改使用我們自行開發的機器翻譯系統[7]，解決之前翻譯錯誤產生的空格與術語錯誤的問題提高系統效能，在兩類(BC)任務提正確率高 6.02%以及多類(MC)任務則是提高正確率 9.49%。

關鍵詞：中文文字蘊涵識別、蘊涵分析

參考文獻

[1] Ido Dagan, Oren Glickman and Bernardo Magnini. The PASCAL Recognising Textual Entailment Challenge. In Quiñonero-Candela, J.; Dagan, I.; Magnini, B.; d'Alché-Buc, F. (Eds.) Machine Learning Challenges. Lecture Notes in Computer Science , Vol. 3944, pp. 177-190, Springer, 2006.

[2] Dong-Bin Hua, Jun Dinga," Study on Similar Engineering Decision Problem Identification Based on Combination of Improved Edit-Distance and Skeletal Dependency Tree with POS", Systems Engineering Procedia Volume 1, 2011, Pages 406–413

[3] Ido Dagan and Oren Glickman, Probabilistic textual entailment: Generic applied modeling of language variability, In Proceedings of the Workshop on Learning Methods for Text Understanding and Mining, Grenoble, France, 2004.

[4] Yongping Ou, Changqing Yao, "Recognize Textual Entailment by the Lexical and Semantic Matching", Computer Application and System Modeling, 2010 International Conference on V2-500 -504

[5] Yotaro Watanabe, Yusuke Miyao, Junta Mizuno, Tomohide Shibata, Hiroshi Kanayama, Cheng -Wel Lee, Chuan-Jie Lin , Shuming Shi, Teruko Mitamura, Noriko Kando, Hideki Shima, Kohichi Takeda," Overview of the Recognizing Inference in Text (RITE-2)at the NTCIR-10 Workshop", in Proceedings of the NTCIR-10 conference, Tokyo, Japan, 18-21 June., 2013.

[6] Shan-Shun Yang, Shih-Hung Wu, Liang-Pu Chen, Wen-Tai Hsieh, and Seng-cho T. Chou, Improving Binary-class Chinese Textural Entailment by Monolingual Machine Translation Technology, in Proceedings of the IEEE IRI 2012, Las Vegas, USA,8 Aug, 2012.

[7] Min-Hsiang Li, Shih-Hung Wu, Yi-Ching Zeng, Ping-che Yang, and Tsun Ku, Chinese Characters Conversion System based on Lookup Table and Language Model, Computational Linguistics and Chinese Language Processing, Vol. 15, No. 1, March 2010, pp. 19-36.

A Semantic-Based Approach to Noun-Noun Compound Interpretation

You-shan Chung and Keh-Jiann Chen
Institute of Information Science
Academia Sinica
Taipei, Taiwan
{yschung, kchen}@iis.sinica.edu.tw

Abstract

In this paper, we propose a method to identify the possible readings of Chinese noun-noun compounds (NNCs).To avoid problems such as vagueness of interpretation, limited or sporadic coverage, and arbitrariness of semantic relation classification, we considereda large number ofnoun-noun compounds from our Prefix-Suffix System and identified their semantic relations with two semantic networks: FrameNet (https://framenet.icsi.berkeley.edu/fndrupal/home) and E-HowNet(http://ehownet.iis.sinica.edu.tw/ehownet.php). We found that N1 and N2 are either linked by semantic roles assigned by events (complex relations) or by static relations (simple relations) including meronymy, conjunction, and the host-attribute-value relation. Furthermore, for both types of relations, the possible readings of the resulting compoundare limited enough for computational implementation.

Regarding simple relations, conjunctionhas limited productivity; meanwhile, the two components usually belong to the same semantic type, such as 鐘錶 *zhong-biao*'clock and watch.'The limited productivity makes it possible for E-HowNet to include a large proportion of such pairs in its dictionary, while similar semantic types can be identified through its taxonomy. Likewise, the host-attribute-value combinationsarealso a type of simple relations which involves combinations of hosts, attributes, and values in certain orders, such as Value-Host (e.g. 鐵桌 *tie-zhuo*'iron table/desk'), Host-Attribute (e.g. 車速 *che-su*'car speed'), and Value-Attribute (e.g. 法式 *fa-shi*'French-style'). Themeronymic relations are the third type of simple relations, which are annotated by semantic roles like 'part of' and 'whole' (Part-Whole: e.g. 雙底船 *shuang-dichuan*'double-bottom'; Whole-Part: e.g. 車輪 *che-lun* 'car tire')

As for NNCs involving complex relations,the component nouns are the arguments of an event that bridges them and by which they are assigned semantic roles. For example, in 家長費 *jiazhang-fei*'parental fee,'N1 and N2 are bridged by events such as'buying' or 'paying'denoted by verbs like 'buy' and 'pay,'which assign

N1 and N2 the semantic roles of, respectively, 'Buyer' and 'Money.'Each component's semantic role, along with the events that assign these roles, can be figured out through mappings to, respectively, frame elements (henceforth FEs) and lexical units (henceforth LUs)in frames that represent the concept a NNC conveys based on the semantic category of the head, i.e. N2.

Two instances of mappings are as follows; one is for the simple and the other for the complex type. The former is exemplified by NNCs derived from N2s denoting 'food,' which correspond to the frame FOOD. We found that most of the N1s of these NNCs correspond to one of the frame's FEs, which is 'Constituent_parts.'Examples of nouns assuming the FE are underlined: banana with a thick peel(FrameNet's original example); 蔥油餅 *cong-you bing*'Chinese spring onion pancake'(example of mapped Chinese NNC). That such NNCs involve simple relations are supported by the absence of verbal LUs that evoke them. By contrast, NNCs derived from N2s denoting 'money' sometimes involve complex relations, as shown by the FE 'Money' taking part in frameslike'COMMERCE_SELL' and 'COMMERCE_BUY,'which FrameNet deems as evoked by event-denoting LUs such as 'sell' and 'buy' and having FEs like 'Buyer,''Seller,'and "Goods.'Under the assumption that N1 and N2 are bridged in an event where they are assigned semantic roles, we mapped some of the money-derived NNCs to these FEs.For example, we mapped 書款 *shu-kuan*'money for buying books' and 家長費 *jiazhang-fei*'parental fee'respectively to the FE pairs of Goods-Money and Buyer-Money in the frame COMMERCE_BUY, which is evoked by LUs like 'buy' and 'purchase.'While there are usually various possible FEs in a frame, such mappings reduce the possible readings to a manageable range, facilitating computational implementation.

So far, we have applied such mappings to nine productive N2 categories with moderate success. We think the approach is worth extending to more categories.

Keywords: noun-noun compounds, automatic interpretation, Extended HowNet (E-HowNet), FrameNet

改良調變頻譜統計圖等化法於強健性語音辨識之研究

Improved Modulation Spectrum Histogram Equalization for Robust Speech Recognition

高予真 陳柏琳
Yu-Chen Kao and Berlin Chen
國立臺灣師範大學資訊工程學系
Department of Computer Science and Information Engineering
National Taiwan Normal University
{80247004s, berlin}@ntnu.edu.tw

摘要

在自動語音辨識技術的發展上，語音強健性長久以來都是相當重要的研究領域。近年來以調變頻譜的處理和正規化進行強健性語音辨識，已然成為一項活躍的研究議題。調變頻譜統計圖等化法(SHE)是其中一種相當有效的技術，可用以補償調變頻譜因環境干擾而產生的非線性扭曲。在過去研究中，我們改善了調變頻譜統計圖等化法，使其運算複雜度和所需的儲存空間下降，並稱之為多項式擬合調變頻譜統計圖等化法(PSHE)；在此論文中，我們嘗試進一步改進此方法，結合前人的研究中將語音特徵在時域與空間域作分頻的概念，對於語音特徵的高低頻成份分別進行 PSHE 處理並將之結合，嘗試解除原本 SHE 和 PSHE 所依據的語音特徵維度必須獨立和相鄰音框語音特徵無關的兩個假設，將時域與空間域上的文脈資訊列入考慮。本論文的實驗採用 Aurora-2 語料庫進行自動語音辨識實驗；經一系列實驗結果顯示本論文所提出的方法是有實際成效的，能夠顯著地提升語音辨識率。

關鍵詞：調變頻譜，調變頻譜統計圖等化法，強健性語音辨識，多項式擬合，空間域文脈，時域文脈

Keywords: modulation spectrum, spectral histogram equalization, robust speech recognition, polynomial fitting, spatial context, temporal context

一、緒論

目前的自動語音辨識(automatic speech recognition, ASR)系統，在不受各種環境變因干擾的理想錄音環境下，可以得到相當優秀的辨識效果；但在實務應用上，語者的差異、錄音過程產生的噪音、其他環境聲響及通道效應(channel effect)等環境上的變因，會使訓練環境和測試環境間產生環境不匹配(environmental mismatch)的問題，在本論文中也稱為雜訊(noise)。雜訊可以粗略地分成加成性噪音(additive noise)及摺積性噪音(convolutional noise)：加成性噪音即除了實際所需的語音訊號外，系統所接收到的其他聲音，其在時域(time domain)及頻域(spectrum domain)上與原語音訊號是相加的關係，因而得名；摺積性噪音又稱為通道效應(channel effect)，是語音從發聲到接收的過程中經過的各種實體介質及電子設備所造成的扭曲，在時域上與原語音訊號為摺積(convolution)的關係，而在頻域上則與原語音訊號為相乘的關係。

人耳對雜訊有非常優良的強健性(robustness)，這些雜訊對人耳的影響並不大；但對於自動語音辨識系統而言，這樣的不匹配會使語音辨識的正確率(recognition accuracy)大幅降低，需要採用若干強健性語音辨識(robust speech recognition)技術減少環境不匹配

所造成的影響，使自動語音辨識在不同的環境下仍能保有一定的辨識正確率。強健性語音辨識技術依其特性可以大致分為三大類型[1,2]：

1. 以聲學模型為基礎之強健性技術(model-based techniques)：藉由修改已訓練之聲學模型(acoustic model)的模型參數，使聲學模型能夠適應與訓練時不同的環境，從而減少環境不匹配造成的問題。例如經典的最大相似度線性回歸法(maximum likelihood linear regression, MLLR)[3]、平行模型結合法(parallel model combination, PMC)[4]、基於向量泰勒展開式(vector Taylor series)的模型調適[5]等。此類方法通常能對強健性有相當不錯的改善，但所需要的調適語料較多，運算複雜度也較高[1]。
2. 語音強化(speech enhancement)：強化所接收到的語音訊號，使該語音訊號所受到的環境因素干擾減少或消失，從而模擬在理想錄音環境下所取得的語音訊號，藉以降低雜訊的影響。例如經典的頻譜消去法(spectral subtraction, SS)[6]、訊號子空間法(signal subspace approach)[7]、維納濾波器(Wiener filtering)[8]、或是基於統計估測子的語音強化技術[9]等。這一類的方法經常是針對人耳的特性設計，但其引入的非線性扭曲有時會對自動語音辨識系統有負面的影響[10]。
3. 強健性語音特徵擷取(robust speech feature extraction)：藉由改變語音特徵擷取的過程，找出較不會因環境不匹配而改變其特性的語音特徵參數。其中有一部份的方法希望找到一種通用的特徵表示法，使乾淨的語音和受雜訊干擾的語音能表現出類似的特性[11-13]；而另一些方法則是試著運用各種補償的方式，將語音特徵當中受到的干擾還原成未受干擾前的樣子[14,15]。本論文的主要的討論都集中在強健性語音特徵擷取中。

在強健性語音特徵擷取的研究中，其中一個重要的研究領域稱為語音特徵正規化(feature normalization)。這個領域的研究主張將語音特徵序列中的某些特性變為一致，使這種新的語音特徵表示法能較不受雜訊的影響。其中，本論文討論的主要為基於統計分佈的語音特徵正規化(distribution-based feature normalization)，亦即將同一維度的語音特徵序列視為隨機變數(random variable)的一組樣本(sample)，利用這些樣本估計該隨機變數的統計量，據此對特徵序列的分佈進行線性或非線性的轉換。例如基於動差正規化(moment normalization)的倒頻譜平均值減去法(cepstral mean subtraction, CMS)[12]、倒頻譜平均值變異數正規化法(cepstral mean and variance normalization, CMVN)[13]、高階倒頻譜動差正規化法(higher order cepstral moment normalization, HOCMN)[16]，以及可以消除更多非線性環境因素影響的統計圖等化法(histogram equalization, HEQ)[11]等都是此一研究方向的成員。此類的技術大多具有直觀、快速且有效的特性，是強健性語音特徵擷取的領域不可缺少的一環。

許多過去研究[17-19]都說明了統計圖等化法能夠有效地補償非線性的雜訊干擾，而對辨識的正確率有顯著的提升，但統計圖等化法仍然有一些不盡正確的假設。例如其假設語音特徵中各維度間彼此獨立，因而可以對個別維度分別進行正規化，但常見的運用利用離散餘弦轉換(discrete cosine transform, DCT)求取的語音特徵，各維度之間仍具有部份的相關性；而語音是隨時間緩慢變化的訊號，在統計圖等化法中將每一個音框(frame)個別看待的方式也無法有效抓住時域上與前後其他音框的相關性。針對這種比較嚴格的假設，有許多不同的方法被提出，如運用迴歸(regression)技術或時域平均(temporal average, TA)技術引入前後文資訊[20,21]，抑或是將空間(spatial)域及時域的高低頻成份進行正規化，以分頻帶的方式引入文脈資訊(context information)[22,23]。

另外，近年來亦有一些研究顯示，環境中的干擾因素不只會改變語音特徵的分佈特性，也會使語音特徵的時域結構(temporal structure)產生扭曲。調變頻譜(modulation spectrum)[24]為一有效描繪整個語句語音特徵之時域結構的媒介，相較於一般的語音特徵能呈現出更廣泛的語音變化特性。而調變頻譜正規化的研究，便試圖將上述語音特徵分佈特性正規化的概念，應用在語音特徵的調變頻譜上。不同於在時域上語音特徵正規化的技術，調變頻譜正規化技術考慮了語句的整體變化情形，與語音特徵正規化技術採用不同的角度切入環境干擾的問題。類似於語音特徵正規化的研究途徑，調變頻譜平均值正規化法(spectral mean normalization, SMN)及調變頻譜平均值變異數正規化法(spectral mean and variance normalization, SMVN)[25]、調變頻譜統計圖等化法(spectral histogram equalization, SHE)[26]等方法都屬於此一研究領域的成果。另外，也有一些研究根據調變頻譜的特性發展新的正規化方法，例如調變頻譜取代法(modulation spectrum replacement, MSR)[27]、基於濾波器設計的時域序列結構正規化法(temporal structure normalization, TSN)[28]、以及正規化高低頻比例的強度頻譜比例正規化法(magnitude ratio equalization, MRE)[26]等。其中 SHE 所採用的概念與作用於特徵上的 HEQ 類似，但 HEQ 是直接調整特徵的數值，SHE 調整的則是特徵變化的趨勢與規律，此兩種調整標的是不同的，因此具有高度的互補性[29,30]。

有鑑於此，本論文延續以分頻帶的方式引入文脈資訊之研究，提出將其概念應用在調變頻譜統計圖等化法中的「基於空間域－時域文脈統計資訊的調變頻譜統計圖等化法」(ST-PSHE)。利用簡單的高通(high-pass)及低通(low-pass)濾波器取得高頻及低頻的文脈資訊，針對這些文脈資訊進行調變頻譜統計圖等化法，再將正規化後的高低頻成份結合成為新的語音特徵，藉此改善傳統統計圖等化法中的限制，又同時能調整語句的時域結構資訊，也就是特徵變化的規律。在第二章及第三章中，我們將先簡要介紹語音特徵正規化的方法及基於調變頻譜的正規化方法；第四章則詳細說明本論文所提出之改良式架構；接著，實驗的設定、結果與分析將在第五章中呈現，而第六章則為結論與未來可能的研究方向。

二、語音特徵正規化技術

（一）動差正規化法

動差正規化(moment normalization)的技術，主要透過正規化每一個語句(utterance)中各維度特徵統計分佈的動差，來減少雜訊對語音特徵的影響。例如倒頻譜平均值減去法[12](下稱 CMS)希望藉由將每一個語句的第一階動差(first-order moment)，也就是期望值減去，來減少雜訊的影響；而倒頻譜平均值變異數正規化法[13](下稱 CMVN)則更進一步將正規化的範圍擴展至第二階動差，使不同語句間的變異數(variance)也變得一致。令一語句中，某一維度的語音特徵時間序列為$\{x[n]\}$，μ為$\{x[n]\}$的期望值，σ^2為其變異數，則經此兩個方法正規化過的特徵分別可以表示為：

$$\hat{x}_{\mathrm{CMS}}[n] = x[n] - \mu \tag{1}$$

$$\hat{x}_{\mathrm{CMVN}}[n] = \frac{x[n] - \mu}{\sigma} \tag{2}$$

由於通道效應在倒頻譜(cepstrum)上與原本的語音訊號為相加的關係，CMS 的正規化可以有效地消去一些穩定(stationary)的通道效應，而使得語音辨識的正確率有相當明顯的改善。另一方面，CMVN 對變異數的正規化，更進一步地補償了不同語句的語音

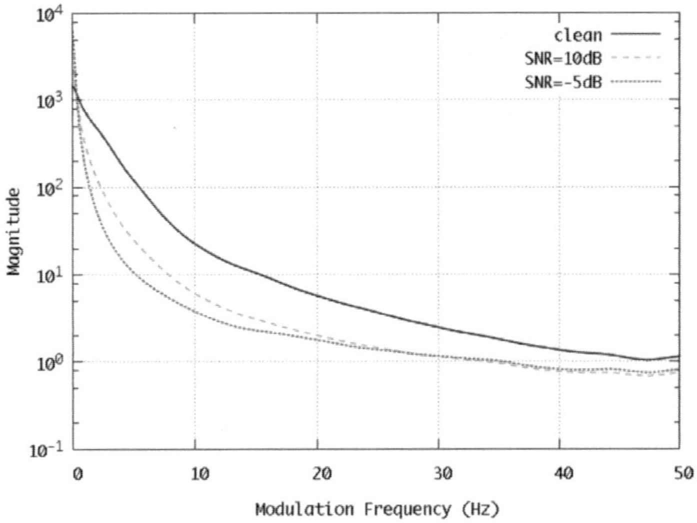

圖一、Aurora-2 語料庫中不同訊噪比語句 MFCC 特徵 c1 參數之調變頻譜的差異

特徵間因為雜訊而產生的動態範圍(dynamic range)差異，使得雜訊對語音特徵的影響更為縮小。在這些基礎之下，也有學者提出正規化語音特徵的第三階動差或任意階數的動差的技術[16]。

（二）統計圖等化法

統計圖等化法為影像處理領域常用的演算法，用以調整如明度、色彩平衡等影像參數[31]；而在自動語音辨識的領域，也有學者提出利用統計圖等化法來補償雜訊在語音特徵上造成的失真，許多研究也證明了它的有效性[18,32-35]。前一節所介紹的 CMS 與 CMVN，乃至於更高階動差的正規化方法，均是以線性(linear)的方式補償雜訊對語音特徵的干擾，但對於非線性的扭曲補償效果有限，統計圖等化法則彌補了動差正規化法的此一缺失。相較於動差正規化法，統計圖等化法不對動差進行正規化，而是利用一非線性(non-linear)的轉換，將所有語音特徵的統計分佈直接變得與未受雜訊干擾時的統計分佈一致，並且無需對該統計分佈擁有先驗知識(prior knowledge)，即可有效地改善雜訊語音的辨識正確率。

統計圖等化法主要的做法，是將目前語句中特徵分佈的累積密度函數(cumulative distribution function, CDF)，對應至由訓練語料所統計出來的參考分布，藉此將整句話的特徵還原至與訓練語料相同的統計分佈。令$F(\cdot)$為目前語句語音特徵時間序列$\{x[n]\}$的機率分佈(以一個將值對應到 CDF 的函數表示)，而$G(\cdot)$為根據所有訓練語料統計出的參考分佈，統計圖等化法正規化後的語音特徵可以表示為：

$$\hat{x}_{\mathrm{HEQ}}[n] = G^{-1}\big(F(x[n])\big) \tag{3}$$

傳統的統計圖等化法通常以查表法(table lookup)描述$G(\cdot)$函數的對應關係，但這樣的方法不僅較費時，也需要花費許多空間來記錄表格。在[33]中，我們提出利用一多項式函數來逼近$G^{-1}(\cdot)$，可以降低計算時間與儲存空間，同時獲得比原始的 HEQ 相似或較佳的辨識正確率。此方法稱為多項式擬合統計圖等化法(polynomial-fit histogram equalization, PHEQ)，本論文中之統計圖等化法皆以此方式實作，如下式所示：

$$\hat{x}_{\text{PHEQ}}[n] = G^{-1}\big(F(x[n])\big) = \sum_{m=0}^{M} a_m\big(F(x[n])\big)^m \tag{4}$$

（三）基於濾波器的正規化技術

除了在統計分佈上進行處理外，也有一些語音特徵正規化的方法試圖從濾波器的設計出發。例如相對頻譜法(relative spectra, RASTA)[36]便是利用人類語音主要資訊集中在特定調變頻譜頻帶的原理，設計一帶通濾波器(band-pass filter)，藉以移除語音特徵中與語音較不相關的成份；而在[37]中，則是使用低通濾波器(low-pass filter)對特徵進行平滑化(smoothing)，以降低語音特徵中不穩定或突發的雜訊對語音特徵造成的干擾。值得一提的是，式(1)也可以視為是一個高通濾波器(high-pass filter)的脈衝響應(impulse response)，因此從另一個角度來解讀，CMS 亦是利用濾波的概念來移除穩定通道效應的一種技術。

三、調變頻譜於強健性語音辨識之研究

（一）調變頻譜之定義與特性

令一語句中，某一特定維度之語音特徵時間序列為$\{x[n]\}$，其中 n 為音框(frame)的索引值，該語音特徵序列的調變頻譜可以定義為：

$$X[k] = \sum_{n=0}^{N-1} x[n]e^{\frac{-kn2\pi i}{N}} \tag{5}$$

其中$i = \sqrt{-1}$為虛數單位，其中k為調變頻率的索引，N 為語句中音框的總數，所得之序列$\{X[k]\}$即為$\{x[n]\}$的調變頻譜。式(5)可以視為一離散傅立葉轉換(discrete Fourier transform, DFT)，調變頻譜中的頻率範圍與語音特徵時間序列之取樣率有關：在本論文的基礎語音特徵設定中，每兩個相鄰音框之間隔為 10ms，亦即語音特徵時間序列之取樣率為 100Hz，根據奈奎斯特定理(Nyquist–Shannon sampling theorem)[38]，調變頻譜之最高頻率為 50Hz。

調變頻譜在分析語音特徵之時域結構上，是很有用的工具；過去有研究[39]指出，調變頻率大約 1Hz 到 16Hz 間的低頻成份，與語音辨識的正確率有明顯的關聯，而其中以 4Hz 附近所包含的資訊最為重要。關於人類聽覺的研究[40]也不約而同地發現：4Hz 的調變頻率在人類的聽覺感知中佔有很重要的地位。

當語音訊號受到雜訊干擾時，不只其語音特徵時間序列的分佈特性會改變，其時域結構也會有一定程度的扭曲，亦即使其調變頻譜產生失真。一些過去針對調變頻譜的研究[25,30]發現，語音訊號受到環境干擾的影響越劇烈，亦即訊噪比(signal-to-noise ratio, SNR)越低的時候，調變頻譜中對語音辨識最重要的 1Hz 到 16Hz 成份強度越受到壓抑，而偏離乾淨狀況的調變頻譜越遠。舉例來說，圖一是 Aurora-2 語料庫所有測試集梅爾倒頻譜系數(Mel-frequency cepstral coefficients, MFCC)[41]中 c1 系數的調變頻譜。由於除了環境干擾外，尚有個別語者的差異等因素，因此此圖採用測試集中所有句語句調變頻譜之平均值，以突顯環境條件的不同，降低個別語句差異造成的影響。從此圖中可以觀察到，當訊噪比降低時，整個調變頻譜的所有頻帶都會產生失真，尤其以包含最多語音內容資訊的頻帶為甚。

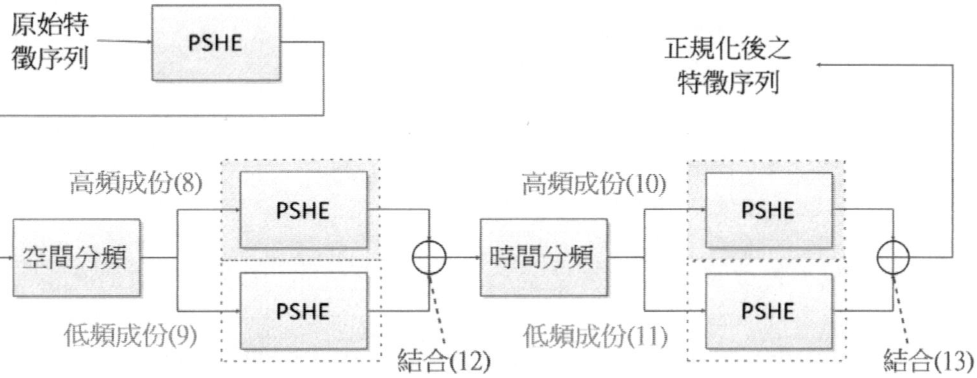

圖二、ST-PSHE 流程示意圖

（二）調變頻譜之正規化

調變頻譜正規化的相關技術，旨在使受到環境干擾而扭曲的調變頻譜恢復為未受干擾的樣貌。針對強健性語音辨識正規化調變頻譜的過程大致上可以如下三個步驟說明：

1) 分析：將受到環境干擾的整句語句之語音特徵時間序列$\{x[n]\}$進行離散傅立葉轉換，得到該語句的調變頻譜$\{X[k]\}$。以離散傅立葉轉換取得之序列為一複數序列，可再分解成該調變頻譜的強度頻譜$\{|X[k]|\}$及相位頻譜$\{\angle X[k]\}$。

2) 正規化：針對前一步驟所得到的強度頻譜及相位頻譜進行處理。其中相位頻譜通常維持原狀，僅改變強度頻譜中的強度，並得到新的強度頻譜$\{|Y[k]|\}$。

3) 還原：依據原本的相位頻譜$\{\angle X[k]\}$和第二步驟中所得之新的強度頻譜$\{|Y[k]|\}$，進行反離散傅立葉轉換(inverse discrete Fourier transform, IDFT)，取得還原後的語音特徵時間序列。

若上述第二步驟中的強度頻譜能夠被適當地正規化，則可以有效降低環境干擾對調變頻譜的失真，進而使還原後的語音特徵參數，在自動語音辨識系統中得到較好的辨識精確率。以下將簡述數種調變頻譜正規化的方法：

1. 強度頻譜比例正規化法(magnitude ratio equalization, MRE)

此技術[26]計算調變頻譜中低頻成份強度和高頻成份強度的比例，在語句受到環境干擾時，將此比例調整回未受干擾情況下的比例。由於調變頻譜受環境干擾時「低頻下降，高頻抬升」的現象十分明顯，若能找到高頻成份和低頻成份間適當的界線，此方法能有不錯的成效，且運算十分快速。

2. 調變頻譜統計圖等化法(spectral histogram equalization, SHE)

在第二節中所介紹的統計圖等化法為影像處理領域常用的演算法，亦有在在語音特徵時間序列分佈正規化之應用[11]。此技術[26]將統計圖等化法應用在調變頻譜強度的正規化上，利用一非線性的轉換(non-linear transform)，使得可能受環境干擾的測試語句調變頻譜分佈，趨向於乾淨訓練語句的調變頻譜分佈。令$F(\cdot)$為目前語句語音特徵時間序列

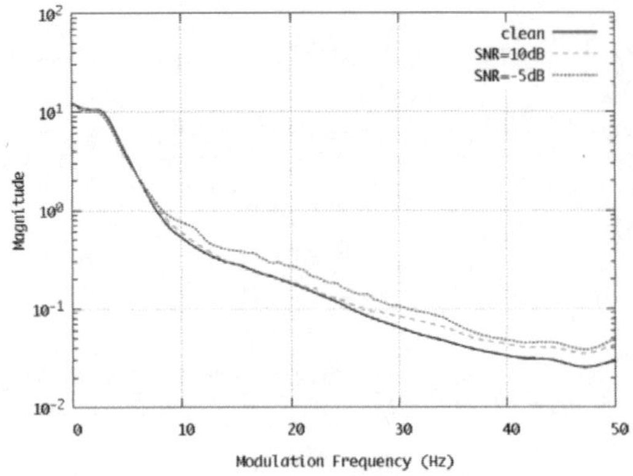

(a)

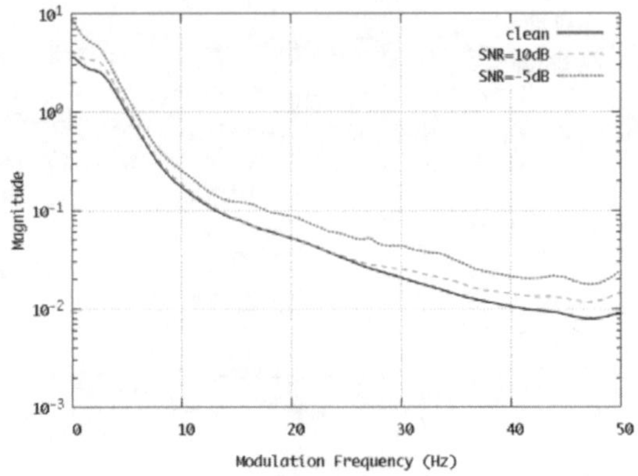

(b)

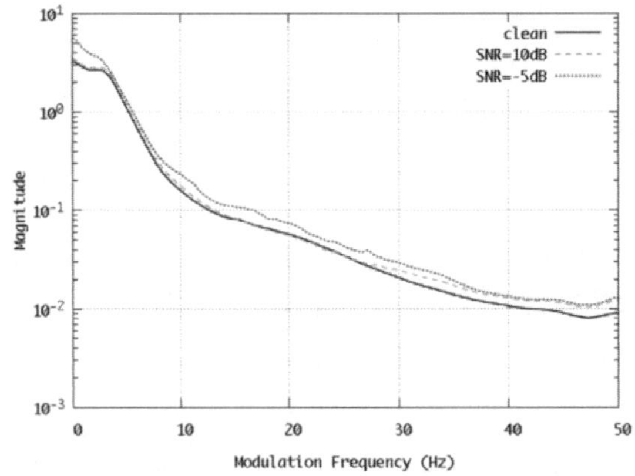

(c)

圖三、c1 特徵的調變頻譜受雜訊干擾之情形：(a)僅經 PSHE 處理後的全頻帶特徵之調變頻譜 (b)僅經 PSHE 處理後的空間高頻成份之調變頻譜 (c)進一步經分頻處理後的空間高頻成份之調變頻譜

$\{x[n]\}$之調變頻譜強度$\{|X[k]|\}$的機率分佈，$G(\cdot)$為所有訓練語料的調變頻譜強度機率分佈，也就是參考分佈，此方法中正規化後的頻譜強度$|Y[k]|$與原始頻譜強度$|X[k]|$的關係為：

$$|Y[k]|_{\mathrm{SHE}} = G^{-1}\big(F(|X[k]|)\big) \tag{6}$$

由於此方法為非線性轉換，可以較完整地使測試語句的調變頻譜分佈趨近訓練語料的調變頻譜分佈。但其使用查表法(table-lookup)記錄訓練語料的調變頻譜分佈，需要記錄相當大量的資料方能較完整地逼近真實的分佈；且查表法相當於使用一系列的分段線性函數(piecewise linear function)來逼近真實分佈，但調變頻譜的分佈中，並非所有區域都適合使用線性函數進行逼近，如此勢必使所需的記錄點數大幅增加。在[29]中，我們提出多項式擬合調變頻譜統計圖等化法(polynomial-fit spectral histogram equalization, PSHE)利用一個多項式函數逼近$G^{-1}(\cdot)$，其能夠有與原本的 SHE 相近的辨識正確率，但同時大幅降低空間需求與計算時間。本論文中所使用之 SHE 皆為此多項式版本的 PSHE，此方法可以下式來表示：

$$|Y[k]|_{\mathrm{PSHE}} = G^{-1}\big(F(|X[k]|)\big) = \sum_{m=0}^{M} a_m \big(F(|X[k]|)\big)^m \tag{7}$$

四、基於空間域－時域文脈統計資訊的調變頻譜統計圖等化法

為了改進統計圖等化法中「獨立看待每一個音框」及「獨立處理各別維度」的嚴格假設，在[22]中，我們提出了使用語音特徵的空間域－時域文脈統計資訊的統計圖等化法，或稱為 ST-PHEQ。此技術將語音特徵在空間域及時域上分別分成高頻成份及低頻成份，分別進行統計圖等化法後，再將這些成份重新結合形成新的語音特徵，藉此取得時域上及空間域上的文脈資訊。

在本論文中，我們嘗試將這樣的概念運用在調變頻譜的統計圖等化法，稱為「基於空間域－時域文脈統計資訊的調變頻譜統計圖等化法」，或簡稱 ST-PSHE。其中 S 代表空間域(spatial)，T 代表時域(temporal)，而 PSHE 則為前一章所述的多項式擬合調變頻譜統計圖等化法。ST-PSHE 的流程如圖二所示。首先，為了得到高頻與低頻的成份，我們使用一組簡易的差分(differencing)及平均(averaging)濾波器，分別擷取語音特徵的高頻成份及低頻成份的特徵序列，如下表所示：

	高頻(差分)	低頻(平均)
空間域	$x_d^{s,\mathrm{hp}}[n]=\begin{cases} x_d[n] & ,\text{if } d=1 \\ \dfrac{x_d[n]-x_{d-1}[n]}{2} & ,\text{otherwise}\end{cases}$ (8)	$x_d^{s,\mathrm{lp}}[n]=\begin{cases} 0 & ,\text{if } d=1 \\ \dfrac{x_d[n]+x_{d-1}[n]}{2} & ,\text{otherwise}\end{cases}$ (9)
時域	$x_d^{\mathrm{t,hp}}[n]=\begin{cases} x_d[n] & ,\text{if } n=1 \\ \dfrac{x_d[n]-x_d[n-1]}{2} & ,\text{otherwise}\end{cases}$ (10)	$x_d^{\mathrm{t,lp}}[n]=\begin{cases} 0 & ,\text{if } n=1 \\ \dfrac{x_d[n]+x_d[n-1]}{2} & ,\text{otherwise}\end{cases}$ (11)

其中$x_d[n]$為該語句中第n個音框第d維度的語音特徵值，$n=1$及$d=1$代表第一個音框及第一個維度，依此類推；$x_d^{s,\mathrm{hp}}[n]$、$x_d^{s,\mathrm{lp}}[n]$、$x_d^{\mathrm{t,hp}}[n]$及$x_d^{\mathrm{t,lp}}[n]$則分別代表空間域高頻、空間域低頻、時域高頻、時域低頻的子頻帶成份特徵。

對於每一個語句，在進行了一次 PSHE 之後，其全頻帶(full-band)的調變頻譜已經具有和訓練語料的調變頻譜相同的分佈，但時域或空間域上的高低頻成份卻還是有一部份的不匹配現象。因此在進行 PSHE 以後，要將處理後的特徵依式(8)及式(9)在空間域上分為高頻特徵與低頻特徵，將此兩個頻帶的特徵分別求取其調變頻譜並以 PSHE 正規化並由調變頻譜還原回特徵域之後，再依下式將空間域高低頻成份結合：

$$\hat{x}_d[n]=\hat{x}_d^{\mathrm{s,hp}}[n]+\hat{x}_d^{\mathrm{s,lp}}[n] \tag{12}$$

其中$\hat{x}_d^{\mathrm{s,hp}}[n]$為空間域高頻成份經 PSHE 正規化後之特徵，$\hat{x}_d^{\mathrm{s,lp}}[n]$則為空間域低頻成份經 PSHE 正規化後之特徵。由於式(8)與式(9)的設計使得此兩個頻帶具有互補關係，故將兩個頻帶的特徵直接相加即可還原回原本全頻帶的特徵。進行完空間域上的分頻正規化以後，將結合後的全頻帶特徵再次依據式(10)及式(11)在時域上分為高頻特徵與低頻特徵，同樣將此二頻帶分別進行 PSHE 後，利用與空間域高低頻結合相同的方式，依下式所示將時域之高低頻成份結合：

$$\tilde{x}_d[n]=\tilde{x}_d^{\mathrm{t,hp}}[n]+\tilde{x}_d^{\mathrm{t,lp}}[n] \tag{13}$$

其中$\tilde{x}_d^{\mathrm{t,hp}}[n]$為時域高頻成份經 PSHE 正規化後之特徵，$\tilde{x}_d^{\mathrm{t,lp}}[n]$則為時域低頻成份經 PSHE 正規化後之特徵，經過此一過程產生最終經 ST-PSHE 處理後的特徵。其中，亦可以選擇跳過時域分頻的部份(稱為 S-PSHE)、跳過空間域分頻的部份(稱為 T-PSHE)、或是將時域分頻與空間域分頻兩部份調換順序(稱為 TS-PSHE)，此部份的差異將於第五章中探討。

表一、各種基礎特徵及強健性技術的辨識正確率(%)

特徵	訊噪比							平均值
	乾淨	20dB	15dB	10dB	5dB	0dB	-5dB	
MFCC	99.71	92.44	80.56	58.61	30.04	9.31	3.39	54.19
CMS	99.72	98.13	94.27	80.45	50.64	23.81	13.04	69.46
CMVN	99.69	97.97	94.98	87.25	67.52	34.87	13.73	76.52
MVA	99.66	97.96	95.98	90.27	76.46	50.70	22.86	82.27
PHEQ	99.65	98.52	96.56	91.19	75.78	45.39	18.14	81.49
ST-PHEQ	99.58	98.59	96.99	92.26	78.95	50.36	20.04	83.43
PSHE	99.47	97.55	94.29	86.54	68.54	37.58	16.09	76.90
CMVN+PSHE	99.56	98.38	96.59	92.26	80.63	56.24	26.93	84.82
PHEQ+PSHE	99.45	98.39	96.61	92.71	82.05	58.75	28.34	85.70

表二、PSHE 結合空間域或時域文脈資訊的辨識正確率(%)

特徵	訊噪比							平均值
	乾淨	20dB	15dB	10dB	5dB	0dB	-5dB	
S-PSHE	99.39	97.29	93.69	85.73	68.77	40.17	17.75	77.19
T-PSHE	99.41	97.31	93.78	85.90	68.89	40.18	17.68	77.21
TS-PSHE	99.45	97.10	93.44	85.50	68.65	39.96	17.13	76.93
ST-PSHE	99.28	97.28	94.21	86.70	69.48	40.06	17.71	77.55

在傳統的 HEQ 或是 SHE 中，都假設雜訊對於語音只具有單調(monotonic)的的干擾，亦即會改變特徵或調變頻譜中所有數值的大小，但各數值之間的相對排序(ordering)是維持不變的。ST-PSHE 除了打破時域及空間域上的獨立假設以外，此種將高低頻分別正規化再結合的方式也可能會改變調變頻譜不同頻率強度的大小順序，而使得非單調的干擾能夠一併被考慮進來。有鑑於此，在訓練階段統計時域分頻部份的參考分佈時，需要使用空間域分頻部份已經正規化過的語音特徵進行統計，而非原始未經正規化的語音特徵。

值得注意的是，本論文中時域分頻的方法，其概念與前人針對 SHE 所提出的分頻處理類似，並具有相仿的成效：在[25]中，調變頻譜被依等比音程(octave)的比例分為若干個頻帶，越低頻的成份越加細分，並針對每一個頻帶進行獨立的 SHE 處理；而在[30]中，調變頻譜被畫分為兩個頻帶獨立進行 SHE 處理，而劃分的頻率則為可調整之參數。在此兩種技術中，對頻帶的畫分都是直接將某個特定頻率以下及以上的成份畫分為不同的頻帶；然而本論文中進行分頻的濾波器在高頻帶與低頻帶之間有重疊，在高低頻之間沒有一個確切的分割點，將高低頻結合後也不會產生明顯的不連續現象。另外，本論文中分頻的濾波器為有限脈衝響應(finite impulse response, FIR)濾波器，分頻的過程不需轉換至調變頻譜，可直接在特徵上快速並穩定(numerical stability)地進行實作。

表三、ST-PSHE 與其他強健性技術結合之辨識正確率(%)

特徵	訊噪比							平均值
	乾淨	20dB	15dB	10dB	5dB	0dB	-5dB	
CMVN+ST-PSHE	99.45	98.44	96.82	92.8	82.01	58.44	29.39	85.70
PHEQ+ST-PSHE	99.41	98.28	96.59	92.44	82.03	59.13	29.32	85.69
ST-PHEQ+ST-PSHE	99.37	98.12	96.42	92.28	82.16	60.08	30.98	85.81

表四、ST-PSHE 與 AFE 比較及結合的辨識正確率(%)

特徵	訊噪比							平均值
	乾淨	20dB	15dB	10dB	5dB	0dB	-5dB	
AFE	99.74	98.89	97.68	94.27	85.47	62.54	30.26	87.77
AFE+ST-PSHE	99.70	98.82	97.64	94.28	85.89	63.86	32.22	88.10

五、實驗與分析

（一）實驗語料庫

本論文的實驗所使用的語料庫為 Aurora-2 英文連續數字語料庫[42]，此語料庫由歐洲電信標準協會(European Telecommunications Standards Institute, ESTI)所發行，內容皆是由美國成年人錄製的連續數字。此語料庫包含 G.712 和 MIRS 兩種不同的通道效應，及機場、人聲、汽車、展覽會館、餐廳、地下鐵、街道、火車站等八種加成性噪音，加成性噪音分別以乾淨、20dB、15dB、10dB、5dB、0dB、-5dB 等七種不同的訊噪比混入語音中。此語料庫含有兩組不同的訓練語料，分別有 8,440 句的訓練語句。在乾淨訓練(clean-condition training)語料中，所有語句皆乾淨不含任何噪音；而在複合情境(multi-condition training)訓練語料中，含有及地下鐵、人聲、汽車、展覽會館等四種噪音，其訊噪比由 5dB 到 20dB 外加乾淨語音，兩組訓練語料皆含 G.712 通道效應。本論文中的實驗一律使用乾淨訓練語料進行訓練。

在測試語料部份，訊噪比範圍皆是由-5dB 到 20dB 外加乾淨語音。測試集 A 有 28,028 句，分為四個子集，含有和複合情境訓練語料中相同的噪音和通道效應；測試集 B 有 28,028 句，分為四個子集，含有餐廳、機場、街道、火車站等四種噪音，以及和訓練語料相同的通道效應；測試集 C 有 14,014 句，分為兩個子集，含有地下鐵和街道兩種噪音，通道效應為 MIRS。由於本論文使用乾淨訓練語料，所有加成性噪音皆是訓練語料中未曾見過，而只有測試集 C 的通道效應與訓練語料不同。

（二）基礎實驗設定

本論文的基礎實驗是採用梅爾倒頻譜係數[41]做為語音特徵參數，其中預強調(pre-emphasis)參數設為 0.97，窗函數(window function)為漢明窗(Hamming window)，其參數設為 0.46，取樣音框長度為 25 毫秒，音框間距(frame shift)為 10 毫秒。每個音框內的資訊，在完成特徵擷取以後由 39 維的語音特徵向量表示。其中前 13 維為梅爾倒頻譜係數的前 12 項(c1~c12)及第零倒頻譜係數(c0)，14 維到 26 維為前 13 維的一階差量係數

(delta coefficient)，最後 13 維則為前 13 維的二階差量係數(acceleration coefficient)。本論文的實驗中，擷取特徵的過程共使用 23 組梅爾濾波器(Mel filter)。

評估語音特徵所使用的聲學模型訓練及辨識，皆使用 HTK 套件[43]完成。其中每個數字皆由一個由左到右形式的連續密度隱藏式馬可夫模型(continuous density hidden Markov model, CDHMM)表示，每個模型扣除前後之銜接用狀態(state)共有 16 個狀態，每個狀態以含 20 個高斯混合(Gaussian mixture)的高斯混合模型(Gaussian mixture model, GMM)表示。靜音(silence)模型則為 3 個狀態和 36 個高斯混合。

（三）辨識效能評估方式

本論文辨識效能評估的方法採用美國標準與科技組織(The National Institute of Standards and Technology, NIST)所訂定之用以評估轉譯文句與正確文句比較的標準。評估的指標為詞正確率(word accuracy)，計算方式如下：

$$\text{詞正確率} = \frac{\text{詞正確辨識個數} - \text{詞插入個數} - \text{詞刪除個數}}{\text{此句中詞的總數}} \tag{14}$$

另外，本論文中靜音詞(silence 和 short pause)將不列入詞正確率的計算。而在 Aurora-2 語料庫的設定中，每一個測試子集的平均辨識率，只以 0dB(含)到 20dB(含)間的辨識精確率計算平均。本論文亦以此計算方式評估辨識效能。

（四）實驗結果與討論

首先，作為比較的基準，我們在表一中列出了 MFCC 特徵及一些基礎強健性語音辨識技術的辨識正確率。其中 PHEQ 及 PSHE 的多項式階數均是根據 Aurora-2 語料庫進行挑選之最佳設定值，本論文後續實驗皆依循此組設定，而不另行最佳化多項式階數。而由表一中也可以發現：由於 PHEQ 非線性轉換的特性，比起使用線性轉換的 CMS 及 CMVN 能夠補償更多雜訊造成的干擾，在辨識正確率上有較好的表現，而同樣引入時域及空間域文脈資訊進行分頻的 ST-PHEQ，相較於原本的 PHEQ 亦有大幅的改進，顯示這些文脈資訊對於語音辨識的強健性有巨大的幫助。

而在調變頻譜的正規化方面，雖然單獨使用 PSHE 沒有太突出的表現，但由於 PSHE 正規化的是整個語句中特徵變化的趨勢與規律，與其他直接調整語音特徵數值的方法(如 CMVN 與 PHEQ)具有良好的互補性[29]。進一步將 PSHE 運用在經 CMVN 或 HEQ 正規化後的特徵上，可以獲得相當突出的成果，其效能甚至高於 ST-PHEQ。依這樣的結果來看，顯然使用調變頻譜這種描述語句整體變化資訊的表示法是有其重要性的。另外，在雜訊的干擾相當嚴重的環境下(如訊噪比為-5dB 的情況)，應用 PSHE 後，其改善的幅度多於在所有環境下的平均情況，甚至在同時應用 HEQ+PSHE 的情況下，訊噪比 -5dB 的辨識正確率高達原始 MFCC 特徵的 8 倍以上。此結果說明了調變頻譜確實能捕捉到一些無法直接透過正規化語音特徵改善的問題，尤以在雜訊較強時為甚。

本論文所提出的方法，其實驗結果則列在表二中。與原本的 PSHE 相較，針對其正規化後的特徵進行分頻帶的正規化，無論以何種順序組合時域與空間域兩個元素，都能取得更好的結果，這顯示了 PSHE 雖然能夠使調變頻譜上的分佈變得一致，但在時域與空間域高低頻成份的調變頻譜中仍然存在著一些未被消除的干擾，藉由將這些成份也納入正規化的範圍，可以補足 PSHE 這一點不足之處。在圖三中，我們以空間域高頻成份為例，顯示了即使 PSHE 已將全頻帶特徵的調變頻譜變得較為一致，在子頻帶特徵的調變頻譜中，仍然存在著因為雜訊而產生的失真；而這個失真在經過 ST-PSHE 的處理以後，則有顯著的改善，並達到跟全頻帶的調變頻譜相近的一致程度。另外，單獨在空間域上或是時域上進行分頻的正規化，都能夠相對地減少大約 1.3%的字錯誤率(word error rate)，而依照空間域－時域的順序進行分頻正規化，更能夠相對減少 2.8%的錯誤。但若將順序反過來，依照時域－空間域的順序進行，則改進的幅度反而變得非常有限。

前文中提到在調變頻譜上的正規化方法，若與在特徵時域上的正規化方法結合，會產生很明顯的互補效應，而使辨識率大幅上升。因此在表三當中，我們也嘗試將 ST-PSHE 與 CMVN、HEQ 以及同樣應用時域及空間域文脈資訊進行分頻的 ST-PHEQ 進行結合，探索與這些方法結合的效果。由於調變頻譜雖然抓住了整個語句的特徵變化模式，但對於比較區域性的雜訊干擾及個別音框的扭曲則較難詳盡地描述，因此若能在進行 ST-PSHE 前先利用特徵上的正規化方法 CMVN 及 HEQ 處理過，則能同時正規化整體變化模式及個別音框的數值，與單純處理調變頻譜相較，可以取得超過 36%的相對字錯誤率減少。而若在進行 ST-PSHE 之前先使用 ST-PHEQ 處理過一次，雖然同樣是運用分頻取得文脈的概念進行，但由於處理的面向不同，因此仍然有很大的互補成份存在，其結果較單獨使用 ST-PSHE 相對減少了 36.8%的辨識錯誤，與 ST-PHEQ 比較也相對降低了 14.4%的字錯誤率。

最後，我們也將本論文所提出的方法與歐洲電信協會(European telecommunications standards institute, ETSI)發展的 AFE (advanced front end)[44]進行比較。如表四所示，由於 AFE 包含了較複雜的語音活動偵測(voice-activity detection, VAD)及噪音抑制(noise reduction)的技術，AFE 的辨識正確率相較於 ST-PSHE 明顯是較好的；但進一步將 AFE 的特徵施以 ST-PSHE 的處理，並將之與原本的 AFE 特徵線性結合之後，仍然能夠相對地減少大約 2.7%的辨識錯誤，顯示這兩樣技術彼此仍然有能夠互補的層面存在。值得注意的是，以 ST-PSHE 處理後的 MFCC 特徵雖然平均的辨識正確率不如 AFE，但在極端的噪音環境下(訊噪比-5dB)反而能取得較好的效果，再次顯示調變頻譜的正規化對於嚴重的雜訊干擾是很有效的。

六、結論

在本論文中，我們探討了使用將語音特徵在時域與空間域進行分頻的方式以取得文脈資訊，進而減緩傳統 SHE 以及 PSHE 的嚴格限制。ST-PSHE 和傳統的方法相較，不僅全頻帶的調變頻譜具有一致的分佈，高頻成份與低頻成份的調變頻譜分佈也納入正規化的範圍，進一步地減少了雜訊對調變頻譜的干擾。實驗的結果也說明了本論文所提出的方法確實能夠達成較高的辨識正確率表現，並能夠與其他特徵正規化的方法互補。

展望未來研究，我們提出兩點可能的方向。第一是將此技術應用到更複雜的語音辨識任務上，如屬於大詞彙連續語音辨識(large vocabulary continuous speech recognition, LVCSR)的 Aurora-4 語料庫[45]和 MATBN 語料庫[46]上，以更進一步驗證我們所提出之方法是否在較複雜的語音辨識任務上也能夠有相同的表現。第二是在整個語句的調變頻譜之外，更深入地探討運用不同的分析單位處理調變頻譜，以期能捕捉更多層面的資訊而進一步提升語音辨識的強健性，並使此方法能夠應用在實時(real-time)的系統中。

七、誌謝

本論文之研究承蒙教育部－國立臺灣師範大學邁向頂尖大學計畫（102J1A0800）與行政院國家科學委員會研究計畫 (NSC 101-2221-E-003-024-MY3, NSC 101-2511-S-003-057-MY3, NSC 101-2511-S-003-047-MY3 和 NSC 102-2221-E-003-014-）之經費支持，謹此致謝。

參考文獻

[1] J. Droppo and A. Acero, "Environmental robustness," in *Springer handbook of speech processing*, 1st ed., J. Benesty, M. M. Sondhi, and Y. Huang, Eds. Springer, 2008, ch. 33, pp. 653–679.

[2] Y. Gong, "Speech recognition in noisy environments: a survey," *Speech Communication*, vol. 16, no. 3, pp. 261–291, 1995.

[3] C. J. Leggetter and P. C. Woodland, "Maximum likelihood linear regression for speaker adaptation of continuous density hidden markov models," *Computer Speech & Language*, vol. 9, no. 2, pp. 171–185, 1995.

[4] M. J. Gales, "Model based techniques for noise robust speech recognition," Ph.D. dissertation, Cambridge University, 1995.

[5] P. Moreno, B. Raj, and R. Stern, "A vector taylor series approach for environment-independent speech recognition," in *Proc. IEEE Int. Conf. on Acoustics, Speech, Signal Processing*, vol. 2, 1996, pp. 733 –736.

[6] S. Boll, "Suppression of acoustic noise in speech using spectral subtraction," *IEEE Transactions on Acoustics, Speech and Signal Processing*, vol. 27, no. 2, pp. 113–120, 1979.

[7] Y. Ephraim and H. Van Trees, "A signal subspace approach for speech enhancement," *IEEE Transactions on Speech and Audio Processing*, vol. 3, no. 4, pp. 251–266, 1995.

[8] J. S. Lim and A. V. Oppenheim, "Enhancement and bandwidth compression of noisy speech," *Proceedings of the IEEE*, vol. 67, no. 12, pp. 1586–1604, 1979.

[9] Y. Ephraim and D. Malah, "Speech enhancement using a minimum mean-square error log-spectral amplitude estimator," *IEEE Transactions on Acoustics, Speech and Signal Processing*, vol. 33, no. 2, pp. 443–445, 1985.

[10] I. Soon and S. Koh, "Low distortion speech enhancement," *IEEE Proceedings of Vision, Image and Signal Processing*, vol. 147, no. 3, pp. 247–253, 2000.

[11] A. de la Torre, J. C. Segura, C. Benitez, A. M. Peinado, and A. J. Rubio, "Non-linear transformations of the feature space for robust speech recognition," in *Proc. IEEE Int. Conf. on Acoustics, Speech, Signal Processing*, 2002, pp. 401–404.

[12] S. Furui, "Cepstral analysis technique for automatic speaker verification," *IEEE Transactions on Acoustics, Speech and Signal Processing*, vol. 29, no. 2, pp. 254–272, 1981.

[13] O. Viikki and K. Laurila, "Cepstral domain segmental feature vector normalization for noise robust speech recognition," *Speech Communucation*, vol. 25, no. 1-3, pp. 133–147, 1998.

[14] L. Deng, A. Acero, M. Plumpe, and X. Huang, "Large-vocabulary speech recognition under adverse acoustic environments," in *Proc. Int. Conf. on Spoken Language Processing*, 2000.

[15] J. Wu, Q. Huo, and D. Zhu, "An environment compensated maximum likelihood

training approach based on stochastic vector mapping," in *Proc. IEEE Int. Conf. on Acoustics, Speech, Signal Processing*, vol. 1, 2005, pp. 429–432.

[16] C.-W. Hsu and L.-S. Lee, "Higher order cepstral moment normalization for improved robust speech recognition," *IEEE Transactions on Audio, Speech, and Language Processing*, vol. 17, no. 2, pp. 205–220, 2009.

[17] B. Chen and S.-H. Lin, "Distribution-based feature compensation for robust speech recognition," in *Recent Advances in Robust Speech Recognition Technology*. Bentham Science Publishers, 2011, ch. 10, pp. 155–168.

[18] A. de la Torre, A. M. Peinado, J. C. Segura, J. L. Perez-Cordoba, M. C. Benitez, and A. J. Rubio, "Histogram equalization of speech representation for robust speech recognition," *IEEE Transactions on Speech and Audio Processing*, vol. 13, no. 3, pp. 355–366, 2005.

[19] D. P. Ibm, S. Dharanipragada, and M. Padmanabhan, "A nonlinear unsupervised adaptation technique for speech recognition," in *Proc. Int. Conf. on Spoken Language Processing*, 2000, pp. 556–559.

[20] B. Chen, W.-H. Chen, S.-H. Lin, and W.-Y. Chu, "Robust speech recognition using spatial-temporal feature distribution characteristics," *Pattern Recognition Letter,'* vol. 32, no. 7, pp. 919–926, 2011.

[21] S.-S. Wang, Y. Tsao, and J.-W. Hung, "Filtering on the temporal probability sequence in histogram equalization for robust speech recognition," in *Proc. IEEE Int. Conf. on Acoustics, Speech, Signal Processing*, 2013.

[22] H.-J. Hsieh, J.-W. Hung, and B. Chen, "Exploring joint equalization of spatial-temporal contextual statistics of speech features for robust speech recognition," in *Proc. Annu. Conf. of the Int. Speech Communication Association*, 2012.

[23] V. Joshi, R. Biligi, U. S., L. Garcia, and C. Benitez, "Sub-band level histogram equalization for robust speech recognition," in *Proc. Annu. Conf. of the Int. Speech Communication Association*, 2011.

[24] B. Kollmeier and R. Koch, "Speech enhancement based on physiological and psychoacoustical models of modulation perception and binaural interaction," *The Journal of the Acoustical Society of America*, vol. 95, no. 3, pp. 1593–1602, 1994.

[25] W.-H. Tu, S.-Y. Huang, and J.-W. Hung, "Sub-band modulation spectrum compensation for robust speech recognition," in *Proc. IEEE Workshop on Automatic Speech Recognition Understanding*, 2009, pp. 261–265.

[26] L.-C. Sun, C.-W. Hsu, and L.-S. Lee, "Modulation spectrum equalization for robust speech recognition," in *IEEE Workshop on Automatic Speech Recognition Understanding*, 2007, pp. 81–86.

[27] J.-W. Hung, W.-H. Tu, and C.-C. Lai, "Improved modulation spectrum enhancement methods for robust speech recognition," *Signal Processing*, vol. 92, no. 11, pp. 2791–2814, 2012.

[28] X. Xiao, E. S. Chng, and H. Li, "Normalization of the speech modulation spectra for robust speech recognition," *IEEE Transactions on Audio, Speech, and Language Processing*, vol. 16, no. 8, pp. 1662–1674, 2008.

[29] Y.-C. Kao and B. Chen, "Leveraging distributional characteristics of modulation spectra for robust speech recognition," in *Proc. Int. Conf. on Information Science, Signal Processing and their Applications*, 2012, pp. 120–125.

[30] L.-C. Sun and L.-S. Lee, "Modulation spectrum equalization for improved robust speech recognition," *IEEE Transactions on Audio, Speech, and Language Processing*,

vol. 20, no. 3, pp. 828–843, 2012.

[31] T. Acharya and A. Ray, *Image Processing: Principles and Applications*. Wiley, 2005.

[32] F. Hilger and H. Ney, "Quantile based histogram equalization for noise robust large vocabulary speech recognition," *IEEE Transactions on Audio, Speech, and Language Processing*, vol. 14, no. 3, pp. 845–854, 2006.

[33] S.-H. Lin, B. Chen, and Y.-M. Yeh, "Exploring the use of speech features and their corresponding distribution characteristics for robust speech recognition," *IEEE Transactions on Audio, Speech, and Language Processing*, vol. 17, no. 1, pp. 84–94, 2009.

[34] S. Prasad and S. A. Zahorian, "Nonlinear and linear transformations of speech features to compensate for channel and noise effects," in *Proc. European Conf. on Speech Communication and Technology*, 2005, pp. 969–972.

[35] J. C. Segura, C. Benitez, A. de la Torre, A. J. Rubio, and J. Ramirez, "Cepstral domain segmental nonlinear feature transformations for robust speech recognition," *IEEE Signal Processing Letters*, vol. 11, no. 5, pp. 517–520, 2004.

[36] H. Hermansky and N. Morgan, "Rasta processing of speech," *IEEE Transactions on Speech and Audio Processing*, vol. 2, no. 4, pp. 578–589, 1994.

[37] C.-P. Chen, K. Filali, and J. A. Bilmes, "Frontend post-processing and backend model enhancement on the aurora 2.0/3.0 databases," in *Proc. Annu. Conf. of the Int. Speech Communication Association*, 2002.

[38] C. E. Shannon, "Communication in the presence of noise," *Proceedings of the IRE*, vol. 37, no. 1, pp. 10–21, 1949.

[39] N. Kanedera, T. Arai, H. Hermansky, and M. Pavel, "On the importance of various modulation frequencies for speech recognition," in *Proc. European Conf. on Speech Communication and Technology*, 1997.

[40] S. Greenberg, "On the origins of speech intelligibility in the real world," in *Proc. ESCA-NATO Tutorial and Research Workshop on Robust Speech Recognition for Unknown Communication Channels*, 1997.

[41] S. Davis and P. Mermelstein, "Comparison of parametric representations for monosyllabic word recognition in continuously spoken sentences," *IEEE Transactions on Acoustics, Speech and Signal Processing*, vol. 28, no. 4, pp. 357–366, 1980.

[42] D. Pearce, H. G. Hirsch, and D. Gmbh, "The aurora experimental framework for the performance evaluation of speech recognition systems under noisy conditions," in *Proc. ISCA Workshop on ASR*, 2000.

[43] S. J. Young, G. Evermann, M. J. F. Gales, T. Hain, D. Kershaw, G. Moore, J. Odell, D. Ollason, D. Povey, V. Valtchev, and P. C. Woodland, *The HTK Book, version 3.4*. Cambridge, UK: Cambridge University Engineering Department, 2006.

[44] D. Macho, L. Mauuary, B. Noe, Y. M. Cheng, D. Ealey, D. Jouvet, H. Kelleher, D. Pearce, and F. Saadoun, "Evaluation of a noise-robust dsr front-end on aurora databases," in *Proc. Annu. Conf. of the Int. Speech Communication Association*, 2002.

[45] H. G. Hirsch, "Experimental framework for the performance evaluation of speech recognition front-ends on a large vocabulary task," ETSI STQ-Aurora DSR Working Group, Tech. Rep. AU/384/02, 2002.

[46] H.-M. Wang, B. Chen, J.-W. Kuo, and S.-S. Cheng, "MATBN: A Mandarin Chinese Broadcast News Corpus," *International Journal of Computational Linguistics and Chinese Language Processing*, vol. 10, no. 2, pp. 219–236, 2005.

雜訊環境下應用線性估測編碼於特徵時序列之強健性語音辨識

Employing linear prediction coding in feature time sequences for robust speech recognition in noisy environments

范顥騰 Hao-teng Fan, 曾文俞 Wen-yu Tseng, 洪志偉 Jeih-weih Hung
國立暨南國際大學電機工程學系
s99323904@mail1.ncnu.edu.tw, s100323553@mail1.ncnu.edu.tw, jwhung@ncnu.edu.tw

摘要

近幾十年來，無數的學者先進對於此雜訊干擾問題提出了豐富眾多的演算法，略分成兩大類別：強健性語音特徵參數表示法(robust speech feature representation)與語音模型調適法(speech model adaptation)，第一類別之方法主要目的在抽取不易受到外在環境干擾下而失真的語音特徵參數，或從原始語音特徵中儘量削減雜訊造成的效應，比較知名的方法有：倒頻譜平均值與變異數正規化法(cepstral mean and variance normalization, CMVN)[1]、倒頻譜統計圖正規化法(cepstral histogram normalization, CHN)[2]、倒頻譜平均值與變異數正規化結合自動回歸動態平均濾波器法(cepstral mean and variance normalization plus auto-regressive-moving average filtering, MVA)[3]等；第二類別之方法，則藉由少量的應用環境語料或雜訊，來對原始的語音模型中的統計參數作調整，降低模型之訓練環境與應用環境之不匹配的情況。較有名的語音模型調適技術包含了：最大後機率法則調適法(maximum a posteriori adaptation, MAP)[4]、平行模型合併法(parallel model combination, PMC)[5]、向量泰勒級數轉換(vector Taylor series transform, VTS)[6]等。本論文較集中討論與發展的是上述的第一類方法，我們提出一套作用於倒頻譜時間序列域的強健性技術，稱作線性估測編碼濾波法(linear prediction coding-based filtering, LPCF)，此方法主要是應用線性估測(linear prediction)[7]的原理，來擷取語音特徵隨著時間變化的特性、進而凸顯語音的成分、抑制雜訊的成分。在 LPCF 法中，將一段時域(time domain)上的訊號 $x[n]$ 用以下數學式表示：

$$x[n] = \sum_{k=1}^{P} a_k x[n-k] + e[n], \tag{1}$$

進而將上式的 $x[n]$ 經過 LPC 分析所得到的新特徵時間序列，表示爲 $\hat{x}[n]$，作法是先將原始語音特徵時間序列以 $x[n]$ 作 P 階之線性估測，求取式(1)之最佳之線性估測係數 $\left\{a_k, 1 \le k \le P\right\}$。之後，經由下式求得新的特徵時間序列：

$$\hat{x}[n] = \sum_{k=1}^{P} a_k x[n-k], \tag{2}$$

上述的新方法雖然看似簡易，卻有許多合理的原因可顯示新序列相對於原始序列而言，包含了較少的失真、或對於雜訊更具強健性。語音分析中，原始訊號 $x[n]$ 與預估訊號 $\hat{x}[n]$ 之間的誤差訊號可能是週期性訊號或是白色雜訊，一般的線性迴歸模型(auto-regression model, AR model)也是建立在誤差訊號本身是白色雜訊的假設下。將其套用於我們這裡分析的語音特徵時間序列 $x[n]$ 中，可合理推測線性預估序列 $\hat{x}[n]$ 相當於扣除了 $x[n]$ 其中部份無法線性估測的近似雜訊成份或週期性訊號成份，然而一般從語音特徵時間序列的軌跡，很少出現週期性的現象，因此我們可較確定的是，藉由 LPC 對於原始特徵序列 $x[n]$ 的分解，我們可將其分佈於全頻帶的白色雜訊成份加以消除或減低，而使新特徵序列 $\hat{x}[n]$ 包含較少的失真成份。另外，誤差序列 $e[n]$ 可能是週期性訊號(頻譜亦成週期性)或白色雜訊(頻譜呈現平坦之形狀)，但根據許多前人的研究，語音特徵時間序列其頻譜(即調變頻譜)的主要成份是集中於中低頻率上，因此誤差序列不太可能包含語音特徵序列的重要資訊，亦即將其扣除，至少無損於語音辨識的精確度。

本論文之實驗中所採用的語音資料庫爲歐洲電信標準協會(European Telecommunication Standard Institute, ETSI)所發行的 AURORA 2.0[8]語音資料庫，內容包含美國成年男女以人工方式錄製的一系列連續英文數字字串。辨識結果顯示，所提出的方法 LPCF 優於 MFCC，平均進步率達 4%；同時，我們也結合三種知名時間序列處理技術：CMVN、CHN 與 MVA，這裡我們將 LPCF 法作用於經 CMVN、CHN 或 MVA 法預處理後的 MFCC 特徵上，觀察 LPCF 法是否能夠使它們的辨識率進一步提升，LPCF 法能使 CMVN、CHN 與 MVA 預處理之特徵分別提升了 3.38%、2.2%與 0.87%，此代表了 LPCF 能與這些著名的時序域強健性技術有良好的加成性。

關鍵詞：線性估測編碼、特徵時間序列、雜訊強健性。
Keywords: noise robustness, speech recognition, linear predictive coding, temporal filtering.

參考文獻

[1] S. Tiberewala and H. Hermansky, "Multiband and adaptation approaches to robust speech recognition," *in Proceedings of European Conference on Speech Communication and Technology,* 25(1-3), pp. 2619-2622, 1997.

[2] F. Hilger and H. Ney, "Quantile based histogram equalization for noise robust large vocabulary speech recognition," *IEEE Transactions on Audio, Speech and Language Processing,* 14(3), pp. 845–854, 2006.

[3] C. P. Chen and J. Bilmes, "MVA processing of speech features," *IEEE Transactions on Audio Speech and Language Processing,* 15(1), pp. 257-270, 2007.

[4] J. L. Gauiain and C. H. Lee, "Maximum a posteriori estimation for multivariate gaussian mixture observations of markov chains," *IEEE Transactions on Speech and Audio Processing,* 2(2), pp. 291-298, 1994.

[5] J. W. Hung, J. L. Shen and L. S. Lee, "New approaches for domain transformation and parameter combination for improved accuracy in parallel model combination techniques," *IEEE Transactions on Speech and Audio Processing,* 9(8), pp. 842-855, 2001

[6] P. J. Moreno, B. Raj, and R. M. Stern, "A vector Taylor series approach for environment-independent speech recognition," *in Proceedings of IEEE International Conference on Acoustics Speech and Signal Processing,* 2, pp. 733-736, 1996.

[7] 王小川, "語音訊號處理," *全華科技圖書,* 2004.

[8] H. G. Hirsch and D. Pearce, "The AURORA experimental framework for the performance evaluations of speech recognition systems under noisy conditions," *in Proceedings of the 2000 Automatic Speech Recognition Challenges for the new Millenium,* pp. 181-188, 2000.

Text-independent Speaker Verification using a Hybrid I-Vector/DNN Approach

結合 I-Vector 及深層神經網路之語者驗證系統

張雲帆 Yun-Fan Chang[1]，曹昱 Yu Tsao[1]，鄭少樺 Shao-Hua Cheng[2]，詹凱軒 Kai-Hsuan Chan[2]，廖嘉維 Chia-Wei Liao[2]，張文村 Wen-Tsung Chang[2]

[1] 中央研究院資訊科技創新研究中心

[2] 財團法人資訊工業策進會前瞻科技研究所

{she2113, yu.tsao}@citi.sinica.edu.tw,
{briancheng, kaihsuanchan, cliao, wtchang}@iii.org.tw

摘要

語者驗證的目的是以語音訊號來驗證特定語者的身份(Identity)，此項研究在近年的智慧生活環境已成為一個重要的研究議題。不論是在門禁系統，亦或是搜尋、偵測特定語者語音等，都被廣泛應用。語者驗證又分為文字特定模式(Test-dependent Mode)與文字不特定模式(Text-independent Mode) 兩類 [1]，前者的好處為已知較多語音資訊，可以大幅改善系統的驗證效能，但實際的應用限制較多，後者因為是隨機的語音訊號，資訊量較少，相對驗證效果不如前者，但也因為限制較少，應用層面相對較大。在本研究中，我們著重於文字不特定模式的語者驗證。

傳統的語者驗證系統是使用高斯混合模型的架構，其作法是訓練一套 Universal Background Model (UBM)高斯混合模型(Gaussian Mixture Model，GMM)，UBM-GMM。接著利用每一位語者的語音訊號，以及最大後驗概率法則(Maximum A Posteriori，MAP)對 UBM-GMM 作調整以得到每位語者專屬模型，接著再對測試語句利用 UBM-GMM 及 Speaker-specific GMM 分別計算似然值 [2, 3]。另外，還有將 GMM 抽取 Mean 串成 Supervector 再使用 Support Vector Machine(SVM)作辨識的方法 [4, 5]。

近年來在 NIST Speaker Recognition Evaluations(SRE)發展了一套 I-Vector 的特徵擷取方式，其特徵擷取包含以下三個步驟:1.對語音訊號作 MFCC 特徵擷取。2.利用 UBM-GMM 計算出每位語者的 Supervector。3.使用 Baum-Welch Statistics 計算出 I-Vector。過去的研究證實，I-Vector 搭配 SVM 分類器，能有效地完成語者識別 [6]。近日，深層神經網路(Deep Neural Network，DNN)已被廣泛地應用在各類型的分類問題 [7-10]。本論文提出使用 I-Vector 結合深層神經網路進行語者驗證。

本實驗所使用的資料為某談話性節目實際語音資料，目的為找出特定女主持人的語音片段。訓練語料為 177 句女性談話語句，目標訓練語句為某女主持人的 12 句語料，其長度均約 6 秒。經過 Voice Activity Detection(VAD)處理後，訓練語料切割成 1,921 句語句，目標訓練語句切割成 118 句語句。測試語料共 300 句，其中 30 句為目標語句，其餘 270 句為男女混合之語料，長度均約 3 秒。實驗設定部分，MFCC 特徵為 13 維展延成 39 維 MFCC，I-Vector 使用 256 個高斯混合數的 UBM-GMM，其維度為 64 維。在此篇論文的實驗結果顯示，增加維度不會明顯提升辨識結果，而相對會產生額外的運算量。DNN 使用兩層隱藏層，神經單元均設為 150，其原因與上述相同。

在實驗中，對於語者驗證系統的評量，我們通常使用 Equal Error Rate(EER)做為評量標準。另外，我們還使用 Precision、Recall、F-measure 和 Accuracy 評量模型效能，我們將實驗結果整理於下表一。由實驗結果可知，我們提出的 I-Vector 搭配 DNN 系統在各種評量方式皆優於 I-Vector 搭配 SVM 系統。

表一、評估結果

	Precision	Recall	F-measure	Accuracy	EER
SVM	35%	67%	46%	84%	19.26%
DNN	70%	70%	70%	94%	12.22%

參考文獻

[1] H. Gish and M. Schmidt, "Text-independent speaker identification," *IEEE, Signal Processing Magazine*, vol. 11, pp. 18-32, 1994.

[2] D. A. Reynolds, T. F. Quatieri, and R. B. Dunn, "Speaker verification using adapted Gaussian mixture models," *ELSEVIER, Digital Signal Processing*, vol. 10, pp. 19-41, 2000.

[3] D. A. Reynolds, "An overview of automatic speaker recognition technology," *IEEE Transactions, Acoustics Speech and Signal Processing*, vol. 4, pp. 4072-4075, 2002.

[4] S. Fine, J. Navratil and R. A. Gopinath, "A hybrid GMM/SVM approach to speaker identification," *IEEE Transactions, Acoustics Speech and Signal Processing*, vol. 1, pp. 417-420, 2001.

[5] W. M. Campbell, J. P. Campbell, D. A. Reynolds, E. Singer, and P. A. Torres-Carrasquillo, "Support vector machines for speaker and language recognition," *ELSEVIER*, *Computer Speech & Language,* vol. 20, pp. 210-229, 2006.

[6] N. Dehak, P. Kenny, R. Dehak, P. Dumouchel, and P. Ouellet, "Front-end factor analysis for speaker verification," *IEEE Transactions, Audio, speech ,and Language Processing*, vol. 19, pp. 788-798, 2011.

[7] H. Larochelle, Y. Benqio, J. Louradour, and P. Lamblin, "Exploring strategies for training deep neural networks," *Machine Learning*, vol. 10, pp. 1-40, 2009.

[8] G. Hinton, L. Deng, D. Yu, G. E. Dahl, A. Mohamed, N. Jaitly, A. Senior, V. Vanhoucke, P. Nguyen, T. N. Sainath, and B. Kingsbury, "Deep neural networks for acoustic modeling in speech recognition: the shared views of four research groups," *IEEE, Signal Processing Magazine*, vol. 29, pp. 82-97, 2012.

[9] Y. Bengio, "Learning deep architectures for AI," *Found. Trends Mach. Learn*, vol. 2, pp. 1-127, 2009.

[10] A. Mohamed, G. E. Dahl, and G. E. Hinton, "Acoustic modeling using deep belief networks," *IEEE Transactions, Audio, speech ,and Language Processing*, 20, 14–22, 2013.

混合聲音事件驗證在家庭自動化之應用

林昶宏 Chang-Hong Lin
國立中央大學資訊工程學系
Department of Computer Science and information Engineering
National Central University

西雅恩 Ernestasia Siahaan
國立中央大學資訊工程學系
Department of Computer Science and information Engineering
National Central University

陳伯煒 Bo-Wei Chen
國立成功大學電機工程學系
Department of Electrical Engineering
National Cheng Kung University

莊祥瓏 Hsiang-Lung Chuang
國立中央大學資訊工程學系
Department of Computer Science and information Engineering
National Central University

謝琰棋 Wen-Chi Hsieh
國立中央大學資訊工程學系
Department of Computer Science and information Engineering
National Central University

王家慶 Jia-Ching Wang
國立中央大學資訊工程學系
Department of Computer Science and information Engineering
National Central University
jcw@csie.ncu.edu.tw

摘要

在本篇論文中，我們提出了一個在家庭自動化系統中，基於無線感測網路之混合聲音事件驗證的問題。在聲音分離階段，我們建構一個旋積盲訊號源分離系統，我們發展混合矩陣的估計方法，此混合矩陣可以用來重建分離的聲音來源。在驗證階段，我們使用從訊號小波包分解推導出的梅爾倒頻譜係數和費舍爾分數來當作支持向量機的特徵參數。實驗結果顯示了此系統在基於無線感測網路家用環境下的混合聲音驗證中具有強健性及可行性。

關鍵詞：盲訊號源分離，家庭自動化，聲音驗證，支持向量機，無線感測網路

一、簡介

近年來由於無線技術的蓬勃發展，對於感測網路的應用產生許多正面的影響。無線感測網路已被應用於不同的領域，Talantzis *et al.* [1] 使用聲音及視覺訊號來追蹤在擁擠的室內環境中活躍的語者。Nishimura and Kuroda [2] 用圖形、聲音和加速訊號來實現在環境監測中的多功能辨認或人類行為識別。無線感測網路的實際應用已經得到學術界廣泛的關注，特別是有關家庭自動化科學的研究 [3-5]。在 2007 年，Baker *et al.* [3] 發展了一個居家健康照護系統。透過在房子周圍佈署聲音感測器來讓聽障者感知周遭環境。相關的研究可以參考 [4], [5]。

在本篇論文中，我們專注在無線感測網路的訊號擷取及處理。更一步來說，本研究特別強調用於家庭自動化中，聲學無線感測網路的聲音驗證。雖然在家庭自動化的設定中有許多聲音辨認的研究 [25-30]，現今的文獻仍缺乏在家庭自動化中，對混合聲音驗證的討論。

混合聲音的分離在近年來受到極大的關注。盲訊號源分離（Blind Source Separation, BSS）嘗試在大多數的來源資訊和混合過程是未知的狀況下，將來源從混合訊號中分離。這些限制使得盲訊號源分離成為一個具挑戰性的研究議題。Chen *et al.* [7-9] 提出了三個用來做盲訊號源擷取的無線感測網路結構，包含基於分群（Cluster-Based）、無關分群（Cluster-free）和串接網路（Concatenated Networks）。這些研究替應用於無線環境的訊號源分離演算法的發展提供了有價值的成果。

在此篇論文中，我們敘述了一個基於時頻分群的旋積盲訊號源分離（Convolutive Blind Source Separation, CBSS）方法 [10]。在我們的方法中，我們並不預先假設聲音來源的數量。我們實作了聲音來源數量的估計，並且用相位補償技術來估計混合矩陣，此混合矩陣將會用來重建分離的聲音來源。在感測網路系統中，聲音訊號經過擷取以及驗證後會觸發一個服務或是回應，因此被擷取訊號的驗證扮演了一個重要的角色。在我們的研究中，我們使用梅爾倒頻譜係數（Mel Frequency Cepstral Coefficients, MFCCs）和費舍爾分數（Fisher Scores）[14] 當作聲音的特徵值，將這些特徵值送入預先定義聲音事件模組的支持向量機中（Support Vector Machines, SVM），用以決定某些事件是否發生了。

二、在無線感測網路上的聲音事件驗證

在此篇論文中，我們提出一個混合聲音事件驗證的無線感測網路架構，此網路架構包含許多無線感測節點以及一個匯集點。無線感測節點捕捉在房間內同時產生的聲音，每個感測節點附有一個小的麥克風陣列。每個感測節點中的麥克風陣列接收混合訊號並

且傳送到匯集點。

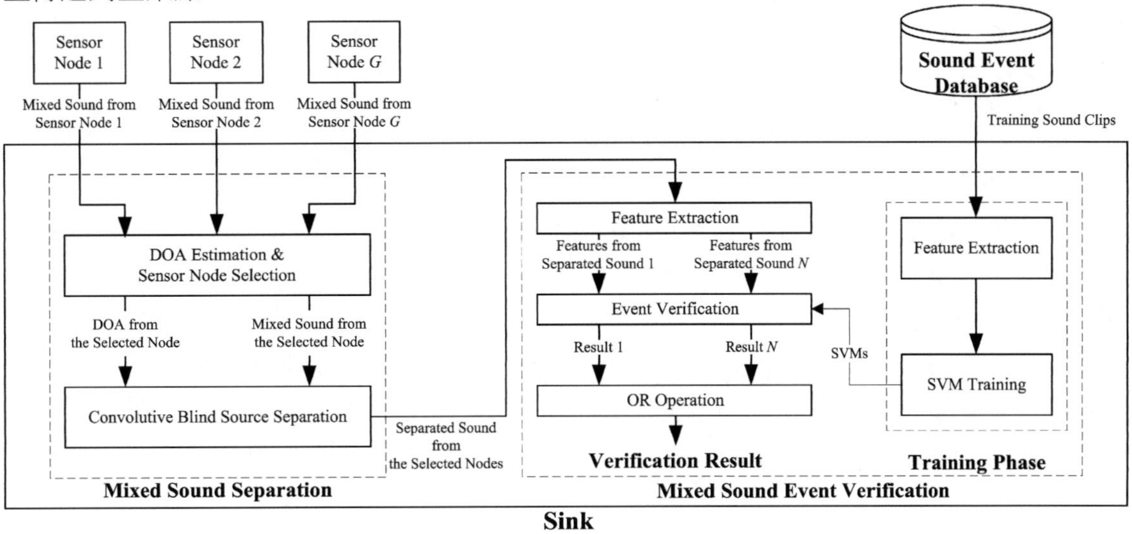

圖一、由匯集點（Sink）所執行的任務。

圖一顯示匯集點所執行的任務。第三章第四小節說明了估計從感測節點接收到的未知訊號到達方位（Directions Of Arrival，DOA）的方法。我們的觀察指出，當 DOA 差異增加時，CBSS 具有較好的分離表現。根據這個發現，系統被設計為選取擁有最大平均 DOA 差距的感測節點，同時，使用和此感測節點相關的分離訊號來執行聲音驗證。圖二為一個關於每個感測節點 DOA 差距的例子。在此例子中，感測節點 3 所接收的混合訊號將被用來執行聲音分離和驗證。我們的驗證階段的目的是驗證輸入訊號是否包含我們所感興趣的聲音。我們採用梅爾倒頻譜係數和費舍爾分數作為聲音特徵值。最後，我們使用支持向量機分類器來執行聲音驗證。

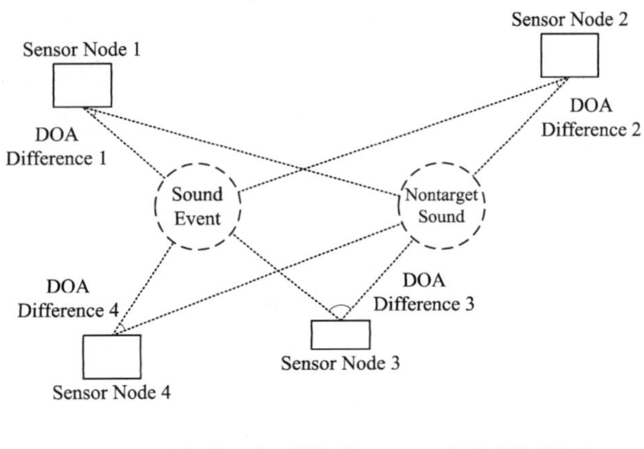

圖二、關於每個感測節點 DOA 差距的例子。

三、混合聲音分離

（一）、混合矩陣表示式

這篇論文考量到一個旋積混合型態的模型。我們利用下面的數學表示方式來描述此模型。

$$x_q(t) = \sum_{k=1}^{N}\sum_{l=0}^{L-1} h_{qk}(l)s_k(t-l) \tag{1}$$

其中 x_q 是感測器 q 對應的混合訊號，s_k 為源訊號 k，h_{qk} 則是語者 k 到麥克風 q 的脈衝響應，並且令這個濾波器(Filter)的型式為一個 L 階(L-Tap)的有限脈衝響應(Finite Impulse Response, FIR)濾波器。由於語音在時間域上的稀疏特性並不明顯，所以我們採用短時傅利葉轉換（Short Time Fourier Transform, STFT），以取樣頻率 f_s 將時間域上的混合訊號 $x_q(t)$ 轉換成頻率域上的時間序列 $x_q(f,\tau)$，其中 f 是某個頻帶，τ 為短時傅利葉轉換音窗的指標（Frame Index）。在時頻域上執行盲訊號源分離的另一個好處是我們可以將旋積混合過程單純視為各個頻帶的瞬時混合型式，即如同以下之敘述。

$$X(f,\tau) = H(f)S(f,\tau) = \sum_{k=1}^{N} H_k(f)S_k(f,\tau) \tag{2}$$
$$\text{, where } X(f,\tau)\in C^{M\times 1}, S(f,\tau)\in C^{N\times 1}, H(f)\in C^{M\times N}$$

其中 $X(f,\tau)$ 和 $S(f,\tau)$ 分別代表混合訊號以及來源訊號在時頻域上的成份。$H(f)$ 則是某一個頻帶的混合矩陣。然而，假設在一個時頻點上，只有一個來源訊號在活動，我們令 $H_k(f)$ 是 $H(f)$ 的第 k 個行向量，則可將式子(2)簡化為：

$$X(f,\tau) = H_k(f)S_k(f,\tau) \quad ,k\in\{1,\cdots,N\} \tag{3}$$

所謂的波束形成（Beamforming），即為一種空間上之濾波器，它利用訊號的空間關係，希望能夠對不同方向的訊號做出不同的增益，以達到空間濾波的效果，藉以分離空間中不同方向聲源的訊號。依波束形成定理，我們靠著麥克風陣列的來源訊號方向和時間延遲去近似混合過程。因此當頻率為 f 時，語者 k 到麥克風 q 的混合係數可表示為：

$$h_{qk}(f) = g_{qk}e^{j2\pi f c^{-1} d_q \cos\theta_k} \tag{4}$$

其中 g_{qk} 為訊號 k 至麥克風 q 的增益值，d_q 表感測器 q 與麥克風陣列中心之間的距離，θ_k 是源訊號 k 對應到麥克風陣列的角度。我們可利用式子(4)，將混合矩陣表現成下面的形式，往後有關混合矩陣的推導過程，多數都是建立在這個預設形式之上。

$$H(f) = \begin{bmatrix} h_{11}(f) & \cdots & h_{1N}(f) \\ \vdots & \ddots & \vdots \\ h_{M1}(f) & \cdots & h_{MN}(f) \end{bmatrix} \tag{5}$$

（二）、特徵值選取

我們定義了兩個混合訊號的特徵參數（Level-Ratio 和 Phase-Difference）[11]。利用觀察資料的二階範數對混合訊號的絕對值頻譜（Magnitude Spectrum）做正規化，我們稱之為 Level-Ratio，這邊用$\psi_q^L(f,\tau)$表示；至於 Phase-Difference 被定義成與一個指定的混合訊號之間的相位角度差，以$\psi_q^P(f,\tau)$來表示。它們的表示式分別顯示如下：

$$\psi_q^L(f,\tau)=\frac{\left|x_q(f,\tau)\right|}{\left|X(f,\tau)\right|_2} \tag{6}$$

$$\psi_q^P(f,\tau)=\phi\left[x_q(f,\tau)\right]-\phi\left[x_1(f,\tau)\right] \tag{7}$$

其中ϕ為相位的運算子。然後利用一個複數表示式（Complex Representation）來表現這兩個特徵參數。

$$\psi_q(f,\tau)=\psi_q^L(f,\tau)\times\exp[j\psi_q^P(f,\tau)] \tag{8}$$

於是我們得到了一個新的樣本型態(Sample Form)，由 M 個 Level-Ratio 和 Phase-Difference 組成的複數值所構成。將原先的觀察資料轉換成這樣的資料型式後，我們即可使用這些新建立的樣本，做後續的處理和訊號分析，包括估計源訊號個數以及混合矩陣。令 T 為向量的轉置，則樣本型態表示如下：

$$\Psi(f,\tau)=\left[\psi_1(f,\tau)\ \cdots\ \psi_M(f,\tau)\right]^T \tag{9}$$

（三）、混合矩陣估測

利用著名且應用廣泛的分群方法 K-Means 演算法，將樣本型態分割到 N 個群聚 $C_i,\ldots,C_N$ 中，並且利用下面的式子獲得混合向量：

$$h_i=\frac{1}{\left|C_i\right|}\sum_{\Psi\in C_i}\Psi,\ \ i\in\{1,\cdots,N\} \tag{10}$$

其中$|C_i|$代表第 i 個群聚擁有的樣本數。然而每個混合向量都會對應到一個來源訊號。因為我們是根據每個頻帶上的時間序列去估測混合矩陣，所以各個頻帶執行過 K-Means 演算法後都會回傳 N 個群聚，並求出代表的 h_i。最後，如何確認 h_i 在矩陣中的位置也是一個很重要的問題。

根據式子(4)，可以得知

$$\frac{h_i(r)}{h_i(s)}=\frac{g_{ri}}{g_{si}}e^{j2\pi fc^{-1}(d_r-d_s)\cos\theta_i} \tag{11}$$

所以經推導後，DOA 可以由下式獲得

$$\theta_i = \cos^{-1} \frac{\phi\left(h_i(r) \big/ h_i(s) \right)}{2\pi f c^{-1}(d_r - d_s)} \tag{12}$$

其中 r、s 是麥克風陣列中兩支距離最近的，它們在混合向量 h_i 中所對應到的指標；d 表示 r、s 兩支麥克風之間的距離。因為我們對所有 $h_i(i=1,\ldots,N)$都偵測 DOA，所以共得到了 N 個角度值。最後根據這個結果確定 h_i 在混合矩陣中所對應的行索引。

假設混合訊號的某個時頻點 $X(f,\tau)$，只有源訊號 k 為非零的值。透過式子(3)和式子(4)，可將 $X(f,\tau)$可表現為：

$$\begin{aligned} X(f,\tau) &= \begin{bmatrix} g_{1k} e^{j2\pi f c^{-1} d_1 \cos\theta_k} \\ \vdots \\ g_{Mk} e^{j2\pi f c^{-1} d_{M\cos\theta_k}} \end{bmatrix} \times g_{s_k(f,\tau)} e^{j\phi[s_k(f,\tau)]} \\ &= \begin{bmatrix} g_{1k} g_{s_k(f,\tau)} \times e^{j(2\pi f c^{-1} d_1 \cos\theta_k + \phi[s_k(f,\tau)])} \\ \vdots \\ g_{Mk} g_{s_k(f,\tau)} \times e^{j(2\pi f c^{-1} d_M \cos\theta_k + \phi[s_k(f,\tau)])} \end{bmatrix} \end{aligned} \tag{13}$$

因為本論文要對由 Level-Ratio 以及 Phase-Difference 所組成的樣本作群聚分割。所以，得出了混合訊號樣本在極度稀疏的情形下表現的型式後，我們將式子(13)代入式子(6)和式子(7)，看看若利用這種形態的樣本去定義 Level-Ratio 和 Phase-Difference 這兩種特徵參數，$\psi_q^L(f,\tau)$和$\psi_q^P(f,\tau)$分別為：

$$\psi_q^L(f,\tau) = g_{qk} \big/ norm([g_{1k} \cdots g_{Mk}]^T) \tag{14}$$

$$\begin{aligned} \psi_q^P(f,\tau) &= (2\pi f c^{-1} d_q \cos\theta_k + \phi[s_k(f,\tau)]) \\ &\quad - (2\pi f c^{-1} d_1 \cos\theta_k + \phi[s_k(f,\tau)]) \\ &= 2\pi f c^{-1}(d_q - d_1)\cos\theta_k \end{aligned} \tag{15}$$

然後，同樣的將上述兩個特徵參數用複數表示形態來敘述。最後，樣本$\Psi(f,\tau)$會以下面的樣子呈現。

$$\Psi(f,\tau) = \begin{bmatrix} \psi_1^L(f,\tau) \times e^{j2\pi f c^{-1}(d_1 - d_1)\cos\theta_k} \\ \psi_2^L(f,\tau) \times e^{j2\pi f c^{-1}(d_2 - d_1)\cos\theta_k} \\ \vdots \\ \psi_M^L(f,\tau) \times e^{j2\pi f c^{-1}(d_M - d_1)\cos\theta_k} \end{bmatrix} \tag{16}$$

其中，第一項為一實數值。藉由上式，我們可以說，當語音具有極度稀疏的性質時，只會因為主導的源訊號不同造成 θ_k 的改變而產生 N 種型式的 $\psi(f,\tau)$。所以當結束分群演算法估計混合矩陣之行向量的程序，並且解決了排列問題後，在最理想的情況下，也就是當極度稀疏的條件成立時，混合矩陣會長成：

$$\begin{bmatrix} \psi_{11}^{L} & \cdots & \psi_{1N}^{L} \\ \psi_{21}^{L}e^{j2\pi fc^{-1}(d_2-d_1)\cos\theta_1} & \cdots & \psi_{2N}^{L}e^{j2\pi fc^{-1}(d_2-d_1)\cos\theta_N} \\ \vdots & \ddots & \vdots \\ \psi_{M1}^{L}e^{j2\pi fc^{-1}(d_M-d_1)\cos\theta_1} & \cdots & \psi_{MN}^{L}e^{j2\pi fc^{-1}(d_M-d_1)\cos\theta_N} \end{bmatrix} \tag{17}$$

盲訊號源分離在欠定的條件下，根據式子(2)，源訊號 S 可以有無限多個解，所以我們利用最小化$\ell 1$ 的範數以及 X=HS 作為限制式，此最佳化問題的解即為所求。如下列式子所示：

$$\min_{S}\sum_{i}\left|S_i\right|,\quad i=1,\cdots,N,\quad s.t.\ \ HS=X \tag{18}$$

從這無限多組解中選取一個適當的答案。恢復源訊號的步驟就是依靠這個以最大後驗機率(Maximum a Posteriori, MAP)為基礎的方法 [12]。

四、聲音驗證

（一）、支持向量機

支持向量機（Support Vector Machines, SVM）[13] 是一個藉著建立最佳超平面（Hyperplane）使得兩類之間的margin最大的一種二元分類器。假設最佳分離超平面 $(w\cdot x)+b=0$ 最大化margin $2/\|w\|^2$，其中 $w\in\mathbb{R}^d$ 且 $b\in\mathbb{R}$。根據決策函數（Decision Function）資料點 x 被標記成 $y\in\{1,-1\}$

$$f(x)=\text{sign}((w\cdot x)+b) \tag{19}$$

我們可以在 SVM 中使用核方法（Kernel Methods）。首先，將分離超平面函數表示成資料點 x 的內積，則決策函數可以寫成下面這個式子：

$$f(x)=\text{sign}(\sum_{i=1}^{m}\alpha_i x_i\cdot x+b) \tag{20}$$

其中 α 為拉普拉斯乘數（Lagrange Multiplier），i 為向量的數量。此向量乘積可被核函數（Kernel Function）$k(x,x_i)$ 所取代，

$$f(x)=\textbf{sign}(\sum_{i=1}^{m}\alpha_i k(x,x_i)+b) \tag{21}$$

藉由使用Mercer's理論，我們可以引入一個映射函數（Mapping Function）$\varphi(x)$，使得 $k(x_j, x_i) = \varphi(x_j)\varphi(x_i)$。藉由將原始輸入空間$\mathbb{R}^d$投影到其他空間，此方法提供了處理非線性資料的能力。

（二）、聲音特徵值擷取

1、梅爾倒頻譜係數

為了從聲音訊號中擷取梅爾倒頻譜係數 [14]，我們將聲音訊號切成短時窗（Short-Time Window）並對每個短時窗進行快速傅立葉轉換（Fast Fourier Transform）。然後將頻譜所包含的能量映射到使用三角濾波器頻帶的梅爾尺度上。在每個梅爾濾波頻帶上，我們計算對數能量，最後用離散餘弦轉換（Discrete Cosine Transform）來得到MFCCs。

2、費舍爾分數空間

費舍爾分數使用一組參數生成模型，此模型將一串序列映射到固定維度空間的單一點上，例如：分數空間 [15]。藉由生成模型的似然值（Likelihood）分數來執行此映射。在這項研究中，我們推導出費舍爾分數用來將節點的機率分佈對映到聲音的小波包分解。根據經驗，每個節點被視作一種單一高斯分佈。

給定一個參數集為θ的生成模型 $p(X|\theta)$，我們可以藉由下列的式子得到相關的分數空間。

$$\Psi_{F,f}(X) = F(f(p(X\,|\,\theta))) \tag{22}$$

在上式中，Ψ表示分數向量；$f(p(X|\theta))$表示分數參數，此分數參數為本篇論文中生成模型的對數似然函數；F表示將分數參數對應到分數空間的分數運算。

五、實驗結果

我們實驗的第一個目標在證明我們的聲音分離階段的表現。接著，我們藉由比較混合和分離的聲音的驗證結果來展示聲音分離對聲音驗證的貢獻。在此研究中，我們利用三種我們感興趣的聲音訊號種類來作為目標聲音，例如：門鈴響、玻璃破裂和敲門聲。我們還定義了四個不希望得到的聲音，包含貓叫、狗吠、彈鋼琴及人說話來當作非目標聲音。在訓練階段，我們用從這些類別的乾淨聲音取出的特徵值來訓練 SVM 分類器。此外，20 個從目標類別選出的乾淨聲音檔案及 30 個從非目標類別選出的聲音片段也被用來訓練 SVM 分類器。我們的系統中使用的聲音長度是 1 秒，取樣率為 8 kHz。

我們用目標聲音和人說話聲的混合訊號來測試系統。在第一個實驗中，我們用不同的 DOA 差異值來評估聲源數量估計和分離的表現。我們採用訊號干擾比（Signal-To-Interference Ratio, SIR）[16] 來評價分離的表現。

表一、不同 DOA 差異值的平均 SIR

DOA Difference	40°	80°	160°
SIR of Separated Sound	17.5794 db	17.7916 db	18.7986 db

表一列出了三種不同的 DOA 差異值（40°, 80°, 和 160°）的平均 SIR。實驗結果顯示越大的 DOA 差異通常導致越高的 SIR，進而保證了較佳的分離訊號。這樣的測試支持了系統選擇具有最大 DOA 值的感測節點來進行訊號分離。

在驗證系統方面，我們比較了混合訊號和分離訊號的驗證表現。在分離訊號方面，系統會檢視在兩個訊號中，是否有從屬於目標類別的分離程序所產生的訊號。若這兩個訊號皆不為目標聲音，則將此聲音訊號歸屬在非目標類別。對每個音檔，我們從每個聲音訊號的音框取出 13 維 MFCCs，以及所有音框的 MFCCs 的平均值及標準差來作為聲音特徵。同時，我們從每個訊號的 3 階小波包分解樹（Three-Level Wavelet Packet Decomposition Tree）中取出 16 個費舍爾分數，得到總數為 42 維的特徵向量。我們使用 F-Score [17]量測方法來評測我們的系統。

表二、基準系統和提出的系統在驗證表現的比較

Sound Class	F-score		
	Mixed Sounds	Separated Sounds (Baseline)	Separated Sounds (Proposed System)
Doorbell Ringing	0.00	0.46	0.92
Glass Breaking	0.82	0.80	0.92
Door Knocking	0.23	0.00	0.32

表二為三個目標聲音類別的混合聲音及分離聲音的驗證結果比較。我們可以看出在驗證系統中，用分離訊號比用混合訊號的效果來的好很多。此外，我們提出的 CBSS 系統表現也比基準系統優異。

六、結論

在本篇論文中，我們描述了一個在家庭自動化中，基於無線感測網路之混合聲音事件分離和驗證系統。我們說明了旋積盲訊號源分離可以被用來分離混和聲音事件訊號。除了混合聲音分離，我們採用支援向量機來進行聲音驗證。所使用的特徵集包含 MFCCs 和 Fisher Scores。我們的實驗顯示，所提出的混合聲音分離架構顯著地增進了聲音驗證的結果。

參考文獻

[1] F. Talantzis, A. Pnevmatikakis, and A. G. Constantinides, "Audio-visual active speaker racking in cluttered indoor environments," *IEEE Trans. Systems, Man, and Cybernetics, Part B: Cybernetics,* vol. 38, pp. 799-807, Jun. 2008.

[2] J. Nishimura and T. Kuroda, "Versatile recognition using Haar-like feature and cascaded

classifier," *IEEE Sensors Journal*, vol. 10, pp. 942-951, May 2010.

[3] C. R. Baker, K. Armijo, S. Belka, M. Benhabib, V. Bhargava, N. Burkhart, A. Der Minassians, G. Dervisoglu, L. Gutnik, M. B. Haick, C. Ho, M. Koplow, J. Mangold, S. Robinson, M. Rosa, M. Schwartz, C. Sims, H. Stoffregen, A. Waterbury, E. S. Leland, T. Pering, and P. K. Wright, "Wireless sensor networks for home health care," in *Proc. 21st Int. Conf. Advanced Information Networking and Applications Workshops*, Niagara Falls, Canada, 2007, May 21–23, pp. 832–837.

[4] A. Sleman and R. Moeller, "Integration of wireless sensor network services into other home and industrial networks using device profile for web services (DPWS)," in *Proc. 3rd Int. Conf. Information and Communication Technologies: From Theory to Applications*, Damascus, Syria, 2008, Apr. 07–[12p. 1–5.

[5] H. Yan, H. Huo, Y. Xu, and M. Gidlund, "Wireless sensor network based E-health system—Implementation and experimental results," *IEEE Trans. Consumer Electronics*, vol. 56, no. 4, pp. 2288–2295, Nov. 2010.

[6] J.-C. Wang, H.-P. Lee, J.-F. Wang, and C.-B. Lin, "Robust environmental sound recognition for home automation," *IEEE Trans. Automation Science and Engineering*, vol. 5, no. 1, pp. 25–31, Jan. 2008.

[7] H. Chen, C. K. Tse, and J. Feng, "Source extraction in bandwidth constrained wireless sensor networks," *IEEE Trans. Circuits and Systems II: Express Briefs*, vol. 55, no. 9, pp. 947–951, Sep. 2008.

[8] H. Chen, C. K. Tse, and J. Feng, "Impact of topology on performance and energy efficiency in wireless sensor networks for source extraction," *IEEE Trans. Parallel and Distributed Systems*, vol. 20, no. 6, pp. 886–897, Jun. 2009.

[9] B. Bloemendal, J. v. d. Laar, and P. Sommen, "Blind source extraction for a combined fixed and wireless sensor network," in *Proc. 20th European Signal Processing Conference*, Bucharest, Romania, 2012, Aug. 27–31, pp. 1264–1268.

[10] A. Aissa-El-Bey, K. Abed-Mraim, and Y. Grenier, "Blind separation of underdetermined convolutive mixtures using their time-frequency Representation," *IEEE Trans. Audio, Speech, Lang. Process.*, vol. 15, pp. 1540-1550, Jul. 2007.

[11] S. Araki, H. Sawada, R. Mukai, and S. Makino, "Underdetermined blind sparse source separation for arbitrarily arranged multiple sensors," *Signal Processing*, vol. 87, pp. 1833-1847, Feb. 2007.

[12] S. Winter, W. Kellermann, H. Sawada, and S. Makino, "MAP-based underdetermined blind source separation of convolutive mixtures by hierarchical clustering and l_1-norm minimization," *EURASIP Journal on Advances in Signal Processing*, vol. 2007, Article ID 24717, 12 pages.

[13] V. Vapnik, *Statistical Learning Theory*, New York: Wiley, 1998.

[14] J. C. Wang, J. F. Wang, and Y. S. Weng, "Chip design of MFCC extraction for speech recognition," *Integration, the VLSI journal*, vol. 32, pp. 111–131, 2002.

[15] V. Wan and S. Renals, "Speaker verification using sequence discriminant support vector machines," *IEEE Trans. Speech and Audio Processing*, vol. 13, pp.203-210, Mar. 2005.

[16] E. Vincent, R. Gribonval and C. Fevotte, "Performance measurement in blind audio source separation," *IEEE Trans. Audio, Speech Lang. Process.*, vol. 14, pp. 1462-1469, 2006.

[17] T. Kemp, M. Schmidt, M. Westphal, and A. Waibel, "Strategies for automatic segmentation of audio data," in *Proc. Int. Conf. Acoust., Speech, Signal Process.*, vol. 3, 2000, pp. 1423–1426.

以狄式分佈為基礎之多語聲學模型拆分及合併

Multilingual Acoustic Model Splitting and Merging by Latent Dirichlet Allocation

葉瑞峰 Jui-Feng Yeh
國立嘉義大學資訊工程學系
Department of Computer Science and Information Engineering
National Chiayi University
Ralph@mail.ncyu.edu.tw

李勝豐 Sheng-Feng Li
國立嘉義大學資訊工程學系
Department of Computer Science and Information Engineering
National Chiayi University
s1010431@mail.ncyu.edu.tw

許希聖 Shi-Sheng Shiu
國立嘉義大學資訊工程學系
Department of Computer Science and Information Engineering
National Chiayi University
s0990431@mail.ncyu.edu.tw

摘要

在整合型多語辨識環境下，如何避免不同語言間的音標混淆是重要的課題之一。本篇論文針對相異語言間的聲學模型混淆，提出以狄式分佈(LDA, Latent Dirichlet Allocation)為基礎的聲學模型混淆度偵測。以三連音素聲學模型為基礎將聲學模型分裂後再使用潛藏狄式分佈選擇合併的聲學模型組後並進行合併，以解決因為不同語言發音變異所產生的聲學模型混淆度。本篇論文分為三個部分，第一部分為介紹發音屬性和語音事件，其為從訊號面尋找各種特徵並與特定聲學模型之間的相關性。第二部分為介紹狄式分佈(LDA, Latent Dirichlet Allocation)以及模型間混淆度的偵測方法，狄式分佈是一個階層式的數學模型，早期是由 David M. Blei 等人提出用來做為文件分類及文件產生所使用，但其架構相當適合應用在語音辨識、自然語言處理等領域。最後部分則是對本論文所提出之方法進行實驗驗證並分析。

關鍵詞：多語辨識，狄式分佈，模型拆分，模型合併

Abstract

To avoid the confusion of phonetic acoustic models between different languages is one of the most challenges in multilingual speech recognition. We proposed the method based on Latent Dirichlet Allocation to avoid the confusion of phonetic acoustic models between different languages. We split phonetic acoustic models based on tri-phone. And merging the group that selected by Latent Dirichlet Allocation Detector to solve pronunciation variants problems between different languages. This paper has three parts. First part is introduced the Pronunciation Event and Articulatory Features. Second part is about Latent Dirichlet Allocation and the acoustic model selecting method using Latent Dirichlet Allocation. Latent Dirichlet Allocation is a Hierarchical math model that proposed by David M. Blei at 2003. It is often used on documents classification and document generation. The structure of LDA is also suitable for speech recognition and nature language processing. The final is experiment result and verification the method we proposed.

Keywords: Multilingual speech recognition, Latent Dirichlet Allocation, Acoustic Model Splitting, Acoustic Model Merging

一、緒論

(一)研究動機

由於目前網路與交通的發達，使得全球化成為必然的趨勢，再加上台灣本身就是屬於一個多族群社會，因此在日常生活環境中接觸到其他語言的機會也日進增加。除了平常所聽到和看到的資訊含有其他語言外，現在連平時對話也會經常含有英文、台語甚至是日語的情況產生。也因此語音辨識成為近年來熱門的科學研究項目之一，而且市面上也有許多相關應用類產品，例如：Google Android 平台的 Google Voice Search、Apple 的 Siri 語音助理…等，但目前這些平台都只能對單一種語言進行辨識，因此難以應付日進增加的多語環境，因此需要一種可以辨識多種語言的辨識器。

早期的多語辨識器第一步是先將語言類型辨識出來後，再將輸入的語音訊號送進對應的辨識器辨識。但是由於不同語言的音標集合並不完全相同，且多數的語音辨識器是針對特定語言的音標集合進行模型之訓練，因此若是在第一階段的語言種類辨識錯誤，而將輸入語句送入所對應的錯誤語言辨識器中，則所產生的結果將會是幾乎完全不符預期。而其綜合辨識正確率也會受到兩個元件的錯誤疊加而降低。為了解決此問題，將前後整合在一起設計一個辨識器可以直接辨識多國語言的架構則被採用，以減少錯誤率的累加。要將多個語言整合在同一辨識器內大致上可分為三種方法，第一種是將各個單一語言的音標集合併成共同音標集合，並以此為依據來建立多語的辨識器。第二種是使用專家知識所建立的跨語言音標集合來合併不同語言的音標，目前國際音標集合有國際音標(The International Phonetic Alphabet, IPA)、字母音標評估法(Speech Assessment Methods Phonetic Alphabet, SAMPA)、Worldbet 等。第三種是計算不同音標之間的相似性，並由估算出來的相似性來建立共同的音標集。

本文主要注重於使用專家知識所建立的跨語言音標集合之方法，在此主要是使用國際音標(The International Phonetic Alphabet, IPA)，雖然 IPA 提供了一個通用的音標符號集，但在不同語言的情況下，會出現雖然屬於同一個音標，但是其發音模式仍然會有些不同的情況。或者是不同語言的不同的音標，但是其發音模式卻極為相似。為了解決上述之問題，因此將同音標但發音不同的聲學模型進行拆分，而音標不同發音類似的聲學模型進行合併，以減少混淆的情況。

(二)相關研究

為了解決發音變異而造成語音模型混淆的情形，國外學者根據不同的發音變異法進行了許多的研究。關於個人化發音變異的研究，1993 年 Hamada 和 Miki 等人提出，運用動態規劃(dynamic programming)和向量量化(vector quantization)的方式比較 Native Speaker 與 Non-Native Speaker 在同一個字發音上的差異[2]。1996 年 Neumeyer 和 Franc 等人則定義了 HMM Log-Likelihood、Segment duration 和 Timing 等特徵參數，針對整個句子做發音評估，而且實驗的結果發現 normalized segment duration scores 與專家給予的分數中有最高的相關性[3]。1997 年 Ronen 等人提出 MisPronunciation network 的概念。考慮每個音素在 native speaker 與 non-native speaker 的發音情形，建立對應的 HMM Model，辨識的時候發音網路同時考慮 native speaker 與 non-native speaker 的發音情形[4]。1999 年 Franco 等則是使用兩個分別由 native speaker 與 non-native speaker 所訓練的聲學模型，利用 log-likelihood ratio 來評估發音錯誤，同時也證明了這樣的方法比利用 a posterior score 的方式與專家所給予的分數有更高的相關性[5]。在模型方面，則是麻省理工學院的 Final State Transducer (FST) [6]。

Haizhou Li, Bin Ma, and Chin-Hui Lee 於期刊上發表的研究多語辨識[7]，提出了新的辨識單元構想，不再以音標為單元而是用人類實際發音的方法來做為單位。此方法是從訊號面尋找各種特徵，並以這些特徵建立出各種發音事件(Pronunciation Event)的辨識器，並將所有發音事件辨識器結果進行交叉比對出所要辨識單元之音標，此方法可以有效減低聲學模型數量，因此具有較佳的抗噪能力[8]。

王小川[9]教授在”語音信號處理”一書中對於語音辨識的基礎知識背景和流程有相當詳細的敘述，對於想要學習語音辨識的人是一本很好的入門書籍。長庚大學則是長年來進行台灣本土語言的研究，梁敏雄[10]建立以 IPA 為基礎的台語音標集合 ForPA、文字轉語音(TTS)和發音偵錯應用於語言教學與台語語音語料庫設計與收集。陳志宇[11]則探討了同時對國台雙語的大詞彙連續語音辨識。楊永泰[12]將音標替換改變成中文而將隱藏式馬可夫模型運用在中文辨識上。

非本國母語人士所講的語言會產生發音變異，例如台灣人講英文，此種發音變異會使系統產生極大的誤判。國立成功大學的蔡佩珊、沈涵平、吳宗憲[13]提出以更小的單位 — senone 作為基本的辨識單元，以更加詳細的模擬發音變異，並建立包含發音變異之英文聲學模型。

二、系統架構

(一)系統框架

圖一為本論文之系統架構。根據其處理流程可以分為訓練階段與測試階段。訓練階段為使用狄式分佈進行對音素聲學模型的混淆偵測，測試階段則是將混淆發生的模型進行分割或合併後進行效能測試。

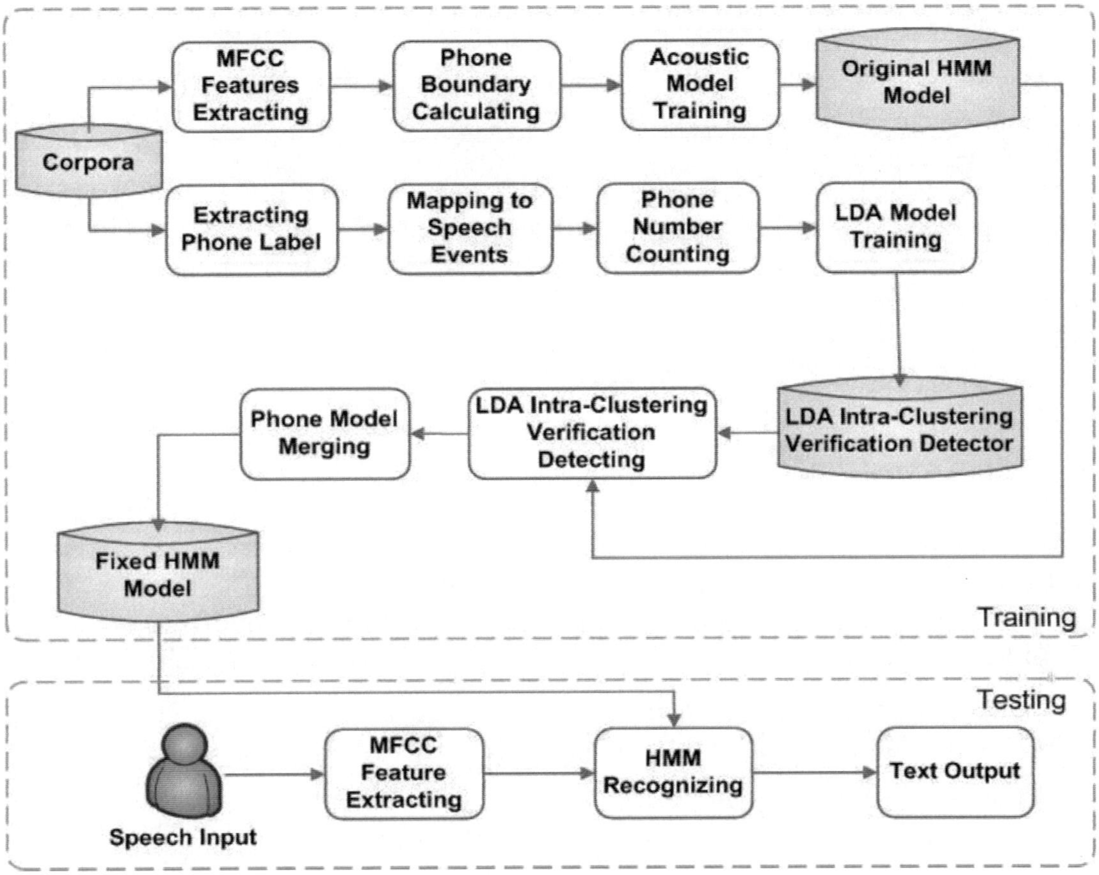

圖一、系統架構

(二)訓練部分

在訓練時的初始階段為使用 39 維 MFCC 參數和 HTK 來建立起以隱藏式馬可夫模型(HMM, Hidden Markov Model)為基礎的多語言 Tri-phone 聲學模型。此階段將不同語言相同音標視為不同音標，並且根據 Tri-phone 定義分裂模型，但是不進行 State-Tying 和模型合併。第二階段為使用語料標記建立以狄式分佈(LDA, Latent Dirichlet Allocation)為基礎的偵測器：群內驗證偵測器(Intra-clustering verification Detector)。過來根據以狄式分佈為基礎的群內驗證偵測器分別根據發音部位和發音方法進行分群，由於每一個音素都可以對應的單一的發音部位和發音方法，因此將發音方法與發音部位皆分類在同一群之音素定為合併目標，而將沒有兩者皆分類在同一群的音標示為不同之分群。最後再根據此分群對第一階段所建立的聲學模型進行合併，最後即可得到修正過之聲學模型。

(三)測試部分

測試部分最主要的是對訓練階段所修正的聲學模型進行效能與正確性測試。從使用者輸入的語句抽取 39 維 MFCC 參數和語音屬性並使用修正過的聲學模型進行辨識，並根據辨識結果來判斷是否有減少聲學模型混淆程度。

三、發音事件

為了解決語音辨識的瓶頸，美國喬治亞理工學院的李錦輝(C.-H. Lee)教授提出了偵測式(Detection-based)的方法，其主要概念為人類再發音的時候會有發音部位(Place)與發音方法(Manner)，藉由發音語言學來描述語音。而發音部位與發音方法則統稱為發音事件。而為了要偵測發音事件，則藉由直接觀察語音訊號來尋找出特定發音事件下的有效特徵來偵測，而這些特徵則稱為語音屬性(Articulatory Features)。其特性是藉由多層化架構而縮減了模型數量，也因為與人類發音的方法有所關連，因此其具有較高的強健性。因此對於不同語言相同音標也較不容易產生混淆。為了處理在多語辨識的環境下的音標混淆，本文使用了發音事件來進行偵測。

發音事件有許多不同的分類法，但其共通特性則為可以跨語言的對應到特定的音標，因此為了建立起跨語言的音標集合，本文主要使用了國際音標集合(Internal Phone Alphabet ,IPA)之定義來進行發音事件分類。經過對台語音標(ForPA)、國語音標和英文(KK 音標)對應後，使用到的發音方法(Manner)總共有六類：鼻音(Nasal)、塞音(Stop)、摩擦音(Fricative)、近音(Approximant)、塞擦音(Affricate)和顫音(Trill)。而使用的發音部位(Place)總共有十三類：雙唇音(Bilabial)、唇齒音(Labio-dental)、唇軟顎(Labio-velar)、齒音(Dental)、齦音(Alveolar)、齦後音(Post-alv)、捲舌(Retroflex)、齦顎音(Alveolo-palatal)、齦硬顎(Palato-alveolar)、硬顎音(Patatal)、軟顎(Velar)、小舌音(Uvular)和聲門音(Glottal)。

四、潛藏狄式分佈偵測器

(一)概述

潛藏狄式分佈是一種階層化的生成機率模型，是由 David M. Blei[1]於 2003 年所提出的，最初是用於文章和文本的主題偵測。狄式分佈模型有一個先決條件：詞袋假設(Bag of Words Assumption)，也就是不考慮詞彙(Word)在文章中的出現順序和文法關係，只考慮單一詞彙在特定文章中之出現次數。其所使用之原理為某些詞彙在特定主題下出現之機率和次數較高，因此狄式分佈的模型建立方式為統計各個詞彙(Word)在文本中出現的次數來計算。由於此方法在文本和文章分類可以取得相當好的成效，因此被廣泛的使用於主題偵測和主題分類的應用上。

在多語環境下，因為不同語言的語者間之發音變化幅度會相當的大，也因此若是根據以往的聲學模型只使用短期內(Short-term)的資料來辨識所能提升的效能幅度有限，而且在發音變異產生的狀況下也難以只使用訊號上短期的資料來加以識別。但語音訊號的時變性相當的大，因此在訊號面一次使用較長資料的方法難度也高。所以本文根據語料標記使用狄式分佈將整句的資訊也一併考慮以提升對發音變異之強健性。

(二)潛藏狄式分佈模型(Latent Dirichlet Allocation Model)

1. 潛藏狄式分佈(Latent Dirichlet Allocation)

潛藏狄式分佈(Latent Dirichlet Allocation, LDA)是由機率式潛藏語意分析(Probabilistic Latent Semantic Analysis, PLSA)延伸發展而來，而機率式潛藏語意分析又是由潛藏語意分析(Latent Semantic Analysis, LSA)發展而來。上述三個模型都是屬於潛藏主題模型(Latent Topic Model)，由於 N 連模型所面臨的缺乏長距離資訊和資料稀疏問題，而潛藏主題模型則是解決問題多種方法的其中之一。其概念為使用非監督式學習方法(Unsupervised Training)來找出隱含於文件或文章中的最主要的主題語意資訊。

潛藏狄式分佈不同於機率式潛藏語意分析的地方在於從文件到主題之間多了一層的狄式分布(Dirichlet Distribution)，使得模型參數數量不會因為語料增加而大幅度的增加，同時對於出現在語料庫外的文件也可以從狄式分佈中取出一個最適合此文件的潛藏主題機率分佈。由於潛藏狄式分佈是藉由逆向通過文件建立生成模型，因此要先理解潛藏狄式分佈是如何產生一篇文章的。

假設語料庫 M 中有 K 個主題，$T_1,T_2,T_3,\ldots T_k$，並且有 V 個字彙，當隨機選取一個主題 T_i 的時候，以 T_i 為主題的文章則有一的序列文字，而這些文字與 T_i 有關連，並且有一個機率值代表在主題 T_i 下時每個文字所出現之機率。而選擇其他主題時後也會有相同的參數來描述該主題。此時限定文檔長度為 N，不停的挑選文字直到數量到 N 後，便可以藉由對應的參數得到該建立文件對於各主題的相關性。

2.潛藏狄式分佈偵測器

雖然偵測式方法(Detection Based)在多語環境下對於不同語言同音標之發音仍然具有高強健性不至於混淆，但是往往不同語言的語者對於相同音標之發音變異仍然會使得發音事件產生混淆，有鑒於此現象難以使用短距離的訊號來解決，因此我們使用長距離詞彙語意資訊來協助偵測出混淆的問題。並將會發聲混淆的聲學模型以及性質相同的聲學模型進行合併。不同於三連音素模型(Tri-Phone)的狀態聚類(State-Tying)根據短距離的資料相似度合併，我們藉由潛藏狄式分佈擷取長距離詞彙語意資訊，例如觸發詞對，以及使用了發音語言學的定義對分裂的三連音素模型進行聲學模型的合併。

由於潛藏狄式分佈具有詞袋假設的前提下，其所觀察到的資料長度足夠包含長距離的詞彙語意資訊。因為語音事件和語音屬性的相互關係也是屬於階層化架構，因此根據其聲學模型的相互關係對潛藏狄式分佈之架構重新建構後之圖型表示法如圖二 ，圖形中參數所代表之意義如表一。

在這裡將每一段語句(Utterance)視為一個文件(Document)，因此根據潛藏式狄式分佈定義則可以得到特定發音事件與語意上的相對關係。而聯合機率分佈為

$$p(M|\alpha_M,\alpha_P,\beta) = \iint p(\theta_M|\alpha_M)\,p(\theta_P|\alpha_P)\left\{\prod_{n=1}^{N} p(Z_M|\theta_M)p(Z_P|\theta_P)p(w|Z_M,Z_P,L,\beta)\right\}d\theta_M d\theta_P \quad (式 4.1)$$

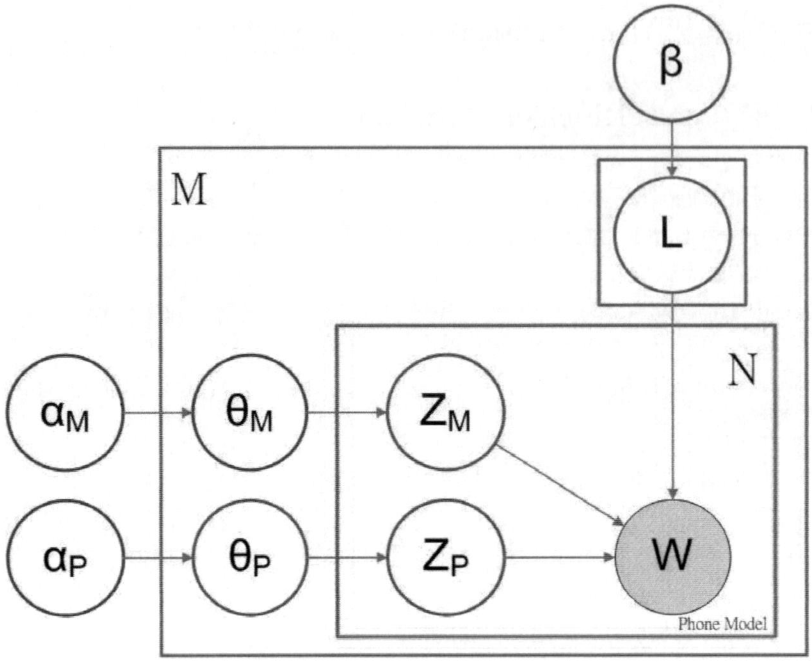

圖二、潛藏狄式分佈偵測器之圖型表示法

表一、潛藏狄式分佈偵測器之參數代表意義

符號	描述
α_M	K 向量，發音方法的 dirichlet 分布
α_P	K 向量，發音部位的 dirichlet 分布
β	所有語言下之聲學模型機率
θ_M	某段語句的發音方法發生之機率
θ_P	某段語句的發音部位發生之機率
W	聲學模型(phone model)
M	語料庫
N	某段語句的聲學模型集合
L	語言
Z_P	發音部位(Place)
Z_M	發音方法(Manner)

根據式 4.1 要計算的參數為 α_M, α_P ,β，但由於用來估算潛藏狄式分佈參數的最大期望演算法(Expectation-maximization algorithm, EM algorithm)一次只能估測兩個參數，而根據發音語言學之定義發音方法和發音部位兩事件為互相獨立(independent)，因此我們可以將其拆成 α_M、β 和 α_P 、β 兩個部分分開估測。

而拆開後分別的聯合機率則分別為為式 4.2 與式 4.3 所示

$$p(M|\alpha_M, \beta) = \int p(\theta_M|\alpha_M)\left\{\prod_{n=1}^{N} p(Z_M|\theta_M)p(w|Z_M, L, \beta)\right\}d\theta_M \qquad \text{(式 4.2)}$$

$$p(M|\alpha_P, \beta) = \int p(\theta_P|\alpha_P)\left\{\prod_{n=1}^{N} p(Z_P|\theta_P)p(w|Z_P, L, \beta)\right\}d\theta_P \qquad \text{(式 4.3)}$$

之後我們可以由 β 得到每個主題下所有音素的出現機率，而進而得到分類過後的音素集合。在原始的狄式分佈中會發生若單一文件過短會因為有效資訊過少而使得模型訓練過程無法收斂或者是影響到結果。但在我們的研究中，語句中的每一個音素對應到潛藏狄式分佈都可以視為具有資訊的單詞，因此即使只有 2-4 個字詞的短句的語句也具有足夠的資訊來加以判定其組成。

(三)語音事件降維與合併聲學模型之選擇

1.語音事件降維

在本文中將一段語句視為一個文件，因此根據潛藏狄式分佈之物理意義：若某個字詞(Word)從屬於某個主題，則當某文件屬於某個特定主題的時候，則從屬於某個主題的字詞出現次數會較高。將主題對應到的則是字詞(Word)。因為在特定的語言下，若以字詞為單位，有些音素經常性的會出現在一起，因此本文將原狄式分佈之主題數設定為字詞數量。

但由於字詞數量過多，而且潛藏狄式分佈之運算時間與主題數 N 成正比，若將所有可能出現的字詞數量設定為主題數，其主題數過多不僅在運算時間上不允許，也因為目標之集合過大，語料會面臨嚴重不足之情況，因此實際上並不可行。因此為了解決此問題，我們將字的組成音素根據國際音標集合之定義，將每個音素拆解成發音方法(Manner)與發音位置(Place)，而發音方法和發音位置在這裡即是語音事件。

2.合併聲學模型之選擇

本文根據國際音標集合定義將發音部位(Place)分為 13 類，而發音方法(Manner)定為 6 類，而母音則由舌面前後共 5 類、舌面高低共 7 類、唇形共 2 類。舌面前後為前(Front)、次前(Near-front)、央(Central)、次後(Near-back)、後(Back)。舌面高低為閉(Close)、次閉(Near-close)、半閉(Close-mid)、中(Mid)、半開(Open-mid)、次開(Near-open)、開(Open)。脣形為圓唇(Rounded)與非圓唇(Unrounded)。

我們會先將發音方法和發音部位使用不同的潛藏狄式分佈偵測器分別偵測並分群，最後再將發音部位相同但發音方法不同以及發音部位不同但發音方法相同的音素視為不同分群，換句話說則是只留下發音部位與發音方法皆分類再一起的音素進行合併。

五、實驗設計與分析

(一) 實驗語料與工具

台語實驗語料使用良敏雄博士所錄製之語料，語料為 16kHz, 16bit 之麥克風語料共 126000 句，標記為 ForPA，其中共有韻母 9 種、聲母 18 種和鼻音尾聲母 5 種。英文使用語料為成大錄製的麥克風語料共 808 句。國語實驗語料從 TCC300 中選出 16kHz, 16bit 之麥克風語料共 2676 句。英文語料使用 TIMIT，語料為 16kHz, 16bit 支麥克風語料共 4620 句。特徵使用梅爾倒頻譜系數(Mel-scale Frequency Cepstral Coefficients, MFCC)、隱藏馬可夫(HMM)聲學模型訓練和聲學模型合併部分則是使用英國劍橋大學 HTK toolkit 來建立。潛藏式狄式分佈模型訓練則是以原作者 Blei et al.的 ToolKit 為基礎來進行修改。

隱藏馬可夫聲學模型訓練使用 39 維的梅爾倒頻譜系數，音框(frame)大小為 20ms，每次位移單位(Shift)為 10ms。隱藏式馬可夫模型每個狀態(State)留下 16 個路徑，最後再取前 10 名。所有語料皆無時間標記，時間斷點使用 Baum-Welch algorithms 計算。

(二)實驗項目

1.評估方式

要分析語音辨識的正確率必須準確的辨識出正確的字詞。辨識結果與語料標記互相比較後，結果與標記完全相符為辨識正確(Correct)，與標記不同的錯誤則根據定義分類成下列幾種錯誤：

(1)取代錯誤(Substitution Errors)：將正確的音素替換成其他音素。

(2)刪除錯誤(Deletion Errors)：沒有將該辨識的音素辨識出來。

(3)插入錯誤(Insertion Errors)：本來沒有的音素卻額外辨識出來。

為了評估本系統之效能，我們將分開分析取代錯誤率、刪除錯誤率、插入錯誤率以及字錯誤率(Word Error Rate, WER)和準確度(Accuracy)。計算公式如下式：

$$Substitution\ Errors\ Rate = \frac{S}{N} \quad \text{(式 5.1)}$$

$$Deletion\ Errors\ Rate = \frac{D}{N} \quad \text{(式 5.2)}$$

$$Insertion\ Errors\ Rate = \frac{I}{N} \quad \text{(式 5.3)}$$

$$Word\ Error\ Rate = \frac{S+D+I}{N} \quad \text{(式 5.4)}$$

$$Accuracy = \frac{C-I}{N} \quad \text{(式 5.5)}$$

其中 N 為語料標記內所有的音素總數，S 為取代錯誤數量，D 為刪除錯誤數量，I 為插入錯誤數量，C 為辨識正確字詞數量，C=N-D-S。

2.多語環境下潛藏狄式分佈合併聲學模型選擇之驗證

為了驗證潛藏狄式分佈合併聲學模型在多語環境下之效能，因此我們同樣分別對未聚類三連音素模型、已聚類三連音素模型和由潛藏狄式分佈合併聲學模型在國台英三語環境下進行驗證。我們將會分別使用已多語聲學模型辨識三語混合、國語、台語和英語實驗資料。以驗證在沒有語言辨識系統下多語聲學模型對於每一種語言之效能。

實驗環境和工具與單一語言進行之實驗相同，訓練語料和三語混合之測試資料為將 TCC300、TIMIT 和梁敏雄博士所錄製之台語語料混合使用，其實單語測試資料則和上述評估方式所進行的實驗使用相同的測試語料。語料內單一語句只有一種語言，也就是不做單一語句多種語言混合之實驗。所有語言的音素皆以 IPA 來表示。

(1)國台英三語混合實驗

結果如圖三所示，在多語環境下潛藏狄式分佈合併的聲學模型在 Top5 時候有 47.86%的最高準確率，且整體準確率皆高於其他兩種聲學模型。在 Top5 時的插入錯誤，本文提出之方法較已聚合三連音素模型多 0.24%，但取代錯誤和刪除錯誤則較已聚合三連音素模型分別少了 1.02%和 0.74%，因此整體的準確率較已三連音素模型多了 1.52%。因此可以驗證本文所提出之方法在多語環境下仍然有較佳的效能。

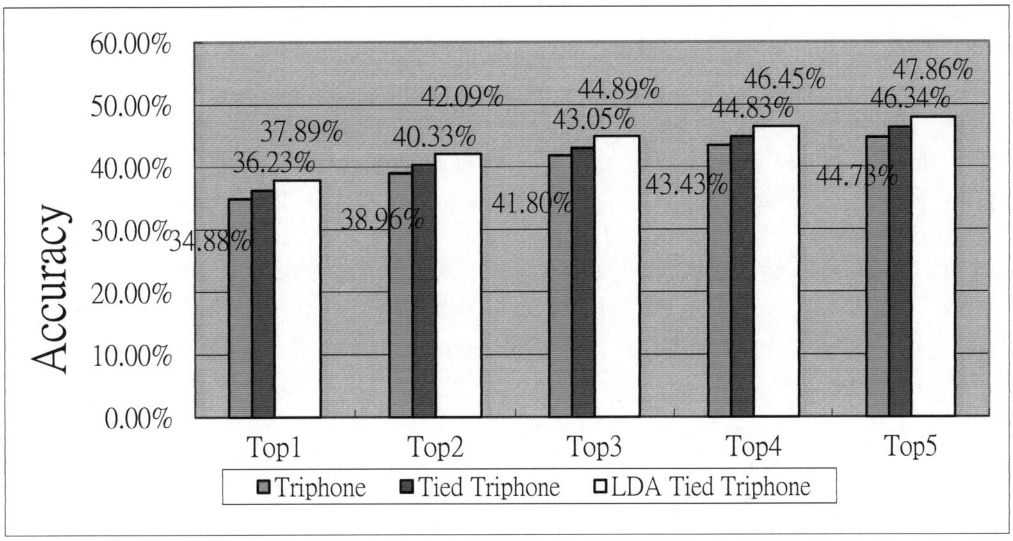

圖三、三種聲學模型在國台英混合下之辨識結果

(2)國語實驗

如圖四所示，未聚類三連音素模型在多語環境下辨識國語有最高的準確率。而有經過模型合併的聚類三連音素模型和潛藏狄式分佈選擇聲學模型擇是正確率差距不大，但兩者皆低於未聚類三連音素模型。而未聚類三連音素模型錯誤率改善主要集中在取代錯誤。潛在狄式分佈和聚類三連音素模型的比較在插入錯誤略高而刪除錯誤低則是與本文前列單語環境下之實驗相同。因此推測有可能是在進行多語模型合併時後國語的音標合併上出現問題或者是因為訓練語料過少而導致模型描述不夠全面，因此在多語環境下產

生了嚴重的模型混淆。

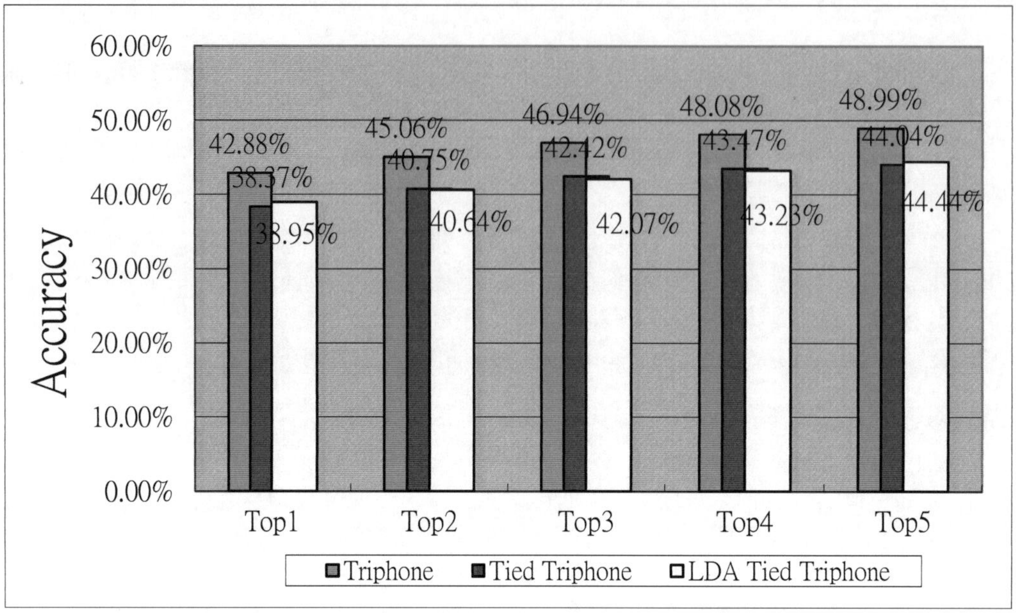

圖四、多語聲學模型辨識國語之辨識結果

(3)台語實驗

多語聲學模型辨識台語的環境下，潛藏狄式分佈選擇之聲學模型準確度在 Top5 時略高聚類三連音素模型 0.21%，而高未聚類三連音素模型 7.81%，如圖五所示。在 Top5 時取代錯誤較聚類三連音素模型低 0.23%、刪除錯誤多 0.02%而插入錯誤則是相同，整體看來仍略優於聚類三連音素模型。在 5.2.2 的單語環境下台語聲學模型實驗之結果顯示潛藏狄式分佈選擇的聲學模型準確率略低於聚類三連音素模型，而在多語環境下之準確率雖然略有改善，但依然與聚類三連音素模型差距不大。因此我們推測本文所提出的方法可能在我們所使用的台語語料環境下效能改善有限，但在多語的情況下仍然可以略高於聚類三連音素模型。

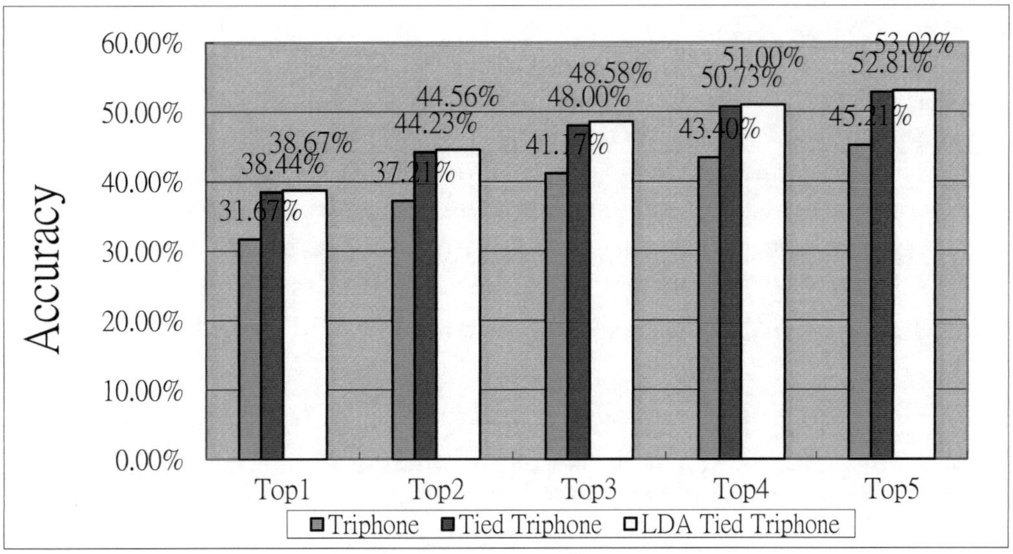

圖五、多語聲學模型辨識台語之辨識結果

(4)英語實驗

本文所提出之方法在多語環境下以辨識英語準確度提升率遠高於國語和台語，如圖六所示，在 **Top5** 時準確度較聚類三連音素模型高 3.16%，與未聚類三連音素模型相比則是高 5.98%。如表 5.9 所示，在 **Top5** 情況下，取代錯誤相較於聚類三連音素模型有 3.2%的改善，刪除錯誤則是有 0.63%的改善，但插入錯誤則是較聚類三連音素模型高 0.61%。因此可以看出本文提出之方法在多語環境下辨識英文可以減少取代錯誤和刪除錯誤，而整體的準確率也有所提升。

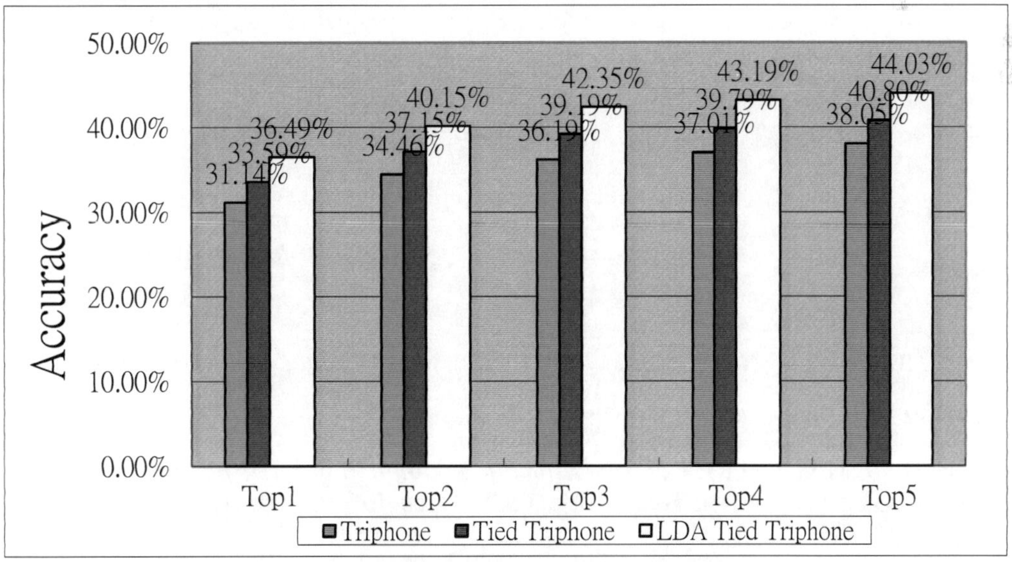

圖六、多語聲學模型辨識英語之辨識結果

六、結論與未來研究發展方向

由於目前網路與交通的發達，使得全球化成為必然的趨勢，而多語辨識在這個社會也愈來愈顯得重要。但有語言辨識的多語辨識存在著錯誤疊加的問題。不使用語言辨識的多語辨識方法被提出用來解決此問題，但不使用語言辨識的方法有不同語言間的聲學模型間容易混淆的問題存在，而本文提出使用潛在狄式分佈來進行聲學模型合併之選擇。所有語言音素皆以 IPA 表示，以達到參數共通之目的。並且將音素對應到發音部位和發音方法以減少數量，並且達到減少運算量之目的，使得潛藏狄式分佈偵測器得以運用長距離詞彙語意資訊，將常常先後成對出現的音素進行合併，以減少聲學模型的混淆。

實驗結果顯示，由潛藏狄式分佈所選擇合併的聲學模型和聚類三連音素模型以及未聚類三連音素模型相比在單語環境下辨識國語最高有 10.16%的準確率改善，而辨識英語則有 4.23%的準確率改善。在多語環境下混合辨識國台英三語混合的情況下有 0.24%的準確度改善，辨識英語有 3.16%的準確度改善。

本文所提出之方法雖然在多數的情況下都可以獲得準確率的改善，但是整體辨識率仍然偏低，多語辨識相較於單語辨識的聲學模型數量會隨著語言數量成倍數成長，而聲學模型數量愈多則需要更多的訓練語料來訓練。因此多語辨識經常面臨語料不足的問題，雖然經過模型合併後騎聲學模型數量仍然相當龐大。本文所提出之方法最終合併後的聲學模型數量遠大於聚類三連音素模型，因此需要更多的訓練語料。未來我們會持續的收集大量的語料，讓訓練資料更為完善，以改善語料不足的問題。

目前所提出之方法只使用長距離詞彙語意資訊來進行合併，因此當句子長度較短的時候準確度會有相當程度的下降，因此未來若可以同時考慮短距離的資料特性，例如三連音素模型聚合時所使用的馬式距離，或許可以同時在短句和長句都取得較佳的結果。

致謝

本研究承蒙中華民國國家科學委員會經費(99-2221-E-415-006)支持方得以完成，特別感謝。

參考文獻

[1] David M. Blei, Andrew Y. Ng, Michael I. Jordan, *Latent Dirichlet Allocation*, Journal of Machine Learning Research 3, pp.993-1022, 2003.

[2] Hamada, H., S. Miki, and R. Nakatsu. *Automatic Evaluation of English Pronunciation Based on Speech Recognition Techniques*, IEICE Trans. Inf. and Sys. 1993 E76-D(3):352-359.

[3] Neumeyer, L., H. Franco, M. Weintraub, and P. Price. *Pronunciation Scoring of Foreign Language Student Speech* In ICSLP' 96. Philadelphia, USA, Oct.

[4] Ronen, O., Neumeyer, L. and Franco, H. *Automatic Detection of Mispronunciation for Language Instruction*, Proceedings Eurospeech 97, Rhodes, Greece, 649-652.

[5] Franco, H., Neumeyer, L., Ramos, M., and Bratt, H. *Automatic Detection of Phone-Level Mispronunciation for Language Learning*, Proceedings Eurospeech '99, Budapest, Hungary, 851-854.

[6] H. Shu and I. L. Hetherington, *EM Training of Finite-State Transducers and its Application to Pronunciation Modeling*, Proc. ICSLP, Denver, CO, September 2002.

[7] H. Li, B. Ma, and C.H. Lee. *A Vector Space Modeling Approach to Spoken Language Identification‖, Audio, Speech, and Language Processing*, IEEE Transactions on vol. 15, NO. 1, JANUARY, pp 271-284, 2007.

[8] Sabato Marco Siniscalchi, Dau-Cheng Lyu, Torbjørn Svendsen, Chin-Hui Lee, *Experiments on Cross-Language Attribute Detection and Phone Recognition With Minimal Target-Specific Training Data*, IEEE TRANSACTIONS ON AUDIO, SPEECH, AND LANGUAGE PROCESSING, VOL. 20, NO. 3, MARCH 2012.

[9] 王小川, *語音信號處理, 二版*, 全華圖書股份有限公司, 2007。

[10] 梁敏雄, 呂仁園, *台灣多語語音資料庫之建立及應用*, 長庚大學博士文, 2008。

[11] 陳志宇, *國台雙語大詞彙與連續音辨認系統研究*, 長庚大學碩士論文, 2000。

[12] 楊永泰, *隱藏式馬可夫模型應用於中文語音辨識之研究*, 中原大學碩士論文, 2000。

[13] 蔡佩珊, 沈涵平, 吳宗憲, *發音事件驗證於多語辨識發音變異模型之產生*, ROCLING 2010, page 50-64。

基於意見詞修飾關係之微網誌情感分析技術

Microblog Sentiment Analysis based on Opinion Target Modifying Relations

王正豪 Jenq-Haur Wang
國立台北科技大學資訊工程學系
Department of Computer Science and Information Engineering
National Taipei University of Technology
jhwang@csie.ntut.edu.tw

葉庭瑋 Ting-Wei Ye
國立台北科技大學資訊工程學系
Department of Computer Science and Information Engineering
National Taipei University of Technology
bad00124@gmail.com

摘要

如何有效分析文件的意見傾向，一直是熱門的研究議題之一。若能準確分類評論文章、網誌內容，將有助於產品或服務上的競爭分析或了解大眾在公共議題上的意見傾向。本論文提出一個基於評論目標發掘及意見詞修飾關係之微網誌評論意見傾向計算方法。首先，從微網誌收集主題相關評論及句子簡化處理。接著根據評論主題以及意見詞的修飾關係，發掘出主題相關的評論目標以判斷其意見傾向。實驗針對 50 部電影在 Twitter 上的 1000 篇英文評論進行分析，結果顯示本論文方法平均準確率 accuracy 為 84.44%，同時最高 precision 可達 88.89%，優於 SVM 及 Naïve Bayes 分類法。由此可驗證意見詞修飾關係的規則判斷能有效提高意見傾向分類的準確率。

Abstract

Opinion analysis has grown to be one of the most active research areas in natural language processing. If we can classify reviews and messages of blogs correctly, it will help to analyze product and service competition and to realize the opinion orientations of the people on public issues. In this paper, we propose an opinion orientation estimation approach based on target finding and opinion modifying relations in microblog reviews. First, it collects reviews from microblog and preprocesses the source data. Then, by extracting any entity or aspect of the entity about which an opinion has been expressed according to opinion modifying relations, we calculate the overall score of opinion orientation.

In our experiment on the 1000 movie reviews of 50 movies from Twitter, the average accuracy of the proposed method is 84.44%, and the highest precision is 88.89%, which is better than SVM and Naive Bayes. This validates the higher precision from modifying relation identification for opinion orientation classification.

關鍵詞：情感分析，意見傾向，微網誌，意見詞，修飾關係

Keywords: opinion analysis, opinion orientation, microblog, sentiment word, modifying relation

一、緒論

情緒偵測 (emotion detection)的發展對於商業與科技的互動具有高度的應用價值，包括依照使用者情緒推薦相符合的文章、音樂等商品。本研究透過知名微網誌 Twitter 的英文短句中的情緒詞彙進行推文 (tweet) 情緒分類，因為短篇文件所包含的語境和詞彙通常比較不足夠，所以短篇文件的文件分類效果通常會比長篇的文件分類效果不佳。有別於傳統文件分類，我們分析情緒詞彙與修飾關係進行以句子為基礎的情緒偵測 (sentence-based emotion detection) 問題。

本研究方法使用英文文法的修飾關係，主要是 tweet 中的內容評論目標與意見詞之間的修飾關係，找到修飾關係即能判斷評論者藉此內容抒發某種情緒。根據評論主題以及意見詞的修飾關係，發掘出主題相關的評論目標以判斷其意見傾向來預測未知情緒類別的文章之可能情緒。

二、相關研究

常見的情緒偵測方法所適用的範圍可分為為句子層次的推論，段落層次和全篇文章層次的情緒偵測方法 [1][2]。因為微網誌的字數限制，本篇研究專注在句子層次的情緒偵測方法，包括評論目標 (target)、意見詞 (opinion word)等。接下來將探討一些使用文件分類相關技術於情緒偵測的文獻，彼此最大的差異在於偵測方法上的差異。

（一）、評論目標發掘

Kim 和 Hovy[3]針對各類主題的新聞進行找出內文中的 opinion holders 及 opinion topics。首先以動詞及形容詞為主建立情緒辭典，接著然後使用剖析器解析句子，並將 FrameNet 的 frame element 及範例句子來進行 Maximum Entropy 訓練以找到句子中的 opinion holder 及 opinion topic。最後實驗結果的準確度為 64%，說明 FrameNet 中的 frame 及 frame element 有限，只能找到部分的句子結構，因此準確率並不高。

Popescu 和 Etzioni[4]針對商品的使用者評論，採用 PMI (Point-wise Mutual Information) 來獲得與主題共同出現機率最高的詞來當作評論目標 (opinion targets)，與本研究分法類似。我們除了使用 PMI 以外，有鑑於不同使用者所使用的字詞會有所不同，所以也將 PMI 所獲得詞的同義字來擴增我們的評論目標。

Qiu 等人[5]使用消費者評論資料集[20]裡的評論辨識出評論目標(target)及意見詞(opinion word)。首先使用 POS tagging 標註字的詞性，他們定義 target 為名詞，opinion words 為形容詞。再透過 Minipar[21]解析句子的結構。最後利用句子的結構及資料已標記好的目標 (商品相關屬性等等)和意見詞來找到句子中未知而可能的目標。例如"Canon G3 has a great lens."，句子經過解析後得到 G3 ⟶ subj，lens ⟶ obj，G3 為動詞"has"的主詞，lens 為動詞"has"受詞，若已知的目標為"lens"，透過句子的結構關係與已知的目標得知"lens"與"G3"為相同主題的目標。例如"iPod is the best mp3 player"，句子經過解析後得到 iPod⟶ subj，best 修飾 player，而"best"為已知的意見詞，透過句子的結構與已知的意見詞得知"player"與"iPod"為相同主題的目標。

（二）、修飾關係辨識

Zhuang 等人[6]針對電影評論進行情緒的分類。他們使用 Stanford Parser 工具[22]來解析句子結構並找出字與字的修飾關係，進一步定義意見詞的情緒傾向。因為 tweet 句子結構複雜並包含許多口語化用字，若使用 Stanford Parser 來解析 tweet 並不能準確分析字與字間的修飾關係，因此本研究方法定義意見詞與主題之間修飾關係的方法，來克服 tweet 不規則的句子結構。

Qiu 等人[5]透過資料集[20]中已標註的目標及意見詞以及句子的結構關係，來擴增與主題相關的目標及意見詞。在句子中結構使用語意相依法則 (semantic dependency grammars)，可分為直接相依性 (Direct Dependency, DD) 及非直接相依性 (Indirect Dependency, IDD)兩種字詞結構[23]。透過剖析器將句子，剖析出樹狀的詞性架構，並標記出中心詞(head)所在的位置。以中心詞為基準，考慮其它詞與中心詞的關係。他們針對結構化且單純的評論文章進行實驗，且每篇文章的評論目標較為明確，因此使用剖析工具來解析句子結構較為適合，且能利用資料集已提供與主題相關的目標及意見詞來進一步擴增與主題相關的目標及意見詞。但社群上的訊息結構複雜且訊息內容無特定主題，因此使用剖析工具無法正確解析句子，且因訊息內容主題不明確，不易利用句子結構及修飾關係來找到其他與主題相關的目標及意見詞。因此本論文提出利用統計方法找到可能與主題相關的目標，我們定義意見詞為形容詞及動詞，增加了修飾規則的判斷。並且利用意見詞及目標的距離來判斷修飾關係的可能性，因此不需要考慮句子複雜的結構問題。

（三）、Twitter 與意見分析

Go 等人[7]對 Twitter 進行情緒分析，利用 SVM、Naïve Bayes 及 Maximum Entropy 等分類方法進行比較，並使用 *n*-grams 當作特徵進行分類器的訓練。他們訓練及測試的資料是根據 tweet 中的表情符號來當作情緒分類的標準(正和負)。Pak 及 Paroubek[8]等人根據形容詞的頻率和 Naïve Bayes Classifier 分類訊息，他們亦是使用訊息中的表情符號當作參考答案。

根據以上的研究，因為 Twitter 並沒有提供情緒分類的語料庫，所以往往使用訊息中的表情符號來當作訓練及測試資料的分類標準答案[2][9][10][11]。在本論文中，我們

利用人工標註方法來標記每筆資料的類別 (positive、negative 及 neutral)，如此能針對評論者針對目標 (target)的意見傾向 (opinion orientation)。使用 *n*-grams 及字詞頻率當作訓練特徵常常無法更進一步知道句子結構及語意，本研究方法專注在意見詞及評論目標的修飾關係，能有效知道評論者真正想要評論的事件。

三、研究方法

（一）、系統架構

每則推文 (tweet)的內容可能包含心情、興趣以及對時事的評論等。本論文主要收集使用者在 Twitter 中對主題發表的意見評論，根據意見詞與主題相關目標 (target)之間的字詞修飾關係，精確計算出該主題之總評價。本方法共分為三個主要部分:資料收集、前處理、意見詞修飾關係辨識，架構如圖一所示。

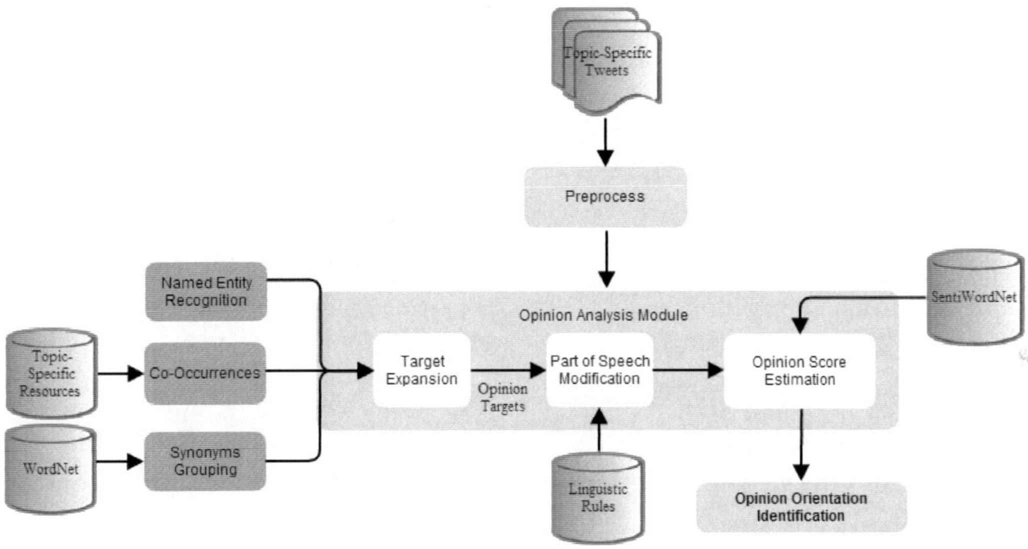

圖一、方法架構圖

如圖一所示，首先透過 Crawler 收集內容包含主題的 tweet (Twitter API[24])，並做前置處理，如: 句子簡化，另外根據查詢主題的不同，我們利用主題相關資源 (topic-specific resource)進行目標發掘 (target finding)。以電影為例，我們從全球最大的電影查詢資料庫 IMDB (The Internet Movie Database)中收集電影的相關作者、導演、演員及類型等資訊。接著透過意見分析模組分析每則 tweet 內容是否含有對該主題相關目標的評論，進而計算意見分數來判斷評價的正負面。

（二）、前處理

為了更容易找到訊息中的意見詞 (opinion word)及評論主題 (topic)，我們將與主題相關的 tweet 做前置處理來達到簡化句子的目的。

1、 拼字檢查

在 Twitter 中，使用者往往不會太留意拼字的正確性，有時也會藉由單字來強調他欲評論的事件，例如: “I lovvvvvvvvvve this movie.”。然而錯誤的拼字可能會影響字詞修飾關係的判斷，因此本論文使用 Google Spell Check[25]對每則 tweet 進行拼字的檢查，在此部份我們是做純拼字錯誤的檢查，對於文法及字義使用不當並無做檢查。

2、 Stemming

由於名詞的單複數 (如 movie 和 movies)、詞性的變化 (如 good 和 goodness，動詞的時態 (如 see 和 seeing)，導致語意大致相同的詞或字卻有不同的呈現方式，為了要簡化句子的複雜程度，本研究使用 Porter Stemming algorithm 來進行字根還原的處理。希望將這些後綴去除同時並不影響文字本身的意義，而且對於檢索查全率的提升也更有幫助。

3、 特徵過濾

Tweet除了內容本文之外，還包含以下幾點特徵:

- Username: 給一個Tweet的回覆或留言。用法為在 @ 符號後加對方的 Twitter ID ，一個空格或冒號後寫上回覆內容。例如，“@disc the tall man is such a good movie.”。
- Links (url): 使用者常會在tweet中分享鏈結，例如:“That Blade Runner sequel is still happening. After seeing Prometheus, I was hoping everyone had forgotten about it. http://www.deadline.com/hollywood.”。
- Retweet (RT): 就是轉推的意思，當你在Twitter上看到一個有意思的tweet，就可以RT一下，以幫助傳播這條信息。用法為：RT @原始發布者Twitter ID: 被轉推的原文。例如 : “RT if you like Titanic, Harry Potter, Twilight, Pitch Perfect, Skyfall, Life of Pi, Transformers, Les Miserables & etc.. :)”。

以上特徵並不影響使用者在tweet中欲表達的敘述內容，但會使得訊息內容複雜而影響到意見分析的準確率，所以我們將這些特徵予以刪除，只留下敘述內容。

4、 詞性標註 (POS Tagging)

因為研究中須找出詞與詞中的修飾及對等關係，任何語言處理的系統都必須先分辨文本中的詞才能進行進一步的處理，我們使用 Stanford POS Tagger[26]進行詞性標註。

（三）、意見分析

本章節說明意見分析的方法，主要分為三個步驟: 發掘相關的評論目標 (target expansion)，意見詞與評論目標修飾關係 (opinion words modification relation)，最後計算句子的意見分數 (opinion Score estimation)來判斷句子的意見傾向 (opinion orientation identification)。

1. 評論目標發掘

雖然我們從Twitter中依照主題收集tweet，但tweet內容仍可能包含發文者對無關主題的評論或敘述，例如:I went to theater to watch Argo yesterday. Ring Ring Ring! I was so humiliated when my phone rang out.，例子中屬於負面的情緒抒發，但評論的是因為電影中電話響起而感到丟臉，此內容並沒有針對Argo這部電影做任何的評價及論述。

為了能精確計算出使用者在Twitter中對主題的評價，首先我們要找到tweet中使用者可能在評論的事件，並且要確認此事件是否跟主題相關。例如: "I watched battleship last night, Rihanna's acting is amazing." 例子中，在講述battleship這部電影中演員的演技很不錯，由此例可發現，發文者並不直接評論battleship，而是對演員的演技做好的評價，這是一篇對battleship正面評價的tweet，因為演員的名字也是電影的屬性之一。目標(target)為與主題高度相關的字詞，可能是同義詞或評論主題使用的字詞，本小節將介紹我們找target的方法。

(1)、命名實體辨識

在本研究中以電影為例，因為演員、導演、編劇等人物都極可能是評論電影的網友可能評論的目標，專有名詞的標記，可以解決詞庫涵蓋不足的問題，也因其牽涉到人、事、時、地、物等重要內容，我們使用 Stanford Named Entity Recognizer[27]來做專有名詞標記，主要是要找出 tweet 中可能出現跟電影有關的專有名詞，例如 ： 演員、導演、編劇、其他電影專業術語等。

(2)、共同出現關係 (Co-Occurrence)

我們在 Movie Review Data 文集[30]使用 PMI (Point-wise Mutual Information)處理詞彙共同出現關係 (word collocation)，進而了解文集中使用者評論電影時最常提及的名詞。我們利用此文集所有的名詞單獨出現次數 (term frequency, tf) 和與單字"movie" 共同出現的詞彙組合 (emotion-words collocation pairs)出現次數，分別計算 PMI score 並依照降冪排列，再從中取 PMI 最高的前 k 個詞彙共同出現的組合作為特徵子集合。最後在實驗中評估 k 應該取幾個字來當作我們的 target。

$$\text{PMI}(w1,w2) = log_2 \frac{P(w1,w2)}{P(w1)P(w2)} \quad (1)$$

如公式 1 所示， P(w1)和 P(w2)可以透過計算 w1 和 w2 個別出現的次數作為機率估計值；而 P(w1,w2)代表 w1 和 w2 兩個字共同出現 (co-occurrence)的機率，可以透過計算兩個字在文章中共同出現的次數作為機率估計值。

(3)、同義詞

在英文中，同一事物卻有很多單字可以表達，例如 ： 與"movie"同義的單字有"film"、"show" 、"flick" 、"motion picture" 、" moving picture"等等。為了增加與主題相關的 target 數量，我們使用 WordNet 來找出先前找到的 target 的同義字。

2. 詞性修飾關係

在找到可能的評論目標 (target)後，接下來要找到在句子中評論這些目標的修飾關係，並根據情緒詞典比對，計算出對評論目標的情緒分數:

（1）、修飾關係辨識

本方法在搜尋修飾關係時都是以句子為單位，多個單字放在一起可以表示出完整的意思，且通常以標點符號將句子間做區隔。

一個句子的基本結構包含兩個重要的部分：主詞部分（subject group）和述語部分（predicate group），亦即一個句子必須要有主詞和述語動詞。而意見詞常是動詞以及形容詞[3]，所以本論文僅找句子中動詞及形容詞與目標的修飾關係[12][13]。為了要辨別目標的評論與其他敘述，我們訂定以下修飾規則，若句子中包含以下的修飾關係，則此句子可能含有對目標的評論。我們將意見詞的意見傾向及分數作為此修飾關係的意見傾向及分數:

1. VB/ VBD/ VBG/ VBN/ VBP/ VBZ (意見詞，動詞) + T: T 為 target，也是動詞之後的補語，顧名思義，就是針對動詞，再多作描述，補充動詞不足之處，表達出句子完整的意思，補足方式通常是以名詞或代名詞作為動詞的受詞。例如:I love battleship.，”love”是句子中的 VB，”battleship”是電影名字也是我們的 target，在此句子中就是”love”的受詞，所以符合我們的此項規則;因為”love”是屬於正面情緒詞，所以此句是對電影”Battleship”是屬於正面的評價。
2. T + VB/ VBD/ VBG/ VBN/ VBP/ VBZ (意見詞，動詞): T 為 target，是句子中的主詞。主詞之後若是動詞，那此動詞可能在描述主詞的行為或狀態。例如: The film bored me to death.，”film”是我們找到的 target，”bored”是句子中的 VB，因為” bored”是屬於負面情緒詞，所以此句是屬於對電影的負面的評價。
3. T + VB/ VBD/ VBG/ VBN/ VBP/ VBZ + JJ (意見詞，形容詞): T 為 target，是句子中的主詞。例如: This movie is worth seeing.，”movie”是我們找到的 target，”is”是句子中的 VBZ，”worth”在句子中為 JJ，因為” worth”是屬於正面情緒詞，所以此句是屬於對電影的正面的評價。
4. JJ (意見詞，形容詞) + T: 此項規則主要是找到 target 及修飾 target 的修飾詞。例如:It’s my favorite movie.，例子中，”movie”是 target，”favorite”是 JJ，也是修飾 target 的形容詞，因為” favorite”是屬於正面情緒詞，所以此句是屬於對電影的正面的評價。

以上的修飾關係，都是尋找句子中距離最近的單字，例如: In the first movie Tony Curtis’s acting is amazing.，例子中找到第 3 種特徵 T + VBZ + JJ，但在 target finding 時我們找到”movie”及”acting”兩個 target，”is”是 VBZ，這時會尋找與修飾詞 JJ ”amazing”最近的字，也就是”acting”，最後找到的特徵就是”acting + is + amazing”。在此特徵中會因為字與字在句子中的距離而影響正負面評價的分數，我們將在後面章節作介紹。

（2）、比較句

所謂「比較級」就是在雙方或兩者間做比較的表達方式，比較的內容當然就不外是

「形容詞」或「副詞」了，使用者在評論某一物件時常會以相似的物件來做比較，例如：The picture quality of Camera-x is better than that of Camera-y.在例子中比較兩台相機的相片畫質，這是最常見的比較關係。我們將常見的比較關係分為下列兩項[14][15]:

1. 非對等比較 (non-equal comparisons)：物件間比較屬性的優劣，例如：The VIA chip is faster than that of AMD.，例子中是最常見的比較物件屬性的優劣關係。又例如：I prefer VIA to AMD.，此例子也是表達優劣關係。我們利用 POS tagger 來標記比較級，標記為"JJR"、"JJS"、"RBR"、"RBS"，為形容詞及副詞的比較級，例如: Life was harder then because neither of us had a job.，例子中"harder"經過 POS tagger 標註為"JJR"。再來尋找 target 與標記的相對位置:

➢ Target + JJR / RBR (意見詞): 若 JJR / RBR 是正面情緒詞,則 tweet 對此 Target 是屬於正面評價，若 JJR / RBR 是負面情緒詞，則 tweet 對此 Target 是屬於負面評價。

➢ JJR / RBR(意見詞) + than + Target：若 JJR / RBR 是正面情緒詞，則 tweet 對此 Target 是屬於負面評價，若 JJR / RBR 是負面情緒詞，則 tweet 對此 Target 是屬於正面評價。例如: Why are books always better than the movie versions? ，例子中，若 movie 為 target，句中找到"better than"為形容詞比較級，屬於正面評價，但在此比較關係中，"book"優於"movie"，所以對於"movie"是屬於負面的評價

2. 對等比較 (equal comparisons)：比較的關係的程度或強弱是相等的，例如：The picture quality of Camera-x is as good as that of Camera-y.，例子中是說明 Camera-x 的相片品質與 Camera-y 一樣好。此用法是英文文法中的常用特定模式。若 tweet 內容找到"as + 原級形容詞 + as"規則，若此原級形容詞為正面情緒詞，則此 tweet 對此 target 有可能是正面評價;反之,若此原級形容詞為負面情緒詞,則此 tweet 對此 target 有可能是負面評價。

(3)、否定詞

根據 Tottie[16]，英文的否定標記 (negative marker)主要分為三大類：

(1) not 否定（not-negation）

(2) no 否定（no-negation）

(3) 詞綴否定（affixal negation）

否定標記的範例如表一所示：

表一、否定標記

not-negation	no-negation	affixal negation
not	No	(im)perfect
	nor	(ir)respective
	none	(in)dependent
	never	(un)able
	neither	(non)functional
	nowhere, nothing, nobody	meaning(less)

由 Tottie 的定義中可以發現，not 否定和 no 否定基本上屬於語法的範疇，而詞綴否定（affixal negation）則是在詞彙的範疇。在詞綴否定的部分在 SentiWordNet 能作適當的辨別，例如 : perfect ⟶ positive ， imperfect ⟶ negative。

not-negation 與 no-negation 的處理[17]，先依照先前介紹的方法找到修飾關係及正負面情緒，若是句子中含有 not-negation 與 no-negation 的字，則會反轉正負面結果，例如: I don't like this movie, the plot is so boring. 例子中，依照之前介紹的規則在" I don't like this movie,"句子中的"like this movie"找到 VB + Target 的修飾關係，屬於正面評價的句子，但在句中找到"n't"的否定詞，所以原屬正面評價的句子在最後會反轉成負面評價。

3. 意見評分

Tweets 在經過前章節的修飾關係特徵的搜尋，這些修飾關係會因為字與字之間的距離而影響到情緒分數，例如: In the first movie Tony Curtis's acting is amazing.，例子中，找到"T + VBZ + JJ"的修飾關係"acting + is + amazing"，我們會計算意見詞與 target 之間的距離來調整修飾的權重。一則 tweet 中可能存在許多修飾關係的特徵，所以需要經過正負面情緒分數的加總來判斷此 tweet 是屬於正面情緒或負面情緒，亦或是客觀論述的 tweet。針對某句子 s，其情緒分數的計算如下:

$$\text{score}(s) = \sum_{op_j \in s} \frac{op_j.so}{d(op_j, t_i)}, \quad t_i \in T \tag{2}$$

公式中，op_j是句子 s 中的意見詞，T 為經由 target finding 所找到 target 的集合，$d(op_j, t_i)$是在句子 s 中意見詞 op_j及 t_i的距離，so 是修飾字 op_j的情緒面向分數，由 SentiWordNet 得知。公式的 multiplicative inverse 是為了判斷修飾字在f_i修飾 target 的可能性，若距離越遠則計算出的情緒分數越低。整篇 tweet 的分數即為所有句子情緒分數的總和。最後依據分數將 tweet 分成三類:

- 正面(positive): score > 0。
- 負面(negative): score < 0。
- 客觀(objectivity): score = 0。

四、實驗與討論

（一）、測試資料收集

隨機挑選在 2013 年 2 月至 3 月上映的五十部電影收集其相關評論 tweet。因為不想使資料過於集中在某一天，所以每隔 5 天收集一次。收集日期分別為 2013/3/20、2013/3/25、2013/3/30、2013/4/5 及 2013/4/10，每日的收集量為 200 則 tweets，測試資料總共 1000 則 tweets，接著使用人工標註每則 tweet 的情緒面向作為實驗的標準答案，由 5 人進行情緒標註，標註有三類:正面、負面、客觀。若是正面為+1，負面為-1，客觀為 0。最後依三種分數的個別加總，採多數決的方式來決定每則 tweet 的情緒面向。

（二）、實驗結果與討論

我們在進行研究方法中的 target expansion 的實驗與討論，最後比較本論文的方法與 SVM 及 Naive Bayes 分類方法的效果。分別會計算出正負面及主觀(subjectivity)評論的精確率(precision)、查全率(recall)、F1 及準確率(accuracy)等數值來衡量方法效果。

其中 baseline 為未經過評論目標發掘，所以 target 只包含電影名字，藉此來比較評論目標發掘方法的效果。

1. 命名實體辨識

Baseline 因為 target 過於稀少，使得 recall 都過於偏低，無法有效的辨識大部分有關電影的評論。電影評論的 target 可能也包含人名及專有名詞，我們使用 Stanford Named Entity Recognition 工具擴增評論目標的數量。加入 NER 前後的分類效果如表二、表三所示。

表二、加入 Named Entity Recognition 前後的主客觀評論分類效果比較

主觀分類	Baseline	with Named Entity Recognition	Improvement (%)
Recall	0.38173	0.40315	5.6%
Precision	0.89247	0.90671	1.6%
F score	0.53474	0.55814	4.4%
Accuracy	0.57438	0.59594	3.8%

雖然使用 Named Entity Recognition 會增加電影相關的導演、演員等的名字及專有名詞，但也會使與電影無關的名字及專有名詞也會納入 target，但因為我們根據電影名稱去收集 tweet，所以大部份的 tweet 內容都是在評論電影，如表二所示，在判斷主客觀評論會因為 target 的增加在 precision、recall 及 accuracy 都有提升。

表三、加入 Named Entity Recognition 前後的正負面評論分類效果比較

正負面評論	Baseline	with Named Entity Recognition	Improvement (%)
Positive Recall	0.402	0.41673	3.7%
Negative Recall	0.39483	0.41837	5.9%
Positive Precision	0.91224	0.92194	1.1%
Negative Precision	0.88563	0.90173	1.8%
Positive F score	0.55807	0.57400	2.9%
Negative F score	0.54616	0.57156	4.7%
Accuracy	0.58813	0.60956	3.6%

如表三所示，隨著主客觀評論分類的效果提升，進一步將主觀評論分辨正面(positive)及負面(negative)的效能也能有所提升。

如表二及表三所示，tweet 中所提及的名字及專有名詞不一定都和電影相關，所以

NER 在擷取人名及專有名詞時可能會找到無關的 target，因此在 precision 只有稍微進步。

2. 共同出現關係

如圖二、圖三所示，我們分別觀察主客觀及正面情緒評論的分類效果，當 *k* 值由 0 到 15 時，因為增加 target 的數量，recall 是持續且明顯的上升，precision 可能因為當考慮的 opinion target 增加使得修飾關係變得複雜而呈現持續下降的趨勢，但 accuracy 的值也因為 *k* 值的增加而有明顯上升。當 *k* 值由 16 到 23 時，target 與電影的相關度下降，precision 仍然是呈現持續下降的趨勢，而 recall 並沒有再上升，所以 F1 score 仍然在持續下降。accuracy 值也因為預測失敗逐漸下降。

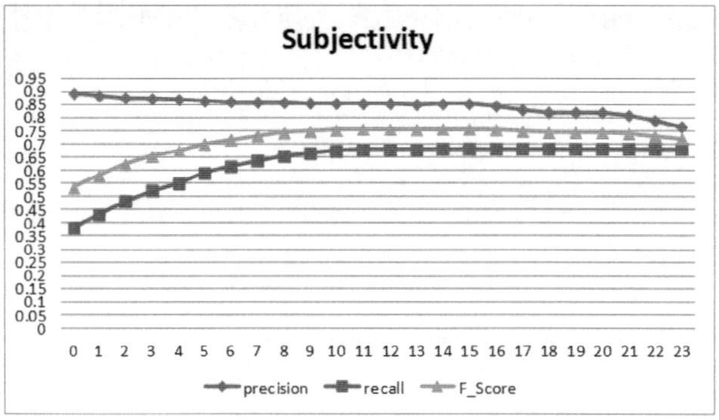

圖二、不同 *k* 值 PMI 對主客觀評論分類的 precision、recall 及 accuracy 影響

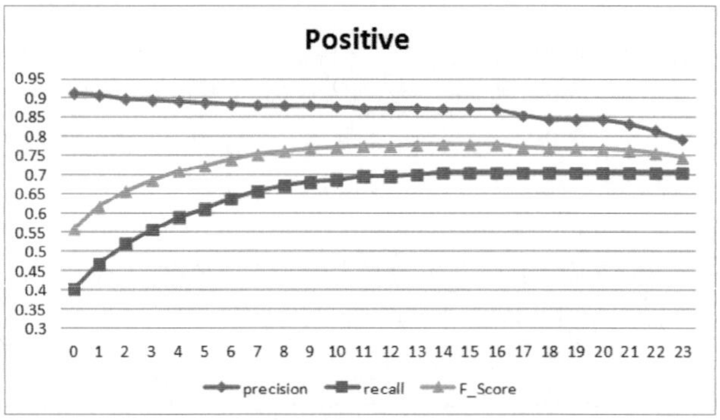

圖三、不同 *k* 值 PMI 對正面情緒分類的 precision、recall 及 accuracy 影響

根據表四、表五我們觀察到 precision 是下降的，當參考越多的 target，就會增加句子分析的複雜度。較簡單的句子能夠判斷正確例如:"Loving the **music** in **total recall** :-)"，例句是在評論"Total Recall"這部電影的音樂。例子中找到意見詞"loving"修飾 target "music"。複雜的句子，例如:" Watching **Warm Bodies**! :D right after i listen to my 5SOS playlist.... I have a problem... Im addicted to 5SOS **music**..."，例句中出現 "Warm Bodies"及"music"這兩個 target，找到兩組修飾關係: 一為 Watching 修飾 Warm Bodies，系統判斷為 objective，另一為 addicted 修飾 music，系統判斷為 positive。最後經過分數的加總判斷此 tweet 為 positive。然而此評論並不是針對電影的音樂，所以此 tweet 應為"objective"。雖然有找到電影名字的修飾關係，但 target 並不一定與該部電影相關。

表四、加入 PMI (*k*=15)前後的主客觀評論分類效果比較

主觀分類	Baseline	*k* = 15	Improvement (%)
Recall	0.38173	0.68176	78.6%
Precision	0.89247	0.85247	-4.4%
F score	0.53474	0.75761	41.7%
Accuracy	0.57438	0.79341	38.1%

表五、加入 PMI (*k*=15)前後的正負面評論分類效果比較

正負面評論	Baseline	*k* = 15	Improvement (%)
Positive Recall	0.402	0.70449	75.2%
Negative Recall	0.39483	0.67968	72.1%
Positive Precision	0.91224	0.87124	-4.5%
Negative Precision	0.88563	0.84963	-4.1%
Positive F score	0.55807	0.77904	39.6%
Negative F score	0.54616	0.75521	38.3%
Accuracy	0.58813	0.82732	40.7%

3. 同義詞

如表六所示，經由同義詞來擴增 target 的數量，在主客觀評論分類的實驗數值都有所提升，原因是能克服不同使用者評論同一事物卻有很多單字可以表達的問題，因此在 tweet 中能找到更多與電影有關的評論及修飾關係。

表六、加入同義詞前後之主客觀評論分類效果比較

主觀分類	PMI (*k* = 15)	PMI (*k* = 15) + synonyms	Improvement (%)
F score	0.75761	0.77374	2.1 %
Accuracy	0.79341	0.80971	2.0 %

如表七所示，因為判斷主觀評論的效果增加，在正負面評論分類效能也有所提升。這說明同一件事物或事件，不同使用者會使用不同字眼來評論或敘述，所以經由找同義字能彌補這方面的不足。

表七、同義詞前後之正負面評論分類效果比較

正負面評論	PMI (*k* = 15)	PM I(*k* = 15) + synonyms	Improvement (%)
Positive F score	0.77904	0.79307	1.8 %
Negative F score	0.75521	0.76201	0.9 %
Accuracy	0.82732	0.83929	1.4 %

4. 所提方法與 SVM 及 Naïve Bayes Classifier 之比較與討論

我們利用 n-gram 將訊息內容作切割，所找到的分割字當作一組獨立的詞彙，因為

訊息內容較短，我們使用 unigram 和 bigram。訊息透過 n-gram 斷詞演算法得出的 n-gram 特徵值套入支持向量機(Support Vector Machine, SVM)及貝氏分類器(Naïve Bayes Classifier)來分析詞頻進行自動訊息分類[18]。最後比較本研究方法以及傳統分類器使用字的特徵進行短訊息的情緒分類的效果。

透過前面實驗的觀察，發現在 target expansion 使用 Named Entity Recognizer、PMI (k = 15)及 Synonyms 可提升分類的效果，因此，這裡我們在 target expansion 使用上述方法並透過修飾關係的分數計算進行實驗，並與 SVM 及 Naive Bayes 分類的效果比較。

從表八得知，我們的分法無論在 positive、negative 及 subjectivity 的精確率明顯優於 SVM 及 Naive Bayes。

表八、所提方法與 LibSVM 及 Naive Bayes Classifier precision 的比較

	所提方法	LibSVM	Naive Bayes
Positive Precision	0.88893	0.72810	0.68017
Negative Precision	0.85392	0.69724	0.63694
Subjectivity Precision	0.87269	0.69378	0.63954

因為本研究是針對評論目標與意見詞之間的修飾關係，所以只有在句子中找的特徵才會判斷情緒面向，可能的目標較侷限，無法找出所有評論者可能評論的目標，所以在 recall 的效果會低於 SVM 及 Naive Bayes，如表九所示。

表九、所提方法與 LibSVM 及 Naive Bayes Classifier recall 的比較

	所提方法	LibSVM	Naive Bayes
Positive Recall	0.72718	0.88531	0.92423
Negative Recall	0.69796	0.87938	0.77431
Subjectivity Recall	0.71284	0.88157	0.90767

從表十得知，本研究方法的 accuracy 優於 SVM，是因為有較好的精確率。根據實驗中的 precision 及 accuracy，本研究能夠針對短訊息中的某特定主題做有效主、客觀評論的分類，並且能進一步將主觀評論精確地分類出正、負面的情緒傾向。

表十、所提方法與 LibSVM 及 Naive Bayes Classifier accuracy 的比較

	所提方法	LibSVM	Naive Bayes
主觀分類 Accuracy	0.82271	0.81673	0.78923
正負面評論 Accuracy	0.84439	0.83439	0.81195

五、結論

本論文提出一個基於評論目標發掘及意見詞修飾關係之微網誌評論內容意見傾向計算方法。根據評論主題以及意見詞的修飾關係，發掘出主題相關的評論目標以判斷其意見傾向。然而若要提高分類準確率，還需要進一步找出 opinion holder 與 opinion polarity， 甚至在時間軸上的變化關係, 是屬於比較高階的應用。這時候文句若能先標詞性、標片語、甚至到句型剖析等前處理，並擷取與主題相關的屬性來增加找出 opinion holder 的準確度，以上都對提高情緒分析的準確率會有幫助。

Twitter 在發文的數字上有限制，主要是以平常口語、簡短的方式在 Twitter 上發佈，因此常有俚語的部分，所以在字串處理方面會有困難。例如: “shh identity thief, is it good movie I gonna bring my Lil g Cuzco to DE movies, Rollin out Tass can’t wait till class finish lol.”，出現很多簡寫及口語化的字，在前處理時的字串處理造成困難，以至於影響詞性標註、評論目標發掘以及修飾關係，所以會降低本方法的準確率。目前也沒有較正式的 tweet 電影評論資料集，本實驗是自己收集資料集並且利用人工標註方法來做資料集的情緒標註，在數量上較為不足。以上的難題都是未來待克服的議題。

參考文獻

[1] Devillers L., Vasilescu I., and Lamel L., “Annotation and Detection of Emotion in a Task Oriented Human-Human Dialog Corpus,” Proceedings of the ISLE Workshop on Dialogue Tagging for Multi-Modal Human-Computer Interaction, pp.624-629, 2002.

[2] Ang J. C., “Prosodic Cues for Emotion Recognition in Communicator Dialogs,” M.S. thesis, University of California Berkeley, 2002.

[3] S. Kim and E. Hovy. “Extracting opinions, opinion holders, and topics expressed in online news media text,” In Proceedings of ACL/COLING Workshop on Sentiment and Subjectivity in Text, pp.1-8 ,2006.

[4] Popescu A. M., Etzioni O., ”Extracting product features and opinions from reviews,” Proceedings of the conference on Human Language Technology and Empirical Methods in Natural Language Processing, p.339-346, October 06-08, Vancouver, British Columbia, Canada, 2005.

[5] Qiu, G., Liu B., Bu J., and Chen C.. “Opinion word expansion and target extraction through double propagation,” Computational Linguistics, pp.363-370, 2011.

[6] Zhuang L., Jing F., Zhu X.-Y., “Movie review mining and summarization,” Proceedings of the 15th ACM international conference on Information and knowledge management, Arlington, Virginia, USA, pp. 43-50, November 06-11, 2006

[7] Go A., Bhayani R., and Huang L., “Twitter Sentiment Classification using Distant Supervision,” Technical report, Stanford Digital Library Technologies Project.

[8] Pak A. and Paroubek P., ”Twitter as a corpus for sentiment analysis and opinion mining,” Proceedings of LREC, pp.1320-1326, 2010.

[9] Sun Y. T., Chen C. L., Liu C. C., Liu C. L., Soo V. W., “Sentiment Classification of Short Chinese Sentences,” ROCLING 2010.

[10] Tang, Y., Chen, H. "Emotion Modeling from Writer/Reader Perspective Using a Microblog Dataset," In: Workshop on Sentiment Analysis where AI meets Psychology (SAAIP 2011), pp. 11–19. ACL, 2011.

[11] Davidov, D.; Tsur, O.; and Rappoport, A. "Enhanced sentiment learning using twitter hashtags and smileys," In Proceedings of Coling, pp.241-249 ,2010.

[12] Wiebe J., Riloff E.. "Creating subjective and objective sentence classifiers from unannotated texts," pp.486-497 , In CICLing-2005.

[13] Barbosa, L., Feng, J. "Robust sentiment detection on twitter from biased and noisy data," In Proc. of Coling, pp.36-44, 2010.

[14] Jindal, N., and Liu, B. "Mining comparative sentences and relations," AAAI'06, 2006.

[15] Jindal, N. and Liu, B. "Identifying comparative sentences in text documents," SIGIR-06, 2006.

[16] Tottie. Gunnel. "Negation in English Speech and Writing: A Study in Variation," San Diego: Academic Press, 1991.

[17] H. Zeijlstra. "Negation in Natural Language: On the Form and Meaning of Negative Elements," Language and Linguistics Compass, 1(5):498—518, 2007.

[18] B. Pang and L. Lee. "Opinion mining and sentiment analysis,“ Foundations and Trends in Information Retrieval, 2008.

[19] Tom M. Mitchell, Machine Learning, WCB-McGraw-Hill, 1997

[20] Customer Review Collection, http://www.cs.uic.edu/liub/ FBS/sentiment-analysis.html

[21] Minipar, http://webdocs.cs.ualberta.ca/~lindek/minipar.htm

[22] The Stanford Parser: A statistical parser, http://nlp.stanford.edu/software/lex-parser.shtml

[23] Dependency grammar, http://en.wikipedia.org/wiki/Dependency_grammar

[24] Twitter API, https://dev.twitter.com/docs/api

[25] Google Spell Checker, https://code.google.com/p/google-api-spelling-java/

[26] Stanford POS Tagger, http://nlp.stanford.edu/software/tagger.shtml

[27] Stanford Named Entity Recognizer, http://nlp.stanford.edu/software/CRF-NER.shtml

[28] Movie Review Data, http://www.cs.cornell.edu/people/pabo/movie-review-data/

主要漢字形聲字發音規則探勘與視覺化

Primary Chinese Semantic-Phonetic Compounds Pronunciation Rules Mining and Visualization

徐千惠 Chien-Hui Hsu
國立中央大學資訊工程系
Department of Computer Science and Information Engineering
National Central University
shu252000@gmail.com

蔡孟峰 Meng-Feng Tsai
國立中央大學資訊工程系
Department of Computer Science and Information Engineering
National Central University
mftsai@csie.ncu.edu.tw

張嘉惠 Chia-Hui Chang
國立中央大學資訊工程系
Department of Computer Science and Information Engineering
National Central University
chia@csie.ncu.edu.tw

廖湘美 Hsiang-Mei Liao、李淑萍 Shu-Ping Li,
國立中央大學中國文學系
Department of Chinese Literature
National Central University
anne54555@gmail.com, leesp.susan@gmail.com

吳嫻 Denise H. Wu
國立中央大學認知神經科學研究所
College of Science Institute of Cognitive Neuroscience
National Central University
denisewu@cc.ncu.edu.tw

摘要

近年華語教學的需求量與重要性日漸增加，為幫助漢語學習者構築現代漢字、增進學習效率，採用「部件教學法」，由部件當中找出漢字表音和表意的線索，故以形聲字與其聲符為研究對象。形聲字在現代漢語通用字中佔八成，大多是由一個表意的形符加上一個表音的聲符組成。本研究強調聲符表音的線索，以關聯式規則探勘出形聲字發音規則。並進一步地找出影響形聲字發音的關鍵因素，輔以漢語音韻學的知識，建立漢字發音的階層架構，進行多層次形聲字發音規則探勘，藉此幫助漢語學習者與教學研究歸納形聲字發音的脈絡。最後用視覺化的方式呈現這些規則，並設計簡單、好記的系統輔助漢字識字教學與漢字研究。

Abstract

The demand and the importance of Chinese teaching have increased continuously. In order to assist the Chinese learners in composing Chinese characters and increase their learning efficiency, Chinese components teaching method is adopted. The learners can find the clues to both the pronunciations and the meanings of Chinese characters from Chinese components, and semantic-phonetic compounds and their phonetic components are exactly proper to be the object. There are 80.5% semantic-phonetic compounds in the 7000 common Chinese characters, and most of them are formed with one semantic component and one phonetic component. For the purpose of emphasizing the clues to the pronunciations of Chinese characters, multiple-level association rule mining was applied to discover the hierarchical pronunciation rules of semantic-phonetic compounds. This approach found the key factors which have the strong connection with the pronunciations of semantic-phonetic compounds. With the knowledge of Chinese linguistics, we constructed the hierarchical Chinese pronunciation structure. The hierarchical pronunciation rules are the overview of the pronunciations of semantic-phonetic compounds and aid both Chinese learning and Chinese researches. Therefore, they can learn the pronunciations of Chinese characters not only in the general aspect but the specific aspect. These rules were represented in visualization and the simple and memorable system was designed to assist both the Chinese literacy teaching and Chinese researches.

關鍵詞：漢語識字教學，形聲字，聲符，多層次關聯式規則探勘，關聯式規則視覺化

Keywords: Chinese Teaching, Semantic-Phonetic Compounds, Phonetic Component, Multiple-level Association Rule Mining, Association Rule Mining Visualization.

一、緒論

漢字為一種歷史悠久的形系文字，現今全球有五分之一的人口使用漢語做為母語，再加上華人社會經濟、文化影響力的擴大與市場開發的需要，愈來愈多人將漢語做為第二外語來學習，大約有 100 個國家超過 2,500 所大學教授漢語課程[1]，成為最多人學習的東方語言，且學習人數益形增加。進一步來看，現今海外華人人數約為五千萬人；而在台灣的大陸與外籍配偶從 2002 年的二十二萬人次，已增加到四十四萬人次，其中外籍配偶約占十四萬六千人次，這些華語學習者雖接觸到漢語環境，但識字對於他們來說仍感到相當困難。

外國的漢語學習者遇到最大的難處在於漢字的學習。由於漢字的「形」不直接表音的特性，使得漢字的發音教學深具難度。漢字教學應當有別於占絕大優勢的拼音文字教學法，若是忽略了漢字的組字特性，學生只好靠著經驗想辦法消化所學的漢字，喪失了漢字中表音與表意的線索，造成漢語學習者在學習過程中更加困難重重。同時，教師要教會學生會聽、會說、會讀、會寫漢字，於是漢語學習者要學會一個漢字耗時且耗力[2]。

語言學習的過程如圖一所示，學習一種語言可分成學習其字音、字形與字義三部分，這三部分在學習者的大腦形成的印象就稱爲表徵，口語能力屬於字音表徵對應到語意表徵的過程，文字能力則屬於字形表徵對應到字音表徵和語意表徵，甚至是字音表徵對應到字形表徵的過程。對於海外華人和外籍配偶來說，在日常生活中已接觸到漢語對話，自然而然有基本的口語能力，而漢字的文字能力才是他們需要加強的部份。另外對於華人學童與閱讀障礙者，加強他們的文字能力，更可以幫助他們將所學運用在漢語口語和閱讀當中。不過，漢字字形不直接表音的特性，使得字形對應到字音往往需要以拼音來輔助，相較於拼音文字系統來說，漢字系統多了一步學習的過程，爲學習者築起一道鴻溝。若能設計合適的漢字識字教學，指引漢語學習者找回漢字表音和表意的線索，將有助於他們跨越漢字學習的障礙，增加其學習效率的同時亦能窺探漢字的奧秘。

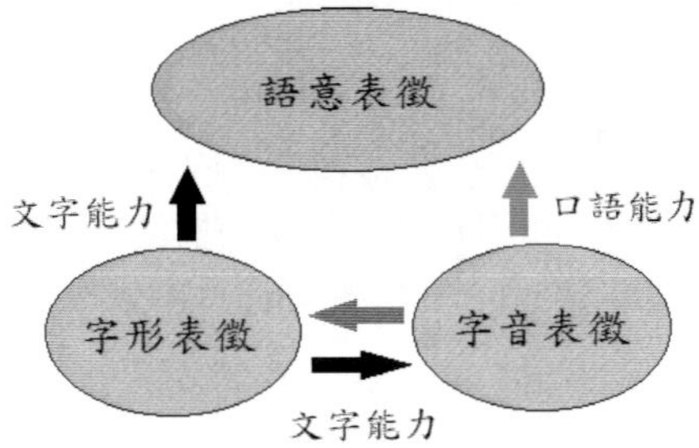

圖 一、語言學習的過程

反觀屬於拼音文字系統的英語，若是英語學習者同樣具備基本的英語口語能力，欲進一步加強其文字能力就顯得輕鬆許多。這正是因爲學會英語的拼音系統後，學習者就能自然而然地邊念單字邊把它拼寫(spell)出來。

以歷史的演進來看，漢字可以用傳統的「六書理論」，將漢字分類成：象形、形聲、會意、指事、轉注、假借六種造字方法[3]。但是語言是有生命的東西，現代漢字的形體早有變化，故要以「六書理論」來分類現代漢字並不容易，亦不適合教導給漢語學習者。於是，學者提出漢字部件教學的概念。所謂的漢字部件，即「現代漢字字形中，具有獨立組字能力的構字單位，它大於或等於基本筆畫，小於或等於整個漢字」[4]，如「好」字，就是由「女」+「子」兩個部件所組成。以漢字部件幫助漢語學習者構築現代漢字、學習到部件延伸的漢字，是爲基礎且有效率的教學方法，稱爲「部件教學法」。相關研究也發現以部件爲主之教學可以提升新移民女性的漢字學習成效[5]，尤其成人學漢字，著重在認知轉換，並善用其理解和歸納的能力[6]。由此方法找出漢字表音和表意的線索，形聲字是最能被直接觀察到此種特徵的漢字結構。在 7000 個現代漢語通用字當中[7]，形聲字佔了 80.5%，共 5631 個形聲字；又，在前 3000 個現代漢字常用字當中，形聲字佔了 57.4%，共 1721 個形聲字。大部分的形聲字是兩個部件組合在一起，即一個表意的形符加一個表音的聲符。若能強調由聲符表音的線索，將能給予中文研究與教學大幅度的進展，提供中文研究一套有系統性的研究成果，並在漢語教學的過程中，讓學習者由學習到的生字，增加文字解析歸納的能力並延伸學習到相同線索的漢字，減少記憶的負擔，進而提升漢字學習效率。

爲了強調聲符表音的線索並找出其重要規則，首先採用中央資工所與中文所的四位研究生與三位教授合作所建立的形聲字資料庫。此形聲字資料庫是運用中研院文獻處理實驗室所建立的「漢字構形資料庫」[8]，加上自創的形聲字源標記系統，由中文所師生人工標記在這漢字構形資料庫當中，含有注音標示的 14598 個漢字是否爲形聲字、其聲符爲何等資訊，並耗時兩年完成。再對形聲字資料庫進行影響形聲字發音的因素分析，在所有資料的屬性中，找出最能影響形聲字發音的屬性，並以此作爲規則探勘的項目。本研究採用注音符號與漢語拼音，並輔以漢語音韻學的知識，將漢字發音分成三個層次來看。進而以多層次探勘形聲字發音規則，以此幫助漢語學習者與教學研究歸納形聲字發音的情形、了解漢字發音的脈絡，並找出「主要的形聲字發音規則」。我們發現，雖然大部分的形聲字發音與其聲符發音相同，但主要的形聲字發音規則也揭露不少例外的情形，我們也將深入分析。進一步地，以視覺化的方式呈現規則，更能幫助學習者一目了然且容易記憶發音規則，亦可協助教學研究者加以分析比較規則的內容。並設計注音符號版本與漢語拼音版本的互動式網站系統，再輔以範例字，擴展漢語學習者的識字量，同時作爲漢字研究上的佐證。

接下來的論文架構爲：第二章介紹與此論文相關的方法與研究內容，第三章敘述如何在影響形聲字發音的因素分析中，找出形聲字資料庫中最具影響力的屬性(一)，並加上漢語音韻學的知識，建立漢字發音階層架構(二)，以此找出多層次發音關聯規則(三)，設計符合規則的視覺化方法(四)。第四章呈現主要探勘的成果與網站內容，第五章爲結論與未來方向。

二、相關研究

（一）漢語教學研究

由於漢語學習市場的擴增，各式各樣的漢語教學法紛紛出爐，但如何有效學習漢語、由淺入深地掌握學習漢語的要領，減少外國學習者學習漢語的挫折感，是漢語教學的關鍵。林季苗認爲，漢字的形音義間的關係和拼音文字存在著極大的差異，故漢字教學應當有別於占絕大優勢的拼音文字教學法[2]。林季苗提出四項漢語教學原則與在法國的漢語教學經驗，四項教學原則之一爲「字本位」，強調每個字本身的意義、構型與發音。原則二爲「語文分步」，說明漢語的口語及文字教學應當適當地分開進行，保持學生行文的順暢。原則三爲「集中識字」，強調有系統、有目的地、循序漸進將漢字由淺入深教授給學生。原則四是「區別主動書寫字及被動認讀字」，讓學生可專心將精神與時間著重在基礎漢字或其它漢語能力上。

中研院李佳穎博士針對漢字識字教學，採用聲符部件所延伸的漢字做爲集中識字的方法，並以字本位教授學童這些漢字的組字特性，輔助中文學習者識字[9]。另外，李博士以大腦認知的角度，測量學童在辨識不同特性的形聲字的識字速度，並發現影響形聲字識字速度的特性大致上分爲：頻率、一致性和規則性。所謂頻率是指一個字在日常生活中出現的次數，一致性爲同個聲符的所有形聲字之間發音相似的程度，規則性是指形聲字與其聲符兩者之間發音相似的程度。對於頻率高的漢字，不管是否易學，學童識字速度最快；而對於頻率不高的漢字，其一致性和規則性高的漢字，會比一致性和規則性低的漢字的學童識字速度快，由此證明聲符教學對漢字識字的重要性。另外，研究中亦提到學童的識字量對於聲符表音概念的成形佔有重要的影響力。對於這項成果，李博士設計一個遊戲幫助學童加強聲符的概念，透過累積分數與遊戲闖關的形式，讓學童在高學習意願下，無形之中增加識字量與聲符部件的概念。

中央大學資工所的張嘉惠教授所帶領的漢字教學研究團隊，就是以字本位的觀念出發，採用形聲字的組字特性找出漢字表音的線索。設計合適的漢字識字教學材料、幫助漢語學習者有效學習漢字是爲此研究團隊的目標。此團隊首先於 2010 年，提出以最佳化部件與形聲字發音相似度、部件發音機率分佈兩種方法判斷形聲字的聲符[10]。其中部件與形聲字發音相似度可由中文專家制定或以最佳化算出，而部件發音機率分佈的算法，則是以 Kullback－Leibler divergence 計算部件延伸的漢字的發音分佈與所有漢字發音分佈兩者的差異，其實驗結果能預測形聲字的聲符且準確率達到 98%，可加速研究團隊標記聲符的進度。另外，此研究團隊於 2011 年提出學習聲符部件的順序，考量部件發音強度、延伸字出現頻率與筆畫數三種因素，用線性加總、幾何平均與調和級數三種方法算出不同的部件學習順序[11]。其中發現由幾何平均算出的部件順序中，能學習到的延伸字較其他兩種部件順序的延伸字累積速度快，以此做爲部件教學的參考順序。研究中亦提出形聲字發音規則探勘，找出高普遍性與高正確性的規則，例如符合聲母爲「ㄌ」的部件，其延伸字的發音通常與部件發音相同。

本研究延續研究團隊的目標，設計合適的漢字識字教學工具，在字形表徵與字音表徵之間找出重要的規則、強化彼此的關聯，以此提供教學研究使用，或是讓學習者由學習到的生字，透過查詢符合的表音線索的輔助學習工具，增加文字解析歸納的能力並延伸學習到相同線索的漢字，進而增加學習的效率。另外，區分符合相同規則的形聲字其頻率的高低，讓學習者由常見的漢字基本架構漸進學習頻率較低的漢字，進而掌握要領、舉一反三，同時提供給漢字研究關於發音規則的佐證。

（二）漢字發音表示法

本研究採用注音符號與漢語拼音表達漢字的發音。注音符號共有 37 個字母，其中聲母有 21 個，分別爲ㄅㄆㄇㄈㄉㄊㄋㄌㄍㄎㄏㄐㄑㄒㄓㄔㄕㄖㄗㄘㄙ；介母有 3 個，爲ㄧㄨㄩ；與韻母 39 個，分別爲ㄧ、ㄨ、ㄩ、ㄚ、ㄛ、ㄜ、ㄝ、ㄭ、ㄞ、ㄟ、ㄠ・・・等，其中「ㄭ」代表發音爲空韻；聲調分爲第一聲、第二聲、第三聲、第四聲和輕聲。而在漢語拼音中，表示聲母的拼音分別爲 b, p, m, f, d, t, n, l, g, k, h, j, q, x, zhi, chi, shi, ri, zi, ci, si；介音爲 yi, wu, yu；韻母的拼音分別爲 a, o, e, ê, ai, ei, ao, … etc；聲調分別以 1, 2, 3, 4, 5 代表。

而在漢語音韻學中，又將聲母與韻母依照其發音特性做分類。聲母的分類方法可由發音方法與發音部位來分，發音方法是根據氣流通道受阻的狀態分成：塞音、鼻音、擦音、邊音和塞擦音，發音部位則分成：雙脣、脣齒、舌尖中、舌尖前、舌尖後、舌面和舌根；而韻母可由韻別與嘴型做分類，其中韻別根據元音的種類可分成：單韻、複韻、聲隨韻和捲舌韻，嘴型則分成開口、齊齒、合口和撮口，如表一所示。例如「芳」字的注音符號爲「ㄈㄤ」，漢語拼音爲「fang」，其聲母爲「ㄈ/f」、韻母爲「ㄤ/ang」、聲調爲第一聲，發音方法爲擦音、發音部位爲脣齒、韻別爲聲隨韻、嘴型爲開口。

表 一、聲母分類表(左欄)與韻母分類表(右欄)

發音方法／發音部位	塞音	塞擦音	擦音	邊音	鼻音
雙脣	ㄅㄆ			ㄇ	
脣齒			ㄈ		
舌尖中	ㄉㄊ			ㄋ	ㄌ
舌尖前		ㄗㄘ	ㄙ		
舌尖後		ㄓㄔ	ㄕㄖ		
舌面		ㄐㄑ	ㄒ		
舌根	ㄍㄎ		ㄏ		

韻別／嘴型	單韻	複韻	聲隨韻	捲舌韻
開口	ㄚㄛㄜㄝ帀	ㄞㄟㄠㄡ	ㄢㄣㄤㄥ	ㄦ
韻別／嘴型	單韻	結合韻母		
齊齒	ㄧ	ㄧㄚ, ㄧㄛ, ㄧㄝ, ㄧㄞ, ㄧㄠ, ㄧㄡ, ㄧㄢ, ㄧㄣ, ㄧㄤ, ㄧㄥ		
合口	ㄨ	ㄨㄚ, ㄨㄛ, ㄨㄞ, ㄨㄟ, ㄨㄢ, ㄨㄣ, ㄨㄤ, ㄨㄥ		
撮口	ㄩ	ㄩㄝ, ㄩㄢ, ㄩㄣ, ㄩㄥ		

（三）關聯式規則探勘與視覺化

資料探勘被定義為從資料進行知識發掘(Knowledge Discovery from Data)的過程中，以智慧的方式擷取資料樣式。關聯式規則探勘出現於 1990 年代[12]，原是用於購物籃分析，在顧客交易資料庫中，觀察購買項目間隱含的關係，了解顧客的消費習慣，例如：

牛奶$\Rightarrow$麵包

此例代表買牛奶的顧客也傾向在購買期間內選購麵包。為測量這些隱含規則，提出普遍性(support)和正確性(confidence)的測量標準，表示如下：

$$\text{普遍性}(A \Rightarrow B) = P(A \cup B) = \frac{\text{資料筆數}(A \cup B)}{\text{全部資料筆數}}$$
$$\text{正確性}(A \Rightarrow B) = P(B \mid A) = \frac{\text{普遍性}(A \cup B)}{\text{普遍性}(A)} \tag{1}$$

D 代表交易資料庫，A、B 各代表一個個體或群體的項目集(item-set)。$A \Rightarrow B$ 的普遍性代表在資料庫 D 中同時出現項目 A 與 B 的比例，以機率 $P(A \cup B)$ 表示。$A \Rightarrow B$ 的正確性代表在資料庫 D 中，如果已經出現項目 A 時，項目 B 也同時出現的比例，以條件機率 $\boldsymbol{P(B \mid A)}$ 表示。在進行關聯規則探勘時，可先設定最小普遍性(minimum support)與最低正確性(minimum confidence)，做為強關聯式規則的門檻。

關聯式規則視覺化可幫助決策者加以分析，其相關研究有：散播平面圖(scatter plot)、以圖解為基礎的視覺化(graph-based visualization)、平行座標圖(parallel coordinates plots)、雙層圖(double decker plot)、以矩陣為基礎的視覺化(matrix-based visualization)[13]並加以分群[14]等。

三、形聲字重要發音規則探勘與視覺化

本研究幫助中文學習者加強漢字識字能力，設計一套合適的漢字識字輔助教學系統，幫助他們由漢字的組字特性中，加深其聲符表音概念的形成；亦提供漢字教學研究加以運用。本研究分成四個階段，首先是取得形聲字的相關資料並進行影響形聲字發音的因素

分析，再來建立漢字發音的階層式架構，找出主要的形聲字發音規則，最後設計視覺化方法、以教學網站的方式呈現。

（一） 影響形聲字發音的因素分析

首先，本研究的形聲字資料是沿用國立中央大學中文所與資工所師生合作所建立的形聲字資料庫。他們應用中研院文獻處理實驗室建立的「漢字構形資料庫」，建立形聲字標記系統，再由中文所四位研究生與三位教授人工標記形聲字與其聲符，最後耗時兩年多將所有含注音標示的 14598 個漢字標記完成。此形聲字資料庫共記錄了 9292 個形聲字、1431 個聲符。

在探勘形聲字發音規則之前，首先分析形聲字的發音特性，我們發現：有 55.5%的形聲字的發音與其聲符的聲母、韻母皆相同，在另外 44.5%的情況下，有哪些屬性最可以協助我們辨別形聲字的發音？本研究採用 Mutual Information (互信息)[15] 來計算每個屬性對於形聲字聲母、韻母的影響程度，其公式內容爲資訊熵減去條件熵，如 (2) 式所示。

$$\mathrm{I}(X;Y)=\mathrm{H}(X)-\mathrm{H}(X|Y)=-\sum_{x\in X}\Pr(x)\log\Pr(x)+\sum_{y\in Y}\sum_{x\in X}\Pr(y,x)\log\Pr(x|y) \qquad (2)$$

當中可能影響形聲字發音的屬性與屬性值列表於表二中，其中聲符的韻母=「帀」代表發音爲空韻。舉例屬性影響形聲字發音：欲計算「連接方式」影響聲符韻母=ㄧㄢ的形聲字發音的 Mutual Information 值，先列出符合條件的字數如表三，表中的 285 字表示當形聲字的聲符韻母=ㄧㄢ且形聲字韻母=ㄧㄢ時，符合上下連接的形聲字有 285 個字。之後將此表的資訊套入(2)式：

$$I(X;Y)=-(\frac{361}{458}\log(\frac{361}{458})+\frac{97}{458}\log(\frac{97}{458}))-(\frac{285}{458})\log(\frac{285}{458}/\frac{357}{458})+(\frac{52}{458})\log(\frac{52}{458}/\frac{65}{458})$$
$$+(\frac{24}{458})\log(\frac{24}{458}/\frac{36}{458})+(\frac{72}{458})\log(\frac{72}{458}/\frac{357}{458})+(\frac{13}{458})\log(\frac{13}{458}/\frac{65}{458})+(\frac{12}{458})\log(\frac{12}{458}/\frac{36}{458})\approx$$

0.008。式子中 $\frac{361}{458}$ 代表在所有符合聲符韻母=ㄧㄢ的形聲字當中，其韻母=ㄧㄢ的比例爲 $\frac{361}{458}$；$\frac{97}{458}$ 代表在所有符合聲符韻母=ㄧㄢ的形聲字當中，其韻母=其它的比例爲 $\frac{97}{458}$；$\frac{285}{458}$ 代表在所有符合聲符韻母=ㄧㄢ的形聲字當中，其韻母=ㄧㄢ且連接方式=上下連接的比例爲 $\frac{285}{458}$；$\frac{357}{458}$ 代表在所有符合聲符韻母=ㄧㄢ的形聲字當中，其連接方式=上下連接的比例爲 $\frac{357}{458}$；$\frac{52}{458}$ 代表在所有符合聲符韻母=ㄧㄢ的形聲字當中，其韻母=ㄧㄢ且連接方式=左右連接的比例爲 $\frac{52}{458}$；$\frac{65}{458}$ 代表在所有符合聲符韻母=ㄧㄢ的形聲字當中，其連接方式=左右連接的比例爲 $\frac{65}{458}$，其它數值對照表三依此類推…，計算所得的 Mutual Information 值爲 0.008，代表屬性「連接方式」與聲符發音關聯性弱。若是 Mutual Information 值越大代表此屬性與聲符發音關聯性越強，而所有屬性影響形聲字聲母、韻母是否與其聲符聲母、韻母相同的 Mutual Information 值於圖二表示。圖二橫軸是形聲字以其聲符的聲母與韻母爲分類，縱軸表示每個屬性對於不同分類的 Mutual Information 值，其中屬性依序以所代表的顏色顯示在長條圖中。由圖中可看出：影響形聲字的發音是否與聲符發音相同的因素在於聲符的聲母和韻母(藍色與靛色的部分最長)，以此作爲形聲字發音規則的探勘項目，提供漢語學習者重要關鍵的形聲字發音規則。

表 二、可能影響形聲字發音的屬性與屬性值

屬性內容	屬性值
連接方式	上下連接、左右連接、包圍式
字的筆畫數	0-10 畫、11-20 畫、21-30 畫
部首的筆畫數	0-5 畫、6-10 畫、11-15 畫、16-20 畫、21-25 畫
聲符的筆畫數	0-5 畫、6-10 畫、11-15 畫、16-20 畫、21-25 畫
聲符的位置	左、右、上、下、內
聲符的聲母	ㄅ,ㄆ,ㄇ,ㄈ,ㄉ,ㄊ,ㄋ,ㄌ,ㄍ,ㄎ,ㄏ,ㄐ,ㄑ,ㄒ,ㄓ,ㄔ,ㄕ,ㄖ,ㄗ,ㄘ,ㄙ
聲符的韻母	ㄧ,ㄨ,ㄩ,ㄚ,ㄛ,ㄜ,ㄝ,帀,ㄞ,ㄟ,ㄠ,ㄡ,ㄢ,ㄣ,ㄤ,ㄥ,ㄦ,ㄧㄚ,ㄧㄛ,ㄧㄝ,ㄧㄞ,ㄧㄠ,ㄧㄡ,ㄧㄢ,ㄧㄣ,ㄧㄤ,ㄧㄥ ㄨㄚ,ㄨㄛ,ㄨㄞ,ㄨㄟ,ㄨㄢ,ㄨㄣ,ㄨㄤ,ㄨㄥ ㄩㄝ,ㄩㄢ,ㄩㄣ,ㄩㄥ
聲符的聲調	第一聲、第二聲、第三聲、第四聲、輕聲

表 三、連接方式影響聲符韻母=ㄧㄢ的形聲字發音字數

屬性 / 發音情形	上下連接	左右連接	包圍式	總計
聲符韻=ㄧㄢ且形聲字韻=ㄧㄢ	285 字	52 字	24 字	361 字
聲符韻=ㄧㄢ且形聲字韻=其它	72 字	13 字	12 字	97 字
總計	357 字	65 字	36 字	458 字

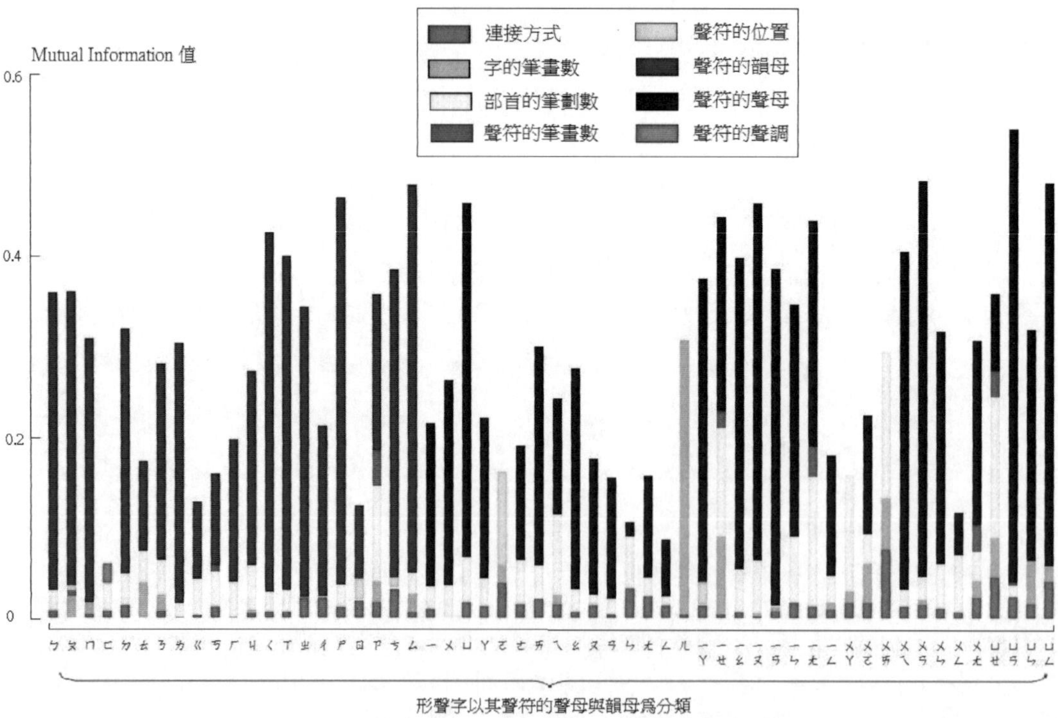

圖 二、各個屬性影響形聲字發音的比較圖

（二） 漢字發音階層架構

漢字的發音教學往往需要拼音輔助，此拼音可爲注音符號、漢語拼音或國際音標，例如注音符號「ㄅ」，在漢語拼音中表示成「b」，在國際音標中以「p」代表，本研究採用注音符號與漢語拼音兩種表示漢字的發音。在漢語音韻學當中，將漢語的發音分成聲母、韻母和聲調三部分，進一步地，不同聲母又可依照發音方法、發音部位兩種方法來分類，而不同韻母可依照韻別、嘴型兩種方法進行分類。故本研究採取在不同層次上表達漢字的發音，參照漢語聲韻學發音分類，定義形聲字與其聲符發音的階層式架構，如圖三所示。圖三顯示階層式架構的根結點爲第四層，代表所有漢字的發音。圖中右邊分支代表形聲字的發音，左邊分支代表其聲符的發音。在第三層是發音的聲母與韻母的分類，其中有「發音方法」、「發音部位」、「韻別」和「嘴型」四種分類方法，稱爲聲韻分類層；在第二層記錄發音的聲母、韻母，爲聲韻層；在第一層則是完整的發音(忽略聲調)，稱作發音層，以此表示本研究在不同層次上探勘形聲字發音規則的概念。表四列出由第一層到第三層的發音階層結構例子。使用階層式架構的目的，是爲了幫助使用者由不同發音細微度 (granularities) 學習形聲字發音規則，其發音細微度意指發音單位大小，以此幫助漢語學習者歸納形聲字發音的情形，帶領他們從宏觀或是細微的角度學習漢字發音的脈絡。

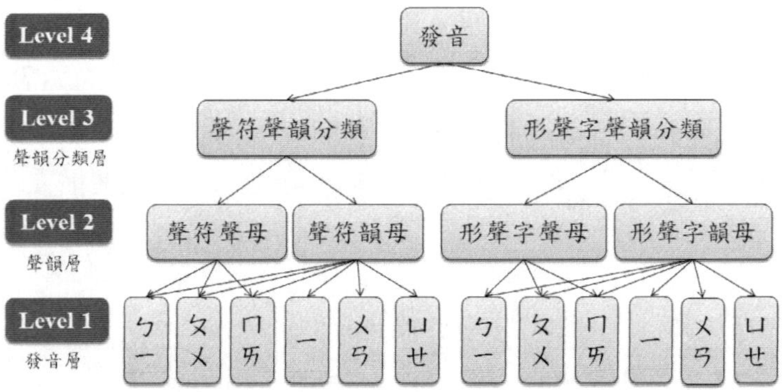

圖 三、漢字發音階層架構圖

表 四、發音階層結構表示法

Level 1 發音層	Level 2 聲韻層		Level 3 聲韻分類層			
形聲字	聲母	韻母	發音方法	發音部位	韻別	嘴型
ㄉㄧㄠ/diao(叼)	ㄉ/d	ㄧㄠ/yao	塞音	舌尖中	結合韻母	齊齒
ㄕㄜ/she(什)	ㄕ/shi	ㄜ/e	擦音	舌尖後	單韻	開口
聲符	聲母	韻母	發音方法	發音部位	韻別	嘴型
ㄉㄧㄠ/diao(刁)	ㄉ/d	ㄧㄠ/yao	塞音	舌尖中	結合韻母	齊齒
ㄕ/shi(十)	ㄕ/shi		擦音	舌尖後	單韻	開口

（三） 主要的形聲字多層次發音規則探勘

經過形聲字發音特性的分析，採用漢字發音階層架構與多層次關聯式規則探勘(Multi-Level Association Rules Mining)，找出主要的形聲字發音規則。本研究採用 Apriori 演算法[12]，對形聲字發音資料庫進行探勘，分別在三個發音階層結構上，找出聲符的發音影響形聲字發音的隱含規則。第一層以發音爲單位，其 1-項目集爲所有注音符號的組合；第二層將注音符號分成聲母、韻母，其 1-項目集如表五所示，其中形聲字韻母=「帀」、聲符的韻母=「帀」代表發音爲空韻；第三層將聲母、韻母進一步分類，可依照發音方法、發音部位、韻別與嘴型做分類。分別在此三層掃描一次資料庫後得到 1-項目集的普遍性，其中大於最小普遍性爲頻繁 1-項目集；再由頻繁 1-項目集兩兩組合得到 2-項目集，進行掃描後，大於最小普遍性爲頻繁 2-項目集，依此類推，直到無法產生頻繁項目集爲止。根據上述發掘的頻繁項目集，推導出符合最小普遍性與最小正確性的強關聯規則，例如最小普遍性爲 0.1、最小正確性爲 0.7。本研究由專家學者設定最小普遍性與最小正確性，以找出聲符對形聲字發音的各種影響層面，作爲漢字識字教學之用。由於本研究存在許多不同類型的項目集，有些規則出現次數所佔比例小，故在實驗中將最小普遍性設低；另外爲了分析形聲字轉音的情形，也將最小正確性設小。

本研究預期學習者在具備基礎聲符閱讀能力下，利用聲符的發音特性推測出形聲字生字的發音，這正是聲符表音的因果關係，故篩選規則的條件爲:「形聲字的聲符發音 ➔ 形聲字發音」。舉例如：

聲符韻母=ㄧㄠ ➔ 形聲字韻母=ㄧㄠ, 普遍性=2.2%, 正確性=78%

其含義爲：在 9292 個形聲字中，符合形聲字的聲符韻母是發音「ㄧㄠ」的條件下，有 78%形聲字的韻母也是發音「ㄧㄠ」，字數佔 2.2%。篩選好的規則便稱爲「主要的形聲字發音規則」。

表 五、形聲字與其聲符第二層 1-項目集

形聲字聲母	{ㄅ,ㄆ,ㄇ,ㄈ,ㄉ,ㄊ,ㄋ,ㄌ,ㄍ,ㄎ,ㄏ,ㄐ,ㄑ,ㄒ,ㄓ,ㄔ,ㄕ,ㄖ,ㄗ,ㄘ,ㄙ}
形聲字韻母	{ㄧ,ㄨ,ㄩ,ㄚ,ㄛ,ㄜ,ㄝ,帀,ㄞ,ㄟ,ㄠ,ㄡ,ㄢ,ㄣ,ㄤ,ㄥ,ㄦ,ㄧㄚ,ㄧㄛ,ㄧㄝ,ㄧㄞ,ㄧㄠ,ㄧㄡ,ㄧㄢ,ㄧㄣ,ㄧㄤ,ㄧㄥ,ㄨㄚ,ㄨㄛ,ㄨㄞ,ㄨㄟ,ㄨㄢ,ㄨㄣ,ㄨㄤ,ㄨㄥ,ㄩㄝ,ㄩㄢ,ㄩㄣ,ㄩㄥ}
聲符的聲母	{ㄅ,ㄆ,ㄇ,ㄈ,ㄉ,ㄊ,ㄋ,ㄌ,ㄍ,ㄎ,ㄏ,ㄐ,ㄑ,ㄒ,ㄓ,ㄔ,ㄕ,ㄖ,ㄗ,ㄘ,ㄙ}
聲符的韻母	{ㄧ,ㄨ,ㄩ,ㄚ,ㄛ,ㄜ,ㄝ,帀,ㄞ,ㄟ,ㄠ,ㄡ,ㄢ,ㄣ,ㄤ,ㄥ,ㄦ,ㄧㄚ,ㄧㄛ,ㄧㄝ,ㄧㄞ,ㄧㄠ,ㄧㄡ,ㄧㄢ,ㄧㄣ,ㄧㄤ,ㄧㄥ,ㄨㄚ,ㄨㄛ,ㄨㄞ,ㄨㄟ,ㄨㄢ,ㄨㄣ,ㄨㄤ,ㄨㄥ,ㄩㄝ,ㄩㄢ,ㄩㄣ,ㄩㄥ}

（四） 主要的形聲字發音規則視覺化

本研究採用以矩陣爲基礎的視覺化方法，呈現主要的形聲字發音規則，藉以提供學習者一個簡單明瞭的方式學習發音規則。如圖四所示，圖中縱軸爲規則的左邊，橫軸代表規則的右邊，每一點代表一條規則，其大小表示普遍性、顏色代表正確性，其中普遍性是以相對大小進行比較。例如座標(3, 2)的點代表「聲符發音方法=擦音➔形聲字發音方法=塞音」的規則，其普遍性較少、正確性約爲 0.1。圖四是在第三層發音階層中，關於聲

母「發音方法」發音關聯規則的視覺化，可看出形聲字的聲符「發音方法」大多數和形聲字的「發音方法」相同。透過規則的視覺化，學習者一眼就可看出規則涵蓋的範圍與其重要程度，漢字研究者亦可加以分析比較，不但能深入了解發音規則，亦可概觀整體聲符發音影響形聲字發音的情形，完整呈現形聲字發音的脈絡、易於記憶發音規則。

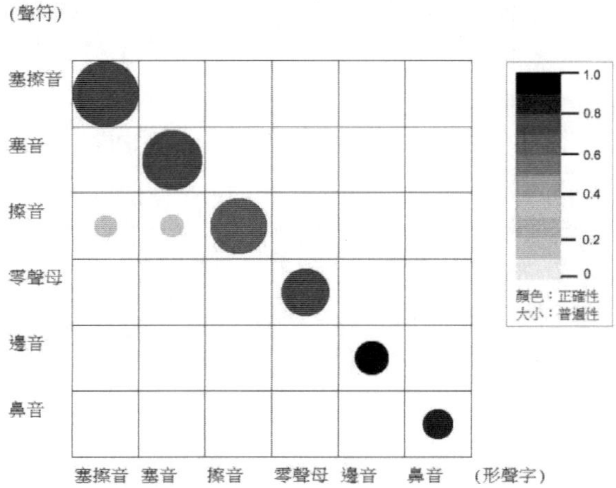

圖 四、規則視覺化-Level3「發音方法」

四、主要貢獻成果

本研究在 9292 個形聲字資料庫中，將最小正確性設爲 0.1，最小普遍性設爲 0.001，探勘出強關聯規則，並且揭露形聲字發音與其聲符發音不同的轉音規則。篩選規則的條件爲：在同個發音階層上的「形聲字的聲符發音 ➔ 形聲字發音」，所得的規則稱爲「主要的形聲字發音規則」。表六列出在第一層到第三層發音結構上探勘出的主要形聲字發音規則數量，並將探勘產生的部分強關聯規則於表七、表八中呈現，表八中 ID=1 的聲母=空，其意思爲無聲母。舉例表七中 ID=1 如下：

聲符聲母=舌面 ➔ 字聲母=舌面，普遍性=15%，正確性=75%

其含義爲：在 9292 個形聲字中，符合形聲字的聲符聲母的發音部位爲舌面的條件下，有 75%形聲字聲母的發音部位也是舌面，共佔 15%。我們可看出：表八的發音關聯規則，其前八項顯示形聲字的發音部位與其聲符有相同的發音部位，共可正確推測約 79%的形聲字，再加上轉音規則的部分，共可將推測正確度提高到 82%。在第三層的發音關聯規則中，皆可以少數幾條規則揭露大部分形聲字發音的脈絡，由此幫助中文學習者概觀形聲字與其聲符的發音特性，提供他們簡單好記的發音規則。

另外，在這些主要的形聲字發音規則中，雖然大部分的形聲字發音與其聲符發音相同，但也有不少規則揭露例外的情形，稱爲轉音規則，這些規則幫助學習者增加推測形聲字發音的正確性。故進一步探討在三層當中的轉音規則，第二層前五項轉音規則如表九所示。

進一步地，本研究實作一個網站呈現規則的視覺化，以此作爲形聲字識字教學輔助系統。如圖五、圖六所示，藉由互動的方式，使用者可依照有興趣的項目，在發音階層圖中點選規則分類的方框，例如點選”舌尖前”，網站便呈現符合舌尖前分類的規則視覺化圖。使用者也能進而使用下拉式選單查詢符合規則的形聲字，例如選擇”聲符=ㄗ➔形聲字=ㄘ”，結果呈現符合的形聲字與其聲符發音，共 13 個常用形聲字與 37 個非常用形聲字。另外亦提供英文版的網站系統，將注音符號以漢語拼音的方式呈現給學習者。如此一來，漢語學習者透過視覺化的方式，能輕鬆記憶發音關聯式規則，並在操作識字教學輔助系統的同時，增加學習經驗與識字量，減少學習負擔。而此系統亦可輔助漢字研究，提供重要的發音規則予以參考與應用。

表 六、在不同層級上的發音規則數

層級	主要發音規則數
Level 1 發音層	275
Level 2 聲韻層	99
Level 3 聲韻分類層	34

表 七、主要形聲字聲母「發音部位」發音規則

	Level 3-發音部位					
ID	聲符聲母	則	字聲母	普遍性(%)	正確性(%)	舉例 (聲符：字)
1	舌面	➔	舌面	15	75	齊(ㄑㄧ 2)：擠(ㄐㄧ 3)
2	舌尖中	➔	舌尖中	13	86	屯(ㄊㄨㄣ 2)：頓(ㄉㄨㄣ 4)
3	零聲母	➔	零聲母	12	76	于(ㄩ 2)：宇(ㄩ 3)
4	舌尖後	➔	舌尖後	11	71	專(ㄓㄨㄢ 1)：傳(ㄓㄨㄢ 4)
5	雙脣	➔	雙脣	10	92	八(ㄅㄚ 1)：趴(ㄆㄚ 1)
6	舌根	➔	舌根	10	79	鬼(ㄍㄨㄟ 3)：塊(ㄎㄨㄞ 4)
7	舌尖前	➔	舌尖前	5	77	卒(ㄗㄨ 2)：翠(ㄘㄨㄟ 4)
8	脣齒	➔	脣齒	3	73	凡(ㄈㄢ 2)：帆(ㄈㄢ 2)
9	舌尖後	➔	舌尖中	2	16	丑(ㄔㄡ 3)：妞(ㄋㄧㄡ 1)
10	脣齒	➔	雙脣	1	26	分(ㄈㄣ 1)：扮(ㄅㄢ 4)

表 八、前五主要形聲字「聲母」發音規則 (依普遍性排)

	Level 2-聲母					
ID	聲符聲母	則	字聲母	普遍性(%)	正確性(%)	舉例 (聲符：字)
1	空	➔	空	12	76	憂(ㄧㄡ 1)：優(ㄧㄡ 1)
2	ㄌ	➔	ㄌ	6	93	良(ㄌㄧㄤ 2)：浪(ㄌㄤ 4)
3	ㄐ	➔	ㄐ	5	56	吉(ㄐㄧ 2)：結(ㄐㄧㄝ 2)
4	ㄒ	➔	ㄒ	4	65	星(ㄒㄧㄥ 1)：醒(ㄒㄧㄥ 3)
5	ㄓ	➔	ㄓ	4	54	者(ㄓㄜ 3)：煮(ㄓㄨ 3)

表 九、前五主要形聲字「聲母」轉音規則 (依普遍性排)

	Level 2-聲母					
ID	聲符聲母	則	字聲母	普遍性(%)	正確性(%)	舉例 (聲符：字)
1	ㄅ	➔	ㄆ	2	33	巴(ㄅㄚ 1)：爬(ㄆㄚ 2)
2	ㄑ	➔	ㄐ	1	23	齊(ㄑㄧ 2)：擠(ㄐㄧ 3)
3	ㄍ	➔	ㄏ	1	17	骨(ㄍㄨ 3)：滑(ㄏㄨㄚ 2)
4	ㄐ	➔	ㄑ	1	13	君(ㄐㄩㄣ 1)：裙(ㄑㄩㄣ 2)
5	ㄍ	➔	ㄎ	1	15	鬼(ㄍㄨㄟ 3)：塊(ㄎㄨㄞ 4)

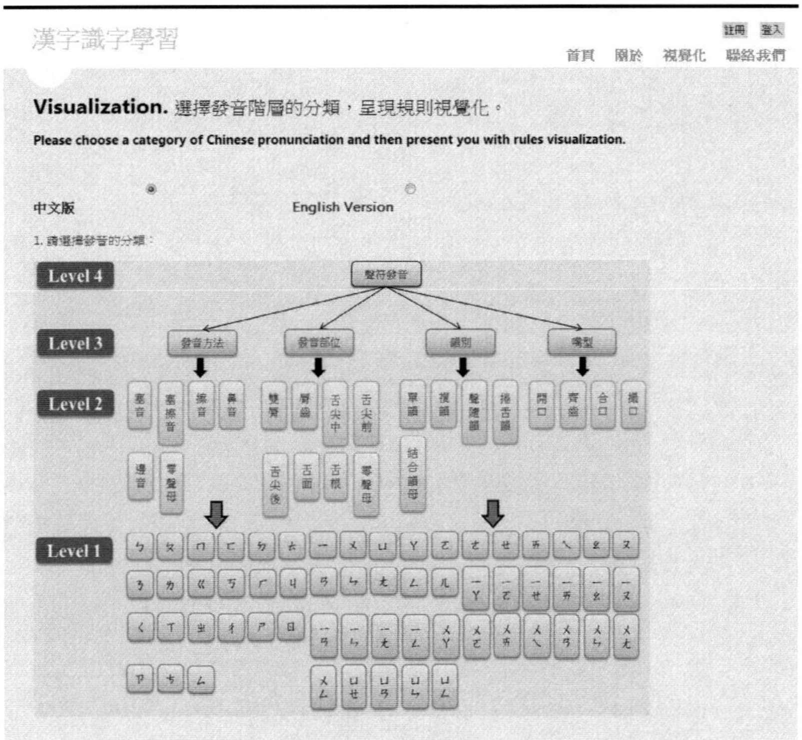

圖 五、注音符號版網站視覺化-漢字發音階層圖

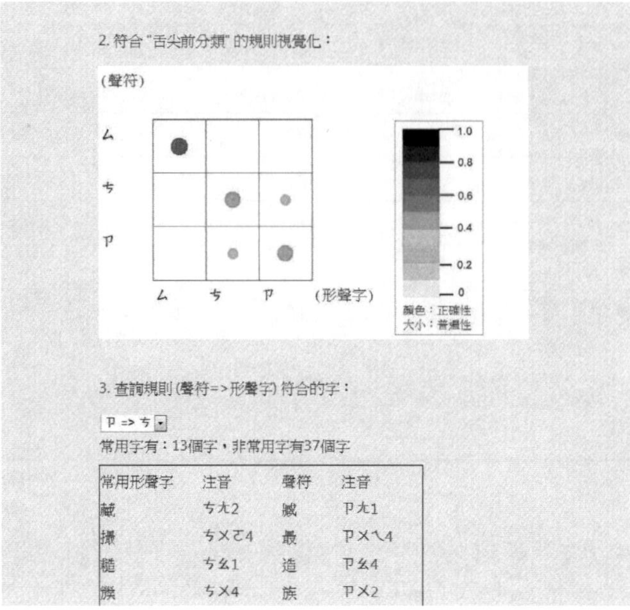

圖 六、注音符號版網站視覺化-規則視覺化

五、結論與未來方向

本研究結論可分三個部份，首先由影響形聲字發音的因素分析中，分析出最能影響形聲字發音的屬性就是聲符的發音，以此作為規則探勘的項目，幫助使用者更容易判斷形聲字的發音，並大幅減少探勘後的規則數目。第二部分為輔以漢語音韻學的知識，將漢字發音分成三個層次來看，建立漢字發音階層架構，進行多層次發音關聯規則探勘，篩選規則找出「主要的形聲字發音規則」，由此輔助漢語學習者與漢字研究歸納形聲字發音的情形、了解漢字發音的脈絡。再來。第三部分為設計視覺化的方法來呈現規則，使用者可一目了然規則的涵蓋範圍與其重要程度、易於學習發音規則，並將此以互動式的網站系統呈現，利於使用者選擇有興趣的規則分類，再輔以常用字與非常用字，讓漢語學習者增加學習經驗與識字量。期望能由本研究具體提供的漢字形音關係與組字特性，幫助學習者有系統的方式學習，減少學習負擔並增加識字能力，亦協助漢字研究有更進一步的發展。

在未來，本研究將會延續研究團隊的計畫，將研究成果與漢字單元教材結合，由單元課程中學到的生字，延伸學習發音規則與相對應的形聲字，並進行實地教學施策。而學習者需了解有關聲韻分類的「發音方法」、「發音部位」、「韻別」和「嘴型」，對於這項要求是否會造成學習者的負擔，希望能在未來實際教學中得到回饋並改進。此系統亦可以其他拼音法呈現漢字的發音，期望能幫助更多外國學習者加強他們的識字能力。另外，對於簡體字中的形聲字發音，是否依然與聲符發音存在著緊密的關聯，可在未來研究中進一步探討。未來仍朝向發揮漢語數位學習的優點，協助漢語學習者奠定好漢語基礎能力，並同時以生動易懂的方式呈現，不但可增加學習者的學習效率亦能引起他們的學習興趣。

參考文獻

[1] 張良民，"全球華語學習熱潮與僑教發展"，*研習資訊*，2006 年，23:2，9-15 頁。

[2] 林季苗，"漢語教學四大原則與法國經驗"，*華語文教學研究*，2011 年 8 月，8:2，65-79 頁，。

[3] *段玉裁《說文解字注》*，十一版，黎明文化事業股份有限公司，台北，民國八十三年七月。

[4] 費錦昌，"現代漢字部件探究"，*語言文字應用*，語文出版社，1996 年，第 2 期總第 18 期， 20-26 頁。

[5] 辜玉旻、柯華葳、高嘉慧，"識字教學法與口語詞彙能力對新移民女性中文識字學習之影響"， 中央大學學習與教學研究所碩士論文，2010 年。

[6] 高柏園、郭經華、胡映雪，華語文作爲第二語言之字詞教學模式與學習歷程研究，2009-2010 年。

[7] 國家語言文字工作委員會，*現代漢語通用字表*，中華人民共和國新聞出版總署，中國大陸，1988 年。

[8] 中研院文獻處理實驗室，"漢字構形資料庫"， [Online]. Available: http://cdp.sinica.edu.tw/cdphanzi/。

[9] Lee, C.-Y., Tsai, J.-L., Su, E. C.-I., Tzeng, O. J.-L., & Hung, D. L., "Consistency, regularity and frequency effects in naming Chinese characters", *Language and Linguistics*, 6(1), pp. 75-107, 2005.

[10] 張嘉惠、李淑瑩、林書彥、黃嘉毅、陳志銘，"以最佳化及機率分佈判斷漢字聲符之研究"，*ROCLING, 2010*。

[11] 張嘉惠、林書彥，"聲符部件排序與形聲字發音規則探勘"，*ROCLING, 2011*。

[12] Jiawei H. and Micheline K., *Data Mining: Concepts and Techniques*, 2nd ed., Morgan Kaufmann Publishers, March 2006.

[13] Michael Hahsler and Sudheer Chelluboina, "Visualizing association rules in hierarchical groups," In *Computing Science and Statistics, Vol. 42, 42nd Symposium on the Interface: Statistical, Machine Learning and Visualization Algorithms (Interface 2011)*, the Interface Foundation of North America, June 2011.

[14] Gupta, G., Strehl, A., and Ghosh, J., "Distance Based Clustering of Association Rules," in *Intelligent Engineering Systems through Artificial Neural Networks (Proceedings of ANNIE 1999)*, 1999, pp. 759-764.

[15] Wikipedia, "Mutual information", available at: http://en.wikipedia.org/wiki/Mutual_information/ (accessed March 2013), 2013.

語料庫導向之方位短句於固定框架的共現概念統計分析

A Corpus-driven Pattern Analysis in Locative Phrases: A Statistical Comparison of Co-appearing Concepts in Fixed Frames

趙逢毅　August F.Y. Chao
國立政治大學資訊管理學系
Department of Management Information Science
National Chengchi University
fychao.tw@gmail.com

鍾曉芳　Siaw-Fong Chung
國立政治大學英國語言學系
Department of English
National Chengchi University
sfchung@nccu.edu.tw

摘要

中文的方位詞組主要可以前飾詞(以、之)與後綴詞(邊、面、頭)，結合明確的方向指引(如：前後、上下、左右、裡外等)組合而成。這樣的組成在實際使用上，卻會有避免使用或不存在的組合邏輯，同時這樣的現象亦發生在方位短語構成上。本研究試使用計算統計方法，分析在 Sketch Engine 中取得的方位名詞組的概念合成模式。在詞彙概念方面，我們使用具知識層級架構的中文同義詞詞林[1]進行將詞彙的概念探索，並計算方位短句裡所包含的知識概念組成模式，最後試從統計方法上尋得詮釋概念與方位詞組組合模式的實證資訊。在本研究之中，我們使用了資訊度量方法中的互斥資訊(Point-wise Mutual Information, PMI)進行統計分析兩個詞組概念間的相關性，並使用多變數互斥資訊 (Multivariate Mutual Information, MMI)[2]進行三個概念間的相關分析。本研究的統計結果除了解所選用的語料庫中使用方位名詞的情況外，亦從單一及成對出現的語境概念內容 (描述人、物、時空…等在同義詞林中第一階層的名詞)，分析各種方位短語使用的前飾/後綴語的搭配方式，以冀期精萃出來的結果，能對方位詞彙的分析上能提供參考的模式。

Abstract

This paper analyzes synonym groups appearing in fixed frames containing Chinese locative phrases such as [*zái* noun phrase (*yǐ/zhī*) *shàng/xià*/etc. *biān/miàn*/etc.] by using statistical methods. We collected locative phrases from Sketch Engine using 11 monosyllabic locative words and 5 locative compound-formation patterns, and we aligned these compounds with Chinese Synonym Forest [1] before clustering. Different noun phrases were mapped to their collocating synonym groups to as to enable mutual information comparisons between different combinations. When analyzing concept combinations, we used point-wise mutual information to compare two synonym groups, and adopt multivariate mutual information

(MMI)[2] to examine three groups. The results showed that behaviors of using suffixes and prefixes to forming locative nouns in different context (combination of 1 or 2 top level synonym groups), and the statistic results can be used in further analyzing locative nouns in different fields.

關鍵詞：中文方位詞，同義詞詞林，互斥資訊，多變數互斥資訊

Keywords: Chinese Locative Nouns, Chinese Synonym Forest, PMI, MMI.

一、緒論

方位名詞表達了從某個參考物件或事項而產生的方向資訊。在中文裡， Li 與 Thompson[3]指出方位名詞主要是以下列的方式出現：

在 **名詞片語** ~ (方位名詞單元)

在這個結構之中，方位名詞可以是單音字或是雙音字的組合。單音字如**上/下**、**前/後**、**左/右**、**裡/外**、**東/西**、**南/北**及**內/中**等；雙音字組合則是前述的單音字搭配***以***與***之***作爲前飾詞，或是***邊***、***面***與***頭***做爲後綴詞。然而，並非所有的組合在表達方向時都會被使用到。依據盛玉麒在《現代漢語網絡課程》[4]中的方位詞分析(如下表一)，在 14 個方位詞與五種前飾/後綴詞的組合並非經常被用到(或不會被用到)。

表 1 中文方位多音詞組合表

	後綴詞			前飾詞	
	~邊	**~面**	**~頭**	**以 ~**	**之 ~**
上	上邊	上面	上頭	以上	之上
下	下邊	下面	下頭	以下	之下
前	前邊	前面	前頭	以前	之前
後	後邊	後面	後頭	以後	之後
左	左邊	左面	N/A	N/A	N/A
右	右邊	右面	N/A	N/A	N/A
裡	裡邊	裡面	裡頭	N/A	N/A
外	外邊	外面	外頭	以外	之外
東	東邊	東面	東頭	以東	之東
西	西邊	西面	西頭	以西	之西
南	南邊	南面	南頭	以南	之南
北	北邊	北面	北頭	以北	之北
內	N/A	N/A	N/A	以內	之內
中	N/A	N/A	N/A	N/A	之中

許多研究也從不同的觀點對中文方位進行討論。如從參照框架(Frames of Reference)的概念進分析「上」[5]與「前」[6]方位詞的特性，及依意象圖式(Image Schema)來探討《詩

經》中的方位詞「下」[7]與足部動作詞的空間隱喻[8]。上述的研究都只局限在單一方位名詞的探討，並不能將前述表一之中各項方位詞組合進行綜合比較，因此無法較全面了解各方位詞的組合之間有何差異。

本研究中，我們接續先前的研究[9]從 Sketch Engine 裡收集在中文十億字語料庫(Chinese Giga-Word Corpus[1])[10]中包括出現在表一裡的各種組合的短語(在此，我們稱爲方位短語)，並且將所收集得到的短語切段(segmentation)爲詞組後，再透過同義詞詞林[1]轉成其知識架構中的同義詞組代號。在先前的研究之中，我們希望透過視覺化的查詢工具，以呈現較爲明顯的詞群，其中包括了較高出現率(High Frequency)與分群鑒別率(Cluster Discrimination)。在此我們採取不同於先前研究的分析策略，旨在了解詞組所轉換詞群關係間的相依關係。首先依詞組多寡使用不同互斥資訊(Mutual Information)的計算原則，以分析在語料庫中每一方位短語裡所存在的知識概念組合模式。在計算互斥資訊時，因多變數(由三個詞組所構成的三個概念間)計算不能直接使用兩變數(兩個概念)的互斥資訊計算原則，從而我們使用多變數互斥資訊[2]來計算。研究結果除了可以提供在同義詞詞林中，知識層級較高的同義詞組在不同的方位短語裡的常見出現模式，亦可擷取常見的中間層級同義詞組在方位短語的使用情況。爲了避免混淆，在本文之中所使用的字句單元大小關係，我們定義爲如下：「方位詞」(如上下、左右…等)，是組成「方位詞組」的重要單元；「方位(名)詞組」可以是單音詞的「方位詞」，或是與前飾/後綴詞組成的多音詞；「方位詞短語」則是符合 Li 與 Thompson[3]所指結構的短語；最後「方位短句」則是由 Sketch Engine 所取得的符合搜尋結果，其句中雖然包括「方位詞短語」，但因受系統限制無法取得完整句子。

本篇論文的架構如下：在第二節，我們先回顧互斥資訊計算的相關原則與方法，並說明同義詞詞林的知識概念架構；接著我們報導整個研究過程，其中包括資料收集、處理、同義詞概念轉換與互斥資訊相關計算；在第四節中，我們將研究結果則以高階層知識概念進行報告與討論；最後是結論與討論。

二、文獻探討

在這節中，我們說明互斥資訊計算的相關原則與同義詞詞林的內容。互斥資訊計算是本研究中用來評估概念之間的相互關係計算原則，而同義詞詞林則是參考其具系統架構知識分類，以協助我們了解在方位詞短語之中的概念組成原則。

（一）互斥資訊 Mutual Information

（1）PMI, Point-wise Mutual Information

從訊息理論(Information Theory)所延用而來的互斥資訊計算原則，是指兩發生**事件**之間的相關性參考指標。在此**事件**則是指某單一詞或是單一知識概念(於同義詞詞林之中的同義詞代號)出現在句子之中的情況。例如從 Chinese Giga-word Corpus 中取得的例子"*在/P21 國家_Na 的_DE 邊界/Ncb 之外/Ng*"，我們則稱在句子中可以「找到邊界一詞出現在句子中」的事件發生。接著我們將所有在語料庫中，包括"*之外*"方位詞組的 41612 條短句進行統計(此數字爲 Sketch Engine 回傳的符合搜尋條件的資料總數)，且逐一計次後了解"*邊界*"出現的次數共計有 25 次，我們便可使用條件機率概念表示此**事件**-Cb14A01(Cb14A01, 爲同義詞詞林裡的同義詞群代號，於下 2.2 節中說明。)發生在包

[1] 中文十億字語料庫包括了 2466840 篇台灣中央社(CNA)與大陸新華社(XIN)新聞文本。

括“*之外*”所有句子總數裡的機率爲 $P(\text{"邊界"}) = \frac{25}{41612}$；同理我們亦可以同樣的方式，計算在所有“*之外*”的短句子裡，同時也出現“*的*”的詞組，其結果計算機率的結果爲 $P(\text{"的"}) = \frac{15632}{2466840}$。

而計算兩詞組或兩知識概念之間的 PMI 計算公式如下：

$$PMI(x;y) = \log_2 \frac{p(x \cap y)}{p(x)p(y)} \quad \dots (1)$$

所以爲了計算“*的*”與“*邊界*”兩詞組的 PMI 值，我們亦需要尋找同時“*的*”與“*邊界*”出現在短句中次數，即 $P(\text{"的"} \cap \text{"邊界"}) = \frac{6}{2466840}$，則兩者間的 PMI 值爲：

$$PMI(\text{"的"};\text{"邊界"}) = \log_2 \frac{\frac{6}{2466840}}{(\frac{15632}{2466840}) \times (\frac{25}{2466840})} = 5.243$$

若我們將“*的*”-“*邊界*”同時比較其它三個詞組“*耳語*”, “*決議*”與“*人口*”：$PMI(\text{"的"};\text{"耳語"}) = 7.30$ 、$PMI(\text{"的"};\text{"決議"}) = 5.53$ 、$PMI(\text{"的"};\text{"人口"}) = 3.33$ 時，我們可以知道“*耳語*”與“*的*”之間的相關性高過其它的詞組，也就是“*耳語*”與“*的*”相較於“*決議*”與“*的*”、“*邊界*”與“*的*”、與“*人口*”與“*的*”在“*之外*”的短句之中出現的。以上的計算原則可以讓我們了解在特定的語料庫中，任兩詞組之間共同出現的相依關係。而此特定語料庫亦可使用有限制的方位詞替代之，以了解在方位詞限制之下兩特定詞組的共同出關係情況。

（2）Multivariate Mutual Information

在使用 PMI 計算相關性時有一限制是，僅能計算兩兩概念或詞組之間的相關性。當面臨三個(或三個以上)事件的相關性比較時，則是透過條件互斥資訊(Conditional Mutual Information)值來進行擴展。我們以三個事件的互斥資訊爲例，它的數值範圍如下[11]：

$$-\min\{I(X;Y \mid Z), I(Y;Z \mid X), I(X;Z \mid Y)\} \le I(X;Y;Z) \le \min\{I(X;Y), I(Y;Z), I(X;Z)\}$$

其中，$I(X;Y \mid Z)$ 、$I(Y;Z \mid X)$ 、$I(X;Z \mid Y)$ 則是各別在 Z, X, Y 條件下，計算 *PMI(X;Y), PMI(Y;Z), PMI(X;Z)*的數值之後再取最小值，並與在總體樣本下再計算一次 *PMI(X;Y), PMI(Y;Z), PMI(X;Z)*。這樣的計算要經過 2^n-1 次，十分複雜。從而我們參考[2]的多變數資訊互斥計算方法中的具體交互資訊(SI_1, Specific Interaction Information)，做爲三個事件相關性的比較原則。在[2]的計算中，將上式中求多變數互斥資訊值 $I(X;Y;Z)$ 化簡爲交互資訊(SI_1)的一般式爲：

$$SI_1(X;Y;Z) = \log \frac{p(x,y)p(y,z)p(x,z)}{p(x)p(y)p(z)p(x,y,z)}$$

從而此 SI_1 即可用於三個(或三個以上)的事件相關分析之中。在此要特別說明，在[2]中

亦定義 SI_2 定爲具體相關性，但在此不使用的原因是：SI_2 是用將多個事件視爲一個整體對特定情境的相關性，一般是使用在資訊挖掘(Information Retrieval)領域中屬性選擇(feature selection)方法上。而本研究裡的取得的方向短句都是具體使用到特定的方向名詞，即所有短句裡的詞組在語料庫中都是我們要研究的對象，並沒有詞組選擇上的問題。

（二）同義詞詞林

同義詞詞林(梅家駒等,1983)收錄來自詞素、詞組、成語、方言詞與古語等詞等共五萬三千多詞彙數，並且依照同義詞分類涵義有系統地區分爲人(A)、物(B)、時間/空間(C)、抽象事物(D)、特徵(E)、動作(F)、心理活動(G)、活動(H)、現象與狀態(I)、關聯(J)、語助(K)、敬語(L)等十二組大類以及若干中類與小類。同類型詞語依照「相對、比較」的排序原則每行依同義/近義程度在同類型中由左自右排列，詞語所屬類別與列舉位置則隱含有作者們的巧思。而電子化的同義詞林擴展版是由哈爾濱工業大學信息檢索研究室(HIT IR Lab)所提供，除了整理、除了刪除舊詞與罕用詞外，並依新聞語料加入常用新詞。此外再對原始的分類也擴展到五層，其中加入「相等、同義」(=)、「不等、同類」(#)及「自我封閉、獨立」(@)等相關涵義。

表 2 同義詞詞林擴展版 例

Cb01A01=	方向 方位 方面 方 向
Cb02A01=	東南西北 四方
Cb03A01=	上 上面 上邊 上頭 上端 頂端 頭 上方
Dm01A01=	政府 內閣 閣 當局 朝
Dm01A05=	朝廷 宮廷 廟堂 王室 朝 廷 皇朝 清廷
Aa01B03#	良民 順民
Bg03A01@	火

在表 2 中可看得出，同義詞詞林擴展版都保留了分類類別、字彙及同義詞彙，且沒有針對該類別給予明確的類別涵義定義，亦沒有對類別中的詞彙給予明確定義。在分類之中，每行最前面的英文與數字符號代表其同義詞組的編號，以 Cb01A01, Cb02A01, Cb03A01 三組看來，我們可以大體上從語義了解 Cb 一類是方向性的詞彙；同理，Dm01A01 與 Dm01A05 兩組詞組爲不同時代的政府機構名詞。另一個同義詞詞林所存在的問題是，一字/詞多義會同時被歸入不同的詞組之中。例如在 Dm01A01 與 Dm01A05 裡，我們可以看到"*朝*"字被同時列在兩同義詞組裡。最後，同義詞詞林的分類代碼上可以看出，第一碼爲高階層知識概念層級，即前述的十二組大類。而 Cb(方向)即爲時間/空間(C)的中階層子類別，Dm(機構)則爲抽象事物(D)的知識概念中階層子類別。

三、研究方法與結果

（一）資料搜集、處理及分析方法

我們將本研究進行的概念流程圖呈現在次頁的圖 1，詳細說明如下：首先我們先依照方位詞的前飾/後綴組合表，建立合適的方位詞組合搜尋名詞組合，接著到 Sketch Engine

之中的十億字中文語料庫尋找有出現待尋找的方位名詞組。待擷取完成所有的資料之後，我們先進行計算不同方位名詞組合的敘述統計結果，以驗證漢語文法上的前飾/後綴組合文法情況。然後我們便進行短句的過濾，將方位名詞短句切割出來，最後透過同義詞詞林進行同義詞組代碼轉換，完成資料清理的動作。

在建立待尋找的方位名詞組時，我們比較表 1 中文方位多音詞組合表中的組合內容。研究過程中，我們除掉左、右、內、中的方位名詞，因爲從表 1 中可知此 4 個方位單音名詞的組合出現較少(即左/右唯有後綴用法、內/中僅有前飾用法)。在進行擷取的過程裡，我們使用 Sketch Engine 中的 Collocate 功能，並將結果與詞組詞性內容(part of speech)都儲存下來。而過濾方位短句時，本研究以 Sketch Engine 傳回詞組單位(compound segment)爲基準，並以所搜尋的方位名詞開始往前，若三個詞組內有“*在*”出現，則收錄“*在*”至方位名詞之間的所有詞組單位；若三個詞組內沒有“*在*”，則僅收錄最多三個詞組單位，做爲方位名詞短句。在這樣過濾原則下，我們可以確定所收錄到的詞組單位是小於等於三，以利後續分析。

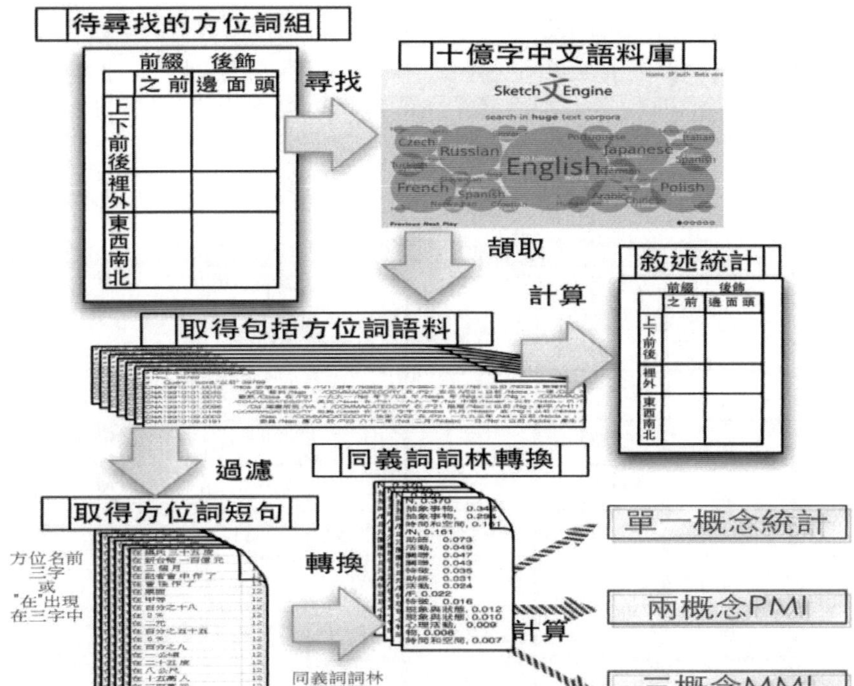

圖 1 研究流程圖

在進行同義詞代碼轉換過程之前，因爲同義詞詞林爲簡體字碼編寫，所以我們使用了維基百科的繁簡分歧詞表進行繁簡轉換。維基百科的繁簡分歧詞表包括了大陸、台灣、香港與新加坡各地的漢語編碼與詞彙互換原則，例如 hardware 一詞在大陸稱作“*硬件*”、台灣則稱做“*硬體*”，使同義詞詞林更切合台灣用語。在進行轉換過程中，我們以 Sketch Engine 傳回詞組單位爲基準，在同義詞詞林中尋找完全符合的同義詞代碼。在先前已提及，同義詞詞林會有多義字同時並分列於不同同義詞組之中，而造成一字有多個同義詞組代碼。在這裡，我們爲求能精確地找到概念間的組合，所以我們則以排列組合的方式將所有可能的組合情況都羅列在內。最後計算概念關聯時，則會依代碼組合的數目逐一計算互斥資訊計算公式。在計算概念關聯性時，以高階層知識概念爲基準，即將取得的詞組代碼以第一碼(即 A~L)進行計算，以得到一般性概念在方位短句中的組成模式。

（二）研究結果

在前述的計算過程，我們先對取得的語料進行初步的敘述統計討論後，再對不同的知識概念關聯進行探討。初步的敘述統計主要是想了解從十億中文語料庫中所取得的實際語料統計結果，是否能與漢語方位名詞的組成方式有相同。而在後續的概念關聯分析，主要是想了解概念間的組成關係是否會因方位詞組成不同而有所影響。相關的內容分述如下列。而各詞組的概念是以同義詞詞林之中最高階層的同義詞類爲代表，除了我們可以依循同義詞類代碼尋找所屬的高階層代號之外，亦可以避免過多中階層知識概念的交錯影響，而失去焦點。

（1） 方位詞的敘述統計

我們使用了 10 個方位詞(上/下、前/後、裡/外、東/西、南/北)，及 5 個不同的組合方式(前飾詞：以、之；後綴詞：邊、面、頭)，到十億中文語料庫中擷取方位名詞所存在的句子，並透過前述的過濾原則(由方位詞爲基準，向前計算，遇"*在*"即停，最多三組)，進行敘述統計分析，其結果如下表：

表 3 從十億中文語料庫中擷取的方位短句分佈

	後綴詞			前飾詞		計次	佔總比率
	~邊	~面	~頭	以 ~	之 ~		
上	**11**	788	51	1557	15559	17966	15%
下	**6**	169	3	8273	7547	15998	13%
前	**3**	1085	154	31618	12596	45456	38%
後	**9**	1028	215	22051	3751	27054	23%
裡	**9**	1086	97	**0**	**0**	1192	1%
外	**28**	1254	154	4370	1918	7724	7%
東	139	**33**	**0**	**0**	424	596	1%
西	147	**66**	**3**	**0**	874	1090	1%
南	118	**20**	**0**	**0**	390	528	0%
北	199	**78**	**0**	**0**	731	1008	1%
	669	5607	677	67869	43790	118612	
	1%	5%	1%	57%	37%		

在表 3 我們將數字較少的區塊特別以粗線條框出，並比較表 1 漢語文法中所指出的方位詞組合原則，我們得到下列的結果：(a) 佔有比率分析：因爲我們所選用的語料是用來

報導時事的文本資料，所以統計結果在方位詞的使用上偏重於上/下、前/後 4 個方位名詞，此外前飾詞以/之的用法相對於後綴詞較爲頻繁。而在新聞語料之中，地理的方位名詞(東、南、西、北)的使用情況則相對於其它地方用法則少了很多(約在都不到 2%)。此外使用“*外*”的情況相對於“*裡*”的用法上較頻繁。(b) 上/下、前/後分析：這四個方位詞在組合成爲多音方位詞時，主要是以前飾字(之/以)爲主，而後綴詞的使用上主要是以“*面*”爲主。(c) 裡/外的分析：我們所得到的結果在“*裡*”的沒有前飾用法上是與表 1 裡的預期是相同的。而以“*外*”字來說“*以外*”相對於“*之外*”較爲白話、通俗，這與我們所選用的文本特性亦有相關。(d) 東/南/西/北的分析：這四個方位詞在新聞語料的使用上，不常出現。而在使用的時候，則會以前飾詞“*之*”及後綴詞“*邊*”進行組合。

綜合來看，當新聞語料在進行報導的時候，作者在構思方位詞上/下、前/後、裡/外時，會直接使用“*以*”而不會使用“*之*”，因爲在描述事件報導的是以通俗考量。但在說明東/南/西/北時，此時構詞的行爲則會與前述的結果相反，而使用前飾詞“*之*”，在此我們推論是因爲“*之南*”相對於“*以南*”所指的隱喻地理範圍較小(求謹慎)。

（2）方位詞短語組成模式—高階層知識概念

接著我們將所取得的語料依照同義詞詞林進行同義詞群組轉換後，並以其較高層級的同義詞類代碼(即代碼中的第一碼)進行概念相關性的計算。概念相關性的計算會依照詞組單位的多寡而決定該使用那一種計算方式：單一詞組爲計次、兩詞組使用 PMI 計算、三詞組則使用 MMI 進行統計比較。此外因爲我們所選用的語料庫特性，所以本研究只著重在上/下、前/後、裡/外等六個方位詞，其它的方位詞因爲樣本比例太少在本研究不討論。

2.1 單一知識概念分析

首先我們對在方位短句中包括有單一同義詞代碼的資料進行統計分析，並列出其同義詞代表意義與該代碼佔所有此資料類別(僅出現單一同義詞代碼)的比例如下表 4。

同義詞林中的*助語*詞類包括了*疏狀*、*中介*、*聯接*、*輔助*、*呼嘆*及*擬聲*六類，而“*的*”則是被歸在*輔助*類中。所以從從表 4 中可發現*助語*類常常在與方位名詞連用，如“*的後面*”。而“*之*”與“*的*”同時都有修飾方位詞的關係，所以從表 4 裡亦可發現這兩個詞不會重覆使用在方位短語之中。接著我們從表 4 的縱向來分析不同的方位詞組成方式，“*邊*”、“*面*”與“*頭*”的後綴詞組成方式裡物出現有次數比較在前飾詞“*之*”與“*以*”裡面多出許多；同理，在前飾詞“*之*”與“*以*”裡面*抽象事物*、*活動*、*特徵*也相較於“*邊*”、“*面*”與“*頭*”的後綴詞組成計次中要多出許多。從這點亦可以看出，“*邊*”、“*面*”與“*頭*”的後綴詞組成方式會依照參考點爲實體存在的名詞組成方位短句；而*活動*、*特徵*詞組等不是實體存在的名詞則比較傾向與前飾詞“*之*”與“*以*”組成。

而從橫向討論來看，雖然上/下都可以用來述描*物*與*抽象事物*詞類，但*特徵*類只會出現在“*之上*”與“*上邊*”的組合；而“*下*”則是會出現*時間和空間*與*活動*的詞類。而在橫向的前/後中，我們發現針對*時間和空間*(例如：“*學期*”)的方位短句組成模式，有“*之前*”、“*之後*”與“*後邊*”三種情況，但沒有“*前邊*”的使用方式。同樣的情況如*活動*(例如：“*革命*”)在裡/外的組合之中，僅有“*之外*”與“*裡邊*”兩種情況。從這樣的分析，我們得到(a)方位名詞的組合不一定都是對稱的。也就是如前面所指出的*時間和空間*(例如：“*學期*”)的方位短句組成不會有“*前邊*”的情況，就算方位名詞組成文法是的正確的。(b)特定詞類會有習慣上的使用原則。如前述*活動*在裡/外的組合之中僅有“*之外*”與“*裡邊*”組成情況與*特徵*類只會出現在"*之上*"與"*上邊*"的組合。

表 4 方位名詞單一概念之共現比例(取前 3)

	~邊		~面		~頭		以 ~		之 ~	
上	特徵	0.5	**助語**	0.6	**助語**	0.5	抽象事物	0.4	抽象事物	0.9
	助語	0.4	物	0.2	物	0.3	**助語**	0.2	物	0
	物	0.1	抽象事物	0.1	抽象事物	0.2	關聯	0.2	特徵	0
下	**助語**	0.5	**助語**	0.5	物	1	抽象事物	1	抽象事物	0.5
	時間和空間	0.2	物	0.4			關聯	0	活動	0.3
	關聯	0.1	抽象事物	0.1			活動	0	關聯	0.1
前	**助語**	1	**助語**	0.4	**助語**	0.6	**助語**	0.5	特徵	0.4
			抽象事物	0.3	抽象事物	0.2	時間和空間	0.4	活動	0.3
			物	0.2	物	0.1	抽象事物	0	抽象事物	0.1
後	物	0.9	**助語**	0.6	**助語**	0.6	時間和空間	0.6	活動	0.4
	時間和空間	0.1	物	0.2	抽象事物	0.2	**助語**	0.2	抽象事物	0.3
			抽象事物	0.1	現象與狀態	0.1	活動	0.1	現象與狀態	0.1
裡	抽象事物	0.4	抽象事物	0.4	抽象事物	0.4				
	物	0.2	物	0.3	物	0.2				
	活動	0.2	**助語**	0.2	**助語**	0.2				
外	抽象事物	0.4	**助語**	0.5	抽象事物	0.5	抽象事物	0.8	抽象事物	0.7
	助語	0.3	抽象事物	0.3	**助語**	0.3	時間和空間	0.1	活動	0.2
	物	0.2	物	0.1	物	0.1	物	0.1	**助語**	0

*表中的數值爲出現頻率

2.2 兩知識概念分析

接著，我們將包括兩個同義詞代號的方位短語進行相關分析。配合前飾與後綴詞的組成原則，我們分析結果依上/下、前/後與裡外分列如下表 5。

表 5 中的 A~L 是同義詞類代號中的第一碼，分別爲人(A)、物(B)、時間/空間(C)、抽象事物(D)、特徵(E)、動作(F)、心理活動(G)、活動(H)、現象與狀態(I)、關聯(J)、語助(K)、敬語(L)等十二組大類。在每張子表的左方軸是距離方位名詞二個位置的詞組(即 window size 爲-2，往前數第二個詞組)，而上面軸是距離方位名詞一個位置的詞組(即 window size 爲-1，往前數第一個詞組)。所以我們用"*上*"子表爲例，左方爲 A 上方爲 A 的交集出現"*以*"的情況，是表示方位短語組合必需是第一組(方位名詞前二位置)爲*人*詞類之下的詞組與第二組(方位名詞前一位置)亦爲*人*詞類之下的詞組，最後方位名詞的爲"*以上*"的情況，例如："*助理(A-人) 教授(A-人) 以上*"、 "*主任(A-人) 檢察官(A-人) 以上*"的方位短句。

表 5 包括兩概念的方位詞組成相關表

上

\	A	B	C	D	E	F	G	H	I	J	K	L
A	以|				面|	面|	以|	頭|		以|		
B		以|	面|			面|						
C	以|	邊|				面|	以|					
D										邊|		
E			以|	邊|	以|		以|					
F		以|										
G	以|	頭|				面|以	以|		之|			
H	以|			邊|		以|之				頭|		
I									頭|之			
J		頭|			面|	之|				頭|		
K												
L												

下

\	A	B	C	D	E	F	G	H	I	J	K	L
A	以|	以|					以|	以|	以|	以|		
B		以|之	面|之				以|			以|		
C	以|	以|	之|		以|		以|					
D												
E		以|			以|	以|	面|以	以|	以|	以|		
F		以|之			以|							
G						以|	面|以	以|	以|	以|		
H	以|					以|	以|			以|		
I			頭|						以|	以|		
J			之|			以|						
K												
L				以|								

裡

\	A	B	C	D	E	F	G	H	I	J	K	L
A									面|頭			
B							頭|					
C												
D			頭|									
E	面|				頭|			邊|				
F												
G									面|邊			
H	面|		頭|								
I									面|			
J					邊|	頭|						
K												
L												

外

\	A	B	C	D	E	F	G	H	I	J	K	L
A							以|之					
B	面|	邊|										
C		邊|						邊|				
D					邊|							
E	面|			邊|								
F							面|					
G							以|之					
H	面|			邊|								
I				邊|								
J							之|					
K												
L												

前

\	A	B	C	D	E	F	G	H	I	J	K	L
A		以|	面|			面|以|	面|以	以|				
B		以|		以|	頭|		以|	以|				
C												
D				以|				頭|以				
E				以|		面|	面|以	以|				
F		以|	面|	頭|	邊|				面|			
G						面|頭|以	以|		頭|	面|		
H		以|		頭|以				以|	頭|			
I		以|		以|				頭|以	面|			
J			頭|	以|		以|						
K												
L												

後

\	A	B	C	D	E	F	G	H	I	J	K	L
A	以|					以|	以|					
B		以|			頭|	以|	以|					
C								邊|	面|			
D									面|邊			
E	頭|		頭|		邊|		以|					
F		以|							面|			
G	以|	邊|				面|以						
H	以|	以|							面|			
I	以|	以|										
J	頭|	以|	頭|						面|			
K												
L	以|											

直覺上可以看到前飾詞"*以*"充滿了表 5 之中各子表內容，而漢語文法上不存在的"*以*"與"*裡*"的組成情況，亦可在表 5 之中觀察到。而針對"*外*"的組合上，也僅只有前飾詞與"*之*"、"*外*"有出現在十億語料庫之中。這樣的例子如："*我們(A-人) 期望(G-心理活動) 以外*"、"*感到(G-心理活動) 滿意(G-心理活動) 以外*"、"*超出(J-關聯) 控制(G-心理活動) 之外*"等。在此需要說明的事，"*控制*"詞組同時存在多義涵且分在同義詞詞林中的三個類別分別為(Gb-心理活動)，(Hc-行政管理)與(Je-影響)之中。但因為我們無法了解完整句子之中"*控制*"詞組的明確語義，所以我們將原本的方位短句擴展成為三組"*控制*"語義，並與"*超出*"(Jb-異同)進行 1*3 次的兩詞組間 PMI 計算。

而在縱向的分析中，*A-人*詞類在上/下、前後等情況都是使用前飾詞"*以*"來組成，而在裡/外的方位詞中，則是以"*面*"在組成方位詞短句，如："*安全(E-特徵) 考慮(G-心理活動) 以外*"、"*培育 (H-活動) 人才(A-人) 之外*"。同樣特例如當方位名詞的前一組詞為 *G-*

*心理活動*與六個方位名詞的組合上，多數是使用"*以*"做爲前飾詞，除了"*外面*"、"*下面*"、"*前面*"與"*裡頭*"。期中與"*下*"的組合方式，因"*以*"與"*下*"沒有此用法所以僅能使用"*下面*"組成。而 *G-心理活動，與*"*外面*"的組合只有兩種情況發生在語料庫中，分別爲"*嚷嚷(F-動作) 想到(G-心理活動) 外面*"與"*探頭(F-動作) 看(G-心理活動) 外面*"(此處的看是同義詞詞林表中的"*Gb02B01= 認爲 以爲 覺得 道* [*看*] *當 覺著*"。其它"*前面*"與"*裡頭*"例子如下："*她(A-人) 聽到(F-動作) 前面*"、"*她(A-人) 認爲(G-心理活動) 裡頭*"等。

2.3 三知識概念分析

在三組知識概念的組合中，我們使用多變數互斥資訊計算裡的交互資訊(SI_1)做爲評量標準，以避免繁雜的多變數條件機率下互斥資訊的比較計算。最後，因爲三種知識概念的排列組合結果非常多，所以僅保留在不同的方位名詞所組成的短句中，所有組合計算結果的平均交互資訊(SI_1)高於 0.8 的結果進行討論，如下表 6。

表 6 三組知識概念下交互資訊(SI_1)>0.8 之結果

方向詞	往前第三位詞組	往前第二位詞組	往前第一位詞組	方向名詞	(SI_1)數値
上	抽象事物	活動	活動	以上	2.1
		特徵			1.9
	活動	助語			0.9
下	關聯	動作	物	下面	0.9
	抽象事物	抽象事物	時間和空間	以下	1.7
	物	活動	助語		1.6
	物	時間和空間	助語		0.9
	關聯	特徵	時間和空間	下邊	1.9
	時間和空間	抽象事物	助語		1.2
前	抽象事物	助語	時間和空間	之前	2.6
	現象與狀態	特徵			1.7
	抽象事物	現象與狀態			1.4
	特徵	抽象事物			1.3
	活動	特徵			1.3
	助語	時間和空間	助語		1.2
	特徵	活動	時間和空間		1.1
	時間和空間	時間和空間			1.1
	助語				1
	人	助語			0.9
	現象與狀態	時間和空間			0.9
	抽象事物		助語		0.9
	特徵	助語	時間和空間		0.9
	抽象事物	助語	關聯	以前	0.9
後	時間和空間	時間和空間	現象與狀態	後頭	1.5
裡	助語	現象與狀態	抽象事物	裡邊	1.4
外	抽象事物	助語	物	以外	0.8
	時間和空間	助語	關聯	外邊	1.3

與 2.2 相同，我們僅討論上/下、前/後、裡/外這六個方位名詞的知識概念組成模式，因爲東/南/西/北在我們所使用的語料庫中，使用情況較少。表 5 中方位詞組排列較高交互資訊(SI_1)的結果，並依知識概念在方位短句中出現順序：方位詞前第三、第二、第一位

詞組，進行排列。在方位詞“*上*”之中三知識概念組合模式較高 SI_1 結果，可以看到是“*(D-抽象事物) (H-活動)或(E-特徵)或(K-助語) (H-活動) 以上*”，其中“*(H-活動)或(E-特徵)或(K-助語) (H-活動)*”組合模式是*(H-活動)*詞組的明確性(specific)說明，如“*組織(D-抽象事物) 負責(H-活動) 接受(H-活動) 以上*”、“*簡報(D-抽象事物) 後(E-特徵) 作(H-活動) 以上*”、“*目標(D-抽象事物) 時(K-助語) 作(H-活動) 以上*”。所以我們可以知主要“*以上*”都是用在描述*活動*的詞組方位性。且在“*上*”組合模式之中，僅“*以上*”的“*(H-活動)*”使用情況較其它前飾後綴的方位用語組合來說較爲固定。方位詞“*下*”可分成“*下面*”與“*以下*”/“*下邊*”兩種類別，其中“*下面*”的情況較固定的組合模式是“*(J-關聯) (F-動作) (B-物) 下面*”，如“就是*(J-關聯) 對(F-動作) 海床(B-物) 下面*”。此外“*以下*”/“*下邊*”的組合模式就都會包括 *C-時間和空間*或 *H-活動*等，如“*大陸(B-物) 面臨(H-活動) 了(K-助詞) 以下*”、“*一(J-關聯) 個(E-特徵) 村莊(C-時間和空間) 下邊*”等。方位名詞“*之前*”則是很明確的出現*(C-時間和空間)*詞組在不同的組合上，如“*在(K-助詞) 一月(C-時間和空間) 十五日(C-時間和空間) 之前*”等。其它的方位名詞組合也者有知識概念專屬的使用情況，在此不一一綴述。

五、結論與討論

本研究試以統計語料庫的觀點，討論方位詞在不同的組合情況下，方位短語的知識概念組合情況。而知識概念，在本研究之中是以同義詞詞林的同義詞組架構爲主，主要是因爲同義詞詞林包括的詞組與其知識架構是較爲完備的參考基準。接者以十億中文語料庫中，我們擷取的其包括了不同組合的方位詞，除了透過敘述統計與漢語文法中方位詞組成原則比較外，亦對方位詞短語中知識概念組合原則透過相關性計算後，分析方位名詞的組合方式與短語中知識概念之間的關係。在相關性的計算上，因爲 PMI 計算無法直接計算多概念間相關，所以我們引用多變數的交互資訊(SI_1)做爲評量標準。在單一、兩組、三組知識概念的分析結果之中，我們透過語料庫中新聞文本的統計資料佐證，更清楚地了解方位名詞在使用前飾詞“*之*”、“*以*”與後綴詞“*邊*”、“*面*”、“*頭*”在新聞文本的使用習慣上的差異。

透過相關性統計資料僅能提供在許多知識概念裡的選出特徵值較高的組合，並沒辨法完全透過統計資料完整解釋方位短語中所有知識概念在語義上的組合情況。此外同義詞詞林的簡體編撰、分類架構與多義詞在其架構的定位上，亦會造成本研究結果的偏差。再者，本研究所使用的是搜集新聞語料的，所以這些新聞語料的內容亦會讓使用上的用法與習慣存有偏差。最後，使用多變數的交互資訊(SI_1)做爲評量標準缺少更多的實驗結果的驗證資訊，這亦是本研究的問題所在。然而在華語教學在方位語的需求，與協助方位名詞在訓詁的領域上，本研究則提供分析方向供研究者參考。

Acknowledgements

This research is supported by National Science Council grant 101-2410-H-004-176-MY2 directed by Siaw-Fong Chung.

參考文獻

[1] 梅家駒, 竺一鳴, 高蘊琦, 殷鴻翔. 同義詞詞林. 香港: 商務印書館, 1984.

[2] Cruys, T. Van de, "Two Multivariate Generalizations of Pointwise Mutual Information", Proceedings of the Workshop on Distributional Semantics and Compositionality (DiSCo'2011), pp. 16-20, 2011.

[3] Li, C. N. and Thompson, S. A., "Mandarin Chinese: A functional reference grammar", University of California Press, 1989.

[4] 盛玉麒, Modern Chinese online course 現代漢語網絡課程, [Online]. Available: http://www.yyxx.sdu.edu.cn/chinese/, visited on 2013/06/01.

[5] 許雅臻與戴浩一，"空間方位詞「上」在三個參照框架中的分析", 國立中正大學語言學研究所未發表論文, 2001.

[6] 梁闓元與王松木, "從參照框架分析現代漢語前之意象圖式", 國立成功大學華語文教學研究所未發表論文, 2010.

[7] 黃翠芬, "從意象圖式探測詞義發展一 以《詩經》方位詞「下」爲例", 朝陽人文社會學刊, vol. 9, no. 1, pp.235-266, 2011.

[8] 邱湘雲, "漢語足部動作詞的空間隱喻", 彰化師範大學文學院學報, vol. 6, pp. 225-242, 2012.

[9] Chao, A. and Chung, S. F., "A Lexico-Semantic Analysis of Chinese Locality Phrases - A Topic Clustering Approach", Forthcoming in Generative Lexicon and Distributional Semantics 6th International Conference, Italy.

[10] Ma, W. Y. and Huang, C. R., "Uniform and effective tagging of a heterogeneous giga-word corpus", In 5th International Conference on Language Resources and Evaluation (LREC2006), pp. 24-28, 2006.

[11] Sunil, S., "A review on multivariate mutual information", Univ. of Notre Dame, Notre Dame, Indiana, 2008.

A simple real-word error detection and correction using local word bigram and trigram

Pratip Samanta
Computer Vision and Pattern Recognition Unit
Indian Statistical Institute, Kolkata
pratipsamanta@gmail.com

Bidyut B. Chaudhuri
Computer Vision and Pattern Recognition Unit
Indian Statistical Institute, Kolkata
bbcisical@gmail.com

Abstract

Spelling error is broadly classified in two categories namely non word error and real word error. In this paper a localized real word error detection and correction method is proposed where the scores of bigrams generated by immediate left and right neighbour of the candidate word and the trigram of these three words are combined. A single character position error model is assumed so that if a word W is erroneous then the correct word belongs to the set of real words S generated by single character edit operation on W. The above combined score is calculated also on all members of S. These words are ranked in the decreasing order of the score. By observing the rank and using a rule based approach, the error decision and correction candidates are simultaneously selected. The approach gives comparable accuracy with other existing approaches but is computationally attractive. Since only left and right neighbor are involved, multiple errors in a sentence can also be detected (if the error occurs in every alternate words).

Keywords: Real word error, Local context.

1. Introduction

Word error is a major hindrance to the real world applications of Natural Language Processing. In textual documents, word-error can be of two types. One is non-word error which has no meaning and other is real word error which is meaningful but not the intended word in the context of the sentence. Of these, non-word has been widely studied and algorithms to detect and suggest correction word for the error have been proposed. These algorithms are generally termed as spell-checker, which are integrated in various word-processing software like Microsoft Word[1], LibreOffice Writer[2], Ispell[3], Aspell[4] etc. For error occurring at two positions of a word, the commercial spell checkers work fairly well. Some studies on spell checking approaches are found in [1-5], that include English and non-English language like Bangla.

However, the problem of real-word error is a more complex one. Usually, such error disturbs the syntax and semantics of the whole sentence, which requires human-being to detect it. However, an automatic syntactic/semantic analysis of a 'correct' sentence itself is a difficult

1 Microsoft Word is a word processor developed by Microsoft.
2 LibreOffice Writer a free open-source word processor.
3 Ispell is spell-checker for Unix.
4 Aspell is a free spell-checker for GNU software system.

task and the analysis of an 'erroneous' sentence is almost impossible in most cases. Any word-error can be represented in terms of insertion, deletion or substitution of one or more character. If we consider 'space' as one character, the problem can become more complex. For example, the word 'within' can become 'with' and 'in' if a 'space' is inserted wrongly after 'h'. Conversely, 'with' and 'in' can be merged to 'within' if a 'space' is unintentionally missed. This can be regarded as 'Split error' or 'Prune-on error'. Exploring further, 'these' can be split into 'the' and 'se'. This is an example of mixed case where the first part is real-word error and the second part is non word error, making them more difficult to correct. Real-word errors are also found in dyslexic text written by person having Dyslexia. Moreover, not only human-beings, these errors can occur due to 'Auto Correction' feature of some word processing software [6]. Sometimes by man and machine together, when user chooses a wrong word from list of suggestion against a flagged error by word processing software [7] .

To the best of our knowledge, the problem of real-word error is still at the research and development stage where instead of going at the full sentence level, anomaly is searched at the word bigram or trigram level. The first work in this direction was due to Mays et al. [8] who considered word trigram i.e. Second order Markov process for language modelling. If a word (W) in the sentence is unintended (i.e. erroneous) , then the correct word is assumed to come from the members of confusion set of real word C(W) of W generated by single edit operation. In this model, the observed word W is assumed to be correct with probability or degree of belief α. Hence any member of C(W) is equally likely to be a correction candidate with constant probability (1- α) / n where n is the cardinality of C(W). The member for which the sentence probability is maximum is the correction word.

In this paper we present a simpler method to deal with the real word errors based on bigram and trigram model. The method tries to detect an error by noting bigrams and trigram constituted by immediate left and right neighbour of candidate word and then generate some suggestions according to ranks/score calculated for the correction set of words. Here we use BYU[5] corpus of bigram and trigram corpus while test our method on text from Project Gutenberg[6].

This paper is organized as follows. Section 2 covers overview of related work. In section 3 we present our method. Section 4 highlights evaluation and experimental results. Concluding remarks are given in section 5.

2. Related Work

Apart from Mays et al. [8], several other methods have been proposed to handle real word spelling error problem. They are mainly based on either semantic information or machine learning and statistical method.

Among them, Golding and Schabes [9] introduced a hybrid approach called 'Tribayes' combining Trigram and Bayes' method. Trigram method uses part-of-speech trigrams to encode the context whereas Bayes' is a feature-based method. They use two types of features : context word and collocations. Their method worked better than MS-Word on a predefined confusion set. Later Golding with Roth [10] proposed a Winnow-based method for real word detection and correction. They modified the previous method [9] by applying a winnow multiplicative algorithm combining variants of winnow and weighted majority voting and achieved better accuracy. However , they used a small data set in their experiment. Word-net was considered as first lexical resources for real word error by Hirst and St-Onge

5 Details of Brigham Young University corpus can be found at http://corpus.byu.edu/.

6 Project Gutenberg is a collection of free electronic books, or ebooks. Details is available at http://www.gutenberg.org

[11]. They used a robust database of 1987-89 Wall Street Journal corpus as test data. Following them [11], Hirst and Budanitsky [6] made a study of the problem on same corpus of Wall Street Journal. Their method identifies tokens that are semantically unrelated to their context and was not restricted to checking words from predefined confusion set. They achieved Recall of 23%-50% and Precision of 18%-25%. In another Word-net based approach, Peddler [12] showed that semantic association can be useful in detecting real-word error using some confusion sets especially in case of Dyslexic text [13]. She achieved recall and precision of correction 40% and 81%, respectively for Dyslexic text. But most of these approaches consider that writers make spelling error by writing words which are semantically closer to what they intended to write. But this may not be generally true for Real-word error. W. O. Hearn et al. [7] analysed the advantages and limitations of Mays' [8] method and present a new evaluation to compare with Hirst and Budanitsky [6]. They showed that optimizing over sentences gives better result than the variants of the algorithm which optimize over fixed length of windows on WJS corpus data.

Statistically based approaches are highly dependent on corpora--its size and correctness. Results vary with its size and existence of words. Our approach is based on the notion that words used less frequently are less likely to be an instance of real-word error.

3. Proposed Method

Our proposed algorithm initially chooses a confusion set for each candidate word using Levenshtein distance [14] equal to one from the dictionary words. Then it calculate the ranks of the elements of the confusion set. Based on that it detects an error and suggests some words against the detected error. Both detection and suggestion are computed simultaneously, which is an advantage of this algorithm.

3.1. Confusion Set by Levenshtein Distance

The confusion set for a test word (W) is a set of words from the lexicon which can generate W by single edit operation. As stated, we use Levenshtein Distance, also known as as minimum edit distance, which is the minimum number of edit operations required to transform one word into another. An edit operation is either an insertion, deletion or a substitution of a character in the word. In our proposed model, for simplicity, we consider single error in the word. The confusion set may be represented as

$$C(W^i) = \{W^i_1, W^i_2, \ldots, W^i_j, \ldots, W^i_{k_i}\}$$

where W^i is the i-th word in the test sentence and k_i is number of elements in the $C(W^i)$. To generate this set we use a list of approximately 110,000 English words[7]. For convenience we rename W^i as W^i_0 and define

$$C'(W^i) = \{W^i_0, W^i_1, W^i_2, \ldots, W^i_j, \ldots, W^i_{k_i}\}$$

3.2. Forming N-gram model

Now we consider the sets of left bigram, right bigram and trigram for each member of $C'(W^i)$. We try to form them by taking left word, right word and both of them (for

7 http://www-01.sil.org/linguistics/wordlists/english/wordlist/wordsEn.txt

trigram). By this, the number of each type of Bigrams as well as Trigrams generated for W^i is k_i+1 . Thus for W^i , the following Bigrams and Trigram will be generated.

Left Bigram : $W^{i-1}W^i_j$
Right Bigram : $W^i_j W^{i+1}$
Trigram : $W^{i-1}W^i_j W^{i+1}$
where $0 \leq j \leq k_i$
Next we count the occurrence of these bigrams and trigrams from the BYU n-gram corpus of English.

3.3. Estimating N-Gram Probabilities

One of the ways to calculate probability of the sentence in N-gram model is using Markov chain rule. According to Markov assumption, probability of some future event (next word) depends only on a limited history of preceding events (previous words). For example in a bigram language model for a sentence of m words $W^1, W^2, \ldots, W^m$ it can be calculated as

$$P\left(W^1, W^2, \ldots, W^m\right) =$$
$$P\left(W^1 | Ь\right) P\left(W^2 | W^1\right) P\left(W^3 | W^2\right) \ldots P\left(W^m | W^{m-1}\right) P\left(Ь | W^m\right)$$

where Ь denotes blank.
In our model we do not calculate the sentence probability. We take a weak assumption that occurrence of any event (word) depends on its previous and next events (words) only and independent of other events (words) in the sentence. By Maximum Likelihood Estimation we get the bigram and trigram probabilities as

$$P_1\left(W^i_j | W^{i-1}\right) = \frac{count\left(W^{i-1}W^i_j\right)}{\sum_{r=0}^{k_i} count\left(W^{i-1}W^i_r\right)} \quad (1)$$

$$P_2\left(W^i_j | W^{i+1}\right) = \frac{count\left(W^{i+1}W^i_j\right)}{\sum_{r=0}^{k_i} count\left(W^i_r W^{i+1}\right)} \quad (2)$$

$$P_3\left(W^i_j | W^{i-1}, W^{i+1}\right) = \frac{count\left(W^{i-1}W^i_j W^{i+1}\right)}{\sum_{r=0}^{k_i} count\left(W^{i-1}W^i_r W^{i+1}\right)} \quad (3)$$

By equation (1) , we calculate P_1 of each element of confusion set for each word using left bigram count. The denominator here represents the summation of all bigrams consisting of the previous word and one word from the confusion set. We get the counts directly from the BYU corpus. In the same way we compute P_2 using right bigram count in BYU corpus by equation (2). We compute it for every elements in respective confusion set so that the following condition is satisfied :

$$\sum_{r=0}^{k_i} P_1\left(W_r^i | W^{i-1}\right) = 1$$

$$\sum_{r=0}^{k_i} P_2\left(W_r^i | W^{i+1}\right) = 1$$

For equation 3, we use the trigram count of BYU corpus. The denominator here represents the summation of all trigram consisting of the previous word, one word from the confusion set and the next word. We get numerator value as before. We do it for every elements in confusion set so that it implies :

$$\sum_{r=0}^{k_i} P_3\left(W_r^i | W^{i-1}, W^{i+1}\right) = 1$$

We combine the probability estimates of equations (1), (2), (3) into a score of evidence that a W_j^i may be correct alternative to W^i . The score can be obtained by simple addition as follows. The values obtained from equation (1), (2) and (3) can be combined to get the final score $Score\left(W_j^i\right)$ by adding up. We use both the bigrams and trigram to be less dependent on a particular bigram or trigram.

$$Score\left(W_j^i\right) = P_1\left(W_j^i | W^{i-1}\right) + P_2\left(W_j^i | W^{i+1}\right) + P_3\left(W_j^i | W^{i-1}, W^{i+1}\right) \quad (4)$$

Note that 0 <= $Score\left(W_j^i\right)$ <= 3. Later on we noted that simple addition does not lead to best results. Hence we go for a weighted combinations score.

3.4. Weighted combination score

Higher and lower order n-gram models have different strengths and weaknesses . High-order n-grams are sensitive to more context, but have sparse counts. On the other hand, low-order n-grams consider only very limited context, but have robust counts. In order to follow the principle of Interpolation we put a weighting scheme on score generated by trigram. Combining them like equation (4) :

$$Score\left(W_j^i\right) = \lambda_1 P_1\left(W_j^i | W^{i-1}\right) + \lambda_2 P_2\left(W_j^i | W^{i+1}\right) + \lambda_3 P_3\left(W_j^i | W^{i-1}, W^{i+1}\right) \quad (5)$$

The values of $\lambda_{1,}$ λ_2 and λ_3 can be computed by optimizing the accuracy on the training set. Let $\lambda_1 + \lambda_2 + \lambda_3 = 1$. We noted by trial and error that the results on the training set are best if $\lambda_3 = 2\lambda_2 = 2\lambda_1$. Then $\lambda_1 = \lambda_2 = 0.25$ we get $\lambda_3 = 0.5$. Also, W_j^i is limited by

$$0 \leq Score\left(W_j^i\right) <= 1$$

3.5. Error detection & choice of suggestions

To confirm a word as a real-word error, we set some rules. At first, we arrange the score for members of confusion set in a descending order. Also a Stemming[8] method described later with an example, is used in our error detection. In addition to the above, we have used the

8 According to Wikipedia, 'In linguistics morphology and information retrieval, Stemming is process for reducing inflected (or sometimes derived) words to their stem, base or root form-generally a written word form'.

apriori belief that the observed test word is not a real word error. In their experiment Mays et al. obtained optimum value of this belief as 0.99 [8] which is used in our case as well. In other words, we believe that the test word can be a real word error in 1% cases. This value is used in normalizing the score in the real-word error detection algorithm described below.

Let W^i be a test word in the sentence. If W^i has a suffix part it can be stemmed into a root word say W^i_s . But if W^i is a root word, it cannot be stemmed. Thus, W^i_s may or may not exist, depending on the nature of W^i . Now, depending on the scores we make the decisions described in pseudo-code as follows.

```
Begin
if Score(W^i) = 0
        if W^i_s exists
                if Score(W^i_s) = 0
                        declare W^i as real-word error
                else
                        W^i is correct
                end if
        else
                declare W^i as real-word error
        end if
else
        if W^i_s exists
                if Score(W^i_s) < 0.01 * Score of Top-ranked element of confusion set
                        declare W^i as real-word error
                else
                        W^i is correct
                end if
        else
                W^i is correct
        end if
end if
End
```

The above rules are now illustrated by an example. In a stream of text "*... new lodger made his appearance ink my modest bachelor quarters, but I was not ...*" , the word 'ink' is actually a real-word error.

In our approach, the system starts processing one word after another. While processing the word 'his', we have the confusion set { his, him, this, is, has }. For each of these words we calculate the score the score and arrange it in decreasing order of magnitude, as shown in Table 1.

Rank	Confusion Word	Score
1	his	0.3153
2	him	0.1177
3	this	0.0619

4	is	0.0044
5	has	4.9629E-4

Table 1: Confusion set for word “his” with score

Since 'his' is on top of the list, the system infers that it is a correct word.
In case of the word '*appearance*', we get the following results and it is also declared as a correct word.

Rank	Confusion Word	Score
1	appearance	0.2256
2	appearances	0.0243

Table 2: Confusion set for word “*appearance*” with scores

Now, for the word 'ink' we get the confusion set { in, sink, ink }

Rank	Confusion Word	Score
1	in	0.4998
2	sink	1.2672E-4
3	ink	0

Table 3: Confusion set for word “ink” with score

However, there is no count of the bigrams 'appearance ink' and 'ink my' as well as no count of the trigram 'appearance ink my' in the BYU corpus. So, the score of 'ink' is 0 and hence it is declared as real-word error. Since 'in' tops the score, the system considers it as the correct suggestion.
But score zero may not always mean that the word is an error. Sometimes a bigram/trigram score may be zero because it is absent in the particular corpus. For example, consider the word 'quarters'. From BYU corpus we get

$$Count(bachelor\ quarters) = 0$$
$$Count(quarters\ but) = 0$$
$$Count(bachelor\ quarters\ but) = 0$$

So we shall get zero score for the word 'quarters' and the system would declare 'quarters' as a wrdong word. But in reality 'quarters' is a correct word. So, the system will make an error. In order to reduce such incorrect decisions we do a kind of suffix stripping or stemming. In this case if we strip the plurality suffix -s, we get 'quarter'. Now, the bigrams and trigram generated by 'quarter' are not null in the corpus and hence the score is also non-zero, as shown in Table 4. Thus we include the stemmed word in the confusion set if the score for the test word is zero.

Rank	Confusion Word	Score
1	quarter	0.25
2	quarters	0

Table 4: Confusion set for word "*quarter*" with score

Some of the frequent elements we consider for stemming are given below :

{d, n, r, s, y, ed, es, ly, ies}

Now we have a word $\left(W^i\right)$ decided as real-word error or not along with scores of the members of its confusion set. If decided as real-word error, we rank the members of the confusion set in descending order as suggestions for correction.

4. Experimental results and discussion

In order to evaluate our approach we collected test data from Project Gutenberg. We chose Project Gutenberg because it contains simple text files only, especially with no pictures i.e. only stream of text. Our data consists of around 100 files (approximately 25000 words) with headings removed.

We simulated real-word error synthetically and subject this erroneous document to our error detection and correction system. To make such a corrupted document, one in every 20 words is chosen. Suppose this current word is W. Then W is converted into a set of strings by one edit operation (insertion, deletion, substitution) at one character position. If W contains n characters then n substitutions, n deletions and n+1 additions will create 3n+1 strings. From all the generated strings we find those which are valid words. One of these valid words is chosen at random and W is replaced by this word. In this way we introduce 100/20 = 5% real-word error in the corpus. Here we have considered real-word error generated by single operation like substitution, deletion or insertion.

While typing people make single position character mistake in between 60%-80% of the erroneous cases [2]. A small portion of that becomes real-word error. Out of the rest 20%-40% two or more position mistakes, the chance of getting real-word error is even smaller. So, single portion mistyping based model can take care of a very high percentage of real-word errors. We give this qualitative statement because we did not find any robust statistics of the real-word errors presented in the published literature.

The performance of our approach can be evaluated from three aspects. The first one is to compute Precision and Recall of real-word error detection. Let n_1 be the number of total errors, n_2 be the be number of total detection and n_3 be the number of correct detection. Then,

$$Precision = \frac{n_3}{n_2}$$

$$Recall = \frac{n_3}{n_1}$$

While precision gives how precisely the system detects the error, we do not get an estimate on relative number of errors made by the system. The number of errors made by the system is

$(n_2 - n_3)$. However, n_2 can theoretically be equal to the total number of words in the test corpus (say N). So, we may normalize $(n_2 - n_3)$ with respect to N and represent it in percent as

$$Percent\,of\ erroneous\ detection = \frac{(n_2 - n_3)}{N} * 100\ \%$$

Table 5 shows Precision, Recall and percentage of erroneous detection. It is significantly better than [6] though test database is different.

Detected Real-word Error		Erroneous Detection
Precision	Recall	
71%-79%	81%-88%	1%-2%

Table 5: Evaluation results of Detection by our approach

If words in the sentence are real-word error which have been detected by the system, then the relative ranks of correct suggestion generated by the system is shown in chart 1.

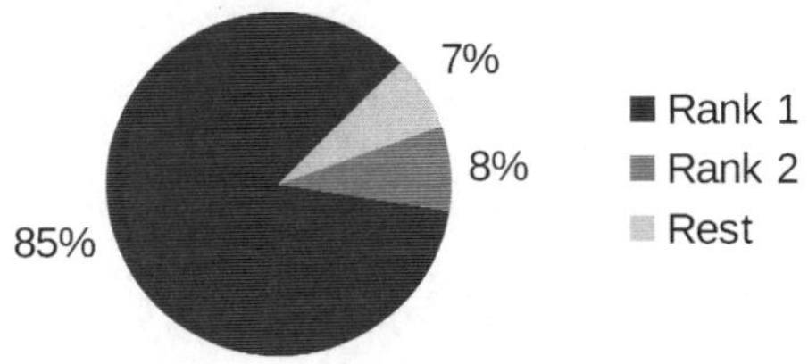

Chart 1 : Evaluation results of ranks of suggestions

It is noted that top-ranked suggestion is correct in 85% cases. Also, the correct suggestion lie in the top two ranks in 85+8 = 93 % cases. This shows that our proposed method can work very well by substitutions from our ranked list.

5. Conclusion

A simple but effective real-word error detection and correction approach is proposed here that employs only two bigrams and one trigram around the test word in a sentence. Since it works in a small neighbourhood around the test word, possibility of detecting and correcting more than one real-word error exist. The overall performance of the system on a moderate test set is quite satisfactory and comparable with those of state art correction systems. Evaluation of this method on global databases like Wall Street Journal corpus is a future scope of the work. The n-gram database used here is not huge, hence many valid bigrams and trigrams are not found in it, thus making the system less accurate. We tried to reduce such error by employing the stemming based method. This system may be further strengthened by using Word-net, which is our plan for future work. Test of this approach for Indian language text is another scope of future study.

6. Acknowledgement

Authors would like to thank Supriya Das and Purnendu Banerjee for useful discussion.

7. References

[1] F. J. Damerau. A technique for computer detection and correction of spelling errors, communication of ACM, 7(3), 171-176, 1964.
[2] Karen Kukich. Techniques for automatically correcting words in text, ACM Computing Surveys, 24 (4), page 377 - 439, 1992.
[3] B. B. Chaudhuri. Reversed word dictionary and phonetically similar word grouping based spell-checker to Bangla text, Proc. LESAL Workshop, Mumbai, 2001.
[4] Joseph J. Pollock and Antonio Zamora. Automatic spelling correction in scientific and scholarly text, Communication ACM, 27(4):358–368, 1984.
[5] Peterson James. Computer Programs for Detecting and Correcting Spelling Errors, Computing Practices, Communications of the ACM, 1980.
[6] G. Hirst and A. Budanitsky. Correcting real-word spelling errors by restoring lexical cohesion. Natural Language Engineering, 11(1):87–111, March 2005.
[7] L. A. Wilcox-O'Hearn, G. Hirst, and A. Budanitsky. Real-word spelling correction with trigrams: A reconsideration of the mays, damerau, and mercer model. In Proceedings of CICLing-2008 (LNCS 4919, Springer-Verlag), pages 605–616, Haifa, February 2008.
[8] E. Mays, F. J. Damerau and R. L. Mercer. Context based spelling correction. Information Processing and Management, 27(5):517–522, 1991 .
[9] A. R. Golding and Y. Schabes. Combining Trigram-based and Feature-based Methods for Context sensitive Spelling Correction. Proceedings of the 34th Annual Meeting of the Association for Computational Linguistics,71-78, 1996.
[10] A. R. Golding and D. Roth. A winnow-based approach to context-sensitive spelling correction. Machine Learning, 34(1-3):107–130, 1999.
[11] G. Hirst and D. St-Onge. WordNet: An electronic lexical database, chapter Lexical chains as representations of context for the detection and correction of malapropisms. Pages 305–332, The MIT Press, Cambridge, MA, 1998.
[12] J. Pedler. Using semantic associations for the detection of real-word spelling errors. In Proceedings from The Corpus Linguistics Conference Series,vol. 1,no. 1,Corpus Linguistics, 2005.
[13] J. Pedler. Computer Correction of Real-word Spelling Errors in Dyslexic Text. PhD. Thesis, Birkbeck, London University , 2007.
[14] Levenshtein VI. Binary codes capable of correcting deletions, insertions, and reversals. Soviet Physics Doklady, No. 10,707-10, 1966.

結合關鍵詞驗證及語者驗證之雲端身份驗證系統

A Cloud Speaker Authentication System Based on Keyword Verification and Speaker Verification

邱義欽　　范雋彥　　林伯慎
Yi-Chin Chiu　　Chuan-Yen Fan　　Bor-Shen Lin
國立臺灣科技大學 資訊管理學系
Department of Information Management
National Taiwan University of Science and Technology
david_yc_chiu@yahoo.com　kynwu.tw@gmail.com　bslin@cs.ntust.edu.tw

摘要

電腦和網際網路的誕生，讓人們的生活越來越便利。而隨著行動裝置的快速發展，人類的生活方式更是產生了非常大的變革，不僅需要的資訊，信手拈來便可以獲得；許多企業所提供的新興商品與服務交易，更是在彈指之間便可以順利完成。因此，如何在網際網路上提供使用者方便、快速、彈性、可靠的身份驗證，並免除使用者記憶及輸入一大堆用戶名稱及密碼的負擔，便成為一個重要的課題。本研究結合了關鍵詞驗證和語者驗證技術，讓使用者不需要記憶及輸入冗長與煩雜的資訊，只要對著智慧型行動裝置說話，身份辨識系統便可以在網際網路的環境中對使用者來進行身份驗證。我們以隱藏式馬可夫模型和高斯混合模型分別實作了關鍵詞驗證模組與語者驗證模組，並以分散式架構實作出雲端即時身份辨識系統。我們以 TCC-300 語料進行語者模型參數和訓練流程的調校實驗，以改進語者驗證效能的訓練流程；並對背景語者篩選方法及性別相關模型進行實驗，探討不同條件下的系統設計方法。實驗的結果顯示，在語者模型之混合數設定為 15、迭代次數設定為 10，背景語者的數目設定為 50 人的情況下， F 值可以達到 0.9875，展現出不錯的效能。

關鍵詞：雲端身份驗證，分散式辨識，關鍵詞驗證，語者驗證，高斯混合模型

一、緒論

使用者身份的驗證是任何系統安全上的基本議題，特別因為網路的匿名特性，就變得益形重要。傳統上身份驗證方法主要可分為三大類：所是(Who one is)、所知(What one knows)、所有(What one has)。「所是」驗證的目標為確認為其本人，所使用的特徵通常為生物特徵，如指紋、虹膜等。而常用的鑰匙、門禁卡、信用卡、或是會員卡則是根據「所有」來判斷；這類方法不易確認持有者為擁有者本人，而易產生遺失、偽造而遭冒用的情形。因此，有時會加上簽名、照片或錄音等方法來減低安全風險。在網路環境常

用的「用戶名稱加密碼」驗證方式，則是根據「所知」來判斷。這類方式也有一些限制與缺點，包括使用者必須會打字、裝置必須能提供軟硬體鍵盤、密碼可能被盜取等。因為這些缺點，衍生出許多問題，包括使用者必須經常修改密碼、常須記憶多組密碼、並可能忘記密碼等不便，這甚至會造成使用障礙。有鑑於此，發展一種方便、快速、具有彈性、免除記憶許多密碼、又不用擔心被盜用的身份驗證方法，對於網路服務就非常重要。

由於人類發聲器官的生理結構本身就具有獨一性，而說話的習慣和口音，也不易被模仿或複製，這都使得語音驗證可能成為一種普遍可靠的身份驗證方式。在生物度量(Biometrics)的技術分類上，語音認證如同簽名(Signature)，是少數同時兼具生理(Physiological)和行為(Behavioral)兩類特性的生物度量方法，在信用卡、網路銀行、電子商務的驗證、登入與存取控制等應用，具有很大的潛力。而語音驗證同時又具有方便、快速、非侵入性等特性，在應用的推廣上，相較於指紋較可避免隱私權的爭議，這是其另一優勢。雖然語音驗證技術並非完美，但這不是無法克服的障礙。因為事實上，幾乎沒有驗證技術不會產生任何漏洞，只要適當地設計系統，就能在效率與風險間達到折衷。例如，已被廣泛應用的銀行帳號、信用卡或旅行支票的簽名，股票下單的錄音，或銀行個人資料存取的問答錄音等方式，都會有潛在的安全缺陷。然而，這些缺陷並沒有阻礙這些驗證方式被廣泛應用。只要能運用不同技術彼此互補，並在系統設計上適當降低並控制風險，不完美的技術仍可以產生符合需求的應用。本研究就是希望藉由語音、語者驗證和其它身分驗證方法適當地結合，實現出更友善的網路認證模式。在駭客猖獗的網際網路，也可做為防止身份遭盜用的重要防線。

二、語音驗證方法

隨著網路服務的普及，如何應用語音驗證技術以提供使用者更方便、快速、具有彈性、並準確的網路身份驗證服務，極具有重要性。我們提出了可結合關鍵詞驗證技術(Keyword Verification)和語者驗證技術(Speaker Verification)的分散式多重驗證架構。此架構能夠對於使用者的語音，同時驗證是否為其所宣稱的身份[5,6]，以及該語音內容是否符合使用者所預設之關鍵詞彙[7]，如住家地址、公司行號、就學單位或電話等。本身份驗證系統的使用情境如圖一所示。使用者以行動設備登入雲端服務時，驗證系統首先判斷使用者是否為新註冊者，若使用者為第一次登入，則須輸入基本資料，並且錄下一段長度約六十秒的語音供系統訓練語者模型使用。模型訓練完成後，使用者可以用輸入帳號(E-mail)的方式登入。系統會根據使用者預設之問題或個人資料來詢問，像是使用者的基本資料，住址、居住縣市等。若使用者回覆的語音符合答案，並且語音驗證結果確為使用者本人，則系統給予存取資料之權限。此方式可同時驗證「所知」(關鍵詞)及「所是」(說話者)，增加身份驗證的效率和可靠度。若能再結合「所有」的驗證方法(如 RFID)，就可以提供不同安全等級的多重驗證的方式，讓網路驗證服務可以更快速且具有彈性。

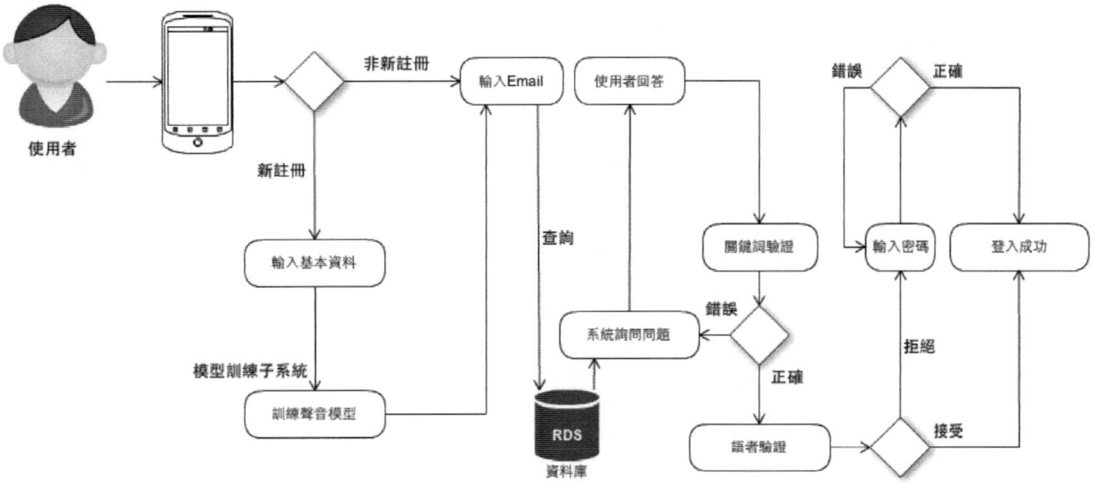

圖一、系統使用流程圖

語音驗證的基本系統如圖二所示。首先，語音信號透過音框擷取取出長度為 256 個取樣點的音框，接著進行預強調濾波並乘上漢明視窗。接下來經過快速傅立葉轉換、梅爾濾波器、對數運算、及離散餘弦轉換，可以得到梅爾頻率倒頻譜係數(Mel-Frequency Cepstrum Coefficients, MFCC)。梅爾倒頻譜係數可再計算其時間衍生特徵，稱為動態梅爾倒頻譜係數。這些特徵共同組成了辨識用的特徵向量。由於關鍵詞驗證模型為語者不特定(Speaker Independent, SI)的隱藏式馬可夫模型(HMM)，在計算時間衍生特徵之前，須對 MFCC 特徵進行倒頻譜平均移除(Cepstrum Mean Subtraction, CMS)計算，以消除語者發聲通道和錄音通道的差異。而語者驗證模型是各語者的高斯混合模型(GMM)，必須保留語者發聲通道差異，故不須對 MFCC 特徵進行倒頻譜平均移除計算。本系統將 15 維的 MFCC 以及一次與二次差分特徵組成共 45 維的特徵向量；而特徵向量的序列即為為兩個驗證系統的特徵。在圖二中，特徵向量的序列會以串流的方式傳入關鍵詞驗證和語者驗證模組，進行即時同步的搜尋比對，產生驗證結果。

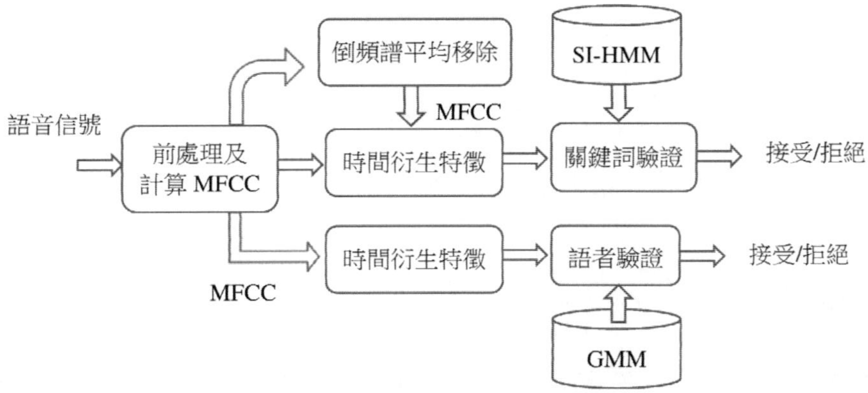

圖二、特徵參數擷取流程圖

語音驗證技術主要的作法概述如下：

(a) 關鍵詞驗證

關鍵詞偵測與驗證是傳統語音辨識技術的一環，傳統除了聲學辨識單位的研究外，還包括了聲學模型訓練、語者調適、信心度量[9]、鑑別式訓練法(如最小化音素錯誤法)、以及決策模組(如支撐向量機分類器[10-11])等。本系統中使用隱藏式馬可夫模型做為關鍵詞驗證的模型，並使用梅爾倒頻譜係數(MFCC)[8]及其衍生時間特徵作為辨識特徵。由於驗證系統須對一句語音同時進行語者驗證與關鍵詞驗證，且關鍵詞為使用者自訂問題的答案，因此關鍵詞驗證需要能夠處理不特定關鍵詞。本系統使用的模型是以 TCC-300 語料訓練而成的語者不特定模型，包括 113 個右相關聲母模型、37 個前後文無關韻母模型、以及一個靜音模型。本論文的關鍵詞驗證除使用關鍵詞模型外，也使用聲韻母模型作為填充模型，並加入懲罰值進行關鍵詞偵測[11]。

(b) 語者驗證

語者驗證方式可以概略區分為文本相關(Text-Dependent)及文本無關(Text-Independent)。所謂文本相關，是指系統提示使用者所要說的語音內容必須與系統錄製時所說的語音內容相同或相關，例如某一個特定的數字或字串；而文本無關則需要可以提示使用者說出任意內容的文句，並加以驗證。文本無關的系統具有較好的彈性及安全性，可以提供給使用者更好的保護。本系統中希望可以提示使用者回答個人預設問題的答案或個人資料，同時進行關鍵詞及語者驗證；這些內容具有變動性，因此本系統的語者驗證模組必須能夠提供文本無關的方式來進行驗證。

在語者驗證技術研究上，國內有些著重在基礎技術研究，例如：高斯混合模型[1][2]、鑑別式訓練法[3]；有些著重於應用系統研發，例如：結合語音與人臉辨識區域的門禁系統[4]等。一般的架構是先使用高斯混合模型或是隱藏式馬可夫模型進行聲學辨識，得到聲稱語者及反語者的機率，再經由一決策模組做最後的決策。常用的決策模組有相似度比率測試(Likelihood Ratio Test, LRT)、類神經網路、支撐向量機等。本系統是以高斯混合模型結合相似度比率測試來進行語者驗證。

GMM 模型的公式表示如下：

$$p(\bar{x} \mid \lambda) = \sum_{i=1}^{M} w_i b_i(\bar{x}) \tag{1}$$

其中 M 是混合數，$\bar{x}$ 是維度為 D 的特徵向量，$b_i(\bar{x})$ 是高斯分佈，而 w_i 是各個高斯的權重，必須滿足的限制 $\sum_{i=1}^{M} w_i = 1$。高斯分佈的定義如下所示：

$$b_i(\bar{x}) = \frac{1}{(2\pi)^{D/2} \left|\Sigma_i\right|^{1/2}} \exp\left\{ -\frac{1}{2} (\bar{x} - \bar{\mu}_i)^T \Sigma_i^{-1} (\bar{x} - \bar{\mu}_i) \right\} \tag{2}$$

其中 $\bar{\mu}_i$ 是平均向量，Σ_i 是共變異矩陣。高斯混合模型的參數可以用 λ 表示如下：

$$\lambda = \{w_i, \bar{\mu}_i, \Sigma_i\} \quad i = 1,\ldots,M \tag{3}$$

至於語者模型訓練的過程，簡單地陳述如下：

a. 初始值設定：將每一位語者其訓練語料之特徵向量，所計算出來的平均向量及共變異矩陣作為高斯混合模型中第一個高斯分佈的參數，其混合權重值則設定為 1.0。

b. 若模型中高斯分佈的總數小於系統所設定的混合數，則進行高斯分佈的分割程序。本系統選取混合權重值最高的高斯分佈來進行分割。

c. 藉由期望值最大化(Expectation Maximization, EM) [13]演算法去重新估測模型參數包括權重、平均向量及共變異矩陣至系統所設定的迭代次數為止。

d. 重複 b、c 步驟，直到模型中高斯分佈的混合數到達系統所設定的混合數為止。

期望值最大化演算法的重估公式如下：

$$p(i \mid \vec{x}_t, \lambda) = \frac{w_i b_i(\vec{x}_t)}{\sum_{k=1}^{M} w_k b_k(\vec{x}_t)} \tag{4}$$

$$w_i = \frac{1}{T}\sum_{t=1}^{T} p(i \mid \vec{x}_t, \lambda) \tag{5}$$

$$\bar{\mu}_i = \frac{\sum_{t=1}^{T} p(i \mid \vec{x}_t, \lambda)\vec{x}_t}{\sum_{t=1}^{T} p(i \mid \vec{x}_t, \lambda)} \tag{6}$$

$$\bar{\sigma}_i^2 = \frac{\sum_{t=1}^{T} p(i \mid \vec{x}_t, \lambda) x_t^2}{\sum_{t=1}^{T} p(i \mid \vec{x}_t, \lambda)} - \bar{\mu}_i^2 \tag{7}$$

根據訓練好的高斯混合模型λ，我們對於任何不確定的語音觀測序列X可以計算$P(X|\lambda)$。基於高斯混合模型就可以發展出不同的語者驗證方法，例如 Resenberg 等人提出群正規化計分方法[14-16]，事先由非宣告語者的語料所訓練出來的仿冒者模型，亦稱為反語者模型(Anti-Speaker Model)。或是從全部註冊語者的語料訓練出一個共有的模型，稱為全域語者模型(Global Speaker Model)。反語者模型或全域語者模型可通稱為背景語者模型，而根據正規化計分法，可以使用宣告語者模型機率之對數值和背景語者模型機率之對數值相減，作為一決策變數。如果其值大於一門檻值 θ 則接受為宣告語者。語者驗證的計算公式如下：

$$S(X \mid k) = \log[p(X \mid \lambda_k)] - \log[p(X \mid \bar{\lambda}_k)] \begin{matrix} \geq \\ < \end{matrix} \theta \quad \begin{matrix} \text{接受} \\ \text{拒絕} \end{matrix} \tag{8}$$

$$\log p(X \mid \bar{\lambda}_k) = \log\left\{\frac{1}{B}\sum_{b=1}^{B} p(X \mid \lambda_b)\right\} \tag{9}$$

$$\log p(X \mid \lambda_k) = \frac{1}{T}\sum_{t=1}^{T} \log p(\vec{x}_t \mid \lambda_k) \tag{10}$$

我們稱公式(8)為群正規化計分函數，其中 $\bar{\lambda}_k$ 代表宣告語者 k 的反語者模型，B 則為背

景語者人數。背景語者所提供的相似度正規化可以拉大宣告語者與仿冒語者之相似度值，使得門檻值能夠較容易被設定。由公式(8)計算所得的 $S(X|k)$值再與門檻值 θ 做比較，判斷其是否為宣告語者。

(一)反語者模型選擇方法

在此我們是依據語者模型距離測量的方法，找出語者在語者模型資料庫中的同質語者集合(Cohort Speaker Set)。距離測量的方法則是採取 Bhattacharyya 距離來量測聲學模型之間的距離。假設我們給定兩個高斯分佈，$G_1=G(\mu_1;\Sigma_1)$及 $G_2=G(\mu_2;\Sigma_2)$，則兩個高斯分佈之間的 Bhattacharyya 距離，計算方式就如下式所示：

$$D_{BA}(G_1,G_2)=\frac{1}{8}(\mu_1-\mu_2)\left(\frac{\Sigma_1+\Sigma_2}{2}\right)^{-1}(\mu_1-\mu_2)^t+\frac{1}{2}\ln\frac{\left|\frac{1}{2}(\Sigma_1+\Sigma_2)\right|}{|\Sigma_1|^{\frac{1}{2}}|\Sigma_2|^{\frac{1}{2}}} \tag{11}$$

因為每個 GMM 模型包含了多個高斯混合，所以要計算兩個語者 GMM 模型的距離，可以對兩群 GMM 模型間的兩兩高斯距離($D_{BA}(G_1,G_2)$)計算其加權和。GMM 模型可以用來衡量兩語者語音的相似度，在後面的實驗中我們將使用它來挑選和宣告語者聲音最接近的語者，作為背景語者。

(二)驗證效能計算

根據語者驗證的驗證流程，驗證的結果可以分成四大類，如圖三所示。其中 N_{10} 代表宣告語者的語音被系統拒絕的個數(錯誤拒絕)，N_{11} 為宣告語者的語音被系統接受的個數，N_{01} 則是非宣告語者的語音被誤認為宣告語者而接受的個數(錯誤接受)，N_{00} 指的是非宣告語者的語音被系統正確拒絕的個數。根據 N_{10}、N_{11}、N_{01}、N_{00} 四個統計值，我們可以分別計算精確率(Precision)、召回率(Recall)以及 F 度量(F-Measure)如下：

$$precision=\frac{N_{11}}{N_{11}+N_{01}} \tag{12}$$

$$recall=\frac{N_{11}}{N_{11}+N_{10}} \tag{13}$$

$$F=\frac{2\times precision\times recall}{precision+recall} \tag{14}$$

在語者驗證系統中，門檻值 θ 的值會影響系統的效能。門檻值設定的過高，容易使真實語者被系統拒絕，使得錯誤拒絕率(False Rejection Rate)提高；門檻值設定的過低，會使仿冒者容易被系統誤判為宣告語者，使得錯誤接受率(False Acceptance Rate)上升。由於此兩難狀況，在系統調校的時候通常會使用折衷的效能指標 F 值進行最佳化，會找到使 F 值最大的門檻值 θ 作為最終系統設定的門檻值。

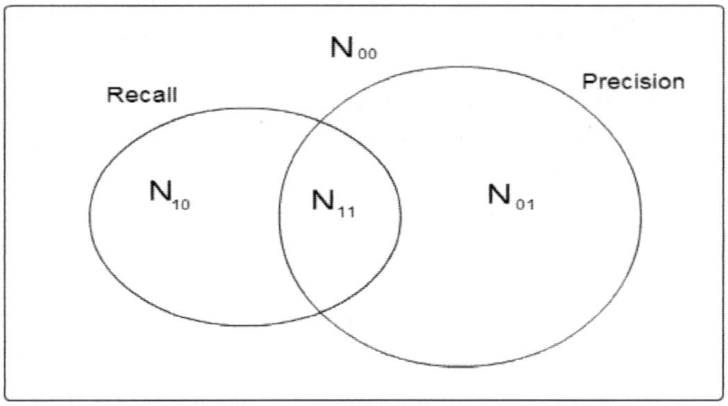

圖三、Precision 與 Recall 的計算

三、分散式架構

在網際網路環境下，使用者可能從任意地點、任意裝置存取資訊，因此驗證系統須對各種行動裝置提供驗證的功能。然而各種行動裝置的計算能力不同，語音辨識及語者驗證的演算法需要龐大的計算量，不容易在所有的裝置上做到即時性，因此一個分散式的系統架構具有解決此問題的潛在能力。所以，我們以用戶端及伺服端的架構來設計一個分散式的語音驗證系統，其硬體架構如圖四所示。用戶端為使用者的手持行動裝置運行 Android 作業系統；伺服端包含了兩個實體，一個是驗證伺服器，運行的是 Windows 7 作業系統；另一個是悠遊雲伺服器，提供使用者資料庫(MySQL)的存取，運行的是 Linux Fedora 作業系統。

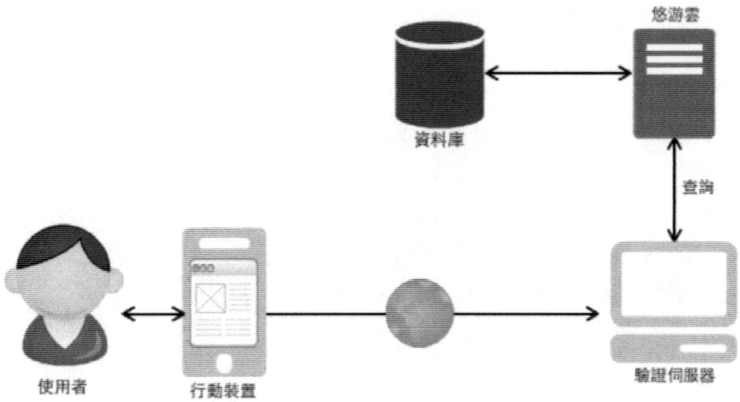

圖四、硬體架構圖

核心的驗證模組是以分散式的架構分別實現於 Android 用戶端以及驗證伺服器，如圖五所示。用戶端使用麥克風錄製語音並進行端點偵測，並將錄製到的語音串流透過 Socket

模組即時同步傳送至驗證伺服端。端點偵測主要使用能量及過零點率作為端點偵測的特徵。伺服端在接收到語音串流後會進行即時同步的特徵計算以及辨識搜尋。在辨識伺服器的實作上，由於辨識與驗證計算複雜度較高，所以特徵擷取與辨識的核心是以 C++ 實作，以達到高效率的即時辨識。而 Socket 接收語音串流的部分則是以 Java 語言實作，透過 Java 原生介面(Java Native Interface, JNI)規範呼叫 C++編譯之驗證引擎原生碼。

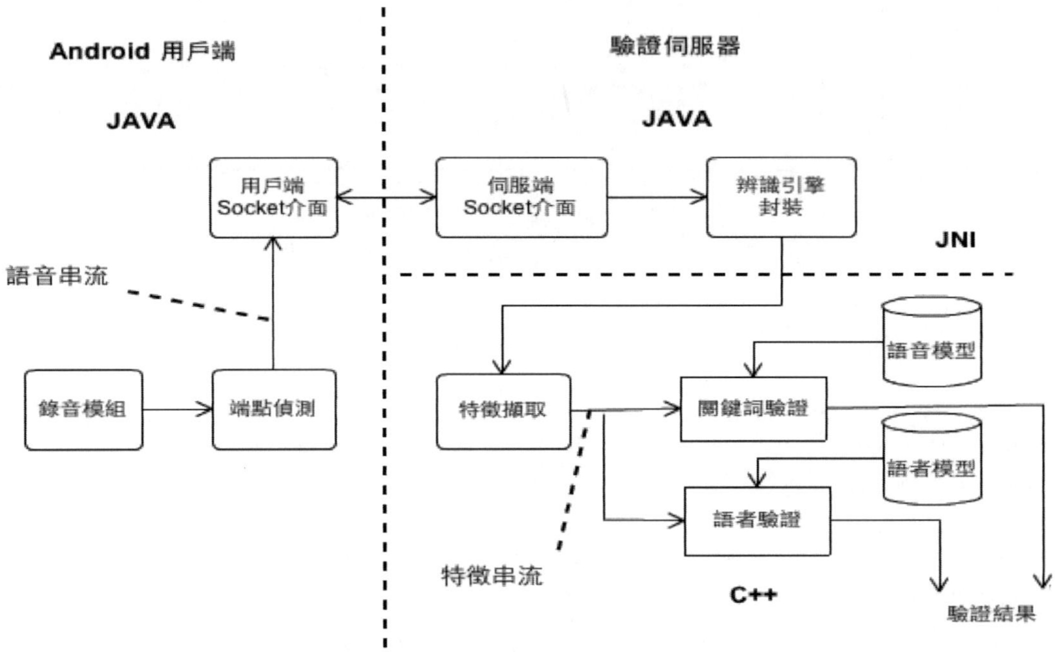

圖五、語音驗證模組的分散式架構圖

四、語者模型實驗

為了訓練較佳的語者驗證模型，以提升平台驗證效能，我們以 TCC-300 語料庫進行實驗來調校訓練的程序以及參數設定。首先，我們針對 GMM 模型所使用的混合數、以及訓練的迭代次數進行基礎實驗。在以下實驗中若未特別提及，均是使用所有非宣告語者(共 102 位)的模型組成反語者模型，而使用模型機率的算術平均作為反模型機率。我們從 TCC-300 語音資料庫中選取 103 位語者所錄製之短句語料作為實驗所使用的訓練及測試語料。其中男性語者有 51 位，女性語者有 52 位，平均每位語者有 65 句語料。每位語者的語料中取 90%語料(總長度平均約 115 sec)來訓練模型，其餘 10%(總長度平均約 15 sec)則作為測試語料。TCC-300 語音資料庫的取樣頻率為 16kHz，資料型態為 16-bit Wav 格式。

(一)混合數的實驗

本實驗主要的目的是找出語者驗證系統所需要使用之高斯混合模型其混合數的適當值。當模型之迭代次數設定為 10 時，其實驗的結果如表一所示。我們可以發現：當 GMM

模型之混合數愈多時，其 F 值也會隨之上升。由此我們可以得知：混合數愈多愈能描述出語者的發聲特性，但是相對地計算量以及所需時間也會增加；混合數較少時，系統效能就會下降。例如混合數為 5 時，其 F 值僅有 0.9091；若混合數到達 15 時，則 F 值可以到達 0.9868；而當混合數超過 15 時，系統效能則呈現飽和狀態。雖然當混合數到達 60 時，其 F 值可以到達 0.9993，但是因為我們使用了 102 位背景語者來做測試，因此若使用 60 個 Mixture 會使得對高斯混合模型計算 Likelihood 時的計算量達到 6120 個高斯分佈，計算的時間將會大幅增加，高斯混合模型的數目也已經超過了語音辨識模型中所使用的個數。在分散式的計算架構下，這樣的複雜度雖然仍然可以做到即時辨識，但是為了減少計算的負載量，我們選擇 Mixture 15 來進行後續的實驗。因此在考量兼顧語者驗證系統反應之即時性及驗證效能的情形下，我們將本專案實際系統的模型混合數設定為 15 來訓練每一位語者之 GMM 模型。

表一、對不同混合數的效能變化

Mixture	Iteration	Recall	Precision	F Measure
5	10	0.9104	0.9078	0.9091
10	10	0.9633	0.9719	0.9676
15	10	0.9883	0.9854	0.9868
20	10	0.9927	0.9927	0.9927
25	10	0.9927	0.9927	0.9927
30	10	0.9956	0.9941	0.9949
35	10	0.9956	0.9971	0.9963
40	10	0.9985	0.9985	0.9985
45	10	0.9985	0.9985	0.9985
50	10	0.9985	0.9985	0.9985
55	10	0.9985	0.9985	0.9985
60	10	1.0000	0.9985	0.9993

(二)迭代次數的實驗

本實驗主要目的是找出語者驗證系統所需要使用之高斯混合模型在每次分裂後之迭代次數的適當參數值。當模型之混合數設定為 15 時，其實驗結果如表二所示。當迭代次數愈多時，其 F 值並無顯著變化，大約在 0.98 至 0.99 之間。又因每次迭代在訓練時都會耗費較多時間，所以本專案在訓練模型時，將迭代次數參數固定為 10。

表二、對不同迭代次數的效能變化

Mixture	Iteration	Recall	Precision	F Measure
15	5	0.9868	0.9796	0.9832
15	10	0.9883	0.9854	0.9868
15	15	0.9868	0.9868	0.9868
15	20	0.9868	0.9810	0.9839
15	25	0.9883	0.9854	0.9868
15	30	0.9883	0.9825	0.9854
15	35	0.9868	0.9912	0.9890
15	40	0.9883	0.9926	0.9904
15	45	0.9897	0.9868	0.9883
15	50	0.9897	0.9839	0.9868

(三)背景語者人數與挑選方式之實驗

為了瞭解背景語者數目以及篩選方式對於驗證效能的影響，我們使用了兩種挑選背景語者的方式，一種是根據 Bhattacharyya 距離找出和宣告語者最相近的 N 名語者做為反語者模型，另一種則是以隨機方式挑選。我們將模型之混合數設定為 15、迭代次數設定為 10，背景語者的數目 N 從 10 遞增至 50 時，F 度量的實驗結果如表三所示。由表三可以看出，當背景語者人數愈多時，其 F 值也會隨之上升。由此我們可以得知：背景語者人數愈多愈能夠增加反語者模型的鑑別度，提升驗證之效能，但是相對地計算量及所需時間也會增加。若是背景語者的人數選取低至 10 人，則以 Bhattacharyya 距離(表三中標記為 B-Distance)選取背景語者的方式會降至 0.9038，但很明顯地仍然比以隨機的方式來挑選反語者的效能為佳。這顯示了 Bhattacharyya 距離能夠正確地找出和宣告語者相近的語者，而訓練出較具有鑑別力的決策邊界函數，其原理類似支撐向量機分類器。考量系統實際運作時，註冊人數可能會隨著系統使用時間遞增；若語者總數很大時，勢必無法將所有語者模型都用來計算反語者模型機率。此時，篩選背景語者就是讓速度與效能達到折衷的可行策略。本實驗也同時驗證了以 Bhattacharyya 距離加權方式計算兩個高斯混合模型距離的適切性。

表三、以不同方式來挑選背景語者模型

背景語者人數	B-Distance	Random
10	0.9038	0.7310
20	0.9398	0.8854
30	0.9556	0.8866
40	0.9582	0.9137
50	0.9716	0.9258

註：B-Distance 為在挑選背景語者時不分男女性別，而以距離宣告語者 GMM 模型最近之 N 位語者模型作為其背景語者模型，N 則為其背景語者人數。Random 為在挑選背景語者時不分男女性別，而以隨機的方式挑選 N 位語者模型作為其背景語者模型。

(四)以性別來區分背景語者之實驗

過去在語音辨識上使用和性別相關的語音模型，對於語音辨識的效能均能夠產生提升的效果。我們想探究在語者識別上使用性別相關的模型對於驗證效能是否也能夠有所幫助，因此將男女的語料分開，僅從與測試語者性別相同的語者中挑選背景語者來進行實驗。我們將模型之混合數設定為 15、迭代次數設定為 10，背景語者的數目 N 從 10 遞增至 50，篩選背景語者的方式則是採用 Bhattacharyya 距離來篩選。在篩選背景語者時，我們會以測試語者的性別(假定系統已預先判斷性別)來選取性別相同的背景語者，或從全部語者中篩選背景語者來進行實驗，實驗結果如表四所示。由表四結果可以看出，在同樣背景語者人數下，以同性別語者來選取反語者模型會比從所有語者篩選為佳；這顯示了同性別的背景語者更能正確地區別宣告語者與近似語者，亦即性別相關的模型可以有較佳的鑑別力。然而我們必須注意到，此驗證效能的提升是在假定系統已正確辨別語者性別的條件下而達成，系統的設計中必須增加可靠的性別決策模組。

表四、是否使用性別相關的背景語者模型

背景語者人數	性別相關	全部語者
10	0.9132	0.9038
20	0.9504	0.9398
30	0.9632	0.9556
40	0.9753	0.9582
50	0.9875	0.9716

(五)測試語音資料時間長度之實驗

於上述的各項實驗中，每一位語者都使用了其全部的註冊語音資料來訓練其語者模型，全部的測試語音資料來進行驗證測試。為了瞭解測試語音資料的時間長度對於驗證效能會產生什麼樣的影響，因此我們將模型之混合數設定為 15、迭代次數設定為 10，每一位語者使用其全部的註冊語音資料來訓練其語者模型，而只使用部份的測試語音資料來進行驗證測試時，其實驗的結果如表五所示。我們可以發現：當測試語音資料之時間長度愈長時，其 F 值也會隨之上升。由此我們可以得知：測試語音資料之時間長度愈長愈能描述出語者的發聲特性，但是相對地計算量以及所需時間也會增加；測試語音資料之時間長度較短時，系統效能就會下降。例如當測試語音資料之時間長度為 10 個音框(約 0.1 sec)時，其 F 值僅有 0.8407；若測試語音資料之時間長度到達 100 個音框(約 1 sec)時，則 F 值可以到達 0.9787；而當測試語音資料之時間長度超過 150 個音框(約 1.5 sec)時，系統效能則呈現飽和狀態。因此在考量兼顧語者驗證系統反應之即時性及驗證效能的情形下，我們將本專案實際系統的測試語音資料其時間長度設定為 100 個音框(約 1 sec)來進行每一位語者之驗證測試。

表五、對不同測試語音資料時間長度的效能變化

Testing Data Frame	Recall	Precision	F Measure
10	0.8253	0.8567	0.8407
20	0.9134	0.9311	0.9222
30	0.9339	0.9651	0.9493
40	0.9471	0.9743	0.9605
50	0.9633	0.9676	0.9654
60	0.9486	0.9878	0.9678
70	0.9677	0.9720	0.9698
80	0.9780	0.9638	0.9708
90	0.9794	0.9709	0.9751
100	0.9765	0.9808	0.9787
150	0.9853	0.9824	0.9839
200	0.9897	0.9839	0.9868
250	0.9868	0.9839	0.9853
300	0.9883	0.9854	0.9868

註：

(1) Testing Data Frame 中的數值所代表的是於每一筆測試語音資料中從頭開始擷取的音框數。若該筆測試語音資料的音框數不足(測試語音資料的音框總數 ＜ Testing Data Frame 中所設定的音框數)，則以該筆測試語音資料中全部的資料來進行驗證測試。

(2) 根據本專案系統中語音資料取樣時所採取的音框擷取方式，100 個音框約等於 1 sec 的時間。

(六)註冊語音資料(訓練資料)時間長度之實驗

從上述的實驗中我們不難發現：當測試語音資料之時間長度設定為 100 個音框(約 1 sec)時，系統即可呈現出不錯的驗證效能。因而使我們想要進一步地探討：當我們開始減少註冊語音資料的時間長度時，會對系統效能造成什麼樣的影響？為了瞭解註冊語音資料的時間長度對於驗證效能會產生什麼樣的影響，因此我們將模型之混合數設定為 15、迭代次數設定為 10，每一位語者只使用部份的註冊語音資料來訓練其語者模型，而且也只有使用一部份的測試語音資料(100 個音框，約 1 sec)來進行驗證測試時，其實驗的結果如表六所示。我們可以發現：當註冊語音資料之時間長度愈長時，其 F 值也會隨之上升。由此我們可以得知：訓練語音資料之時間長度愈長愈能描述出語者的發聲特性，但是相對地計算量以及所需時間也會增加；訓練語音資料之時間長度較短時，系統效能就會下降。例如當訓練語音資料之時間長度為 1000 個音框(約 10 sec)時，其 F 值僅有 0.8415；若訓練語音資料之時間長度到達 6000 個音框(約 60 sec)時，則 F 值可以到達 0.9427；而當訓練語音資料之時間長度超過 12000 個音框(約 120 sec)時，系統效能則呈

現飽和狀態。因此在考量兼顧語者驗證系統反應之即時性，以及可以透過系統多重驗證機制中其他不同的驗證方式來互補其效能的情形下，我們將本專案實際系統的註冊語音資料其時間長度設定為 6000 個音框(約 60 sec)來訓練每一位語者之 GMM 模型。

表六、對不同訓練語音資料時間長度的效能變化

Training Data Frame	Recall	Precision	F Measure
1000	0.7915	0.8983	0.8415
3000	0.9222	0.9235	0.9229
6000	0.9178	0.9690	0.9427
9000	0.9530	0.9701	0.9615
12000	0.9765	0.9779	0.9772
16000	0.9765	0.9794	0.9779
18000	0.9765	0.9808	0.9787

註：

(1) Training Data Frame 中的數值所代表的是每一位語者於其註冊語音資料中從頭開始擷取的音框數。若該位語者註冊的語音資料音框數不足(註冊語音資料的音框總數 ＜ Training Data Frame 中所設定的音框數)，則以該位語者所註冊全部的語音資料來訓練其 GMM 模型。

(2) 每一筆測試語音資料從頭開始擷取 100 個音框。若該筆測試語音資料的音框數不足(測試語音資料的音框總數 ＜ 100 個音框)，則以該筆測試語音資料中全部的資料來進行驗證測試。

(3) 根據本專案系統中語音資料取樣時所採取的音框擷取方式，100 個音框約等於 1 sec 的時間。

五、結論

在語音辨識和驗證技術逐漸成熟以及個人行動裝置快速普及下，如何將結合語音相關技術應用在身份認證系統，以改善使用者認證服務的速度及流程，越來越受到重視。關鍵詞擷取技術與語者驗證技術可分別使用 What one knows 以及 Who one is 的驗證方法來進行驗證。兩者的結合可以提高身份驗證的可靠度。本計畫成功地結合了上述兩種驗證方法，在一個分散式的網路環境中達到了即時多重驗證，我們並製作了一個技術展示系統，系統可以透過使用者輸入的地址資料來進行驗證，如果使用者不知道正確的地址、或其語音非宣稱者本人的語音，驗證系統均可能加以拒絕，因此可增加驗證系統的可靠性。此外此驗證方式具有彈性，未來可進一步結合 RFID 驗證方式，提供雲端服務更有彈性的認證方式。例如雲端服務中，查詢個資、修改密碼或進行交易等會有不同安全等級需求，驗證系統可以多次詢問或多重驗證的方式來提升安全性。我們相信這是一個未來應用的重要趨勢。

為了達到較佳的驗證效果，我們也作了一系列的實驗來調校系統的參數，包括混合數、

迭代次數、背景語者人數、背景語者挑選方式、是否使用性別相關模型、測試語音資料及註冊語音資料之時間長度等。實驗結果顯示當混合數為 15 以上、迭代次數為 10 以上時就可以達到穩定的效能；背景語者人數上升時效能可以持續提升，當測試語音資料或註冊語音資料之時間長度增加時，也可以產生相同的效果，但是計算量會增加，因此應考慮伺服器的計算負載是否過重因而影響辨識速度；背景語者的挑選方式則顯示使用 Bhattacharyya 距離挑選和宣稱語者最相近的語者作為背景語者遠較隨機方式挑選為佳；性別相關的實驗則顯示只從與宣稱語者同性別的語者中挑選背景語者，會比從所有的語者中挑選為佳，也就是性別相關的語者模型具有較佳的鑑別力。根據實驗的結果，我們使用較佳的訓練流程和參數設定來訓練模型，並應用在我們的展示系統中。未來希望將雲端語音驗證包裝成為網路服務，以提供用戶在網路環境中方便、快速、彈性、可靠地身份認證服務。

致謝

本研究承蒙國科會專題研究計畫「為雲端服務而設計之智慧終端應用安全套件」的部份經費補助，方得以完成本研究，謹此致謝。

參考文獻

[1] 吳金池，“語者辨識系統之研究”，國立中央大學電機工程研究所碩士論文，2002 年。

[2] 謝忠穎，“正交式高斯混合模型之語者驗證系統”，中興大學電機工程學研究所碩士論文，2009 年。

[3] 趙怡翔，“鑑別式訓練法於語者驗證之研究”，交通大學資訊科學與工程研究所博士論文，2009 年。

[4] 蔡仲齡，“含語者驗證之小型場所人臉辨識門禁系統之研發”，國立成功大學工程科學研究所碩士論文，2008 年。

[5] Reynolds Douglas A.,“An Overview of Automatic Speaker Recognition Technologies”, ICASSP, p. 4072-4075, 2002.

[6] Campbell Joseph P.,“Speaker Recognition: A Tutorial”, Vol. 85, No. 9, Proceedings of the IEEE, 1997.

[7] Huang, X., A. Acero, and H. W. Hon, Spoken Language Processing, Prentics Hall, New Jersey, 2001

[8] R. Vergin and D. O'Shaughnessy and A. Farhat,“Generalized Mel Frequency Coefficients for Large-Vocabulary Speaker-Independent Continuous-Speech Recognition”, IEEE Trans. on Speech and Audio Processing, Vol. 7, No. 5, pp. 525-532, September 1999.

[9] Jiang H.,“Confidence Measures for Speech Recognition: A Survey”, Speech Communication, 2005.

[10] Campbell W. M., etc,"Support Vector Machines Using GMM Supervectors for Speaker Verification", IEEE Signal Processing Letters, Vol. 13, No.5, 2006.

[11] 黃冠達，"應用支撐向量機於中文關鍵詞驗證之研究"，國立臺灣科技大學資訊管理研究所碩士論文，2007 年。

[12] Leggetter C. J. and Woodland P. C.,"Maximum Likelihood Linear Regression for Speaker Adaptation of Continuous Density Hidden Markov Models", Computer Speech and Language, p. 171-185, 1995.

[13] T. K. Moon,"The Expectation-Maximization Algorithm", IEEE Signal Processing Magazine, Vol. 13, No. 6, pp. 47-60, November 1996.

[14] A. E. Rosenberg, J. Delong, C. H. Lee, B. H. Juang and F. K. Soong,"The Use of Cohort Normalized Scores for Speaker Recognition", Pro. ICSL 92. Banff, pp. 599-602. Oct. 1992.

[15] Chi-Shi Liu, Hsiao-Chuan Wang and Chin-Hui Lee,"Speaker Verification Using Normalized Log-Likelihood Score", IEEE Trans. on Speech and Audio Processing, pp. 57-60, Jan. 1996.

[16] 游智翔，"整合高斯混合與具性能指標支撐向量機模型之語者確認研究"，國立中央大學電機工程研究所碩士論文，2008 年。

[17] Mika, S., G. Rätsch, J. Weston, B. Schölkopf, and K. R. Müller,"Fisher Discriminant Analysis with Kernels", in Proc. Neural Networks for Signal Processing IX, Madison, WI, USA, pp. 41-48, 1999.

Causing Emotion in Collocation:
An Exploratory Data Analysis

Pei-Yu Lu, Yu-Yun Chang and Shu-Kai Hsieh
Graduate Institute of Linguistics, National Taiwan University
No. 1, Sec. 4, Roosevelt Road, Taipei, Taiwan, 10617
{emily.lulala, yuyun.unita, shukai} @gmail.com

Abstract

This paper aims to seek approaches in investigating the relationships within emotion words under linguistic aspect, rather than figuring out new algorithms or so in processing emotion detection. It is noted that emotion words could be categorized into two groups: *emotion-inducing* words and *emotion-describing* words, and *emotion-inducing* words would be able to trigger emotions expressed via *emotion-describing* words. Hence, this paper takes the social network Plurk, the emotion words are from the study on Standard Stimuli and Normative Responses of Emotions (SSNRE) in Taiwan and the National Taiwan University Sentiment Dictionary (NTUSD) as corpus, combining with Principle Component Analysis (PCA) and followed collocation approach, in order to make a preliminary exploration in observing the interactions between *emotion-inducing* and *emotion-describing* words. From the results, it is found that though the retrieved Plurk posts containing *emotion-inducing* words, polarities of the induced *emotion-describing* words contained within the posts are not consistent. In addition, the polarities of posts would not only be influenced by emotion words, but negation words, modal words and certain content words within context.

Keywords: sentiment analysis, emotion word, collocation.

1. Introduction

Sentiment analysis has recently become a prevalent trend in the field of natural language processing, and has wide applications for industry, policy making, sociology, psychology and so on. Various approaches have been proposed with impressive experimental or computational evidence, from document-level analysis to sentence-level or even phrasal-level analysis [1]. Among most studies, the Sentiment/Emotion-labeled Lexicon is taken as an indispensible lexical resource for the improvement of emotion classification accuracy. However, by assuming the static correspondence of word-emotion, most studies have neglected the fact that emotion words are not fixed with specific valence but are influenced under diverse contexts.

On account of contextual effects of emotion, [2-4] have firstly introduced a notion inspired by cognitive linguistics - emotion cause event - that refers to “the explicitly expressed arguments or events that trigger the presence of the corresponding emotions.” A set of linguistic cues is proposed to detect the cause events, resulting a valuable corpus resource for the task of emotion classification.

Despite that there are some explicit causers that might trigger emotions via context, a recent large-scaled interdisciplinary emotion research project [5, 6] has focused on the **emotion words** and found that they do help capture the emotion perceptions [7], and can thus be employed in emotion-related processing tasks. As designed in [5, 6] emotion words can be further grouped into *emotion-inducing* (情緒誘發詞) *emotion-describing* words (情緒描述詞). Emotions are mainly divided into two polarities: positive and negative. *Emotion-inducing* words encode the underlying repository knowledge to be able to elicit *emotion-describing* words. Therefore, in this study, we assume that the *emotion-inducing* word can be treated as the pivot in emotion detection of the sentences, and the way the *emotion-inducing* word interacts with its collocational context would be the key to a deeper understanding of emotional processing in texts.

Instead of seeking new approaches and algorithms in emotion detection, this paper aims to emphasize on seeking other possibilities in context-based emotion detection through investigating the relationships of emotion polarity between *emotion-inducing* and collocated content words. We carry out an exploratory data analysis with the assistances of programming technique and linguistic resolution on data inspection, in order to make prediction on the potential underlying linguistic cues within emotions embedded in context. Since taking *web as corpus* is convenient for its easy access and availability of voluminous data, one of the popular social network in Taiwan, Plurk, is considered in our study.

2. Literature Review

2.1 Emotion Classes

Constructing a gold standard emotion classification has long been an unsolved issue among various research fields, such as philosophy [8, 9] biology [10], linguistics [11, 12], neuropsychology [13] and computer science [14, 15]. Regardless of the disagreement and not having consensus on one emotion class, some parts of emotions are widely shared amid diverse emotion classes proposed by previous studies [16-18], which are happiness, sadness, fear, and anger. However, since our study is based on the approach of [2], we simply follow the five emotion classes adopted in the paper, which the emotion classification is firstly presented by [18] happiness, sadness, fear, anger, and surprise.

2.2 Emotion Words in Context

In sentiment analysis, the fact that emotion of a word changes based on contexts has been mostly neglected, which might lead to diverse polarities. Thus, in recent studies, researchers started to take this issue into consideration while exploring word sentiments.

In addition, since words may contain various senses and further evoke diverse emotions based on contexts, the need of a list of emotion lexicon would be practical and could be applied to a number of purposes. [19] introduced the approach of using Mechanical Turk provided by Amazon's online service of crowdsourcing platform for a large amount of human annotation on numerous linguistic tasks [20, 21].

To be more specific, emotion lexicon or also known as emotion words that are covered in sentiment detection and classification (for example, happy, sad, angry and so on) are mostly *emotion-describing* words, which are words that directly express and describe emotions. On the other hand, for words that have the potential to evoke or arouse emotions under context, are grouped as *emotion-inducing* words, such as holiday, homework, weekend, Monday and so on.

Since *emotion-inducing* words contain certain underlying implicit linguistic cues to evoke emotions, many studies work on different approaches to inspect the context-based emotion words. For example, [22] uses the technique of crowdsourcing and Mechanical Turk method to help annotate the lexicon that have the possibility to evoke emotions, and evaluate the results with inter-annotator agreement.

Other studies take the emotion cause event to help figure out the causers of emotions within context. As mentioned by [23], a cause of an emotion is suggested to be one event. Therefore, a cause event could be referred to a cause that could immediately trigger an event, as stated by [4]. [3] expresses in the paper that emotion cause detection is one of cause event detection, therefore some typical patterns that are used in cause event detection, such as because and thus, could be applied to emotion cause detection. Additionally, they have included some manually and automatically generalized linguistic cues to further explore emotion cause detection.

In this study, the experimental results of Chinese emotion word list in [5] are included, which obtain the valences (from 1 to 9) of word polarities in both *emotion-describing* and *emotion-inducing* words, in order to investigate whether given an *emotion-inducing* word along with context could the sentiment prediction model envision its possible evoked emotions presented via *emotion-describing* words.

3. Methodology

In order to investigate the implicit linguistic cues that might shift the polarities of emotion words, the analysis by applying Principle Component Analysis (PCA) and collocation of *emotion-inducing* words are considered. Through PCA, the distribution and relationships between *emotion-inducing* and *emotion-describing* words could be revealed and presented visually via the powerful plots in R. In addition, since PCA tends to exhibit the groups of emotion words that might have strong interactions between *emotion-inducing* and *emotion-describing* words, the approach by inspecting the collocations of *emotion-inducing* words would help figure out the linguistic cues that might lead to the interactions in context. Three materials taken in this study include Plurk corpus, emotion words from the study on Standard Stimuli and Normative Responses of Emotions (SSNRE) in Taiwan, and National Taiwan University Sentiment Dictionary (NTUSD, [24]).

3.1 Material

Like Twitter, Plurk is one of most popular social networks and micro-blogging service in Taiwan. Since Plurk can be easily and freely accessed through Plurk API 2.0[1] and along with its enriched emoticon information, a total of 43959 posts has been retrieved and used in this study.

Regarding the emotion words adapted from the project SSNRE, these words are categorized into two groups: *emotion-inducing* words and *emotion-describing* words. While the emotion of *emotion-inducing* words is recessive and needs to be triggered by the context, the emotion of *emotion-describing* words is dominant and exists in its semantic sense. That is, although *emotion-inducing* words have explicit polarities in experimental results, its polarities will be affected by the context, such as *emotion-describing* words in the same sentences. Based on the changeable polarities of *emotion-inducing* words, the paper treats *emotion-inducing* words as the target of observation. In the study of SSNRE, 395 *emotion-inducing* words and 218 *emotion-describing* words has been underwent three psychological experiments with a 9-point likert scale, which includes four to six perception parameters. In the 9-point likert scale, the number 9 refers to the greatest positive emotion; whereas, the number 1 indicated the most awful negative emotion. That is, emotion words that are more than five points would belong to positive emotion and those lower than five points would be assigned as negative emotion. Within the 395 *emotion-inducing* words, 140 words are with positive emotion and 255 words are with negative emotion; as to the 218 *emotion-describing* words, there are 58 words tagged as positive emotion and 160 words tagged as negative emotion. Since *emotion-inducing* words are to induce and trigger emotions, we assume that if a sentence

1 http://www.plurk.com/API
2 http://ckipsvr.iis.sinica.edu.tw/

contains an *emotion-inducing* word, the induced emotions will be revealed via *emotion-describing* words with the same polarity.

NTUSD is a list of positive and negative *emotion-describing* words that is constructed by [24], containing 9,365 positive and 11,230 negative *emotion-describing* words.

In this paper, *emotion-describing* words from SSNRE will be combined with NTUSD to enlarge the *emotion-describing* word list (which would be called as *mixed emotion-describing word list* in this paper).

3.2 Preparation for Processing Principal Component Analysis (PCA)

Reducing dimensions for preserving the most representative variables, PCA is a multivariate analysis that reveals the internal structure of the data in a way that best explains the variance in the data with a smaller number of variables. Words distributed based on independent variables, *emotion-inducing* words. Since there are many unknown factors that might influence the interactions between *emotion-inducing* and *emotion-describing* words, applying PCA would be a choice to provide a quick glance of the interaction strength in between, and helps fast investigation in figuring out sets of emotion words with strong relationships. (relationships between *emotion-inducing* words and *emotion-describing* words) Therefore, when having large amount of data, PCA would be suitable for a preliminary data exploration.

Through the analysis of PCA, the distribution of relationships between *emotion-inducing* words and *emotion-describing* words would be presented from R plots for further exploration. For running PCA in R, some variables related to *emotion-inducing* words and *emotion-describing* words need to be prepared which are stated as below.

Every post in retrieved Plurk data containing any one of 395 *emotion-inducing* words will be collected into our *ad hoc* database. After the collection of 20461 posts, the sentences are word-segmented into 710,908 tokens and tagged by Chinese Knowledge Information Processing (CKIP) tool[2]. Then, the sentiment score for each sentence would be calculated by the *mixed emotion-describing word list*, which includes 9,423 positive and 11,390 negative *emotion-describing* words. The calculation treats each positive *emotion-describing* word as one point, and each negative *emotion-describing* word as a minus one point. The final sentiment score for each sentence would be the sum of the occurrences of positive and negative *emotion-describing* words within each sentence. The final sentiment score for each sentence could then be grouped into three types of emotion polarities: positive, negative and

[2] http://ckipsvr.iis.sinica.edu.tw/

neutral.

From the PCA results, it is found out due to simple evaluation in calculating the final sentiment score, although posts that are identified as positive / negative emotion, there are some posts that might actually possess opposite emotion. Therefore, since the polarity of emoticons could imply the real emotion of a post [25], the Plurk emoticons are then included in order to get a more accurate result before processing collocation. As done in previous study [26], the polarities of Plurk posts are not only automatically classified but also manually evaluated using emoticons; thus in this paper, only posts that the polarities from final sentiment score meet with the assessed polarities in [26], would be preserved.

Two types of data are prepared for running PCA: one is the posts with positive *emotion-inducing* words, but calculated with negative emotion from final sentiment score; and the other is the posts with negative *emotion-inducing* words, but calculated with positive emotion from final sentiment score.

All the *emotion-inducing* and *emotion-describing* words from the prepared dataset are calculated with ratio of frequency. Additionally, since the distribution of emotion words' frequency probabilities presents a long tail in plot, which such long tail in statistics would be hard for processing a significant result, this study only preserves the emotion words that the probabilities are over the third quantile into PCA.

3.3 The Analysis Approach with Collocation

The results of PCA show sets for *emotion-inducing* and *emotion-describing* words with strong interactions, the reason for an explanation is not revealed which will be discussed in section 4. However, there might be some linguistic cues that could be observed for expressing the differences and further identifying the polarity changing of *emotion-inducing* words via context. Since the events within posts also possess underlying emotions and might affect *emotion-inducing* words in triggering the polarities of *emotion-describing* words, the approach by studying frequently collocated events with *emotion-inducing* words, is applied to help investigate the implicit polarities of events that might have an influence to the emotions triggered by *emotion-inducing* words. According to [27], the purpose of collocation is to explain the way in which meaning arises from language text. [27] indicates words that occur physically together have a stronger chance of being mention together and words do not occur at random in a text.

We propose, via investigating the collocation of *emotion-inducing* words which is widely used in corpus analysis, the causes for illustrating the relationships could be unveiled. Using the result observed from PCA, the span of *emotion-inducing* words' collocation is set to three (the preceding three words and succeeding three words of the *emotion-inducing* words) and calculated into frequency. Only the top three collocation words for each *emotion-inducing* word are selected for examining the emotion polarities.

4. Results and Discussion

In this section, the results from PCA listed below would be discussed with illustrative examples revealed from R plots, and further applied with collocational approach for exploration. In PCA, two various types of results evaluated from final sentiment score are discussed via R plots, including posts with positive *emotion-inducing* words but with an overall negative sentiment, and posts with negative *emotion-inducing* words but with an overall positive sentiment. Additionally, the illustrative examples taken for discussion from PCA results, would all be circled with dotted lines in the following plots. Furthermore, the collocations of positive and negative *emotion-inducing* words would be investigated, in order to find out linguistic cues to help illustrate the interactions between *emotion-inducing* and *emotion-describing* words.

4.1 Analysis in PCA

Figure 1 presents posts with positive *emotion-inducing* words but with an overall negative sentiment via PCA analysis. For the illustrative examples in the plot, two *emotion-describing* words *ke3 shi4* 可是 'however' and *bu4 neng4* 不能 'can not' (in black color) and three *emotion-inducing* words *yun4 dong4* 運動 'exercise', *shui4 jue4* 睡覺 'sleep' and *wan2* 玩 'play' (in grey color) imply that there are strong interactions within them. Therefore, it is roughly observed that *emotion-inducing* words such as *yun4 dong4* 運動 'exercise', *shui4 jue4* 睡覺 'sleep' and *wan2* 玩 'play', might be affected by the *emotion-describing* words *ke3 shi4* 可是 'however' and *bu4 neng4* 不能 'can not', and lead to an overall negative emotion in posts.

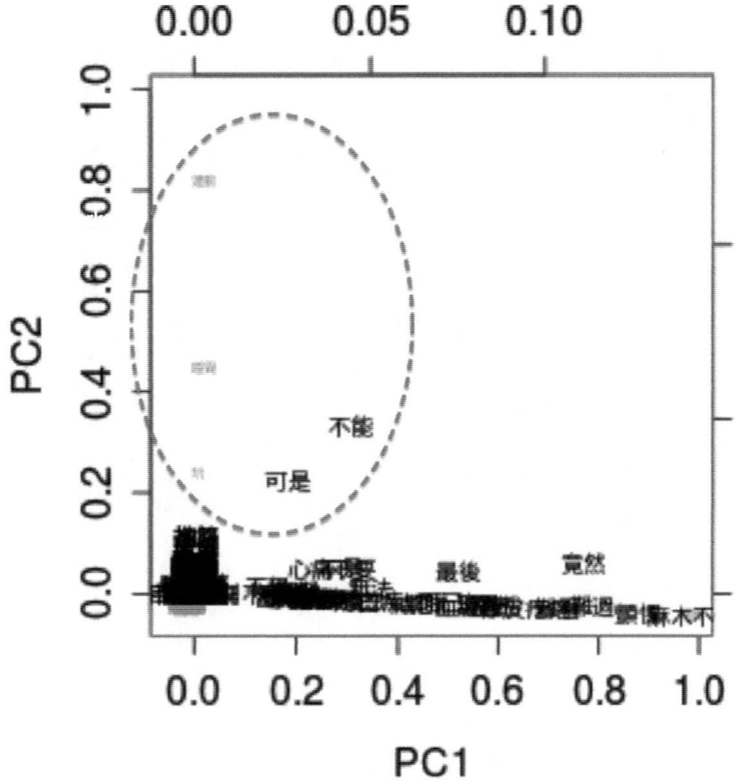

Figure 1. Negative Emotion but with Positive *Emotion-Inducing* Words

Results with negative *emotion-inducing* words but with an overall positive sentiment are expressed in Figure 2. There are two groups of illustrative examples in Figure 2.

For the first group (the top circle), there are strong interactions between four *emotion-describing* words *hen3 duo1* 很多 'many', *gan3 jue2* 感覺 'feel', *shi2 jian1* 時間 'time', and *xi1 wang4* 希望 'hope' (in black color) and one *emotion-inducing* word *kao3 shi4* 考試 'test' (in grey color). Therefore, it could be firstly imply that *emotion-inducing* word *kao3 shi4* 考試 'test' might be influenced by *emotion-describing* words, such as *hen3 duo1* 很多 'many', *gan3 jue2* 感覺 'feel', *shi2 jian1* 時間 'time', and *xi1 wang4* 希望 'hope', and cause polarity shifting from negative to positive in context.

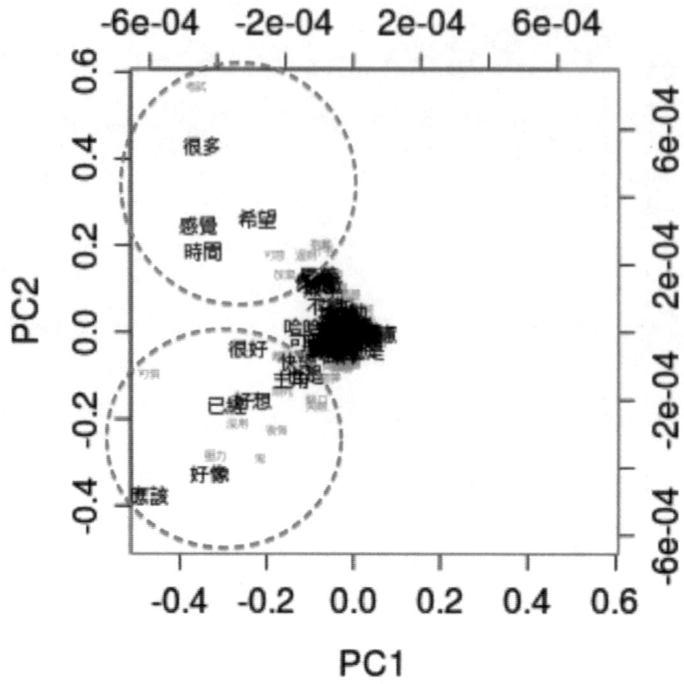

Figure 2. Positive Emotion but with Negative *Emotion-Inducing* Words

For the second group of illustrative examples in Figure 2 (the bottom circle), it is approximately find that four *emotion-describing* words *ying1 gai1* 應該 'should', *hao3 xiang4* 好像 'seem', *yi3 jing1* 已經 'already', and *hao3 xiang3* 好想 'really want to' (in black color) and four *emotion-inducing* words *ya1 li4* 壓力 'pressure', *gui3* 鬼 'ghost', *hou4 hui3* 後悔 'regret', and *mei2 yong4* 沒用 'useless' (in grey color) might have stronger interactions in context, in order to change the overall polarity from negative to positive than the other emotion words.

4.2 Collocations of *Emotion-inducing* Words

Though our previous assumption in the relationships between *emotion-inducing* and *emotion-describing* words is 'positive *emotion-inducing* words would trigger positive *emotion-describing* words; and negative *emotion-inducing* words would trigger negative *emotion-describing* words', the results discovered by PCA are apart from the assumption: [1] there are some positive *emotion-inducing* words that might arouse negative emotion-describing words and cause an overall negative emotion in posts; while, [2] there are some negative *emotion-inducing* words that might trigger positive *emotion-describing* words and lead to an overall positive emotion in posts.

Since nouns and verbs could be taken as linguistic cues in expressing events, only the top three frequently collocated nouns or verb within the collocations of *emotion-inducing* words (event collocations, for short) are considered in this paper.

4.2.1 Collocations of Positive *Emotion-Inducing* Words

The event collocation results of the three positive *emotion-inducing* words presented in Figure 1 (*yun4 dong4* 運動 'exercise', *shui4 jue4* 睡覺 'sleep', and *wan2* 玩 'play'), are listed in Table 1.

Therefore, as presented in Table 1, situations that posts containing positive *emotion-inducing* words, which might lead to an overall negative emotion are as below: 1) *emotion-inducing* word *yun4 dong4* 運動 'exercise' with event collocations such as *tou1 lan3* 偷懶 'lazy' and *chou1 jin1* 抽筋 'cramps'; 2) *emotion-inducing* word *shui4 jue4* 睡覺 'sleep' with an event collocation such as*han2 leng3* 寒冷 'cold'; 3) *emotion-inducing* word *wan2* 玩 'play' with event collocations such as *jia4 ri4* 假日 'holidays' and *ke3 xi1* 可惜 'unfortunately'. In above cases, the co-occurrences might shift the emotion polarity into negative ones

Table 1. The Emotion Polarities of Collocation of Positive *Emotion-Inducing* Words

Positive *emotion-inducing* words	***yun4 dong4* 運動 'exercise'**	***shui4 jue4* 睡覺 'sleep'**	***wan2* 玩 'play'**
First Collocation	*shui4 jue4* 睡覺 'sleep'	*shi2 er4 dian3* 十二點 'twelve o'clock'	*da3 nao4* 打鬧 'roughhouse'
Polarity	+	0	+
Second Collocation	*tou1 lan3* 偷懶 'lazy'	*han2 leng3* 寒冷 'cold'	*jia4 ri4* 假日 'holidays'
Polarity	−	−	+
Third Collocation	*chou1 jin1* 抽筋 'cramps'	*xia4 ke4* 下課 'class dismissed'	*ke3 xi1* 可惜 'unfortunately'
Polarity	−	+	−

4.2.2 Collocations of Negative *Emotion-Inducing* Words

The event collocation results of the six negative *emotion-inducing* words presented in Figure 2 (*kao3 shi4* 考試 'test', *chi2 dao4* 遲到 'being late', *ke3 lian2* 可憐 'poor', *ya1 li4* 壓力 'pressure', *gui3* 鬼 'ghost' and *li2 kai1* 離開 'leave'), are listed in Table 2.

Furthermore, as shown in Table 2, posts containing negative *emotion-inducing* words might tend to an overall positive emotion in the circumstances as below: 1) *emotion-inducing* word *kao3 shi4* 考試 'test' with event collocations such as *xi1 wang4* 希望 'hope', *ma1 ma1* 媽媽 'mom', and *xiao4 lu4* 效率 'efficiency'; 2) *emotion-inducing* word *chi2 dao4* 遲到 'being late' with event collocations such as *se1 che1* 塞車 'traffic jam', *shang4 ban1* 上班 'work', and *tong2 shi4* 同事 'colleague'; 3) *emotion-inducing* word *ke3 lian2* 可憐 'poor' with event collocations such as *ba4 ba4* 爸爸 'dad' and *nan2 ren2* 男人 'man'; 4) *emotion-inducing* word *ya1 li4* 壓力 'pressure' with event collocations such as *jin4 du4* 進度 'schedule'; 5) *emotion-inducing* word *gui3* 鬼 'ghost' with event collocations such as *tai2 wan1* 台灣 'Taiwan'; 6) *emotion-inducing* word *li2 kai1* 離開 'leave' with event collocations such as *ren2 sheng1* 人生 'life', *kao3 shi4* 考試 'test' and *wan3 an1* 晚安 'good night'. Due to the positive emotion polarity of the events, the polarities of posts with negative *emotion-inducing* words turn into positive ones

Table 2. The Emotion Polarities of Collocation of Negative *Emotion-Inducing* Words

Negative emotion-inducing words	*kao3 shi4* 考試 'test'	*chi2 dao4* 遲到 'being late'	*ke3 lian2* 可憐 'poor'	*ya1 li4* 壓力 'pressure'	*gui3* 鬼 'ghost'	*li2 kai1* 離開 'leave'
First collocation	*xi1 wang4* 希望 'hope'	*se1 che1* 塞車 'traffic jam'	*ba4 ba4* 爸爸 'dad'	*jin4 du4* 進度 'Schedule'	*zuo4 meng4* 作夢 'dreaming'	*ren2 sheng1* 人生 'life'
Polarity	+	+	+	+	−	+
Second collocation	*ma1 ma1* 媽媽 'mom'	*shang4 ban1* 上班 'work'	*nan2 ren2* 男人 'man'	*ji1 yin1* 基因 'gene'	*tai2 wan1* 台灣 'Taiwan'	*kao3 shi4* 考試 'test'
Polarity	+	+	+	−	+	+
Third collocation	*xiao4 lu4* 效率 'efficiency'	*tong2 shi4* 同事 'colleague'	*ya2 tong4* 牙痛 'toothache'	*fan2 nao3* 煩惱 'trouble'	*chong3 wu4* 寵物 'pets'	*fan2 nao3* 煩惱 'trouble'
Polarity	+	+	−	−	−	+

5. Conclusion

Sentiment/Emotion analysis has been one of the most important fields in NLP and computational intelligence. Different machine learning algorithms coupled with different feature combinations are proposed and have gained great achievement. Nonetheless, it is still a formidable task due to the permanent-in-context properties and the covert way we process emotions. In this paper, we argue that a static word list of emotion-labeled information would not suffice. As a preliminary step, we conduct an exploratory multivariate analysis (PCA) based on the Plurk corpus, NTUSD and SSNRE, and find out that *emotion-describing* words such as some negation words, modal words and certain content words would affect the polarities of posts, regardless of the *emotion-inducing* words' polarities. That is, the polarities of posts are beyond expectation. Nevertheless, as an exploratory analysis, in the limited amount of data, the findings need deeper development and further research for more complete evidence.

The collocation information has been a widely used contextual cue in corpus-based syntactical-semantic analysis. However, in computational sentiment analysis, the use of collocation does not focus on investigating the implicit linguistic cues but on its explicit frequency values. Since this kind of underlying embedded linguistic features has been long neglected, these would only improve the accuracy of the sentiment detection, but also leverages a Chinese Emotion Lexicon that will be created in the future.

References

[1] T. Wilson, J. Wiebe, and P. Hoffmann, "Recognizing contextual polarity in phrase-level sentiment analysis," in *Proceedings of the conference on Human Language Technology and Empirical Methods in Natural Language Processing*, 2005, pp. 347-354.

[2] Y. Chen, S. Y. M. Lee, S. Li, and C.-R. Huang, "Emotion cause detection with linguistic constructions," in *Proceedings of the 23rd International Conference on Computational Linguistics*, 2010, pp. 179-187.

[3] S. Y. M. Lee, Y. Chen, S. Li, and C.-R. Huang, "Emotion Cause Events: Corpus Construction and Analysis," in *LREC*, 2010.

[4] S. Y. M. Lee, Y. Chen, and C.-R. Huang, "A text-driven rule-based system for emotion cause detection," in *Proceedings of the NAACL HLT 2010 Workshop on Computational Approaches to Analysis and Generation of Emotion in Text*, 2010, pp. 45-53.

[5] C. M. Cheng, H. C. Chen, and S.-L. Cho, " Affective words," *In A Study on Standard Stimuli and Normative Responses of Emotion in Taiwan,* 2012.

[6] "Standard Stimuli and Normative Responses of Emotions (SSNRE) in Taiwan," *Project website at http://ssnre.psy.ntu.edu.tw/,* 2012.

[7] L. F. Barrett, K. A. Lindquist, and M. Gendron, "Language as context for the perception of emotion," *Trends in cognitive sciences,* vol. 11, pp. 327-332, 2007.

[8] W. James, "II.—WHAT IS AN EMOTION?," *Mind,* pp. 188-205, 1884.

[9] B. de Spinoza, *The collected works of Spinoza* vol. 2: Princeton University Press, 1985.

[10] C. Darwin, "On the origins of species by means of natural selection," *London: Murray,* 1859.

[11] Z. Kövecses, *Metaphor and emotion: Language, culture, and body in human feeling*: Cambridge University Press, 2003.

[12] A. Wierzbicka, *Emotions across languages and cultures: Diversity and universals*: Cambridge University Press, 1999.

[13] J. H. Turner, "The Evolution of Emotions in Humans: A Darwinian–Durkheimian Analysis," *Journal for the theory of social behaviour,* vol. 26, pp. 1-33, 1996.

[14] A. Ortony, *The cognitive structure of emotions*: Cambridge university press, 1990.

[15] R. W. Picard, *Affective computing*: MIT press, 2000.

[16] P. Ekman, "Expression and the nature of emotion," *Approaches to emotion,* vol. 3, pp. 19-344, 1984.

[17] R. Plutchik, *Emotion: A psychoevolutionary synthesis*: Harper & Row New York, 1980.

[18] J. H. Turner, *On the origins of human emotions: A sociological inquiry into the evolution of human affect*: Stanford University Press Stanford, CA, 2000.

[19] S. M. Mohammad and P. D. Turney, "Emotions evoked by common words and phrases: Using Mechanical Turk to create an emotion lexicon," in *Proceedings of the NAACL HLT 2010 Workshop on Computational Approaches to Analysis and Generation of Emotion in Text*, 2010, pp. 26-34.

[20] C. Callison-Burch, "Fast, cheap, and creative: evaluating translation quality using Amazon's Mechanical Turk," in *Proceedings of the 2009 Conference on Empirical Methods in Natural Language Processing: Volume 1-Volume 1*, 2009, pp. 286-295.

[21] R. Snow, B. O'Connor, D. Jurafsky, and A. Y. Ng, "Cheap and fast---but is it good?: evaluating non-expert annotations for natural language tasks," in *Proceedings of the conference on empirical methods in natural language processing*, 2008, pp. 254-263.

[22] S. M. Mohammad and P. D. Turney, "Crowdsourcing a word–emotion association lexicon," *Computational Intelligence,* 2012.

[23] L. Talmy, *Toward a cognitive semantics, Vol. 1: Concept structuring systems*: The MIT Press, 2000.

[24] L. W. Ku and H. H. Chen, "Mining opinions from the Web: Beyond relevance retrieval," *Journal of the American Society for Information Science and Technology,* vol. 58, pp. 1838-1850, 2007.

[25] 孫瑛澤, 陳建良, 劉峻杰, 劉昭麟, and 蘇豐文, "中文短句之情緒分類."

[26] M.-Y. Chen, H.-N. Lin, C.-A. Shih, Y.-C. Hsu, P.-Y. Hsu, and S.-K. Hsieh, "Classifying mood in plurks," in *ROCLING*, 2010.

[27] J. Sinclair, *Corpus, concordance, collocation*: Oxford University Press, 1991.

Observing Features of PTT Neologisms:

A Corpus-driven Study with N-gram Model

Tsun-Jui Liu
Graduate Institute of Linguistics
National Taiwan University
r99142008@ntu.edu.tw

Shu-Kai Hsieh
Graduate Institute of Linguistics
National Taiwan University
shukaihsieh@ntu.edu.tw

Laurent PREVOT
Laboratoire Parole et Langage
Université Aix-Marseille
laurent.prevot@lpl-aix.fr

Abstract

PTT (批踢踢) is one of the largest web forums in Taiwan. In the last few years, its importance has been growing rapidly because it has been widely mentioned by most of the mainstream media. It is observed that its influence reflects not only on the society but also on the language novel use in Taiwan. In this research, a pipeline processing system in Python was developed to collect the data from PTT, and the n-gram model with proposed linguistic filter are adopted with the attempt to capture two-character neologisms emerged in PTT. Evaluation task with 25 subjects was conducted against the system's performance with the calculation of Fleiss' kappa measure. Linguistic discussion as well as the comparison with time series analysis of frequency data are provided. It is hoped that the detection of neologisms in PTT can be improved by observing the features, which may even facilitate the prediction of the neologisms in the future.

Keywords: **PTT, Neologisms, n-gram, Fleiss' kappa, Time series analysis**

1. Introduction

A neologism in general refers to "a newly coined term, word, or phrase, that may be in the process of entering common use, but has not yet been accepted into mainstream language" (Levchenko, 2010)[1]. It is closely related to the *unknown words* or *out-of-vocabulary* in the field of Speech and Natural Language Processing, but with the nuance that the latter is often formally defined by its non-existence in a given vocabulary repository. With the emergence of voluminous data on the web and fast-developing technologies, never before has our world been facing with such an overwhelming mass of neologisms. Therefore, the description and

[1] As cited by wiki at http://en.wikipedia.org/wiki/Neologism#cite_ref-1

detection of neologism has become an important research topic in the recent years.

In this paper, we aim to begin with a corpus-driven approach in exploring the linguistic features of Chinese neologisms. We use PTT as our corpus data. As widely known, PTT is one of the largest web forums in Taiwan that contain users from various backgrounds and ages. In these years, its importance has been growing rapidly because it has been widely mentioned by most of the mainstream media in Taiwan. As Magistry (2012) suggested, "PTT should be seen as an extension of the modern society in Taiwan." This implies that PTT has great influence not only on the society but also the novel language use in Taiwan, which motives this research to exploit PTT as data source.

Section 2 explains the pipeline framework developed for data crawling and pre-processing, and the lexicon and filter for capturing two-character neologisms in PTT. Section 3 introduces the methodological part, where the rationale of our proposed 'diachronic n-gram model' is introduced and classification results are shown. Section 4 provides the discussion on the evaluation task as well as explanation from linguistic perspective. A time series analysis on the extracted diachronic n-gram data is conducted for further investigation. Section 5 concludes this paper.

2. Corpus Data

2.1. PTT

PTT (批踢踢)[2], founded in 1999, is a terminal-based bulletin board system (BBS) based in Taiwan. It is a non-profit, free and open online community, and it is claimed to be one of the largest BBS sites in the world. PTT contains over 20,000 discussion boards with more than 1.5 million registered users, and over 10,000 articles are posted every day. The screenshot of PTT is shown in Figure 1.

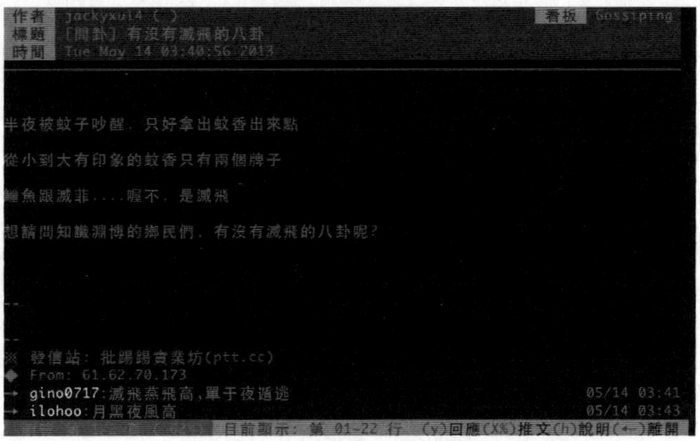

Figure 1. Screenshot of PTT

The data are collected from 2005 to 2012 from three major boards on PTT, which are Gossiping (八卦版), joke (就可版) and StupidClown (笨版). Figure 2 shows the number of tokens in the corpus per year, and Table 1 provides some basic meta-information

[2] telnet://ptt.cc

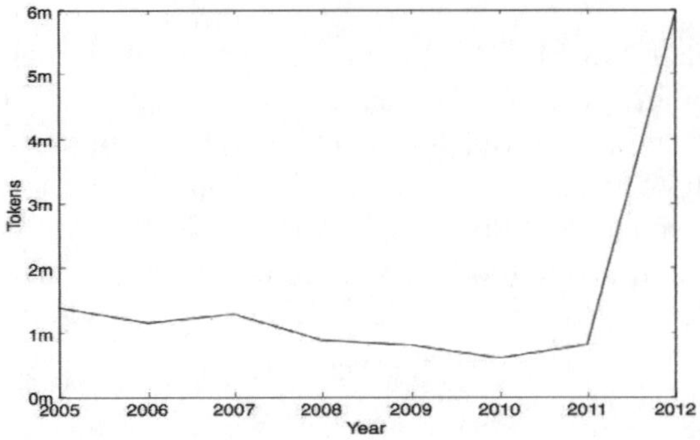

Figure 2. Number of tokens in the corpus per year from 2005 to 2012

Table 1. PTT Corpus

Boards	Gossiping(八卦版), joke (就可版), StupidClown (笨版)
Years	2005 – 2012
Posts	33,450
Authors	17,031
Tokens	14,285,768
Types	7,010
Bigrams	785,494

2.2. Lexicon

In this research, the lexicon was used for filtering out existed words. It is comprised of The Revised Chinese Dictionary (教育部重編國語辭典修訂本, TRCD)[3] and Taiwan Spoken Mandarin Wordlist (中研院漢語口語語料庫詞頻表, TSMW)[4]. TRCD was compiled by Ministry of Education with 139,401 words and expressions, and TSMW was collected by Academia Sinica with 16,683 entries. Since two-character words are dominant in modern Chinese, as a first step, only two-character words will be chosen.

Table 2. Lexicon

	TRCD	TSMW
Entries	159,401	16,683
Two-character word	86,907	10,198

Two-character words in total: 89,118

2.3. Data pre-processing

We have developed a pipeline framework for the corpus-driven analysis. A crawler module

[3] http://dict.revised.moe.edu.tw/

[4] http://mmc.sinica.edu.tw/resources_c_01.htm

collects the textual data and meta-information from the PTT; a cleaner module removes the unnecessary information of the retrieved raw data; an n-gram module creates bigram candidates and compares them with the lexicon; and finally a linguistic module filters out some noisy data via encodes heuristic rules[5]. The resulting bigrams are thus divided into three basic categories: *words, nonwords* and *potential neologisms*. The main steps can be listed as follows and illustrated in Figure 3:

Step 1. Transforming all the tokens into bigrams

Step 2. Exploiting the lexicon to exclude existed words from out-of-vocabulary (OOV)

Step 3. Linguistics rules were applied to separate OOV into nonwords and potential neologisms

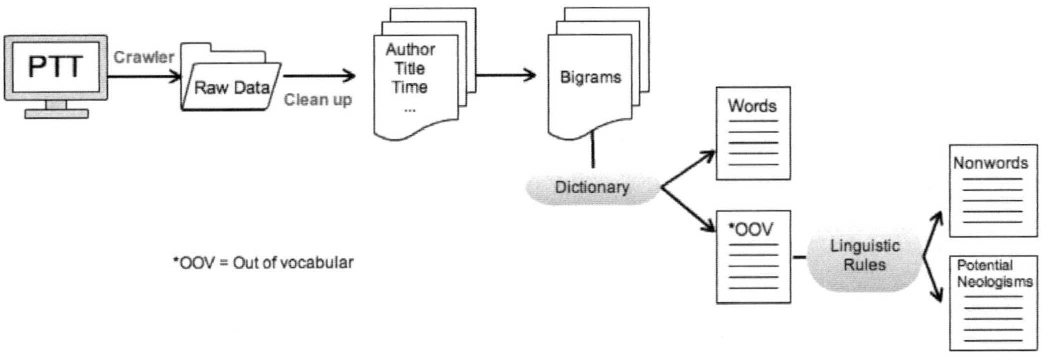

Figure 3. Data processing flowchart

3. Methodology

Most previous works on unknown word / OOV extraction exploited complicated morphological rules and various machine learning techniques (Chen and Ma, 2002). In order to utilize the contextual information, as much linguistic resource (such as syntax, semantics, morphology and world knowledge) as possible were explored. It is worth mentioning that why the (naive) n-gram model is adopted in this study.

3.1. *N*-gram in Diachronic Contexts

An *n*-gram is a contiguous sequence of *n* items from a given sequence of text. In Mandarin Chinese, the items correspond to individual characters. The *n*-grams of size 2, viz. *bigrams*, will be the major focus in this research. A bigram is a sequence of two adjacent elements in a

[5] Linguistic rules are used to exclude bigrams with function words or affixes, such as pronouns, particles and aspects. See Li and Thompson (1989).

string of tokens. For example, there are five bigrams in *今天天氣很好*, which are *今天*, *天天*, *天氣*, *氣很* and *很好*. In this paper, we further propose a notion of 'diachronic n-gram' by leveraging diachronic frequency data in PTT, whose advantages can be explicated by the following points:

First, this model does not have to presume a word segmentator. The reason why prominent segmentation system such as CKIP[8] was not used to segmentate words is that language used on PTT contains too many fragments, novel linguistic forms, jargons and slangs, causing the low accuracy of the performance. Take the following sentences as an example. Sentence (1) is a sentence extracted from the data, and sentence (2) is the segmentation result by CKIP.

(1) 小妹想請問各位批踢踢帥宅宅葛格們

(2) 小妹/想/請問/各/位/批/踢踢/帥宅宅葛格們

As we can see, the result of segmentation is out of satisfactory. Stenetorp (2010) suggested "[...] an exclusion error is not recoverable and likely to make users unable to observe a certain neologism we might be forced to tolerate a high degree of noise." To reduce the risk of losing any potential neologism, segmentator was not exploited in this research.

Secondly, an n-gram model equipped with diachronic information would arouse echoes in current theoretical development in linguistics. *Frequency effect* has been widely recognized in cognitive linguistics, and recent functional linguistic studies also justify the frequency as a determinant in lexical diffusion and changes (Bybee, 2007). A usage-based perspective on language also argues that language as a complex adaptive system is to be viewed as emergent from the repeated application of underlying process, rather than given a priori or by design (Hopper, 1987). Instead of rule-based normalization, modeling lexical change with empirical data support could also bypass the thorny *wordhood* issue in Chinese. In addition, time series statistical analysis and other distributional models can bring their contribution in this scenario too.

3.2. Classification

Based on the considerations and framework mentioned above, the data was categorized into words, nonwords and potential neologisms, whose frequency data are plotted as in Figure 4.

In Figure 4, x-axis represents different time periods, which starts from 2005 to 2012, and y-axis represents the frequency of bigrams. Each curves stands for an individual bigram, and the total number of the bigrams are listed in the upper-left corner of each plot. (For example,

[8] Chinese Knowledge and Information Processing (CKIP) is a Chinese word segmentation system developed by Academia Sinica.

there are 2,836 bigrams in the category *words*.)

Generally, a first look at the data shows that the overall frequency of *words* is higher than *nonwords* and *potential neologisms,* and the frequency of *potential neologisms* is slightly lower than *nonwords*.

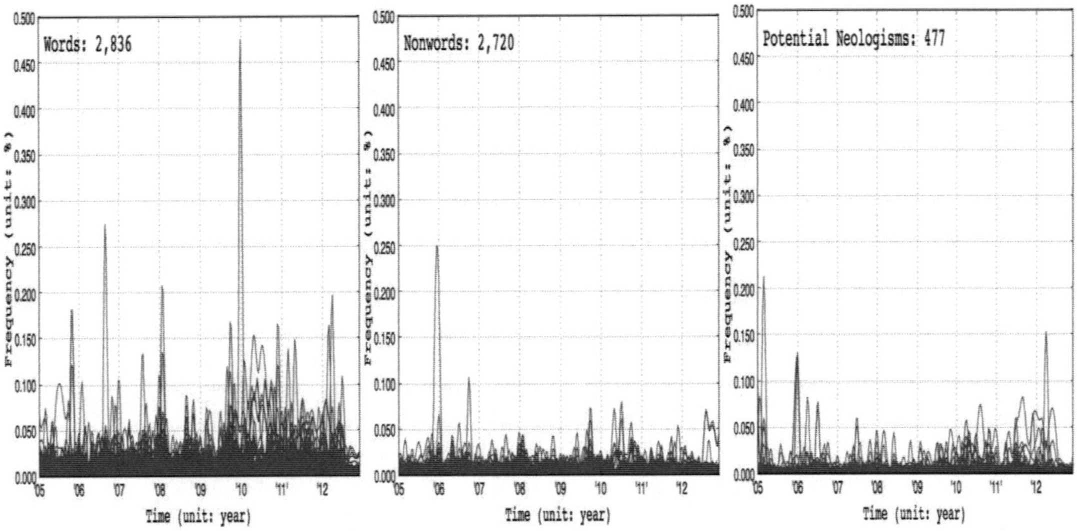

Figure 4. Plots of words, nonwords and potential neologisms

4. Evaluation and Discussions

4.1. Human Judgment Experiment

In order to evaluate the classification performance, the results were manually annotated, and measured with Fleiss' kappa (1971), a statistical measure of inter-rater reliability. The equation is shown as the following:

$$\kappa\ (Fleiss'kappa) = \frac{\overline{P} - \overline{P}_e}{1 - \overline{P}_e}$$

The score of Fleiss' kappa is $\overline{P} - \overline{P}_e$, the degree of agreement actually achieved above chance, divided by $1 - \overline{P}_e$, the degree of agreement that is attainable above chance. It can be interpreted as expressing the extent to which the observed amount of agreement among raters exceeds what would be expected if all raters made their ratings completely randomly.

In this annotation task, 25 raters (*n*) were assigned 75 bigrams (*N*, which were selected from each category randomly and equally) into three categories (*k*, i.e., words, nonwords, potential neologisms) according to the following definitions:

(1) Words: bigrams that are stable or already exist in current language use.

(2) Nonwords: bigrams that are unstable, does not exist, or being used only by a very small subculture.

(3) Potential Neologisms: bigrams that have reached a significant audience, but probably not yet have gained lasting acceptance.

The result shows that the score of Fleiss' kappa is 0.54, which indicates “moderate agreement” (Landis and Koch, 1977).

4.2. Discussions

In this section, the characteristics of the neologisms and the inconsistency between the system’s judgment and the rates’ judgment will be discussed.

For the raters’ judgment, a bigram will be recognized as a neologism if more than half of the raters have the same agreement on it. The results are categorized under Hsu’s (1999) classification, which are shown in Table 3.

Table 3. Neologism Classification (Hsu, 1999)

Native neologisms	自刪 笨點 搞笑 筆電 科大 高鐵
Loan words	馬克
Dialectal words	唬爛 白目 豪洨
Trendy words	阿罵

First, as it can be seen, *native neologisms* are in the majority of neologisms. According to Hsu, *native neologisms* appear when there is a lexical gap, and they are born without any effect from other foreign language. Second, Min Nan provides the major source of *dialectal neologism*. This shows that Min Nan has the higher prestige in Taiwanese dialects, which is also in accordance to Hsu’s proposal. It is interesting that most of the *dialectal neologisms* seem to have negative meanings, but more evidence should be provided to support this observation, which will be included the future research. Third, abbreviation words such as *筆電* and *科大* forms the major source of *native neologisms,* which corresponds to Hsu’s proposal as well. Fourth, *阿罵* is categorized as a *trendy word* since it is a play on words. That is to say, *阿罵* [a ma4] has the same pronunciation with *阿嬤* [a ma4], which is an existed word in Taiwanese Mandarin.

As mentioned earlier, 25 bigrams were randomly selected from the category *potential neologisms*. In the result, it is observed that only parts of them are rated as neologisms, and some of the bigrams originally selected from *words* and *nonwords* are rated as neologisms as well. Table 4 shows the inconsistency between the system’s judgment and raters’ judgment. Also, the last column indicates the numbers of bigrams’ occurrences in newspaper[9], which is used to show the relationship between the public news and neologisms.

[9] Newspapers are comprised of 聯合報, 經濟日報, 民生報, 聯合晚報 and Upaper with 11,230,842 articles, which are collected by United Daily News. See http://udndata.com/ndapp/Detail.

According to the number of people with agreement, we can see that *dialectal words* tend to have higher *newness* (the degree of how new a word is), showing that *dialectal words* play an important role in the input of neologisms of Taiwanese Mandarin. Second, it is shown that the higher the *newness* of a bigram, the less frequent it will appear in the public newspapers, which reflects that the more stable a bigram is, the more it will be recognized as a formal word. For example, *白目* has the lower occurrence than *科大* in the public newspapers because it has the higher newness.

Table 4. Neologisms according to raters' judgment

Bigrams	System's judgment	Number of people with agreement	Number of occurrence in newspapers
唬爛	Potential neologisms	21	127
白目		17	787
自刪		17	37
豪洨		15	6
笨點		11	3
筆電		11	13214
科大		10	17847
搞笑	Words	15	6829
高鐵		12	19893
馬克		11	4909
阿罵	Nonwords	12	2

From the statistic perspective, time series analysis also shows the similar correspondence with our prediction. The time series of the frequency data appears is *non-seasonal*, and can be probably described by using an additive model. We use Holt Winters exponential smoothing method to make short term forecast for the 4 words in the three categories. Figure 5 shows the illustrative plots for 阿罵 (nonword), 筆電 (potential neologism), 高鐵 (word), 小鬼 (word) with parameter alpha of (0.369, 0.2328, 0.0088, 0.1933) respectively. The predictive model gives us the forecast for the year 2013 (plotted as a blue line), an 80% prediction interval for the forecast (plotted as a purple shaded area,), and the 95% prediction interval as a gray shaded area.

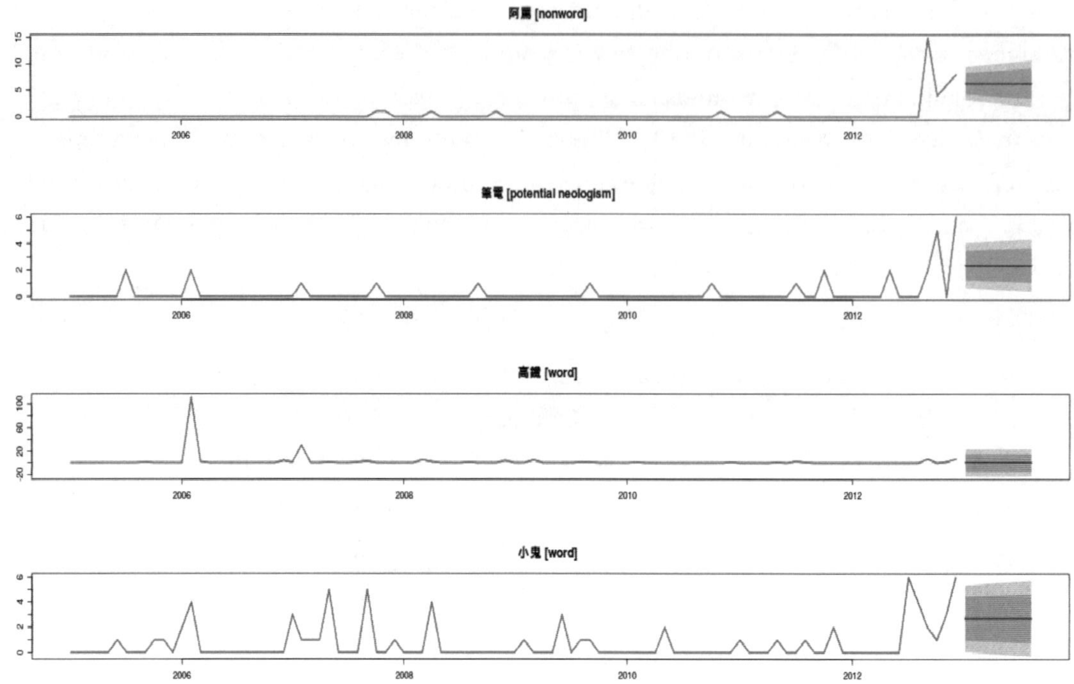

Figure 5. The time series of the frequency data

Although the overall frequency of 筆電 is low, its occurrence is relatively stable. The figure shows that it has a higher probability of being a neologism. According to this observation, we suggest that a bigram with low frequency and high stability has a higher chance of being a neologism.

In terms of the distribution, we can divide *words* into two patterns. Take *小鬼* and *高鐵* for example. The former one has peaks with high frequency during its development, which implies that it has a higher stability of being a word. The latter one has a significant peak at the beginning, and then it starts decreasing gradually. In fact, *高鐵* (Taiwan High Speed Rail) was a popular issue since late 2005 after the construction was formally announced by the government, but the topic was out of focus year after year. This reflects that public issues sometimes can dominate the occurrence of a potential neologism, and also implies that the difficulty of detecting a potential neologisms not only due to its low frequency but also due to some extralingusitics factors.

5. Conclusion

In this research, we have built a diachronic corpus of PTT from 2005 to 2012., neologisms are detected by a proposed 'diachronic n-gram model' inspired by functional linguistics, and an experiment of human judgment was conducted among 25 raters. The score of the inter-rater agreement measured by Fleiss' kappa is 0.54, which indicates the moderate agreement. The characteristics of the neologisms and the inconsistency between the system's judgment and the raters' judgment are then discussed in an attempt to improve the detection of neologisms in PTT. Comparison with newly released Google book n-gram data will be conducted in the future study, which would facilitate the prediction and deeper understanding of neologisms.

References

[1] P. Magistry, "PTT 批踢踢 as a corpus," presented at the annual meeting of the European Association of Taiwan Studies, Sønderborg, 2012.

[2] K.-J. Chen and W.-Y. Ma, "Unknown word extraction for Chinese documents," in *Proceedings of the 19th international conference on Computational linguistics-Volume 1*, 2002, pp. 1-7.

[3] C. N. Li and S. A. Thompson, *Mandarin Chinese: A functional reference grammar*: University of California Pr, 1989.

[4] P. Stenetorp, *Automated extraction of swedish neologisms using a temporally annotated corpus*: Skolan för datavetenskap och kommunikation, Kungliga Tekniska högskolan, 2010.

[5] J. Bybee, *Frequency of Use and the Organization of Language*: Oxford University Press, 2007.

[6] P. Hopper, "Emergent grammar," *Berkeley Linguistics Conference (BLS),* vol. 13, pp. 139-157, 1987.

[7] J. L. Fleiss, "Measuring nominal scale agreement among many raters," *Psychological bulletin,* vol. 76, p. 378, 1971.

[8] J. R. Landis and G. G. Koch, "The measurement of observer agreement for categorical data," *biometrics,* pp. 159-174, 1977.

[9] 許斐絢, "台灣當代國語新詞探微," *臺灣師範大學華語文教學研究所學位論文,* 1999.

Variability in vowel formant frequencies of children with cerebral palsy

Li-mei Chen
Department of Foreign Languages and Literature, National Cheng Kung University
leemay@mail.ncku.edu.tw

Yung-Chieh Lin
Department of Pediatrics, National Cheng Kung University

Wei Chen Hsu and Fang-hsin Liao

Department of Foreign Languages and Literature, National Cheng Kung University

摘要

腦性麻痺為發展性運動神經障礙，而研究腦性麻痺語言特徵及其發展模式對於幼童早期語言發展的了解相當重要。母音在初期語言發展就已出現並且是了解語音聲學特性的關鍵。本研究旨在檢視五位腦性麻痺嚴重程度不同以及年齡層介於三到七歲的腦性麻痺幼童之母音共振峰頻率的差異。測量 F1 和 F2 的變化、母音空間分佈、母音空間面積。本研究結果顯示：1)三歲到七歲之間沒有發現 F2 明顯的下降；2) 母音橢圓形軌跡都有明顯的重疊；3)母音分佈沒有顯著的擴張，研究結果顯示這五位腦性麻痺小朋友有語言運動神經不協調和發音發展遲緩的情形。
關鍵字: 母音共振峰頻率、母音空間、腦性麻痺、學習國語幼童

Abstract

Cerebral palsy (CP) is a developmental motor disorder and the study of the speech characteristics and developmental speech patterns may provide valuable information on early speech development. Vowels appear early in speech development and they are central to the understanding of the acoustic properties of speech. Therefore, the current study aimed to examine the differences of vowel formant frequencies among five children with cerebral palsy in different severity ranging from ages 3 to 7. First and second vowel formants (F1 and F2) were measured to investigate: 1) the changes of the F1 and F2 values, 2) vowel space, and 3) the vowel space area in CP children of different ages and severity. The major findings are: 1) There was no obvious decline in F2 values from 3 to 7 years old, which indicated delayed speech development; 2) The overlapping ellipses of all vowel spaces illustrated unstable motor control in all the five children; and 3) The five CP children had centralized corner vowels and there was no expansion of vowel spaces at different ages. This indicated their limited motor control.

Keywords: vowel formant frequencies, vowel space, cerebral palsy, Mandarin-speaking children

1. Introduction

Cerebral palsy is regarded as the most common cause of severe motor disability in children who are attributed to non-progressive disturbances that occurred in the developing infant brain [1]. Estimation from several different developed countries reported that 1.2-3.0 per 1000 children were diagnosed with cerebral palsy [2][3]. Vowels are central to the understanding of the acoustic properties for speech, and vowels appear early in speech development. Children achieve high degree of accuracy in producing vowels by the age of 36 months [4]. Therefore, the current study focused on vowel acoustical characteristics in five CP children of different ages.

2.Methodology

2.1.The participants

Five children with cerebral palsy participated in current study for investigating the differences of vowel formant in their speech production. General background information is described as follows.

Table 1. CP participants

	Gender	Age (in year; month, day)	Severity of Impairment	CFCS
CP1	Male	2;5,13	Moderate	Level II which distributed that the child is effective message sender/receiver with both unfamiliar and familiar communication partners but in a slow path
CP2	Male	2;9,16	Most Severe	Level IV which indicated that the child seldom effective message sender/receiver even with familiar partners
CP3	Male	3;11,6	Moderate	Between level IV (Self-Mobility with Limitations; May Use Powered Mobility) in between 4th and 6th birthday.
CP4	Male	4;11,16	Severe	Between level III and IV
CP5	Male	6;5,14	Severe	Between level IV (Self-Mobility with Limitations; May Use Powered Mobility) in between 4th and 6th birthday.

Five participants were observed individually by the Communication Function Classification System (CFCS) [5] as shown in Table 1. CP2 child, in 33 months, was diagnosed with hydrocephalus which caused severe brain damage and speech disorder.

2. 2 Data collection and analysis

A 50-minute recording from each child was analyzed, except for CP2. Due to very limited speech data from CP2, two recordings were used. The recordings were made in a quiet classroom with no noise disturbance (CP1) and the participant's home (CP2, CP3, CP4, and CP5) with quiet environment and fewer disturbances. TASCAM DR-100 recorders with a SHURE wireless microphone system were used for data collection. The acoustic analysis was based on the 50-minute recordings which includes picture-naming task, and spontaneous conversation between the observer, the child and the mother.

Every word in picture-naming task was transcribed. The first and the second formant frequencies (F1 and F2) of vowels were measured with time-frequency analysis, TF32 (Milenkovic, 2002) with reference to Linear Prediction Coefficient (LPC) and Fast Fourier Transformation (FFT). Vowel space was drawn to suggest the stability of vowels uttered by children with CP of different levels of severity. Furthermore, the corner vowel space areas were calculated with the vowels (/i, a, u/).

3.Results and discussion

3.1. Vowel formant frequencies

The value of F1 and F2 in vowels /i/, /e/, /u/, /a/, / ə/ and /o/ were analyzed for each child. The descriptive data for F1 and F2 values of all the 5 children is shown in Table 2. The values of F1 and F2 did not appear obvious differences in children with different ages. However, CP2 had very limited data on the vowel /u/ due to the severe brain damage. He could not successfully produce single word but limited sounds.

Table 2. Mean and standard deviation (in parentheses) of F1 and F2 values

Vowels	/ɪ/		/ɛ/		/ʊ/		/a/		/ə/		/o/	
CP	F1	F2	F1	F2	F1	F2	F1	F2	F1	F2	F1	F2
CP1	559.5	3484.5	666.5	2713	594	1160	1059	2066	683	1589	817	1387
2;5,13	(78.9)	(375)	(216)	(704)	(118)	(281)	(258)	(414)	(174)	(366)	(178)	(237)
CP2	668	2627	779	2048	650	1297	1078	1935	681	1040	907	1422
2;9,16	(69)	(127)	(126)	(711)	(0)	(0)	(301)	(527)	(160)	(377)	(116)	(143)
CP3	610	3265	754	2709	676	1259	989	2222	814	2184	813	1594
3;11,6	(103)	(309)	(101)	(451)	(108)	(533)	(160)	(272)	(129)	(555)	(58)	(238)
CP4	479	3580	731	2888	555	1161	1008	1810	817	1766	666	1294
4;11,16	(67)	(183)	(166)	(494)	(103)	(251)	(163)	(283)	(115)	(209)	(136)	(243)
CP5	602	3065	770	2355	648	1252	765	1473	1118	1825	712	1790
6;5,14	(100)	(475)	(180)	(769)	(189)	(537)	(175)	(331)	(326)	(538)	(198)	(604)

Table 2 shows the mean and standard deviation of F1 and F2 of the main vowels produced by each child. Although there was no obvious difference among the severity groups as comparing the F1 and F2 values, CP4 (severe) tended to have lower F1 value in vowels /i/ and /o/, and CP2 (most severe) showed lower F2 value in vowels /i/, /e/ and / ə/.

Table 3. Mean and standard deviation (in parentheses) of F1 and F2 (sorted by severity)

Vowels	/ɪ/		/ɛ/		/ʊ/		/a/		/ə/		/o/	
CP	F1	F2	F1	F2	F1	F2	F1	F2	F1	F2	F1	F2
Moderate	559.5	3484.5	666.5	2713	594	1160	1059	2066	683	1589	817	1387
CP1	(78.9)	(375)	(216)	(704)	(118)	(281)	(258)	(414)	(174)	(366)	(178)	(237)
Moderate	610	3265	754	2709	676	1259	989	2222	814	2184	813	1594
CP3	(103)	(309)	(101)	(451)	(108)	(533)	(160)	(272)	(129)	(555)	(58)	(238)
Mean	**584**	**3374**	**710**	**2711**	**635**	**1209**	**1024**	**2144**	**748**	**1886**	**815**	**1490**
Severe	668	2627	779	2048	650	1297	1078	1935	681	1040	907	1422
CP2	(69)	(127)	(126)	(711)			(301)	(527)	(160)	(377)	(116)	(143)
Severe	479	3580	731	2888	555	1161	1008	1810	817	1766	666	1294
CP4	(67)	(183)	(166)	(494)	(103)	(251)	(163)	(283)	(115)	(209)	(136)	(243)
Severe	602	3065	770	2355	648	1252	765	1473	1118	1825	712	1790
CP5	(100)	(475)	(180)	(769)	(189)	(537)	(175)	(331)	(326)	(538)	(198)	(604)
Mean	**583**	**3090**	**760**	**2430**	**617**	**1236**	**950**	**1739**	**872**	**1543**	**761**	**1502**

The frequency of occurrence of each vowel is described in Table 3 which indicated that vowel /i/ and /a/ appeared more frequently than other vowels since the age of 2. Data from

CP2 (severe) showed the opposite outcome in which vowels /i/ and /a/ appeared only 14% (6%+8%) and vowels /o/ and /ə/ appeared 77% (39%+38%). This may due to the limited spontaneous speech production that the child produced.

Table 4. The frequency of occurrence of each vowel

	/ɪ/	/ɛ/	/ʊ/	/a/	/o/	/ə/
CP1 (2;5,13)	25%	7%	16%	24%	14%	14%
CP2 (2;9,16)	6%	8%	1%	8%	39%	38%
CP3 (3;11,6)	23%	8%	12%	26%	15%	16%
CP4 (4;11,16)	24%	9%	7%	26%	21%	13%
CP5 (6;5,14)	22%	15%	16%	11%	25%	12%

3.2. Overall vowel space

The vowel space for all vowels is illustrated in the following figures. Figure 1 shows that the child at 29 months had not yet developed mature vowel production. The ellipses of vowel space were overlapping and centralized. CP2 had very unstable vowel production in which the ellipses are large. That is, the range of individual vowel was big. The vowel space for CP3 showed overlapping ellipses, which also indicated unstable vowel production. Even in the oldest child (6 years and 5 months of age) in this study, the production of vowels still appeared to be immature.

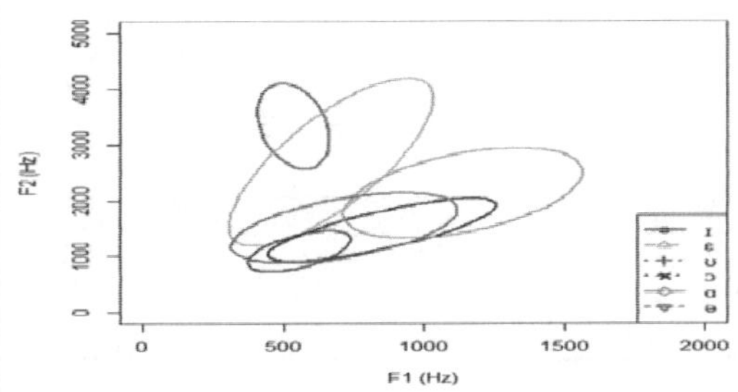

CP1 (2;5,13)

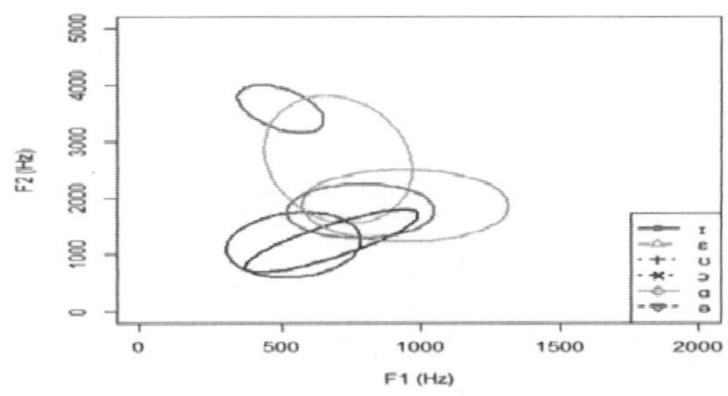

CP4 (4;11,16)

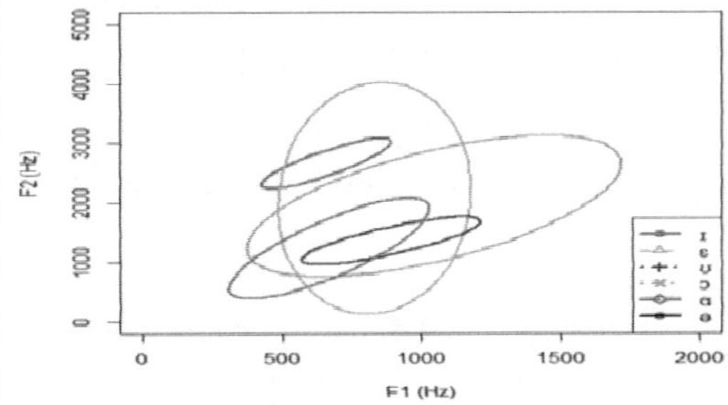

CP2 (2;9,16)

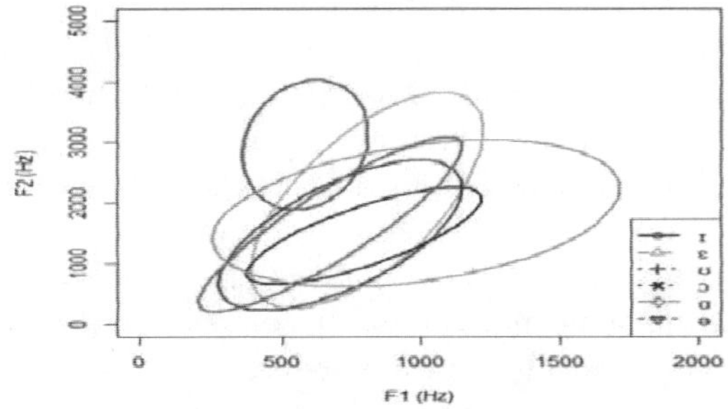

CP5 (6;5,14)

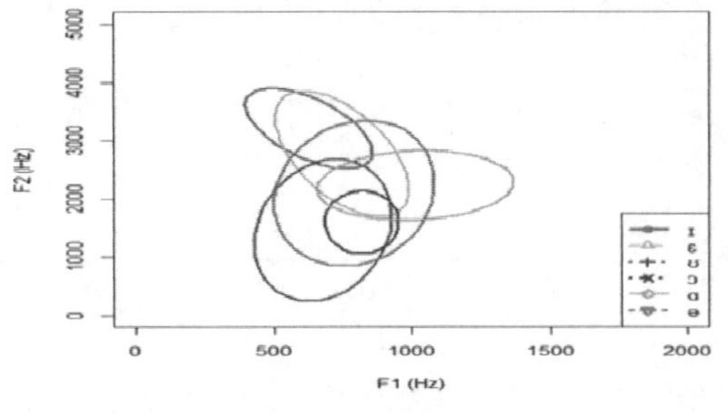

CP3 (3;11,6)

Figure 1. Vowel space of individual vowels

The vowel space above indicated the unstable vowel production by CP children in different ages. Table 5 displays the range of F1 and F2 values, and the data showed that CP1 had a very unstable F2 value in vowel /i/. CP2 had the smallest range of F2 in vowel /o/ even though CP2 was the most severe child with brain injury. The descriptive data also indicated that CP5 (77 months) had very unstable motor ability in which the range of F2 values of vowel /i/ was very large (from 940Hz to 3446Hz).

Table 5. Range of F1 and F2 values

		/ɪ/		/ɛ/		/ʊ/		/a/		/o/		/ə/	
CP		F1	F2	F1	F2	F1	F2	F1	F2	F1	F2	F1	F2
CP1	Min	423	2281	439	1382	431	867	563	1551	521	1246	472	864
2;5,13	Max	687	3788	905	3271	740	1375	1412	2715	1244	2240	953	2023
CP2	Min	563	2546	724	1206	650	1297	381	1030	730	1167	469	747
2;9,16	Max	727	2843	1030	2835			1677	2851	1037	1508	959	2325
CP3	Min	437	2583	559	2119	563	1130	740	1767	728	1207	515	909
3;11,6	Max	788	3832	943	3711	1000	3058	1278	2930	953	2103	1028	2885
CP4	Min	385	3230	384	1288	338	850	649	1423	468	812	597	1423
4;11,16	Max	611	4008	876	3272	723	1767	1204	2542	946	1638	1030	2409
CP5	Min	335	940	571	890	555	1037	430	1031	477	951	334	642
6;5,14	Max	816	3446	1166	2847	1169	2881	1426	3185	1122	2119	905	2329

3.3. Vowels area

The scatter plots in Figure 2 illustrate the distribution of the three corner vowels (i.e., /i/, /u/ and /a/) for each child. The blue dots represent the vowel /a/ and its range is scattered apart which indicates the instability in producing vowel /a/ for each child in this study. The lines were drawn to illustrate the changes of vowel space areas in different ages and severity. Previous studies indicated that children tend to have smaller vowel space in early age, and later expand a little when the children are older, then become more centralized. The broader vowel space at early stages corresponds to the increased variability of vowel formants which might be due to immature motor control [6][7]. After acquiring more mature motor control for vowel production, the decreased variability of vowel formants leads to the reduction of F1-F2 space at later stage. However, the current study did not discover obvious change of vowel space in different ages. In this current study, CP1 had larger corner vowel space than CP3 due to age difference. CP2, with severe dysarthria, tended to have very scattered corner vowels distribution due to the difficulty of motor control.

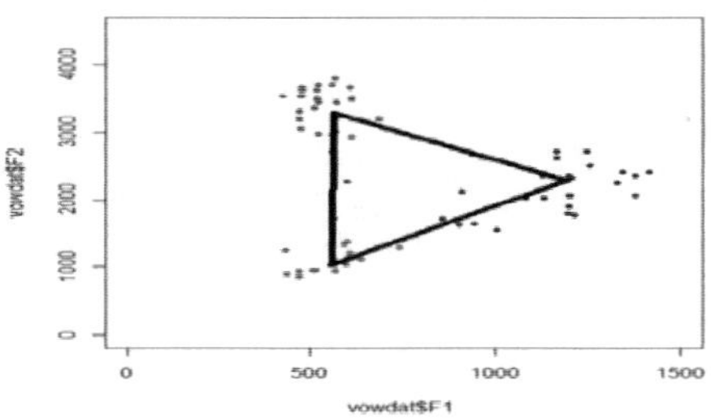

CP1 (2;5,13, moderate)

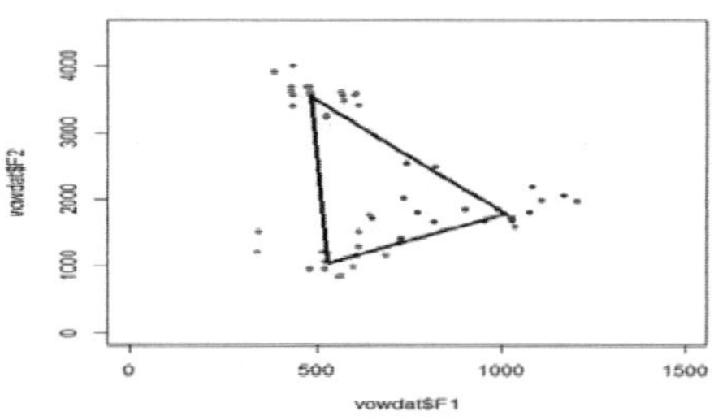

CP4 (4;11,16, severe)

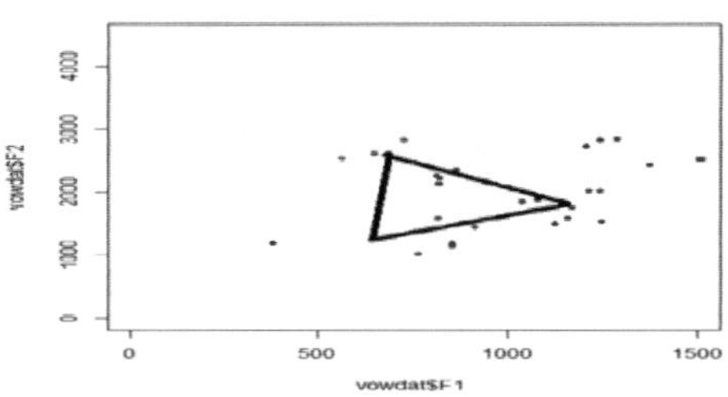

CP2 (2;9,16, Most severe)

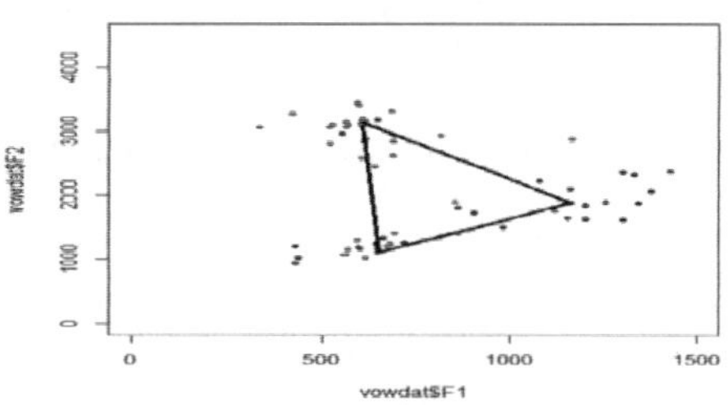

CP5 (6;5,14, Severe)

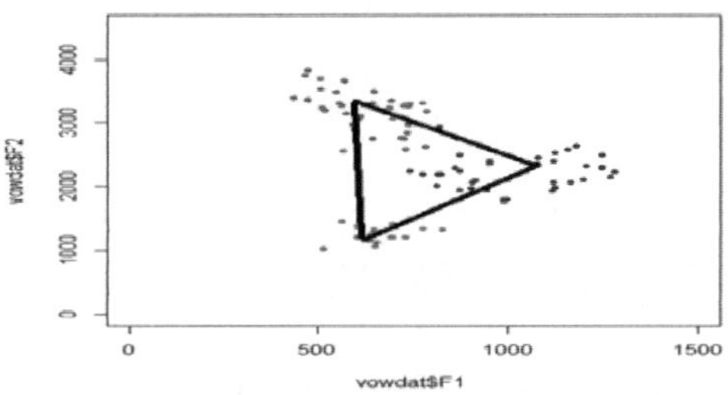

CP3 (3;11,6, moderate)

Figure 2. Overall vowel areas

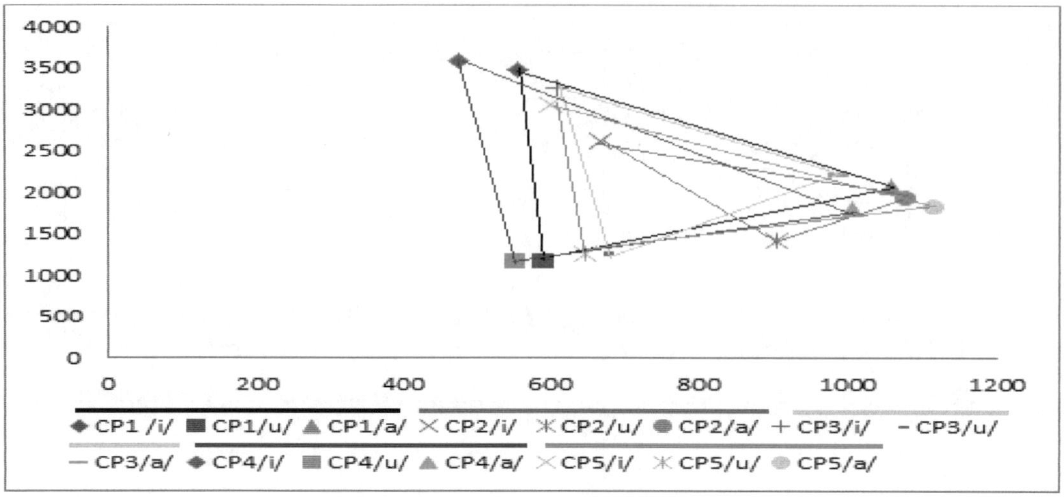

Figure 3. Vowel space for all participants. CP1 (black); CP2 (red); CP3 (yellow); CP4 (blue) and CP5 (green)

The vowel space with three corner vowels produced by the 5 children with different ages revealed no obvious trend of expansion or concentration of vowel spaces. However, the results indicated that, first, the major difference among participants appeared on F1 formant values, especially for vowel /i/ and /u/. Second, vowel /a/ appeared to be stable with no obvious changes by severity and age differences. Table 6 shows the corner vowel space area for each child. The results indicated that the vowel space tended to be larger in early ages, and then became smaller in older ages.

Table 6. Corner vowel space area (Hz^2)

	CP1	CP2	CP3	CP4	CP5
Severity	Moderate	Severe	Moderate	Severe	Severe
Age	2;5,13	2;9,16	3;11,6	4;11,16	6;5,14
Area	556655 Hz^2	278985 Hz^2	345718 Hz^2	572422 Hz^2	439234 Hz^2

Previous study of children's developmental changes in vowel production suggested that typically-developing children tended to have high F2 values in vowel /i/ at age 1 and decreased by process of age [8]. The result in current study showed that the F2 value of vowel /i/ in CP1 (29 months) had reached up to 3000 Hz. However, the F2 values of vowel /i/ did not decline with the process of age. CP4 appeared to have more than 3000 Hz of F2 values in vowel /i/ at age of 4. The data in the current study indicated unstable development in vowel production in terms of age difference in respect of F1 and F2 values. The findings are similar to the description in [9] which indicated that the abnormality in vowel development may provide valuable information in the understanding of early speech characteristics and speech development in CP.

Lee (2010) indicated that CP children with dysarthria have smaller vowel space areas than CP without dysarthria and typically-developing children. The five CP children participated in the current study were grouped as CP with dysarthria but in different severity (i.e., moderate and severe). However, the results in current study indicated that CP2 (most severe) had the smallest vowel space areas and CP4 (severe) had the largest vowel space area. In other words, the results did not show clear relation between the severity, F1 and F2 values, vowel space, and vowel space area.

Due to the deficit of speech-motor control, children with cerebral palsy showed no obvious differences in speech production based on the comparison of vowel formant values in CP with different severities and ages. Regarding vowel space, all five CP children had scattered and non-uniform formant values, which reflected that children with CP had limited ability to coordinate and control tongue movement in vowel productions.

4. Acknowledgement

This investigation was supported through funds from National Science Council in Taiwan (NSC101-2410-H-006-082, NSC102-2410-H-006-060). A special thank you is extended to the families of the children in this study for their support of this project.

References

[1] C. Lepage, L. Noreau, P. Bernard and P. Fougeyrollas. "Profile of handicap situation in children with cerebral palsy," *Scandinavian Journal of Rehabilitation Medicine,*" vol. 30, pp. 263-272, 1998.

[2] E. Odding, M.E. Roebroeck and H.J. Stam. "The epidemiology of cerebral palsy: Incidence, impairments and risk factors." *Disability and Rehabilitation,*" vol. 28, pp. 183-191, 2006.

[3] N. Paneth, T. Hong and S. Korzeniewski. "The descriptive epidemiology of cerebral palsy," *Clinics in Perinatology*, vol. 33, pp. 251-267, 2006.

[4] K. Pollock. "Idntification of vowel errors: methodological issues and preliminary data from the Memphis vowel project," In Ball, M.J. and Gibbon, F. (Eds.). *Vowel Disorders*. London: Butterworth-Heinemann, pp. 83-113, 2002.

[5] M.J.C. Hidecker, N. Paneth, P.L. Rosenbaum, R.D. Kent, J. Lillie, J.B. Eulenberg, K. Chester, B. Johnson, L. Michalse, M. Evatt, and K. Taylor. "Developing and validating the Communication Function Classification System (CFCS) for individuals with cerebral palsy," *Developmental Medicine and Child Neurology*, vol. 53(8), 704-710, 2011.

[6] A. Smith and L. Goffman. "Stability and patterning of speech movement sequences in children and adults," *Journal of Speech, Hearing and Language Research*, vol. 41, pp. 18-30, 1998.

[7] J.R. Green, C.A. Moore, M. Higashikawa and R.W. Steeve. "The physiologic development of speech motor control: Lip and jaw coordination," *Journal of Speech, Language and Hearing Research*, vol. 43, pp. 239-225, 2000

[8] H.K. Vorperian and R.D. Kent. "Vowel acoustic space development in children: a synthesis of acoustic and anatomic data," *Journal of Speech, Language, and Hearing Research,* vol.50, pp. 1510-1545, 2007.

[9] J. Lee. "Development of vowels and their relationship with speech intelligibility children with cerebral palsy," (Doctoral Dissertation). University of Wisconsin-Madison, pp.1-225, 2010.

基於特徵為本及使用 SVM 的文本對蘊涵關係的自動推論方法

Textual Entailment Recognition Using Textual Features and SVM

張道行 Tao-Hsing Chang
許曜麒 Yao-Chi Hsu
張中維 Chung-Wei Chang
許堯銓 Yao-Chuan Hsu
國立高雄應用科技大學資訊工程系
Department of Computer Science and Information Engineering
National Kaohsiung University of Applied Sciences
changth@kuas.edu.tw

陳學志 Hsueh-Chih Chen
國立臺灣師範大學教育心理與輔導學系
Department of Educational Psychology and Counseling
National Taiwan Normal University
chcjyh@ntnu.edu.tw

摘要

這篇論文的目的是提出一個能判斷文本對蘊涵關係的系統。本系統主要使用 7 項由觀察資料所得之特徵作為輸入項，並以 SVM 作為預測模型。以 NTCIR-10 中 RITE-2 提供的資料評估本文所提方法，整體的 Macro F1-measure 為 46.35%，較先前研究所提出的方法為佳。而該方法使用的特徵數量少、模型運算與實作簡單，可以在實際應用上有更好的效果。

Abstract

The aim of this paper is to propose a system, which can automatically infer entailment relations of textual pairs. SVM is utilized as a prediction model of the system and seven features of textual pairs are employed to be input of the prediction model. The performance of this system is evaluated by dataset in CT-MC task held by RITE-2 of NTCIR. Macro-F1 of the proposed method is 46.35%.

關鍵詞：蘊涵關係，自動推論，支援向量機

Keywords: Textual Entailment, Automatic Inference, Support Vector Machine.

一、緒論

文本對蘊涵關係判讀是自然語言處理領域一個有趣且有意義的問題，其可能的應用也十分廣泛。例如矛盾關係分析可以用來自動分析不同知識來源所提供資訊的一致性與正確性，這在網路的知識提供者如 wiki 以及利用網路資源進行數位學習等應用都是非常重要的功能，因為這些應用必須確保知識來源的正確性。

相關問題的許多研究已經被提出，為了評估這些方法的效能差異，有許多的評估基準資料被釋出，也舉辦了方法效能評比。在 NTCIR-10 的 RITE-2 中，各個接受評比的方法必須在給定一個由兩個句子所組成的文本對時，能夠分辨文本對是屬於雙向推論關係、正向推論關係、矛盾關係抑或獨立關係。以下列句子 S1 至 S5 所組成的各個文本對舉例說明。

S1：韭菜原產於中國，是常見的蔬菜之一。
S2：韭菜原產於中國。
S3：韭菜原產於日本。
S4：水菜原產於日本。
S5：水菜原產地為日本。

對文本對(S1, S2)而言，句子 S2 中的所有資訊內容可以由 S1 推論，但 S1 中有一句內容「常見的蔬菜之一」是不能由 S2 推斷出來的，因此這文句對稱為具有正向關係。以文本對(S2, S3)來說，「韭菜」的「原產地」應該只有一處，但此二句描述韭菜的原產地是不同的，因此是矛盾的資訊。在推論過程產生矛盾的文本對稱為具有矛盾關係。而考慮文本對(S3, S4)，雖然 S4 與 S3 相似，但與文本對(S2, S3)不同，「韭菜」與「水菜」的原產地沒有互斥關係，因此這兩句是描述不同的事件而不是同一事件的描述不同。這樣的情況稱該文本對具有獨立關係。又考慮文本對(S4, S5)，兩句表達相同的知識內容，由句子 S4 可以推論出 S5，而由句子 S5 也可推論出 S4，因此稱此文本對具有雙向推論關係。

這篇論文的目的是提出一個能判斷文本對蘊涵關係的系統。本系統主要使用 7 項由觀察資料所得之特徵作為輸入項，並以 SVM 作為預測模型。這 7 項特徵是藉由觀察資料所歸納，均具有合理的推論解釋以及數值定義。因此本文將分析比較在相同的預測模型時，不同的選取特徵造成預測文本對蘊涵關係效能上的差異。另外也比較在同樣 7 項特徵所產生的訓練資料下，哪一種預測模型在這個問題上會有較佳的表現。

這篇論文其餘部分組織如下。第二節探討相關研究，包括英文的文句蘊涵研究以及近年來國際評比中表現較佳的方法，並說明與我們提出的方法之間的關係。第三節介紹本文提出的 7 項特徵所代表的意義及定義值的計算方法。另外也說明將用來比較的預測模型，第四節是比較本文所提方法與其他方法，並以 NTCIR RITE-2 提供的訓練與測試資料為依據。最後討論本研究的侷限以及未竟之處，探討未來可行的研究方向。

二、文獻回顧

關於英語文本的蘊涵推論已經有很多相關研究。[1]運用字面上的相似度來判斷蘊涵關係。如果是相同的詞彙，此方法確實可以精準的判斷出蘊涵關係，但是這樣的方法在處理同義詞的文本時容易錯判。[2]提出的「淺層語意特徵」(Shallow Semantic Features)的篩選法則可以解決這個問題。[2]使用 WordNet 作為背景知識，解釋不同的詞彙是相同或相反的詞意。例如「兇手」、「受害者」與「謀殺」相關，但「兇手」是「謀殺」的衍生字，而「受害者」與「兇手」是反義字。

除了以詞彙和語意特徵的相似程度推論蘊涵關係之外，還有使用剖析樹(parsing tree)來分析句法結構以推論蘊涵關係的方法[3-5]。這些方法都是先使用 parser 把文句以樹狀結構表示，而 [3]運用 linear distance 與 tree edit distance 等方法計算文句差異。[4]和[5]則將兩個句子的樹狀結構在經過數次的插入、刪除、代換後將樹狀圖調整成相同的圖，而其過程中插入、刪除、代換的次數稱為樹距(tree distance)，可用來當作樹狀圖之間的差異標準。這些研究利用這個差異性來判斷文句的蘊涵關係。

2011 年由 NTCIR-9 所舉辦 RITE 文句蘊涵推論的任務中， [6]採用包括句子長度、內文關鍵字重複率、關鍵字重複的數量與詞性等等淺層特徵，藉此分辨出兩個句子之間的差異來判斷文本蘊涵關係。實驗結果證明，只使用淺層特徵推論蘊涵關係也有良好的效果。[7]則提出一種基於語法分析的方法。首先，他們使用 stanford parser[8]分析文句的語法樹，並標示出主要的動詞與名詞。接著在分析不同類型的主要動詞與名詞後歸納出幾種主要特徵，最後使用這些特徵來計算文句之間的句法相似度。實驗結果證明[7]的效能較只使用淺層特徵推論蘊涵關係有更好的表現。2013 年所舉辦的 RITE2 中，效能最佳的 IASL[10]提出以二元關係分類的概念。[10]認為兩個句子關係有三種：句子間是否衝突、第一句是否推論第二句、第二句是否推論第一句等。由兩個句子呈現的這三種關係結果判斷兩個句子屬於哪種蘊涵關係。而各種二元關係的依據則建立在各項特徵上。

上述的特徵與預測文本蘊涵關係都會需要一個整合個特徵的分類模型[11]。支持向量機(SVM)是最普遍的分類模型，例如[3]以經常使用的特徵包括文字、剖析樹、情緒正反意、名詞縮寫等，將文句轉換成特徵向量，並使用特徵向量推論出蘊涵關係。另一種常用的分類模型則是決策樹。決策樹可由專家建構或是藉由機器學習的方式產生，ID3 可以透過得到的資訊來最佳化樹的結構。根據先前的研究，本文將嘗試利用文本對的詞彙、語意及語法特徵配合 SVM 預測模型推論文本對的蘊涵關係。

在 RITE-2 中，支持向量機(SVM)也是最常使用的分類模型[12][18-20]。而各研究的主要差異就在輸入特徵的選擇上。例如[12]強調以多達 20 種的特徵輸入 SVM 進行判斷；[18]則提到以關鍵字的匹配及數量、剖析樹詞類分析、否定詞、同義詞作為特徵；[19]則使用時間與數字的表示以及否定；[20]則提到句法分析、專有名詞辨認、近義詞、常用詞的數量、文句長度、否定詞、反義詞的使用。雖然某些特徵同時被不同方法所使用，但是系統詮釋與訓練其特徵的方式仍有不同。本文將發展一些特徵並同樣以 SVM 為預測模型，以便比較先前研究和本文所提方法的特徵在預測蘊涵關係上的效能差異。

三、方法

本文使用了七個文本對特徵預測文本對的蘊涵關係。七項特徵大致分類成詞彙、語意及語法三種。此外，中文文本對在計算特徵前需要斷詞及詞性標記等前處理工作，以便後續演算法使用。前處理以及七個特徵的細節在下列各小節說明。

(一) 前處理

由於中文間詞與詞之間沒有空白分隔，因此中文文本對必須先進行斷詞與詞性標記，將句子以字元表現形式轉換為詞彙表現，並標記每個詞彙的詞性以便後續分析特徵時使用。許多中文斷詞與詞性標記系統已經被提出，也有很好的正確性。在中文文本對的研究中，未知詞是一個需要處理的問題，因為許多專有名詞大量出現在以知識為主的文本對中。但是由於中文句中詞彙間沒有空白分隔，所以要辨識未知詞是很困難的工作。

另外資料格式不一致的問題，也常發生在文本對中。以下三種是常見的狀況：

1. 用不同的方式表示相同的資料，例如一半、1/2、0.5
2. 縮寫，例如 2003 年、03 年
3. 單位轉換，例如 1kg、1000g

雖然以上這些問題頻繁出現在各種文本對中，但是格式卻多是常見的幾種。在實驗部分本文會進一步說明在前處理階段我們所採用的工具以及前述問題的解決策略。

(二) 詞彙特徵

1. 名詞數量一致性(CNN)

我們觀察到一個現象: 當兩個句子中的名詞數量一樣時，這組文本對為雙向及矛盾關係的機會愈高。這是因為名詞是用來表示某些事物，而兩句子名詞數量相同代表兩句子可能在講相同事物的機率較高。舉例來說，以下三個句子 S6、S7 和 S8 中都包含了三個名詞且在敘述同一件事情，因此可能是雙向蘊涵關係，例如文本對(S6,S7)是雙向蘊涵。但是有相同數量名詞的文句對也可能因為句中某些文字導致句子互相矛盾，例如文本對(S7,S8)就是矛盾關係。

S6：H5N1 型病毒株能透過禽類傳染給人體
S7：H5N1 型病毒株是藉由禽類傳染給人體
S8：H5N1 型病毒株並非由禽類傳染給人體

因此本文定義了一項文本對特徵「名詞數量一致性」，簡稱 CNN。若文本對的兩句子名詞數量一致，則該文本對的 CNN 為 1，否則為-1。

2. 詞重疊率差異 (DRO)

我們觀察到當一個文本對中兩個句子使用相同的詞越少，該文本對為獨立關係的機會愈高。因此對於一個文本對(S_i, S_j)，本文定義該文本對的「順向詞重疊率」(RWF)及「反向詞重疊率」(RWB)如下：

$$RWF = \frac{|W_i \cap W_j|}{|W_j|}, \qquad RWB = \frac{|W_i \cap W_j|}{|W_i|}$$

其中 W_k 表示句子 S_k 中所有詞的集合，$|W_k|$表示集合 W_k 中的詞的數量。對兩個句子而言，若 RWF 與 RWB 兩者同時都低，顯示兩句子的語意可能相差過大，此文本對很有可能是獨立關係，因為兩句話包含了不同的內容。舉例來說，下列文本對(S9,S10)兩句的關係為獨立關係，其 RWF 為 0.05、RWB 為 0.16。

S9：馬來西亞原為日本電子業者眼中最佳的亞洲投資標的，現被中國大陸取代
S10：中國取代美國成為亞洲經濟核心
S11：日本是投資馬來西亞的三大外商之一
S12：日本有投資馬來西亞

若兩句子的 RWF 和 RWB 的差值很大，則表示此文本對有相近的資訊，但兩句提供的資訊量一句較多而另一句較少。這是此文本對可能是正向蘊涵的線索。例如文本對(S11,S12)為正向蘊涵，其 RWF 為 0.30 而 RWB 為 0.75。基於上述觀察，本文定義了一個文本對特徵「詞重疊率差異」，簡稱 DRO，定義如下：

$$DRO = \begin{cases} 1, & if\ RWF \le TI\ and\ RWB \le TI \\ 0, & (if\ RWF \ge TI\ or\ RWB \ge TI)\ and\ |RWB - RWF| \ge TD \\ -1, & otherwise \end{cases}$$

其中 TI 和 TD 是兩個門檻值。根據本文實驗所使用的訓練資料，TI 和 TD 的值分別為 0.6 與 0.2。

(三) 詞法特徵

1. 詞性重疊率差異(DOP)

從 DRO 進一步延伸，我們假設當兩個句子使用的相同詞性越少，文本對就越可能為獨立關係。參照 DRO 的定義，本文定義一個文本對特徵「詞性重疊率差異」，簡稱 DOP。對文本對(S_i, S_j)，計算 DOP 前先計算該文本對的「順向詞性重疊率」(RPF)及「反向詞性重疊率」(RPB)如下：

$$RPF = \frac{|P_i \cap P_j|}{|P_j|}, \qquad RPB = \frac{|P_i \cap P_j|}{|P_i|}$$

其中 P_k 代表 S_k 句子中所有詞性的集合，$|P_k|$為集合 P_k 內詞性的數量。若文本對的 RPF 夠高，且 RPF 和 RPB 的差值超過閾值，則這個文本對就有很高的機率是正向關係。因此文本對的 DOP 定義如下：

$$DOP = \begin{cases} 1, & if\ RPF \ge TP\ and\ (RPF - RPB) \ge TK \\ -1, & otherwise \end{cases}$$

其中 TP 和 TK 是兩個門檻值. 根據本文實驗所使用的訓練資料, TP 和 TK 各為 0.7 與 0.2。

(四) 詞意特徵

1. 時間不對稱(OOT)

在一些文本對中，其中一句有提供時間資訊、但另一句沒有，可推論這兩句如果不是獨立關係，就是正向蘊涵關係。以下列文本對(S13,S14)為例，兩句有語意上的高度相關，但 S13 中提到了時間「9 世紀」，S14 卻沒有提到任何時間，因此該文本對的關係有可能是正向蘊涵。

S13：韭菜於 9 世紀傳入日本
S14：韭菜曾傳入日本

本文將這個特徵稱為「時間不對稱」，簡稱 OOT。該特徵定義如下：如果文本對中一句有時間資訊而另一句沒有，該特徵值為 1，反之為-1。

2. 存在否定詞(ENW)

在一些文本對中，兩句話有著高相似度但是兩句話表示的意思卻因為否定詞的出現而造成矛盾。以文本對(S15,S16)為例，句子 S15 比 S16 多出了否定詞「不會」，使得該文本對為矛盾關係。因此本文使用了特徵「存在否定詞」，簡稱 ENW，其值定義為：文本對中若有一句出現否定詞而另一句則無，則該文本對的 ENW 為 1，否則為-1。

S15：阿斯匹靈不會引起不良反應
S16：阿斯匹靈可能引起不良反應

3. 使用同義詞(SYN)

有些文本對的兩個句子使用的詞彙大部分相同，且詞彙出現順序與詞彙詞性也都完全相同，只有少部分相對應位置的詞彙不同。若這些不同的詞彙是同義詞，則該文本對的兩句可能是描述同樣事件或事實的兩個不同說法，因此可能是雙向蘊涵關係。以文本對(S17,S18)為例，兩句只有在「教廷」與「梵諦岡」的位置使用不同詞彙，但詞彙的出現順序與其詞性完全相同。而「教廷」與「梵諦岡」是同義詞，因此該文本對為雙向關係。

我們定義一個文本對特徵「使用同義詞」，簡稱 SYN，其值定義如下。若一個文本對中相對應的位置使用少數不同詞彙，而在同一位置的詞彙互為同義詞，且兩句的詞性順序也相同，該文本對的 SYN 值為 1，反之為-1。

S17：若望保祿二世是教廷領導人
S18：若望保祿二世是梵諦岡領導人

4. 詞序交換(WOE)

和 SYN 相反，有些文本對中使用了完全相同的詞，但只是因順序不同，導致兩句的意思完全相反。和 ENW 不同的是，這樣的文本對中並沒有否定詞。例如下列文本對(S19,S20)，雖然使用的詞完全一樣，但意思完全相反，原因是甘蔗和蔗糖在句法功能的位置不同。這造成該文本對是矛盾關係。

S19：甘蔗是製造蔗糖的原料
S20：蔗糖是製造甘蔗的原料

然而並非所有具有完全相同的詞但詞序不同的文本對都是矛盾關係。以文本對(S21, S22)為例，兩句的用詞完全相同，而「伊普索」與 「美聯社」在句子中位置不相同。這個現象卻未導致該文本對為矛盾關係。主要原因是此二者是以連接詞連接，位置交換並未導致語法結構改變，也因此此二句表達完全相同的意思。

S21：美聯社和伊普索斯公司所進行的民調顯示，布希的施政滿意度已首次滑落到 39%
S22：伊普索斯公司和美聯社所進行的民調顯示，布希的施政滿意度已首次滑落到 39%

因此本文定義了特徵「詞序交換」，簡稱 WOE，其值定義如下: 若文本對的用詞完全一樣但是詞序不一樣，且順序不同的詞並非以連接詞連接，則該文本對的 WOE 為 1，否則為-1。

(五) 預測模型

本文所定義的上述特徵將成為預測模型的輸入項。預測模型將利用訓練資料中每個文本對的七項特徵值與已知的文本對蘊涵關係作為訓練預測模型之用。在訓練完成後，對於要預測的文本對，只要計算該文本對的七項特徵值後輸入預測模型，即可得到該文本對關係的預測結果。本文主要目的之一就是比較我們先前採用的 decision tree 以及 SVM 方法的差異。SVM 是一個相當成功的分類方法，已經被廣泛應用在許多領域的研究中。本文將以[15]所提出的LibSVM作為實作SVM的系統。另外由於先前採用的decision tree 是由專家建立，本文也將以 ID3 最佳化方法自動架構 decision tree 並比較效能差異。

四、實驗

本實驗主要目的在觀察本文所提特徵是否具有良好預測性、以及不同預測模型造成的差異。實驗資料是由 NTCIR-10 中 RITE-2 的任務資料集獲得。訓練資料為任務資料集中的 development 子資料集，測試資料為任務資料集中的 formal run 子資料集。RITE-2 有 CT-BC 與 CT-MC 兩項任務，在 CT-BC 任務中，文本對只需被預測方法歸類為雙向(Bidirection)或矛盾(Contraction)兩種關係之一。在 CT-MC 任務中，文本對應該被預測方法歸類為雙向(Bidirection)、正向(Forward)、矛盾(Contraction)和獨立(Independent)四種關係之一。此實驗將比較不同預測模型在這些任務中的表現。本文所提方法將稱為 KC99-SVM。

在實作本文所提方法時，考慮在分析文本對特徵時未知詞的特殊需要，本文以[13]提出的 WeCAn 系統為基礎，加以修改後對文本對句子進行斷詞與詞性標記。該系統被修改為先至 wiki 蒐集專有名詞，再採用 SPLR 方法[14]提高系統辨識未知詞的能力。另外，本文也利用規則式的方法來將數值資料轉換成相同的格式。而對於同義詞的判斷，本文將可能是同義詞的詞送至 Google 英譯，若顯示相同的英文詞彙則是為同義詞。另外否定詞則是以列表輔以規則式方式處理。另外在使用 LibSVM 時，我們均使用該系統預設值建構本文所使用的 SVM 模型，並未進一步進行參數最佳化。

表一是三種不同分類器使用相同的 7 項特徵的結果。這三種分別是專家建立的決策樹(Decision tree)[16]、以 ID3 方法自動建立的決策樹以及 SVM。由表一可以發現 SVM 是表現最好的分類方式，ID3 雖然比專家建立 Decision tree 的方法表現較佳，但其整體表現仍稍微落後 SVM。而 ID3 已為最佳化之後的結果，但 SVM 僅使用 LibSVM 的預設參數值，若進一步進行 SVM 參數最佳化，兩者會有更明顯的差距。

表一、評估資料集運行於不同分類器之結果

Tasks / Indicator		CT-BC		CT-MC				
		Y	N	B	F	C	I	Macro-F1
Decision tree[16]	F1	66.42	48.93	45.48	63.61	16.67	49.24	43.75
	Precision	60.45	57.58	42.94	57.00	15.87	66.08	
	Recall	73.70	42.54	48.34	71.95	17.54	39.24	
ID3	F1	69.80	60.37	55.78	65.72	6.61	56.16	46.07
	Precision	66.99	63.89	57.34	61.38	57.14	51.00	
	Recall	72.86	57.21	54.30	70.73	3.51	62.50	
KC99-SVM	F1	72.78	50.72	61.67	63.48	10.94	49.30	46.35
	Precision	62.96	70.67	53.11	55.03	50.00	58.29	
	Recall	86.42	39.55	73.51	75.00	6.14	42.71	

表二是比較採用本文所提 7 項特徵搭配 SVM 的方法與其他同樣使用 SVM 但不同特徵的方法。本文選擇在 RITE2 中使用 SVM 者效能最佳的 NTOUA[17]系統作為比較對象。從表二可以看出本文系統在整體效能上較[17]為佳。由於該系統使用 20 種特徵而本文僅使用 7 種特徵，因此可知本文所提方法能以較少數量的特徵達到更好的效能。

表二、以 SVM 進行分類但採用不同特徵的方法間效能比較

Indicator \ Tasks		CT-BC		CT-MC				
		Y	N	B	F	C	I	Macro-F1
NTOUA-03[17]	F1	19.39	44.04	61.10	64.21	1.50	52.40	44.80
	Precision	28.81	35.89	50.43	55.00	5.26	70.59	
	Recall	14.61	56.97	77.48	77.13	0.88	41.67	
KC99-SVM	F1	72.78	50.72	61.67	63.48	10.94	49.30	46.35
	Precision	62.96	70.67	53.11	55.03	50.00	58.29	
	Recall	86.42	39.55	73.51	75.00	6.14	42.71	

表三是比較本文所提方法與 RITE2 中效果最好的 IASL[17]方法比較。由表三可知，兩者表現差距非常小。由於本文所提方法採用的架構較單純，採用的指標也較少，因此可能在某些應用上會更適合作為解決方案。

表三、與 RITE2 任務中 Macro-F1 最高的 IASL 之比較

Indicator \ Tasks		CT-BC		CT-MC				
		Y	N	B	F	C	I	Macro-F1
IASL[17]	F1	71.66	62.63	52.35	64.63	29.90	38.41	46.32
	Precision	68.64	66.48	53.06	53.99	36.25	52.73	
	Recall	74.95	59.20	51.66	80.49	25.44	30.21	
KC99-SVM	F1	72.78	50.72	61.67	63.48	10.94	49.30	46.35
	Precision	62.96	70.67	53.11	55.03	50.00	58.29	
	Recall	86.42	39.55	73.51	75.00	6.14	42.71	

五、討論與未來工作

從實驗結果可以看出本文所提 7 項特徵可以用以區別文本對蘊涵關係。而使用 SVM 分類後的整體效能比先前採用的決策樹方法更佳，但是推論矛盾關係的正確率卻比決策樹低。事實上矛盾關係的推論無論是決策樹方法與 SVM 都表現不佳。經過進一步分析，本文所提方法有三項特徵與矛盾關係有關(WOE、ENW、SYN)，然而這三項特徵處理的資料都相當特定、數量有限，因此造成矛盾關係的更深層特徵尚待發掘。另外，本文所提方法雖然也包含語意特徵類別，但都仍屬於語意的間接特徵，並未直接測量語意。這也是推論效能有所侷限的原因。

基於本文所提方法，未來可進一步探討及研究。首先，本文提出的 7 項特徵有些仍待進一步改良，例如使用同義詞、存在否定詞等特徵，所使用的測量方法仍相當簡化。如果能加以改良，效能應可改善。另外，語法特徵在目前提出的七項特徵中僅有一項，但在實驗過程中發現語法特徵有良好的區辨效果。雖然目前已經有中文文法剖析工具提出，但用以分析特徵時錯誤率仍過高。如何使用有效的文法剖析工具發展語法特徵可能是能

大幅提高正確率的途徑之一。

誌謝

本文作者感謝國科會計畫編號 NSC 102-2511-S-151-002 的支持，同時也感謝教育部及國立台灣師範大學「邁向頂尖大學計畫」的支持。

參考文獻

[1] I. Androutsopoulos and P. Malakasiotis, "A survey of paraphrasing and textual entailment methods," *Journal of Artificial Intelligence Research*, vol. 38, pp. 135-187, 2010.

[2] J. Bos and K. Markert, "Recognizing textual entailment with logical inference," in *Proceedings of the conference on Human Language Technology and Empirical Methods in Natural Language Processing*, Association for Computational Linguistics, 2005, pp. 628-635.

[3] E. Cabrio, M. Kouylekov and B. Magnini, "Combining specialized entailment engines for rte-4," in *Proceedings of TAC08, 4th PASCAL Challenges Workshop on Recognizing Textual Entailment,* 2008.

[4] M. Kouylekov and B. Magnini, "Recognizing textual entailment with tree edit distance algorithms," in *Proceedings of the First Challenge Workshop Recognizing Textual Entailment*, 2005, pp. 17-20.

[5] M. Kouylekov and B. Magnini, "Tree edit distance for recognizing textual entailment: Estimating the cost of insertion," in *Proceedings of the PASCAL RTE-2 Challenge*, 2006, pp. 68-73.

[6] N. H. Han and L. W. Ku, "The Yuntech system in NTCIR-9 RITE Task," in *Proceedings of the NTCIR-9 Workshop*, 2011, pp. 345-348.

[7] H. H. Huang, K. C. Chang, J. M. Haver II and H. H. Chen, "NTU Textual Entailment System for NTCIR 9 RITE Task," in *Proceedings of the NTCIR-9 Workshop*, 2011, pp. 349-352.

[8] Stanford Parser: A statistical parser, 2002, Available : http://nlp.stanford.edu/software/lex-parser.shtml

[9] T. H. Chang, C. H. Lee, P. Y. Tsai, and H. P. Tam, "Automated essay scoring using set of literary sememes," *Information: An International Interdisciplinary Journal*, vol. 12, no. 2, pp. 351-357, 2009.

[10] C. W. Shih, C. Liu, C. W. Lee and W. L. Hsu, "IASL RITE System at NTCIR-10," in *Proceedings of the 10th NTCIR Conference*, Tokyo, Japan, 2013.

[11] Y. Akiba, H. Taira, S. Fujita, K. Kasahara and M. Nagata, "NTTCS textual entailment recognition system for the NTCIR-9 rite," in *Proceedings of the 9th NII Test Collection for Information Retrieval Workshop*, 2011, pp. 330-334.

[12] C. J. Lin and Y. C. Tu, "The Description of the NTOU RITE System in NTCIR-10," in *Proceedings of the 10th NTCIR Conference*, in *Proceedings of NTCIR-10 Workshop Conference*,Tokyo, Japan, 2013, pp. 495-498.

[13] T. H. Chang, Y. T. Sung and Y. T. Lee, "A Chinese word segmentation and POS tagging system for readability research," in *Proceedings of Paper presented at 42nd Annual Meeting of the Society for Computers in Psychology*, 2012

[14] T. H. Chang and C. H. Lee, "Automatic Chinese unknown word extraction using small-corpus-based method," in *Proceedings of International Conference on Natural Language Processing and Knowledge Engineering*, Beijing, China, 2003, pp. 459-464.

[15] C. C. Chang and C. J. Lin, "LIBSVM: a library for support vector machines," *ACM Transactions on Intelligent Systems and Technology (TIST)*, vol. 2, no. 3, 2011.

[16] T. H. Chang, Y. C. Hsu, Y. C. Hsu, J. I. Chang and C. W. Chang, "KC99: A Prediction System for Chinese Textual Entailment Relation using Decision Tree," in *Proceedings of the 10th NTCIR Conference*, Tokyo, Japan, 2013, pp. 469-473.

[17] Y. Watanabe, Y. Miyao, J. Mizuno, T. Shibata, H. Kanayama, C. W. Lee, C. J. Lin, , S. Shi, T. Mitamura, N. Kando, H. Shima and K. Takeda, "Overview of the Recognizing Inference in Text (RITE-2) at the NTCIR-10," in *Proceedings of NTCIR-10 Workshop Conference*, Tokyo, Japan, 2013.

[18] L. Ku, E. T. H. Chu and N. Han, "Extracting Features for Machine Learning in NTCIR-10 RITE Task," in *Proceedings of the 10th NTCIR Conference*, Tokyo, Japan, 2013, pp. 457-461.

[19] S. H. Wu, S. S. Yang, L. P. Chen, H. S. Chiu and R. D. Yang, "CYUT Chinese Textual Entailment Recognition System for NTCIR-10 RITE-2," in *Proceedings of NTCIR-10 Workshop Conference*, Tokyo, Japan, 2013, pp. 443-448.

[20] W. J. Huang and C. L. Liu, "NCCU-MIG at NTCIR-10: Using Lexical, Syntactic, and Semantic Features for the RITE Tasks," in *Proceedings of NTCIR-10 Workshop Conference*, Tokyo, Japan, 2013, pp. 430-434.

Constructing Social Intentional Corpora to Predict Click-Through Rate for Search Advertising

Yi-Ting Chen, Hung-Yu Kao
Department of Computer Science and Information Engineering
National Cheng Kung University
P76001221@mail.ncku.edu.tw, hykao@mail.ncku.edu.tw

Abstract

In the beginning, search engines provide placements next to the original search results for advertisers on specific keywords. Since users often search for their interests or purchasing decision, timely presenting proper advertisements to users will encourage them to click on search ads. With the rapid growth of advertising, there is a bidding mechanism that advertisers need to bid keywords on their ads. They should carefully compose keywords in order to enhance the opportunity for their ads to be clicked. Until now, how to efficiently improve the ad performance to earn more clicks remains a main task.

In this paper, we focus on the scope of smart phone and produce a social intentional model with advertising based features to forecast future trend on ads' click-through rate (CTR). In terms of social intentional model, we analyze Chinese text content of technology forum to derive social intentional factors which are Hotness, Sentiment, Promotion, and Event. Our results indicate that with knowing public opinions or occurring events beforehand can efficiently enhance click prediction. This will be very helpful for advertisers on adjusting bidding keywords to improve ad performance via social intention.

Keywords: Advertising, Sponsored Search, Click-Through Rate, Social Intention.

1. Introduction

For online search advertising, the well-known search engines such as Bing, Google, and Yahoo! enable ads to be shown on the top banner or alongside the search results. This generates most of the revenue for search engines. The most common mechanism is cost-per-click (CPC), which means the advertiser bid on keywords but only be charged for each user click on the ad. Both search engines and advertisers look forward to enhancing the ad's click-through rate (CTR), which indicates the probability of the number of ad clicks divided by the number of ad impression. The ad position is on the basis of the ranking score which is computed by the multiplication of CPC and ad quality score. The ad quality depends on plenty of factors that cause an ad to be clicked like ad's keywords, historical CTR, title, description, display URL, landing page, etc. Moreover, CTR is an important and direct metric for measuring advertised performance.

This paper will focus on forecasting ad keyword's CTR trend, since different bidding keywords in the same ad have various CTR values. Target on the popular 3C products: smart phones, we use the public information from technology forum to predict ups and downs of the next day CTR.

As [1] statistics, the top three most important factors influencing consumer choice of mobile phones are: innovative features, recommendation and price. We extend these criteria as following factors: **Hotness**, **Sentiment**, **Promotion**, and **Event**. All these factors may affect ad's future CTR as Figure 1 depicted. For example the releasing news, a kind of events, may trigger users search on search engine or forum to look for product comments in detail. Users may click more on ads while the ads containing promotion terms or the promotion news is releasing.

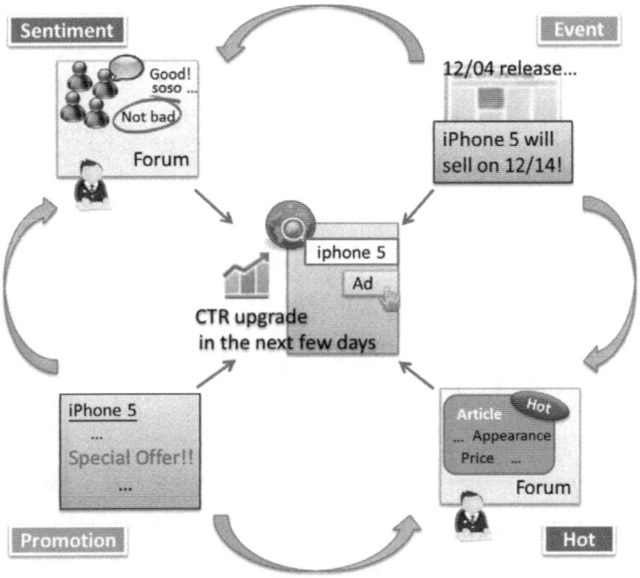

Figure 1. The impact on CTR from releasing news to people reaction

The purpose of this study is to predict and analyze which factors that affect ad keywords' CTR in the next day. This work could previously inform advertisers of user intention on product keywords and assist them to judge whether to change ad strategy or not. It appears that research has not yet been available concerning the effect on search advertising from forum opinions. We expect that this work could significantly aid advertisers in advertising production.

2. Related Work

Even now, there are still lots of research on improving advertising performance in order to verify which features could probably affect ad clicks. We will introduce some related researches that predicted clicks on search advertising; moreover, for the same predicting task but in different research domain, there exist some studies that use public mood to predict the stock trend in the stock market.

2.1 Traditional click prediction problem

Regelson and Fain [2] claimed that historical click information provides tangible examples of user behavior. To predict future click-through rate by term level, for those terms with low frequent or completely novel terms, they use hierarchical clusters of related terms to compute. Apart from terms, Richardson et al. [3] suggested that adding features of ads, and advertisers can accurately predicts the click-through rate for new ads. The collected information of ads contained landing page, bid terms, title, body, display URL, clicks, and impressions (views).

User intentions may significantly vary in the same query. Guo et al. [4] develop a fine-grained user interaction model for inferring searcher receptiveness to advertising. They modified the Firefox version of the OpenSource LibX toolbar to instrument mouse movements and other user action events on search result pages. Cheng and Cantú-Paz [5] develop demographic-based and user-specific features that reflect the click behavior of groups and individuals.

To strengthen the relation between query and ad, Dave and Varma [6] proposed a similarity method to give prediction. Especially for those rare/new ads, they used cosine similarity between two queries or two ads. Xiong et al. [7] designed a continuous conditional random fields (CRF) based model, which considered both features of an ad and its similarity to the surrounding ads.

2.2 Using social media for prediction

The prediction problem on trend is analogous to click prediction. Bollen et al. [8] first used six dimensions of mood(tension, depression, anger, vigor, fatigue, confusion) from Profile of Mood States(POMS), a well-established psychometric instrument to observe the relation between moods and socio-economic phenomena. After that, Bollen et al. [9] expanded terms of POMS from Google webpages, named it GPOMS. GPOMS contained six different mood dimensions: *Calm*, *Alert*, *Sure*, *Vital*, *Kind*, and *Happy*. They used Granger causality analysis to investigate the hypothesis of public mood states and a Self-Organizing Fuzzy Neural Network to predict the daily up and down changes of Dow Jones Industrial Average (DJIA) in the stock market by the OpinionFinder and GPOMS mood time series.

3. Method

In this section, we present our proposed framework as shown in Figure 2 to address the problem of predicting ad keyword CTR via adding social phenomena. In brief, given an ad keyword as an input, our system returns the direction of movement in the next day based on previous advertising data and social intention effects. First, in advertising-based part, we do the CTR filtering to be basic information on an ad keyword. Next, before running the main process, the social intentional factors have been built from historical public behaviors on technology forum. After that, we crawl the related articles on technology forum in recent time duration to calculate social intentional scores. Thus, with these two-part values, we can run the prediction model in the last process. The results are produced from Linear Regression model and SVM classification model.

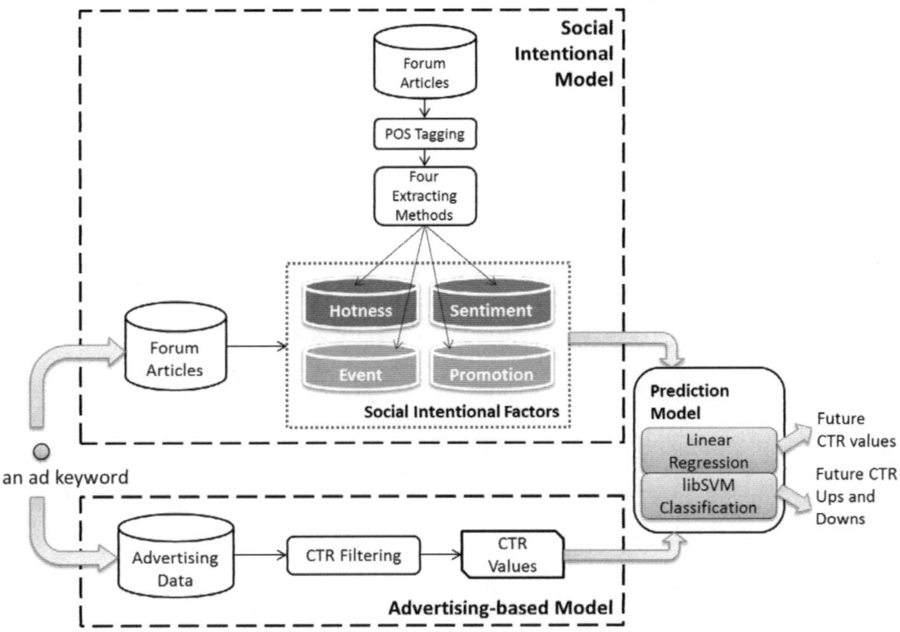

Figure 2. Proposed framework

According to user preference on purchasing, we propose four extracting methods to produce *Hotness*, *Sentiment*, *Promotion*, and *Event* that may be sufficient to affect user click on ads. The data used for methods in this part is Mobile01 articles from November 1, 2012 to January 31, 2013 which contains 21,674 articles. In the following parts, we will introduce these methods with Mobile01 articles in detail.

- Hotness -

The "*Hot*" means feverish, to become lively or exciting[1] that can informal arouse

[1] http://en.wiktionary.org/wiki/hot

intense interest, excitement, or controversy[2]. What we need to do is find out those proper themes that stimulate public to discuss on technology products. Focusing on smart phone in our work, we consider the phrases are broadly and frequently mentioned between articles, such as the phone's appearance, functionality, price, etc. Inverse Document Frequency (IDF) is a measure of whether the term is common or rare across all articles as shown in Eq.(1), where $|D|$ is the number of all articles, and $|\{ d_i | d_i \in D \}|$ is the number of articles containing the phrase t_i. We choose the IDF range from 0 to 4 which contains 379 terms to be hot candidates.

$$IDF_i = log \frac{|D|}{|\{d_i | d_i \in D\}|} \tag{1}$$

We randomly pick some terms in IDF of all articles less than 4 and greater than 8 to check what the terms look like and display it in Table 1. The range of IDF less than 4 closely meet our expectation.

Table 1. Terms look like when IDF less than 4 and IDF greater than 8

Terms in IDF < 4	Terms in IDF > 8
功能, 蝴蝶, 三星, 智慧型, 蘋果, 品質, 規格, 價錢, 價位, 耗電, 解析度, 畫素, 優勢, 瑕疵, 配件, 廠牌, 費率, …	抗刮性, 輕量版, 超薄超順超, 機王戰, 獨家版, 獨特感, 磨砂款, 機防撥水, 高精度, 超薄, 優質感, 質量感, …

When a hot article comes up, there must be widely discussed and viewed by a crowd of people. Thus we gather the articles having top 1 percent high prestige[3] in each category and obtain 222 of them in all articles. Because hot terms are feverish and most talked-about subjects, we sort these 379 candidate terms by Term Frequency (TF) value in a descending order from all articles. The TF value is calculated by Eq.(2), where $n_{i,j}$ is the number of term t_i appears in article d_j, and $\sum_k n_{k,j}$ is total number of terms in article d_j. It means each candidate terms has 21,674 TF ranking value from all articles. Next, we set a threshold on 222. That is, if top-222 TF article values contain one of hot articles (222 articles), this candidate term will be chosen as hot term.

$$TF(t_{ij}) = \frac{n_{i,j}}{\sum_k n_{k,j}} \tag{2}$$

With hotness lexicon $lexicon_H$, input an ad keyword and a date, we could calculate the

[2] http://www.thefreedictionary.com/hot

[3] "Prestige" here is said the number of views to the article.

hot score from daily articles by Eq.(3), where a_i is one of keyword-related articles from the set $Articles_{k,d}$, $|Articles_{k,d}|$ is the number of keyword-related articles that are crawled in the date time, and $Count(h_j, a_i)$ is the count of hot term h_j appears in article a_i.

$$Score_{Hot,k}(d) = \frac{\sum_{a_i \in Articles_{k,d}} \sum_{h_j \in lexicon_H} Count(h_j, a_i)}{|Articles_{k,d}|} \tag{3}$$

- Sentiment -

In this part, we want to analyze public moods and opinions for a product from articles. The first step is to build a sentiment lexicon. We utilize NTUSD[10] and HOWNet[4] to obtain 4140 positive terms and 6608 negative terms with no repeats as our sentiment lexicon $lexicon_S$. Although the number of negative terms is more than positive terms used, it does not affect the orientation of public opinions.

The sentiment score for an ad keyword with a date is calculated by Eq.(4), where $Score(s_j) = +1$ if s_j is a positive term, otherwise is -1, and $Count(s_j, a_i)$ is the count of sentiment term s_j appears in article a_i.

$$Score_{Senti,k}(d) = \frac{\sum_{a_i \in Articles_{k,d}} \sum_{s_j \in lexicon_S} Score(s_j) * Count(s_j, a_i)}{|Articles_{k,d}|} \tag{4}$$

- Promotion -

Everyone knows that selling products with discount phrases is noteworthy to public. At first we pick 15 terms that contain promotional meaning to be seed words. They are 特價(Special offer), 降價(Price reduction), 優惠(Preferential), 特賣(Clearance), 特惠(Specials), 福袋(Lucky bag), 抽獎(Lottery), 折扣(Discount), 獨享(Exclusive), 好康(Good things), 下殺(an auxiliary verb for discount in Chinese), 免費(Free), 放送(Gift), 便宜(Cheap), and 划算(Saving). To build a lexicon on promotion, we expand these terms by analyzing word co-occurrences in front and rear 5-term collections by Yahoo! top-200 query results in a past year.

For calculating promotion score, we produce a formula in Eq.(5), where $Count(p_j, a_i)$ is the count of promotion term p_j appears in article a_i.

$$Score_{Promote,k}(d) = \frac{\sum_{a_i \in Articles_{k,d}} \sum_{p_j \in lexicon_P} Count(p_j, a_i)}{|Articles_{k,d}|} \tag{5}$$

[4] http://www.keenage.com/html/c_index.html

- Event -

We have observed that news or events may affect ad keyword's CTR in the next few days. Thus we propose the number of bursty replies on forum articles to model an event effect in a numerical manner. By using Eq.(6), where t_{a_i} is the post time of the article a_i, t_d is the time duration we set to a half-day, and $RC(a_i, t_{a_i}, t_d)$ is the reply counts based on two former parameters, our event score is produced.

$$Score_{Event,k}(d) = \frac{\sum_{a_i \in Articles_{k,d}} RC(a_i, t_{a_i}, t_d)}{|Articles_{k,d}|} \tag{6}$$

3.3 Advertising-based model

Usually, advertisers would combine the product name with some terms like: 價格 (price), 便宜(cheap) to be a bidding keyword. Hence if we wonder to look for the specific keyword's data on certain day, all kinds of keyword combination should be taken into for consideration. Table 2 displays a part of bidding keywords on "iPhone 5".

Table 2. Bidding Keywords on "iPhone 5"

apple iphone 5 16G 評價, apple iphone 5 功能, Apple iphone 5 哪裡買, Apple iphone 5 售價, apple iphone 5 發表, Apple iphone 5 開箱, iphone 5 價格, iphone 5 規格, …

Thus, for those keyword-related ads that are crawled in the date time, we define them as $\mathcal{AD}_{k,d} = \{ad_1, ad_2, \ldots, ad_n\}$. For those bidding keywords from the keyword-related ad on the certain day are presented as $\mathcal{B}_{\mathrm{ad_j}} = \{k_1, k_2, \ldots, k_m\}$. $CTR(k_i)$ is the click-through rate of the bidding keyword k_i in the ad ad_j. With these advertisements and bidding keywords, we could compute CTR value for the objective keyword on certain day as follows:

$$CTR_k(d) = \frac{\sum_{ad_j \in \mathcal{AD}_{k,d}} \frac{\sum_{k_i \in \mathcal{B}_{ad_j}} CTR(k_i)}{|\mathcal{B}_{ad_j}|}}{|\mathcal{AD}_{k,d}|} \tag{7}$$

4. Experiments

4.1 Dataset and preprocessing

Our dataset of technology forum is from Mobile01.com[5] which is an Internet forum being devoted to discussing a variety of mobile phones, mobile devices, 3C products, etc. We crawl 4 months data from November 1, 2012 to February 28, 2013 with twelve categories. The information we extract from forum articles includes 15 available attributes. The ultimate decision on attributes using are Category, Prestige, Title, Replies, Post Date, and Post Content.

WIS Internet Inc.[6] is currently a Yahoo! Taiwan Search Marketing Ambassador. It is thanks to WIS assist in providing advertising data to us that our research is getting more credibility. The duration of advertising data is 3 months from December 1, 2012 to February 28, 2013. Since our study is focused on smart phone, the dataset consists of 10 related advertisers, 2,283 ads and 14,537 ad keywords. The information we use to experiment are Advertiser ID, Ad ID, Date, Keyword, Ad Group, Ad Campaign, Impressions, Click-Through Rate, Clicks, and Keyword average Ranking.

Before we do our experiments, we preprocess our dataset in advance. We use CKIP to split Chinese phrases from content of articles and obtain POS tags. The distribution of the number of articles and replies in training and testing data are shown in Table 3.

Table 3. Data statistics in training and testing

Item	In training	In testing
Date	Dec.1, 2012~Feb.14, 2013	Feb.15~Feb.28, 2013
# of categories	12	12
# of articles	18,125	2,984
# of replies	187,821	35,353

4.2 Results and discussion

In order to evaluate the performance of our system and to compare with the baseline, forecasting CTR value and CTR up or down prediction is measured in terms of the Average Mean Absolute Error (MAPE) and the direction accuracy. Based on the CTR values produced from advertising model, we add keyword's daily average position as our baseline to strengthen the predicting capability.

In Figure 3, we observe that for using previous 4 days data, some of factors predict well

[5] http://www.mobile01.com/

[6] http://www.wis.com.tw/eng.html

than baseline but not all of them do. Since each factor has its characteristic which are demonstrated from daily forum articles. With using more previous data, the increasing reference data can aid the prediction.

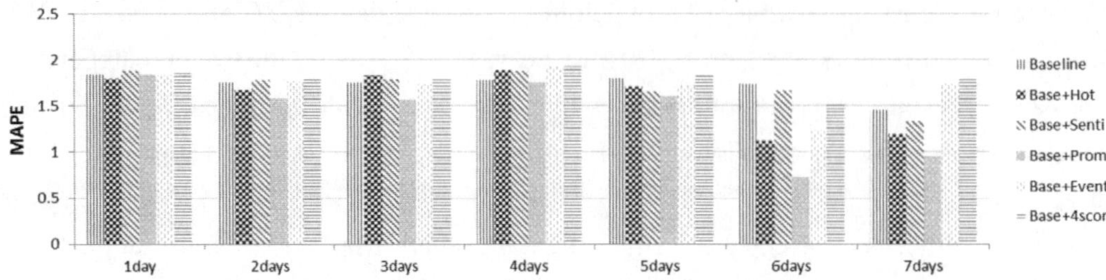

Figure 3. CTR daily prediction with different social intentional factors

For ups and downs prediction, Figure 4 illustrates that for using previous 2 days data, adding *Sentiment* information has an outstanding performance. Besides, the overall conditions for using previous 6 or 7 days data have better prediction. We observe that only using advertising data may not enough to predict future CTR trend. However, with our social intentional methods, the prediction will more accurate and each social intentional factors are more significant in different previous days usage.

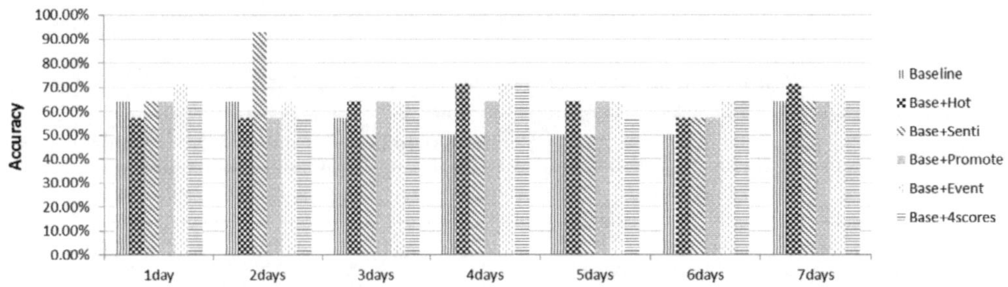

Figure 4. CTR ups and downs prediction with different social intentional factors

5. Conclusion

In this paper, we propose the social intentional methods derived from a popular technology forum to forecast CTR trend on Chinese search advertising. Differs from traditional advertisement click or not prediction, our model focuses on the specific ad keyword and predicts its next day CTR value and direction of movement. In particular, we construct three corpora and one factor from forum to represent public perspectives on mobile phones. Based on these corpora, we can find which terms are most discussed by people in Hotness, or which terms are probably attractive to people in Promotion, etc. Our results present that social intention will affect an ad keyword's future CTR soon or delayed a few days. The reason is that people may discuss or read experiential articles on forum before searching or purchasing on search engine. With public disposition and market tendency, we can precisely indicate which factors influence the specific ad keyword the most in recent days. This approach is very helpful to advertisers who want to publish a new ad or adjust the keywords of the ad. Furthermore, our proposed method can not only use in the scope of mobile phones but also expand to other marketing fields like brand analysis, beauty makeup, or clothes.

References

[1] S. Y. Mokhlis, Azizul Yadi, "Consumer Choice Criteria in Mobile Phone Selection: An Investigation of Malaysian University Students," *International Review of Social Sciences & Humanities,* vol. 2, pp. 203-212, 2012.

[2] M. Regelson and D. C. Fain, "Predicting Click-Through Rate Using Keyword Clusters," presented at the 06th ACM Conference on Electronic Commerce, 2006.

[3] M. Richardson, E. Dominowska, and R. Ragno, "Predicting clicks: Estimating the click-through rate for new ads," in *In Proceedings of the 16th International World Wide Web Conference (WWW-07),* ed: ACM Press, 2007, pp. 521-530.

[4] Q. Guo, E. Agichtein, C. L. A. Clarke, and A. Ashkan, "In the Mood to Click? Towards Inferring Receptiveness to Search Advertising," presented at the Proceedings of the 2009 IEEE/WIC/ACM International Joint Conference on Web Intelligence and Intelligent Agent Technology - Volume 01, 2009.

[5] H. Cheng and E. Cantú-Paz, "Personalized click prediction in sponsored search," presented at the Proceedings of the third ACM international conference on Web search and data mining, New York, New York, USA, 2010.

[6] K. S. Dave and V. Varma, "Learning the click-through rate for rare/new ads from similar ads," presented at the Proceedings of the 33rd international ACM SIGIR conference on Research and development in information retrieval, Geneva, Switzerland, 2010.

[7] C. Xiong, T. Wang, W. Ding, Y. Shen, and T.-Y. Liu, "Relational click prediction for sponsored search," presented at the Proceedings of the fifth ACM international conference on Web search and data mining, Seattle, Washington, USA, 2012.

[8] J. Bollen, A. Pepe, and H. Mao, "Modeling public mood and emotion: Twitter sentiment and socio-economic phenomena," *CoRR,* vol. abs/0911.1583, 2009.

[9] J. Bollen, H. Mao, and X.-J. Zeng, "Twitter mood predicts the stock market," *Journal of Computational Science,* vol. Volume 2, pp. Pages 1-8, March 2011 2011.

[10] L.-W. Ku and H.-H. Chen, "Mining opinions from the Web: Beyond relevance retrieval," *J. Am. Soc. Inf. Sci. Technol.,* vol. 58, pp. 1838-1850, 2007.

Location and Activity Recommendation by Using Consecutive Itinerary Matching Model

劉俊賢 Jiun-Shian Liu
國立成功大學資訊工程學系
Department of Computer Science and Information Engineering
National Cheng Kung University

盧文祥 Wen-Hsiang Lu
國立成功大學資訊工程學系
Department of Computer Science and Information Engineering
National Cheng Kung University
whlu@ncku.edu.tw

摘要

許多人都有過這樣的經驗，因為事前未詳細規劃旅遊行程而導致不知道該選擇何處或何種活動做為下一步行程。本研究提出連續行程媒合模型(CIMM)，針對行動裝置使用者當下最新的打卡資訊，找出使用者下一步的地點及活動需求。雖然我們提出的 CIMM 在初步的實驗指得到的 30%的 top-1 inclusion rate，但是我們利用打卡資訊探勘連續行程，然後推薦給行動裝置使用者及時的下一步地點及活動需求卻是一項創新技術。

Abstract

In fact, most people have had the experience that they haven't made detailed itinerary in advance before a journey, and as a result they don't know what place or what kind of activity is suitable as the next visit location and activity after they engage in an activity in a certain place. To alleviate such problem, in this paper, we proposed the Consecutive Itinerary Matching Model to help mobile users find next locations and activities in line with their leisure needs. This model effectively utilizes time, location, user, and activity as features to find the most possible "Consecutive Itinerary" and then recommend mobile users next locations and activities. In this preliminary study, although our approach achieved only about 30% top-1 inclusion rate, however, to our knowledge, this work is novel for the recommendation of location and activity based on consecutive itinerary discovery from check-in data.

關鍵詞：地點推薦，活動推薦

Keywords: Location Recommendation, Activity Recommendation

1. Introduction

In fact, most people have had the experience that they haven't made detailed itinerary in advance before a journey, and as a result they don't know what place or what kind of activity is suitable as the next visit location and activity after they engage in an activity in a certain place. To alleviate such problem, in this paper, we intend to propose an effective method to help mobile users find next locations and activities in line with their leisure needs. For example, after somebodies watches a film in the cinema, we can recommend them to go bowling next.

In the last few years, when people go places, the common thing for them to do is that using Facebook to check in to the places and let their friends know exactly where they are and what they're doing. Check-in data is a new and useful resource for our work of finding next locations and activities for mobile users. In addition, many bloggers describe travel itineraries in their blog articles which are really worth discovering. Thus, to recommend effective next potential location-activity pair to mobile users, our idea is to utilize these two kinds of resources, check-in data and travel blogs. In this study, we collect and analyze a large number of travel itineraries from these two resources, and then use these data to train the Consecutive Itinerary Matching Model (CIMM). This model uses time, location, activity, and user information in check-ins and travel blogs as features to find the most possible consecutive itinerary associated to a user's current location and activity, and then recommends him next locations and activities. The example of recommending mobile users next location and activity based on the consecutive itinerary discovery from check-ins and travel blogs is shown in Figure 1. We collected a large number of check-ins and travel blogs, and extracted a little check-in information to make useful consecutive itineraries. A consecutive itinerary includes arrival time, user gender, user age, current location, current activity, next location and next activity. Based on the extracted consecutive itineraries, we can train a CIMM to effectively recommend mobile users next locations and activities associated with their current locations and activities. To our knowledge, this method may be an innovative and useful technique.

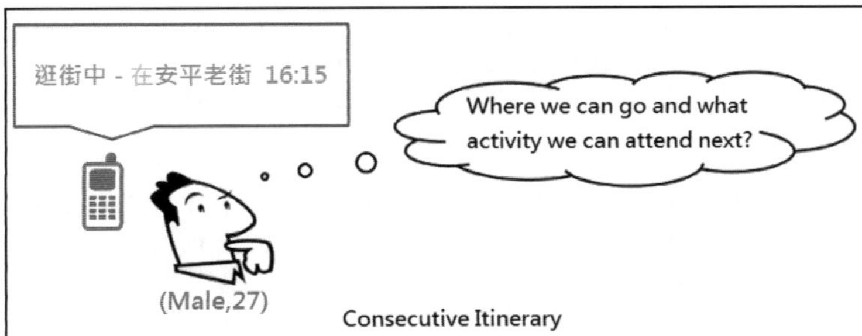

Consecutive Itinerary

	Time	User Gender	User Age	Current Location	Current Activity	Next Location	Next Activity
Top-1	13:09	Male	29	安平老街	逛,買	夕遊出張所	看夕陽,買鹽
Top-2	16:45	Male	29	赤崁樓	走走	Little House	買飾品
Top-3	16:32	Male	27	走馬瀨農場	看風景	台南花園夜市	吃晚餐

We recommend user :

Top-1	夕遊出張所 - 看夕陽,買鹽
Top-2	Little House - 買飾品
Top-3	台南花園夜市 - 吃晚餐

Figure 1. The example of recommending mobile users next location and activity based on the consecutive itinerary discovery from check-ins and travel blogs.

2. Related Work

Location recommendation always is a popular topic. Conventional location recommendations usually collected user's past GPS path and used data mining techniques to find user's moving trajectory, and then give the corresponding location recommendations. Based on multiple users' GPS trajectories [1], Zheng et al. aimed to mine interesting locations and classical travel sequences in a given geospatial region. Morzy [2] used the past trajectory of the object and combines it with movement rules discovered in the moving objects database for predicting the location. Furthermore, he also proposed a probabilistic model of object location prediction [3]. Monreale et al. [4] proposed a location predictor WhereNext, which uses the locations visited by users to build a decision tree, and finds users' trajectory patterns, and then uses the trajectory patterns to predict the next location.

Location-based Social Networks (LSNs) have become extremely popular. Recently, people try to use the location records of LSNs to recommend location. Berjani and Strufe [5] proposed a recommendation scheme based on regularized matrix factorization (RMF). They collected locations and users, and mapped them to an n-dimensional space, and then calculate the inner-product between user and location to recommend location. This study is characterized by mapped users and locations to the same two-dimensional space. The difference between our paper and this study is that we also consider the time factor and the user's personal characteristics.

Ye et al. [6] developed a friend-based collaborative filtering (FCF) approach for location recommendation based on collaborative ratings of places made by social friends. Moreover, they proposed a variant of FCF technique, namely Geo-Measured FCF (GM-FCF), based on some heuristics derived from observed geospatial characteristics. First, they use the distance between a user and his friends to calculate similarity. Second, according to the score of location given by a friend and the friend's similarity, they can calculate the recommend score between a user and location. Finally, they select top n locations to recommend. Using friendship to recommend locations is the main idea in this study.

Wei [7] used data mining techniques based on the location information of LSNs to find user's trajectory patterns, and then utilized the trajectory patterns to recommend locations. The advantage of this study is to explore a few useful features of location.

The difference between our work and conventional location recommendation work is that we not only recommend activities as well as locations. Besides it, mining useful information like consecutive itinerary from check-in data is a new and important research direction.

3. Method

3.1 Observation of Consecutive Itinerary

- Check-in Data

  As mentioned before, many mobile users usually tend to leave check-in records when arriving tourist attractions or interesting spots. Therefore, we collected a large number of different mobile users' check-in data from Facebook, and then listed a sequence of check-ins for each user according to their arrival time. As a result, we often can find a number of interesting itineraries for the user based on his sequential check-ins. The observation of sequential check-ins inspired us to discover interesting itineraries from the large collection of mobile users' check-in data, and then utilize these interesting itineraries for recommendation of next location and activity for mobile users. In this work, we thus simply define any two sequential check-ins of each user as a consecutive itinerary in advance, and show an example of a consecutive itinerary in Figure 2.

Figure 2. A consecutive itinerary of Check-in data

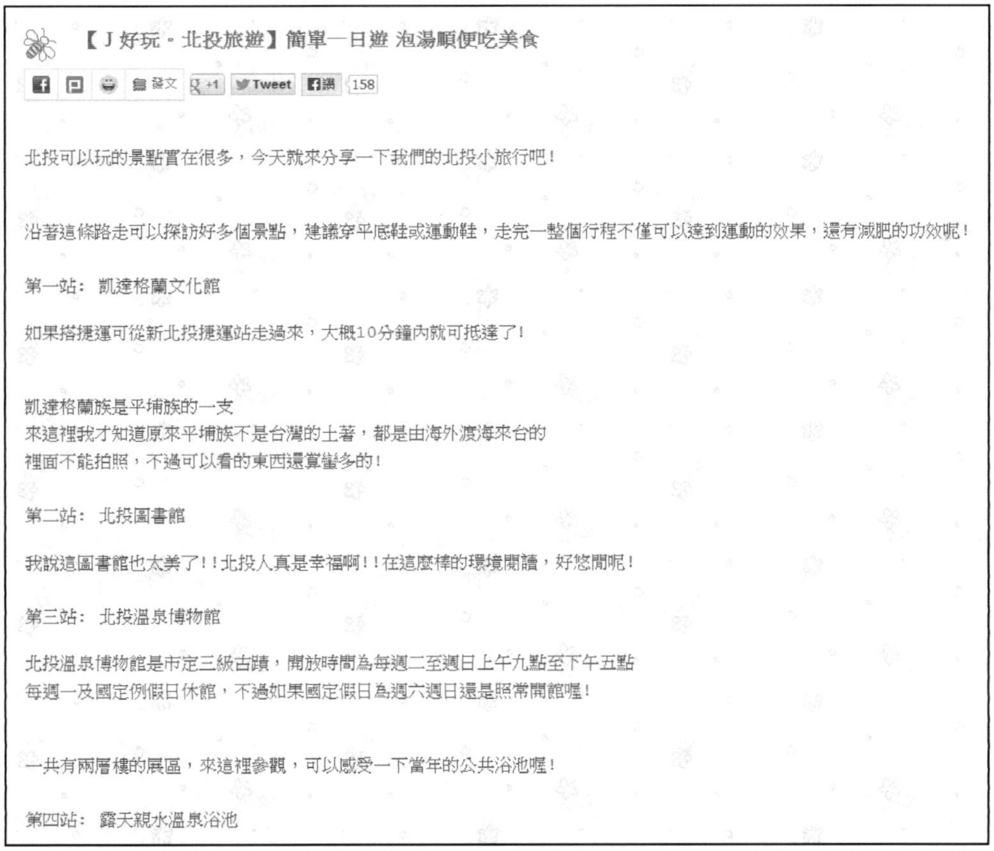

Figure 3. Consecutive itineraries in a travel blog

- Travel Blogs

To discover more interesting consecutive itineraries for recommendation of next location and activity for mobile users, we also explore a large number of travel blogs collected from Pixnet.net. An example is shown in Figure 3. A user shares her journey to "北投" in a blog post which describes four interesting tourist attractions. According to the observation, actually, we can also find consecutive itineraries from travel blogs.

Based on the preliminary observations of consecutive itineraries on check-in data and travel blogs, furthermore, we intend to understand how and which features will influence mobile users to decide their next itineraries. According to our further observations, besides location distance, time and user's personal information, such as gender or age, also affect the user's decision about his next itinerary. For example, when a user visits "安平老街" during the day, he likely go to "赤崁樓" next; but when a user visits "安平老街" at night, they likely intend to go to "花園夜市" next. In this study, we try to use five features in check-ins and travel blogs to recommend next location and activity to users. These five features include user's current location, current activity, arrival time, user gender, and user age.

3.2 Consecutive Itinerary Matching Model (CIMM)

In this study, we try to find user's needs about next location and activity from user's current check-in post. In fact, a check-in post only contains four kinds of information, including "Time", "Location", "User", and "Message" . Basically, the message snippets include activity terms and context words associated with the check-in locations. Thus, we utilize a few effective POS tag patterns to extract correct activity terms. The pre-process of activity term extraction is neglected due to the limitation of paper size. Based on the five proposed features, we proposed Consecutive Itinerary Matching Model (CIMM). If a user posts a new check-in *C*, we try to use the CIMM with the discovered consecutive itineraries to predict the best user's needs from the candidate sets of user's next needs *n* about location L_n and activity A_n,, where $n = (L_n, A_n)$, and therefore n^* can be modeled as follows:

$$n^* = argmax_{n \in N} P(n|C) \tag{1}$$

The given current check-in data *C* includes five information $C = (L_c, A_c, T_c, UG_c, UA_c)$, where L_c is current location, A_c is current activity, T_c is arrival time, UG_c is user gender, and UA_c is user age.

The CIMM utilizes the discovered consecutive itineraries to predict the best user's needs. A consecutive itinerary is composed of two parts, where *pi* is a previous itinerary and *ni* is the next itinerary. *pi* contains five features $pi = (L_i, A_i, T_i, UG_i, UA_i)$, where L_i is previous location, A_i is previous activity, T_i is arrival time, UG_i is user gender, UA_i is user age. *ni* contains two features $ni = (NL_i, NA_i)$, where NL_i is next location, and NA_i is next activity. We use previous itinerary pi to calculate the similarity between current check-in data C and consecutive itinerary i, and the next itinerary ni can be considered as user's need n . Therefore, the probability $P(n|C)$ can be derived indirectly as follows:

$$P(n|C) = \sum_{pi \in PI} P(pi|C)P(n|C, pi) \tag{2}$$

where $P(pi|C)$ is the similarity between current check-in data C and previous itinerary pi. $P(n|C, pi)$ is the probability of finding user's location and activity needs n if current check-in data C and previous itinerary pi are given.

To filter out a number of unsuitable candidates of consecutive itinerary i, we set two thresholds of time difference and location distance, respectively. If the time difference or location distance between current check-in data C and previous itinerary pi are over the thresholds, the previous itinerary i cannot be considered as a candidate. For example, if a user at "墾丁" (Kenting) give a check-in post, the previous itinerary pi given at "台北" (Taipei) should be useless to the reference of the user's next need, and then the similarity $P(pi|C)$ between current check-in data C and previous itinerary pi is 0. We designed the itinerary similarity computation algorithm to calculate $P(pi|C)$, which is shown in Figure 4.

Itinerary Similarity Computation Algorithm

Input: current check-in post C and previous itinerary pi
Output: the similarity $P(pi|C)$ between C and pi

1、 If (time difference between C and pi > 12 hours) then
2、 $P(pi|C) = 0$
3、 End If
4、 Else
5、   If (location distance between C and pi > 100 km) then
6、 $P(pi|C) = 0$

```
    End If
    Else
        P(pi|C) = 1
    End Else
End Else
Return P(pi|C)
```

Figure 4: The illustration of itinerary similarity computation algorithm

In fact, we observed that current check-in post C and previous itinerary pi have the same features. Therefore, we put these five same features together into a set. Besides, for the activity feature, we particularly divide the feature into two subfeatures, activity edit-distance and activity nature. Thus, based on the feature set consisting of six features $\mathrm{F} = \left\{ \begin{matrix} Time\ Difference, User\ Gender, User\ Age, Location\ Distance, \\ Activity\ Edit - distance, Activity\ Nature \end{matrix} \right\}$, the log-linear model can be properly applied to compute the probability $P(n|C,pi)$. Thus,

$$P(n|C,pi) = \frac{\exp(\sum_{j=1}^{|F|} \omega_j f_j(n,pi,C))}{\sum_{C_i \in C_I} \exp(\sum_{k=1}^{|F|} \omega_k f_k(n,pi,C))} \tag{3}$$

where $|F|$ is the number of features, ω_j is a feature weight parameter, and $f_j(n,pi,C)$ is the feature function, which is mapped with the corresponding feature names shown in Table 1 and will be introduced in Section 3.3.

Table 1. The corresponding names of the six feature functions

f_j	**Feature Function**
f_1	$f_{TimeDifference}(n, T_i, T_C)$
f_2	$f_{UserGender}(n, UG_i, UG_C)$
f_3	$f_{UserAge}(n, UA_i, UA_C)$
f_4	$f_{LocationDistance}(n, L_i, L_C)$
f_5	$f_{ActvityEditDistance}(n, A_i, A_C)$

f_6	$f_{ActivityNature}(n, A_i, A_C)$

3.3 Feature Functions

3.3.1 Time Difference

In fact, some locations are more suitable to visit at the specific period of time. For example, night markets and bars are more suitable to go at night, but museums and traditional markets are more suitable to go during the day. If the arrival time of current check-in post C and previous itinerary pi is closer, then the next visiting locations and activities should be more similar. Thus, the first feature function we considered is the function of time difference and is as follows:

$$f_{TimeDifference}(n, T_i, T_C) = 1 - \frac{td(T_i, T_C)}{max_j td(T_j, T_C)} \quad (4)$$

where $td(T_i, T_C)$ is the time difference between T_i and, T_i is the time of previous itinerary pi, T_C is the time of current check-in post C, and $max_j td(T_j, T_C)$ is the maximum time difference between all previous itineraries and the current check-in post C.

3.3.2 User Gender

Gender difference is always an interesting topic for the research fields of social science and psychology, and, of course, also affects the location choice of an itinerary for mobile users. 王維誠 [8] reported that the choice of tourist attractions has a little difference between different kind of genders. 林晏州 [9] also reported that gender is an important factor to tourist attractions. Therefore, we conclude that if users have the same gender, then they will have similar interest to visit the same locations. The feature function of gender difference is given as follows:

$$f_{UserGender}(n, UG_i, UG_C) = \begin{cases} 1, \ if \ UG_i = UG_C \\ 0, \ Otherwise \end{cases} \quad (5)$$

where UG_i is the user gender of previous itinerary pi, and UG_C is the user gender of current check-in post .

3.3.3 User Age

Age is an important factor for users to choose locations. In general, elders are more likely to visit natural landscape but young men may choose the amusement park. 王維誠 [28] pointed out that the choice of tourist attractions have great difference between different kinds of ages. Kotler [30] also reported that age is one of important influence factors to the choice of tourist attractions. Therefore, we use user age as one of important features for recommendation of location and activity need The feature function of user age is defined as follows:

$$f_{UserAge}(n, UA_i, UA_C) = 1 - \frac{ad(UA_i, UA_C)}{Max_j ad(UA_j, UA_C)} \tag{6}$$

where $ad(UA_i, UA_C)$ is the age difference between UA_i and UA_C, UA_i is the user age of previous itinerary pi, UA_C is the user age of current check-in post , and $Max_j ad(UA_j, UA_C)$ is the maximum age difference between all previous itineraries and the current check-in data .

3.3.4 Location Distance

When people is planning travel itinerary, with the consideration of convenient transportation, they accustomed to arrange those nearby locations together. If the distance between two locations is closer, the probability of going to the same location next is higher. For example, if a user strolls a street in "墾丁" (Kenting), they will choose Kenting National Park as next location than Taipei 101. The feature function of location distance is described as follows:

$$f_{LocationDistance}(n, L_i, L_C) = 1 - \frac{ld(L_i, L_C)}{Max_j ld(L_j, L_C)} \tag{7}$$

where $ld(L_i, L_C)$ is the location distance between L_i and L_C, L_i is the location of previous itinerary pi, L_C is the location of current check-in post , and $Max_j ld(L_j, L_C)$ is the maximum location distance between all previous itineraries and current check-in post .

3.3.5 Activity Edit-distance

We think the current activity may affect the user's choice of next activities. For example, people likely go to eat some foods or drinks after they go shopping. Therefore, we calculated the edit-distance between two sets of activities. For example, the edit-distance between "打籃球" and "打棒球" is 1 and the edit-distance between "打籃球" and "看電影" is 3. The feature function of activity edit-distance is described as follows:

$$f_{ActvityEditDistance}(n, A_i, A_C) = 1 - \frac{avg\_ed(A_i, A_C)}{Max_j avg\_ed(A_j, A_C)} \tag{8}$$

where $avg\_ed(A_i, A_C)$ is the average edit-distance between A_i and A_C , and

$Max_j avg\_ed(A_j, A_C)$ is the maximum average edit-distance of activities between all previous itineraries and the current check-in data . In general, users may engage in several activities at one location. For example, we can go shopping and eat some food at department stores. A_i and A_C are activity sets. The function of calculating the average edit-distance of a set of activities is given as follows:

$$avg\_ed\,(A_i, A_C) = \frac{1}{|A_i|} \sum_{j \in A_i} \sum_{k \in A_C} EditDistance(j,k) \quad (9)$$

where A_i is the activity set of previous itinerary pi, A_C is the activity set of current check-in post . We calculate the edit-distance between each activity of previous itinerary pi and activity of the current check-in post , and then we calculate the average value.

3.3.6 Activity Nature

The nature of activity can be divided into two types, i.e., dynamic or static. We think that a user's choice of next activities will be similar after engaging in the same type of activity. For example, a user may be looking for a place to rest after he played basketball or swam. Playing basketball and swimming both belong to the type of dynamic activity. The feature function of activity nature is described as follows:

$$f_{ActivityNature}(n, A_i, A_C) = \begin{cases} 1, \; if \; ActNature_{A_i} = ActNature_{A_C} \\ 0, \; Otherwise \end{cases} \quad (10)$$

where $ActNature_x$ is the activity's nature of the activity X. We identify the nature of an activity by using the activity nature lexicon which is compiled by ourselves.

4. Experimental Evaluation

4.1 Dataset

We crawled 95220 check-ins from Facebook and 23703 travel blog posts from Pixnet.net. We also crawled user's personal information and used Facebook's location fans page to collect location's information, and then used the method mentioned in Section 3.2 to extract consecutive itineraries. In order to avoid the case of incorrect activities and locations affecting the system performance, first, we used the Facebook's location fans page to exclude most of the incorrect locations. Second, we count the number of each activity, and we identify those activities which the number is less than 3 as unreliable activity. Then we excluded unreliable activities from all consecutive itineraries. Finally, in the check-in data, we collected 1413 users, 6391 locations and extracted 6469 consecutive itineraries. In the travel blogs, we collected 445 users, 4132 locations, and extracted 5237 consecutive itineraries. A few statistics of the two data sets are shown in Table 2.

Table 2.Statistics of the two collected data sets

Data Resource	Facebook	Pixnet
Data Type	Check-in data	Blog travel article
Total Number	95200	23703
User Number	1413	445
Location Number	6391	4132
Consecutive Itinerary Number	6469	5237

4.2 Parameter Estimation

To understand the importance of the proposed features, we estimated the weights for each feature function. And then our CIMM used these weights to rank each recommended location and activity pair for each testing check-in post.

We use consecutive itineraries which have correct answers as user's current check-in data. A consecutive itinerary with a correct answer is identified if the other consecutive itineraries went to the same location next and attended the same activity with this consecutive itinerary. It can prevent choosing the consecutive itineraries which have incorrect location or activity. Totally, 594 consecutive itineraries with correct answers are selected from the collected check-in data, and then we took 70% of them as training data and the rest 30% as testing data. We labeled a correct answer for each itinerary if the next location and activity are the same. Then we selected all consecutive itineraries with correct answers and the same number of consecutive itineraries with incorrect answers randomly. Finally, 2708 labeled consecutive itineraries are used to train the weights for each feature function, which are estimated by using the logarithm of likelihood function, called log-likelihood [11]. The concept of log-likelihood is the same as maximum-likelihood estimation (MLE). The trained weights $w_1 = 0.220, w_2 = 0.076, w_3 = 0.134,$ $w_4 = 0.453,$ $w_5 = 0.063$ and $w_6 = 0.055$ are used in this study.

We can see that time difference and location distance are more important to determine next location and activity pair. Furthermore, weights of activity edit-distance and activity nature are only 0.063 and 0.055, which means these two features have less influence.

4.3 Evaluation of Consecutive Itinerary Matching Model

In this experiment, we use top-n inclusion rate to evaluate the performance of our model and compare with different feature function combinations as baselines.

- **Remove Activity Edit-distance and Activity Nature (Remove AE & AN)**

According to the analysis of feature weights above, user's current activity to next location and activity has less effect, however, we still want to know how much performance is reduced or increased while removing activity-related feature functions. Therefore, the first baseline is to remove the features activity edit-distance and activity nature.

- **Remove User Gender and User Age (Remove UG & UA)**

We also want to know whether user's personal information can have more effects on the performance of our CIMM or not. Therefore, the second baseline is to remove the features user gender and user age.

- **Remove Time Difference and Location Distance (Remove TD & LD)**

Finally, we want to know what performance influence when removing the most important feature functions, time difference and location distance. This case is considered as the third baseline.

Based on the different kinds of feature combination, we have to recalculate feature function weights for each baseline. The results of weight recalculation is shown in Table 3,

Table 3. Weights of feature functions for different kinds of feature combinations

Feature Combination	w_1	w_2	w_3	w_4	w_5	w_6
CIMM	0.220	0.076	0.134	0.453	0.063	0.055
Remove_AE&AN	0.245	0.087	0.150	0.518	0	0
Remove_UG&UA	0.275	0	0	0.581	0.076	0.068
Remove_TD&LD	0	0.238	0.412	0	0.186	0.164

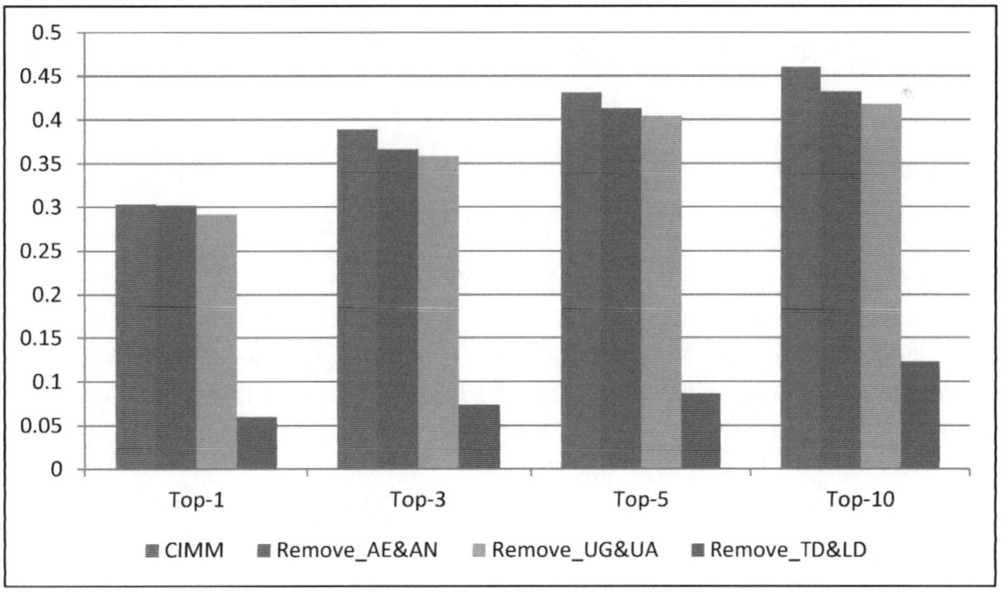

Figure 5. Top-n Inclusion Rate of different feature combinations

The experimental results of CIMM and other methods with different kinds of feature combination are shown in Figure 5. We can see that the top-n inclusion rate of CIMM is better than those of all other baselines. Obviously, the top-n inclusion rate will decline if we remove any of feature functions. Removing activity edit-distance, activity nature, user gender or user age, caused a little reduction of the top-n inclusion rate, but the top-n inclusion rate will decline significantly when removing the two features time difference and location distance. The results imply that these two features are very important for the performance of CIMM, and each feature has effect to our CIMM.

Table 4. The incorrect example of CIMM

	Time	User Gender	User Age	Current Location	Current Activity	Next Location	Next Activity
Test	16:21	Male	27	安平老街	逛街,吃	台南花園夜市	吃
Top-1	13:09	Male	29	安平老街	逛,買	夕遊出張所	看夕陽,買鹽
Top-2	16:45	Male	29	赤崁樓	走走	Little House	買飾品
Top-3	16:32	Male	27	走馬瀨農場	看風景	台南花園夜市	吃晚餐

To understand the problem of location and activity recommendation by using CIMM, we made error analysis and show an example of incorrect answer in Table 4. In the example, the next correct location and activity pair of the testing check-in post at the location "安平老街" is (台南花園夜市, 吃), and the top-3 next location and activity pair recommended by CIMM are as follows:

1.(夕遊出張所, 看夕陽,買鹽)

2.(Little House, 買飾品)

3.(台南花園夜市, 吃晚餐) (correct answer)

According to our analysis, the correct answer (台南花園夜市, 吃晚餐) is ranked at third place for two reasons. First, the current location of the consecutive itinerary with correct answer is "走馬瀨農場" and the current locations of the first and the second ranks are "安平老街" and "赤崁樓". The third ranked location"走馬瀨農場" is farther from "安平老街"than "安平老街"(the first rank) or "赤崁樓"(the second rank), and the location distance is the most important feature. Second, the current activity is also different between the third ranked activity "看風景"and the activity of the test check-in "逛街,吃". Therefore, these reasons make the correct answer "吃晚餐" as the third rank.

5. Conclusions

In this paper, we proposed Consecutive Itinerary Matching Model (CIMM) to effectively recommend mobile users next locations and activities while they check-in to a place. This model uses six feature functions, including time difference, user gender, user age, location distance, activity edit-distance, and activity nature to find possible location and activity pair for a use's current check-in post based on consecutive itineraries extracted from check-in data and travel blogs,.

In our experiment, the top-n inclusion rate of CIMM is better than other different feature combinations. This result illustrate that each feature has effect to the performance of our CIMM. In this preliminary study, although our approach achieved only about 30% top-1 inclusion rate, however, to our knowledge, this work is novel for consecutive itinerary discovery from check-in data.

References

[1] Y. Zheng, L. Z. Zhang, X. Xie and W. Y. Ma, "Mining Interesting Locations and Travel Sequences from GPS Trajectories," WWW'09, Madrid, Spain, Apr 2009.

[2] M. Morzy, "Prediction of Moving Object Location Based on Frequent Trajectories," ISCIS'06, Istanbul, Turkey, Nov 2006.

[3] M. Morzy, "Mining Frequent Trajectories of Moving Objects for Location Prediction," MLDM'07, Leipzig, Germany, Jul 2007.

[4] A. Monreale, F. Pinelli, R. Trasarti and F. Giannotti, "WhereNext: a Location Predictor on Trajectory Pattern Mining," KDD'09, Paris, France, Jul 2009.

[5] B. Berjani and T. Strufe, "A Recommendation System for Spots in Location-Based Online Social Networks," SNS'11, Salzburg, Austria, Apr 2011.

[6] M. Ye, P. F. Yin and W. C. Lee, "Location Recommendation for Location-based Social Networks," ACM GIS'10, San Jose, CA, USA, Nov 2010.

[7] L. Y. Wei, "Trajectory Pattern Mining in Social Media," Master thesis, Univ. of Chiao Tung, Taiwan, 2012.

[8] 王維誠, "風景區觀光吸引力、服務品質與滿意度之研究–以阿里山國家風景區為例," Master thesis, Univ. of Nan Hua, Taiwan. 2009.

[9] 林晏州, "遊憩者選擇遊憩區行為之研究," 都市與計畫, no. 10, pp.33-49, 1984.

[10] P. Kotler, "Marketing management: Analysis, planning, implementation, and control," (9th ed.), NJ.: Prentice-Hall,1997.

[11] C. Elkan, "Log-linear models and conditional random fields," CIKM, 2008.

Association for Computational Linguistics
209 N. Eighth Street
Stroudsburg, Pennsylvania 18360

CURRAN ASSOCIATES INC
proceedings.com